www.tredition.de

AF214773

KLAUS ROSE

GLOBETROTTER AUS LEIDENSCHAFT

ISBN
Paperback   978-3-7469-0817-5
Hardcover   978-3-7469-0818-2
e-Book   978-3-7469-0819-9

Verlag und Druck: tredition GmbH
Halenreie 40-44, 22359 Hamburg

©2018 Klaus Rose
Umschlag, Illustration: Klaus Rose
Verlag: tredition GmbH, Hamburg

Das Werk ist urheberrechtlich geschützt. Ohne Zustimmung des Autors und des Verlages ist eine Verwertung unzulässig. Dies gilt für die Verbreitung, für die Übersetzung und die öffentliche Zugänglichmachung.

KLAUS ROSE

GLOBETROTTER AUS LEIDENSCHAFT

Ein Weltreiseerlebnisbericht

Personen, Umgebung und Handlung sind frei erfunden. Ähnlichkeiten mit lebenden oder toten Personen sind Zufall, so auch Übereinstimmung mit vorhandenen Einrichtungen.

Das Buch:

Das Buch erzählt, wie der 70-jährige Autor, der einen Herzinfarkt überlebt hat, seinem langgehegten Herzenswunsch wahr macht.

Vom Reisefieber gepackt, unternimmt er mit seiner Frau eine siebenmonatige Entdeckungsreise durch weit entfernte Länder. Die führt sie auf die indonesische Insel Bali, dann an die Ostküste Australiens, sowie auf die Nord- und Südinseln Neuseelands, und weiter über Hongkong nach Ostasien.

Neben Bangkok erkunden sie mehrere Inseln und den Norden Thailands. Sie fahren auf dem Mekong durch Laos ins wunderschöne Luang Prabang. Von dort fliegen sie nach Vietnam, das sich von den Kriegswirren erholt hat. Anschließend fahren sie mit dem Bus durch Kambodscha, wo sie sich an der atemberaubenden Kultur des Landes ergötzen.

Doch damit ist es nicht genug, kehren sie nach Bangkok zurück und reisen nach Kao Lak und in den Kao Sok Nationalpark, dann auf die Inseln Ko Lanta und Ko Phi-Phi und das Schlusslicht der Reise bilden Goa und Mumbai an der Westküste des spektakulären Indien.

Mit seiner Reise liefert der leidenschaftliche Globetrotter den Beweis, dass er beileibe nicht zum alten Eisen gehört, trotz Herzinfarkt und den vier Stents.

Der Autor:

Klaus Rose, Jahrgang 1946, kommt 1955 als Flüchtling nach Aachen. Nach dem Studium lebt er in München. Er kehrt nach Aachen zurück und engagiert sich in der Kommunalpolitik. Nach dem Renteneintritt verbringt er die Freizeit mit dem Schreiben seiner Romane.

Dem Schicksal ist die Welt ein Schachbrett nur, und wir sind die Steine in des Schicksals Faust.

George Bernhard Shaw

Lesenswert für jeden Reiselustigen

Warum, wann, wohin?

Verwöhnt von der Sonne in Indien und Thailand, wo wir zuletzt zwei Monate verbracht hatten, ist der Tag der Rückkehr ins nasskalte Düsseldorf ein Schock. Der stinknormale Dienstag im April ist durch und durch ungemütlich, denn schwarze Regenwolken verdunkeln den Himmel.

Ich ruckele am Arm meiner schlafenden Frau. „Wach auf, Liebste. Wir landen", flüstere ich ihr miesepetrig ins Ohr, wegen des unbehaglichen Wetters, dann setzt das Flugzeug der Firma Boing auf der Landebahn auf. Mit an Bord meine Frau und ich, der siebzigjährige Reisefanatiker Klaus.

Während der mehrstündigen Flüge von Mumbai nach Dubai und von dort nach Düsseldorf haben wir kaum geschlafen, daher sind wir in miserablem Zustand. Und mit dem auschecken endet das ungewöhnliche Reiseabenteuer, das gespickt war mit packenden Erlebnissen. Nun sind wir gespannt auf das, was uns nach der Rückkehr erwartet. Und was schenkt uns die Heimat?

Es ist ein fürchterliches Sauwetter, eine beispiellose Frechheit. Trotz Frühlingserwachen hat eine Regenfront das Regiment an sich gerissen. Zerknirscht setzen wir uns in die Bahn. Mit der fahren wir zum Aachener Hauptbahnhof, wo wir nach der Ankunft das restliche Teilstück des Heimweges zu Fuß bewältigen, dabei trotten wir unter den ergrünenden Alleebäumen entlang in unsere vertraute Umgebung mit dem gewissen Pfiff. Die ist geprägt von einer prächtigen Altbausubstanz.

Und da sind wir. Das farbenfrohe Graffiti auf der Fassade um unser breites Erdgeschossfenster herum lächelt verschmitzt. Für das abstrakte Kunstwerk mit Motiven aus unserem Wohnviertel mit der Burg haben wir einem Graffitikünstler freie Hand gelassen, so hat er das Bild in saftigen Blautönen angefertigt. Die Schmierereien auf der Fassade hatten wir schlichtweg satt.

Ich schließe die Haustür zum Treppenhaus auf und öffne sie, danach geschieht selbiges mit der Tür zu unserem Wohnrefugium. Es wirkt fremd auf uns, als wir es betreten. Sieben Monate haben wir uns in der Ferne herumgetrieben. Dieser Umstand hat die Vertrautheit fast weggewischt.

Nach einer Verschnaufpause, bei der wir die angenehme Atmosphäre gierig aufsaugen, legen meine Frau und ich die Wanderrucksäcke ab, dann entledigen wir uns der Jeansjacken. Die sind im Bereich des Rückens mit Schweißflächen übersät. Zum Trocknen hängen wir sie über die Lederstühle am Esstisch. Auch die ramponierten Rollkoffer haben ausgedient, doch anstatt sie auszupacken, rollen wir sie unter die Holztreppe, die das Erdgeschoss mit dem Obergeschoss verbindet. Durch zig Länder haben wir sie auf ihren zuverlässigen Rädern hinter uns hergezogen.

Die Wohnung ist ausgekühlt. Ich stelle die Heizung an, danach sind wir bereit die Zimmer zu inspizieren. Mit prüfendem Blick untersuchen wir deren Inneres auf Auffälligkeiten. Nichts macht uns stutzig, denn wir entdecken keine Veränderungen. Auf den ersten Blick scheint alles in Ordnung zu sein. Unterwegs ab und zu aufgekommene Sorgen waren unbegründet. Sogar die Pflanzenpracht auf den Fensterbänken macht einen hervorragenden Eindruck. Unsere Freundin hat das uns ans Herz gewachsene Grünzeug ohne das Einschalten der wärmenden Heizung ohne Mühen durch den Winter gebracht. Ausgestattet mit dem grünen Daumen hat die Gute die respektabel in die Höhe geschossenen Pflanzen perfekt versorgt.

Wegen meines Schlafmangels habe ich tiefe Furchen unter den Augenhöhlen, zudem bin ich total durch den Wind. Daher verwerfe ich die Idee, uns bei meinen Kindern zurückzumelden, obwohl das schlechte Gewissen in mir bohrt. Zwei Telefongespräche verschlingen viel Zeit. Eine Kontaktaufnahme werde ich am nächsten Tag in Ruhe angehen, schon ist das Thema abgehakt. Stattdessen essen wir die Reste mitgeführter Plätzchen und etwas Obst, denn ich bin nicht hungrig. Die Versorgung durch Emirate war hervorragend, so reicht mir eine Kleinigkeit.

Erst nach dem Snack wird mir ohne Ausflüchte bewusst, was ich bisher erfolgreich verdrängt hatte. Eingefahrene Abläufe mit der Familie und des Wohnumfeldes werden wieder Besitz von uns ergreifen. Auf die gilt es sich einzustellen, ob wir es wollen oder nicht, denn die große weite Welt hat uns aus den Fittichen entlassen. Den Rhythmus des vertrauten Lebens aufzunehmen, das eilt jedoch nicht. Das Sabbatjahr meiner Frau endet erst in vier Monaten und bis dahin läuft noch viel Wasser den Vater Rhein hinunter, außerdem steht ein Inselhüpfen durch die Ägäis auf dem Programm.

Können wir in dem aufgekratzten Zustand überhaupt schlafen? Wir wollen es versuchen. Nach über zweihundert Nächten in guten und auch weniger angenehmen Betten, oder auf den Matratzen der Campingbusse freuen wir uns auf unser eigenes Doppelbett. Ich gehe ins Schlafzimmer und ziehe mich aus. Meine Frau putzt sich derweil im Duschbad die Zähne. Als auch ich meine Beißer gesäubert habe, lege ich mich zu meiner Frau ins Bett und knipse das Licht aus.

Es ist stockdüster im Zimmer, trotzdem liege ich noch lange wach. Mir schwirren die abstrusesten Geschichten aus atemberaubenden Ländern mit der Hartnäckigkeit des Wespengeschwaders durch mein Innenleben. Waren wir tatsächlich fast sieben Monate, zuerst auf Bali, dann in Sydney und an Australiens Ostküste, danach durch Neuseeland, im ostasiatischen Raum und als Abschluss in Indien unterwegs? Oder habe ich das Spektakel nur geträumt und ich bilde mir die Länder nur ein?

„Herr im Himmel", murmele ich im Halbschlaf. „Was soll der Quark? Die Erlebnisse sind keine Fata morgana, die sind Realität."

Gedanklich die Erlebnisse der ellenlangen Fernreise vor Augen, befeuchte ich meine Lippen mit der Zunge. Was war das doch für ein sagenhaftes Projekt, stelle ich genussvoll fest und spüre mein zufriedenes Lächeln auf meinem entspannten Gesicht. Alles daran war einzigartig, ja wir hatten phantastische sieben Monate erlebt. Diese Traumreise hat mir das mir wohlgesonnene Schicksal geschenkt, denn ich hatte sie mir verdient.

Die Monate vom September des zurückliegenden Jahres bis zur Rückkehr im April waren wie im Überschallflugzeug verflogen. Vor sieben Monaten hatten wir uns noch auf die Reiseziele gefreut, und schwup, schon haben wir alle Länder gesehen und das Abenteuer ist passee.

Und jetzt, zurück im Heimatort, finde ich keinen Schlaf. Diese Schlafproblematik verfolgte mich auf jeder Flughafenbank, ja selbst im Airbus von Mumbai nach Dubai, und später nach Düsseldorf, war mir kein

Minutenschlaf gegönnt. Das Dilemma muss an meinem Brummschädel liegen, denn in meiner Gehirnmasse knistert die abwechslungsreiche Erlebniskette wie Pergamentpapier. Mein Kopf ist gefüllt mit Episoden, die verarbeitet werden wollen.

Vor fünfundzwanzig Stunden spazierten wir noch in der Metropole Indiens herum, das war in Munbai bei fünfunddreißig Grad im Schatten. Eine Temperatur, die uns Mitteleuropäern zu schaffen machte, trotz monatelanger Ostasienerfahrung. Mir kam es vor, als würden sogar die heiligen Kühe unter der sengendheißen Sonne nach Abkühlung hecheln. Wegen der Bullenhitze litten gerade die armen Menschen in den Slums an Höllenqualen, obwohl sie jahreszeitbedingt normal war und sie daran gewöhnt waren. Jedenfalls war's in Indien knackig heiß und alles ging drunter und drüber. Dagegen herrscht in Aachen eine abscheuliche Kühle, dementsprechend krass ist der Übergang.

Mit der halbjährigen Mammutreise hatten wir dem heimischen Winter und den hiesigen Wetterkapriolen ein Schnippchen geschlagen. Wärme und ausreichende Sonnenbestrahlung, ein Markenzeichen für Ostasien, das war unsere Welt. Besser die Hitze Indiens ertragen zu müssen, als bibbernd durch die verschneiten Straßen der Heimat zu latschen. Aber in Neuseeland trafen alle gegensätzlichen Attribute zu.

Nach der Landung im Inselnorden war es kalt, erst später wurde es warm, aber es blies andauernd ein stürmischer Wind. In Thailand dagegen, um ein Beispiel Ostasiens zu nennen, hatten wir unsere alternden Gelenke ein paar monsunartigen Stürmen ausgesetzt. Dann wurde der Schiffsverkehr eingestellt, aber das war's dann auch.

Und wie sieht's hier in Deutschland aus? Bitteschön, was ist an einem Winter gut? Man kommt kaum raus vor die Tür, aber Bewegungsarmut macht krank. Trotz des Herzinfarktes resigniere ich nie. Ich bin nicht der verzagende Typ, der die Flinte ins Korn wirft. Meine Prämisse lautet: Ich will weiterhin eine Menge erleben. Durch die große weite Welt gondeln, das war allzeit meine Devise.

Aber wie kam es zu der ungewöhnlichen Reise? Wer hatte mich und meine Frau Angela auf die mutige Idee gebracht? Welche Anregungen haben uns zu dem ungewöhnlichen Projekt ermuntert? Und vor allem, wann nahm die Utopie der Reise in uns wildfremde Regionen Gestalt an?

Um die Entstehungsgeschichte der Reise grob zu skizzieren, spule ich mein Leben fünf Jahre zurück, denn nach meinem Renteneintritt rumorte das Reisefieber in Vulkanstärke in mir. Seit ich zu denken begonnen habe, bin ich vom Fernweh besessen. Die Reiselust hat sich tief in mich eingebrannt und steckt in mir wie das Herz oder die Milz. Zu jener Zeit hatten wir den Grundstein zu dem Abenteuertrip gelegt, der das ganz Besondere werden sollte. Nur der Rahmen war unklar, aber nach unseren Vorstellungen würde es eine Tour rund um die Welt, landläufig auch Weltreise genannt. Über manche Variante steht im Buchhandel eine Menge Literatur in den Regalen. Vom Begriff Modeerscheinung distanziere ich mich allerdings.

Jedenfalls war die wegweisende Initialzündung oder der Paukenschlag das Beantragen des Sabbatjahres meiner Frau, sie ist Lehrerin. Das bedeutet, ihr steht ein Jahr bezahlter Urlaub zu, den sie in den vorherigen fünf Jahren durch Gehaltsverlust angespart hat. Eine geniale Einrichtung, als hätte man sie für uns erfunden.

Und diese Antragstellung schärfte meine Sinne für das Abenteuer, denn sie beförderte den in uns schlummernden Unternehmergeist endgültig ans Tageslicht. Sich ein komplettes Jahr in eine ungewisse Zukunft begeben, das war der Plan. Kennen Sie das Gefühl, etwas Großes steht an?

Von da an entwickelte sich die Weltreise zu unserem Steckenpferd. Wir besprachen alle möglichen Routen, aber auch die Finanzierbarkeit war ein heißes Thema. Es sind enorme Unkosten, die man nicht eben mal aus dem Ärmel schüttelt. Man macht sich kein Bild von dem Ausmaß des Finanzvolumens, das auf Reisewillige zukommt

Ich stand noch ein Jahr in Lohn und Brot eines Ingenieurbüros für Umwelttechnik, in dem man von meinen Plänen nichts ahnte. Damals lautete die meistgestellte Frage, wobei man mich milde und bemitleidend anlächelte: „Was machst du eigentlich, wenn du nicht mehr arbeitest? Dir fällt sicher die Decke auf den Kopf."

Diese Denkweise ist typisch und weit verbreitet. Als ob das Wichtigste im Leben die Arbeit wäre, dabei sind Gesundheit, geistige Fitness und meine Reiselust das höchste Gut.

Ich dachte mir meinen Teil und reagierte nicht auf die dummen Anspielungen, denn ich hatte zwei Jahre zuvor meine zweite Chance bekommen. Völlig unvorbereitet hatte mich ein Herzinfarkt überrascht. Den hatte ich auf dem heimischen Sofa an der Seite meiner Lebensgefährtin durchgestanden und hauchdünn überlebt. Dessen Vorboten spürte ich bei der Heimfahrt in der Höhe des Aachener Klinikums.

Zuerst waren es Atembeschwerden, und dann das verdächtige Ziehen im linken Armbereich. Doch da ich die Symptome bis dato nicht kannte, ignorierte ich die Bedrohung. Anstatt zum Klinikum abzubiegen und mich der Obhut der Facharzte anzuvertrauen, setzte ich die Autofahrt fort. Wie eine Dampfturbine raste mein Herz,

13

meine Herzkranzgefäße drohten zu bersten. Seitdem ist mir der Begriff Todesangst vertraut. Und als sei nichts passiert, feierte ich am darauffolgenden Tag den Geburtstag meines Sohnes mit dem Fußballspielbesuch im Stadion des 1. FC Köln.

Zwei Tage später ging ich zum befreundeten Hausarzt, der mir nach dem EKG meinen sprichwörtlichen Dusel vor Augen führte und mir kräftig Beine machte.

„Mensch, Klaus", schimpfte er, Gott zum Erbarmen. „Du hattest einen Herzinfarkt. Los, ab mit dir ins Klinikum."

Auf der Intensivstation wurde ich notversorgt. Und nach nicht mal einer Stunde brachte man mich in den OP. Mein erster Stents sorgte für Entspannung in der Herzregion.

Ja, ja, genauso dramatisch lief der Infarkt damals ab. Aber bitte kein Mitleid. Das wäre kontraproduktiv. Ich war ja beteiligt am Dilemma, denn so gut wie nichts hatte ich gegen meine Stressanfälligkeit unternommen. Zudem hatte ich in den Krankenhaustagen viel Zeit, über meine ungesunde Lebensführung nachzudenken. Instinktiv hatte ich kapiert: Ich muss meine schlechten Gewohnheiten abstellen.

Als Konsequenz machte ich einen Radikalschnitt und verabschiedete mich von der Politik als Sprecher der Grünen im Rat der Stadt und vom Rauchen. Ich setzte auf gesunde Ernährung und versuchte mich durch autogenes Training in die Spur zu bringen. Bloß nicht die Rolle rückwärts und den Umgang mit Schwächen zulassen, doch hinterher blieb es bei Lippenbekenntnissen. Ich redete mir die Laster schön.

Erst drei weitere Stents rüttelten mich wach. Durch die fälligen Herzkathederrungen hatte ich es geschnallt. Mit der Lebensführung würde ich nicht alt werden und ich könnte meine Reiseambitionen vergessen.

Unabänderlich zog ich den Schlussstrich unter die Lasterhaftigkeit, denn ich hing am Weiterleben. Danach hinterfragte ich meine Erwartungsperspektive. Und die sah plötzlich rosig aus, denn ich stieß auf Wünsche voller Feuer und Leidenschaft.

Prompt fiel es mir wie Schuppen von den Augen: Der Trauerklos a la Schwesterherz, werde ich auf keinen Fall. Sie hatte das Lachen verlernt und lebte nach der Scheidung ohne Lebenslust vor sich hin. Mir leuchtete ein: Von ihrem Trübsinn lasse ich mich nicht anstecken. Jeder ist seines Glückes Schmied. Ich lebe gern und blicke mit Karacho in die Zukunft.

Etwas ironisch, und doch mit der nötigen Ernsthaftigkeit, nahm ich mir vor: Anstatt einer Kreuzfahrt auf der Aida, was viele Rentner antreibt, mache ich eine Radtour in meine von der Republikflucht geprägte Vergangenheit.

„Auf geht's, das Radabenteuer wage ich", redete ich mich stark. „Und danach die Weltreise mit meiner Frau."

Ich war von mir begeistert, ohne wenn und aber.

Doch es gab Freunde, die belächelten meine Pläne. „Du spinnst", versuchten sie mich vom Vorhaben abzubringen. „In dir stecken vier Stents, du schluckst fünf verschiedene Tabletten, also bleib auf dem Teppich. Was du vorhast ist blanker Wahnsinn."

Sprach daraus der Neid?

Natürlich hatten die Kritiker nicht unrecht, denn wäre ich vernünftig, hätte ich mich hinterfragt. Geht's noch? Warum mute ich mir die dreiwöchige Radtour und danach diese Mammutreise zu? Wie reagieren meine Körperfunktionen, besonders mein Herz, auf Überbelastungen?

In Ostasien, speziell in Indien, da ist die Luftfeuchtigkeit enorm hoch, hinzu kommt die ungeheuerliche Hit-

ze, außerdem liegen diese Länder mehr als einen Stein-
wurf von einem guten Herzzentrum entfernt, sollte ich
die Einweisung brauchen.

Anderseits hatte ich null Bock auf eine Neiddebatte.
Vernunft ist ein langweiliges Geschäft. Ich allein ent-
scheide über meine Lebensgestaltung und die soll nicht
griesgrämig und debil, sondern spannungsgeladen und
lebendig verlaufen. Wer nichts wagt, der kann nichts
gewinnen. Nur den Mutigen gehört die Welt.

Genauso ist es. Mit dem Reise-Gen in mir, bot ich
allen Zweiflern die Stirn. Meine Sucht auf fremde
Länder war nicht gestillt, und sobald ich auf einer Reise
war, fühlte ich mich sauwohl.

Heimweh als Bremswirkung? Das kannte ich nicht.
Und sollte ich wegen des Infarkts allem entsagen?

Okay, der Kraftaufwand der Arbeitswelt hatte mich
gerupft, auch der Scheidungskram mit der Kindererer-
ziehung als alleinerziehender Vater. Ich hatte jede Menge Federn gelassen, daher kam mein Infarkt nicht von
ungefähr, doch nun war es an der Zeit, daraus die Leh-
ren zu ziehen.

Heidewitzka, sagte ich mir, und übernahm die Kritik
als Ansporn. Immer nach vorn blicken und Herausforderungen meistern, das ist richtg. Ich bin kein Hans
Wurst, der die Hände in den Schoß legt. Bloß nicht
zurückstecken oder kneifen. Das wäre inkonsequent.
Noch dazu war meine Partnerin bis in die kleinste Faser
bereit, die Reiselust mit mir zu teilen. Ich konnte mir
ihrer Unterstützung sicher sein, denn glücklicherweise
war ich geschieden. An der Seite der Exfrau, die meine
Leidenschaft als Weltenbummlerei abgetan hatte, hätte
ich das Globetrotterleben nicht führen können.

Sei's drum.

Durch mich ging ein Ruck. Mit wohl dosierter Bewe-
gungsstrategie wandelte ich die freigesetzte Körper-

spannung in produktive Energie um. Ich erklärte den Begriff Langeweile zum unerwünschten Fremdwort und schiss auf den Dauerbegleiter Rückfallgefahr. Schlussendlich hatte ich begriffen, nach vier Stents würde ich keine weitere Chance bekommen.

Sogar mein Hausarzt bestärkte mich: „Mach deine Deutschlandradtour, Klaus", beschwor er mich. „Du bist mit den Tabletten gut eingestellt und über deine Weltreise können wir später reden."

Also bitte. Es geht doch.

Mit überschäumender Freude im Herzen schwang ich mich aufs Rad. Ich machte meine Lebensstationen zu Etappenzielen, dabei half das Abschiedsgeschenk der Bürokollegen zum Rentenbeginn, ein teures Tourenrad. Und lange Rede, kurzer Sinn, die drei Wochen auf dem Fahrradsattel waren phantastisch. Ich besuchte mein Geburtshaus an der Saale und die Flüchtlingsunterkünfte in Berlin und Lübeck, in denen ich zwei Jahre meiner Kindheit zugebracht hatte, aber der Höhepunkt war München, meine Lieblingsstadt. In der Weltstadt erinnerte ich mich an meine Hippiephase und ließ mein Kneipenleben von damals neu aufleben. Ich radelte mir auf zweitausend Kilometern die Lunge aus dem Hals und legte nur eine Heilpause ein, wegen meines wundgefahrenen Hinterns.

Ja wunderbar, das Vorprogramm auf die Weltreise war geschafft. Und wie lautete die Schlussfolgerung aus dem Höllenritt? Ich war topfit und auch sonst war alles im Lot, also mein Herz, die Gelenke und die Muskeln. Körperlich war ich gerüstet. Auch mein Kardiologe war voll des Lobes. Was konnte da schief gehen?

Wie Sie sehen war das Reisemenü angerichtet, bis auf die Finanzen. Über die zermarterten wir uns die Köpfe. Wir errechneten die Belastung für die Wohnung mit Nebenkosten. Wir zählten die Einnahmen zusammen, also das Lehrergehalt meiner Frau und meine Rente, dann addierten wir die Ersparnisse hinzu.

Und was kam raus? Eine abgespeckte Routenplanung. Schweren Herzens fällten wir die Entscheidung, den Trip auf sieben Monate zu verkürzen. Eine zwölfmonatige Reise hätte den Finanzrahmen gesprengt.

Mein Gott, so ist es eben. Auch davon geht unsere Reisewelt nicht in die Brüche. Ich konnte mit der Verkürzung auf sieben Monate gut leben, auch das halbe Jahr war ein Hammer. Wir werden das Beste daraus machen, sagte ich mir. Es muss ja nicht die ganze Welt sein. Heben wir uns Südamerika und Afrika für spätere Reisen auf. Mit der nötigen Bescheidenheit werden wir den australischen und asiatischen Raum mit vollen Zügen genießen. Besonders in den Ländern Ostasiens gibt es erlebenswerte Schmankerl.

Und den Vorgeschmack auf die Umplanung in mich aufgesogen, löste auch die neue Route über Bali nach Australien, Neuseeland, Thailand, Laos, Vietnam, Kambodscha und letztendlich nach Indien regelrechte Beifallsstürme aus. Ich schnalze jetzt noch mit der Zunge, berücksichtige ich die kulturelle Vielfalt. Reisen bildet, sagt man sehr schön, und wir werden neue Horizonte entdecken.

Aber die Reiserei ist nicht nur spannend, sie ist auch anstrengend. Sehe ich es aus körperlicher Sicht, dann kam die Verkürzung der Reisezeit, trotz der Lobhudelei der Ärzte, meinem Gesundheitszustand entgegen.

Die Langstrecken bewältigen wir mit dem Flugzeug, beschlossen wir. Dann bereisen wir mit dem Camper die Ostküste Australiens und mit einem anderen über die Nord- und Südinsel Neuseelands. Und wir benutzen die Bahn, dann Überland- und Minibusse, aber auch Fähren durch Thailands Inselwelt.

Erwähnung verdient eine zweitägige Bootsfahrt auf dem Mekong. Sogar kleinere Radtouren waren geplant, wenn möglich Wanderungen durch die landschaftlichen Leckerbissen Neuseelands. Zu Fuß kann man Land und Leute hervorragend beschnuppern, und deren Gewohnheiten. Zudem galt unser Augenmerk den exotischen Ländern. Bis dato hatten wir den ostasiatischen Raum nie besucht.

Und nun mein eindringlicher Appell: Mit Wagemut und Energie ist solch eine Reise machbar. Hängen Sie sich diese Weisheit als Wahlspruch übers Bett. Man darf sich nie ins Boxhorn jagen lassen. Auch als Herzgeschädigter habe ich den Trip locker überlebt, trotz kritischer Phasen. Dass ich mich dabei pudelwohl gefühlt habe, kann ich einhundertprozentig bejahen. Ich kenne keine Personen in meiner Altersklasse und mit meiner Vorgeschichte, die sich auf derartige Abenteuer eingelassen haben.

Doch zurück zu den Vorbereitungen: Nachdem die Reiseroute grob abgesteckt war, nahmen wir das Hilfsangebot einer befreundeten Reisekauffrau in Anspruch. Zusammen tüftelten wir an einem wunschgerechten Round the World-Flugticket.

Das besteht aus den Stationen Düsseldorf, Dubai, Jakarta, Bali, Brisbane, Sydney, Auckland, Hongkong, Bangkok, Mumbai und zurück nach Düsseldorf.

Die Inlandsflüge organisieren wir per Internet, auch preiswerte Unterkünfte. Diese Vorgehensweise erspart eine abendliche Suchaktion in fremden und gefährlichen Stadtteilen.

Aber bitte nicht alles bis ins Detail festzurren, denn Spielräume für Umplanungen sind wichtig. Das ist ein Bestandteil unseres Denkansatzes. Nur keine Festlegungen treffen, die man hinterher bereut, denn eine Mammutreise hat Überraschungsmomente parat.

Alles klar?

Die Reiseroute war festgezurrt. Ausgelassen tanzten wir durch die uns wohlgesonnene Weltgeschichte, als seien die Reisen ein Salsa-Kurs. Und das hatte gute Gründe, denn wir waren zügig in die Puschen gekommen. Und weil uns das Baden in der Vorfreude saumäßigen Spaß machte, hockten wir stundenlang im Reisetrakt einer Buchhandelskette herum und machten uns über die Reiseländer schlau.

Bevor es losgeht, eine Empfehlung: Vorteilhaft ist es, man reist als Paar oder zu mehreren. Andere Formen sind gefährlich, wobei ich an Vergewaltigungen in Indien denke. Außerdem ist es eine Typfrage. Es gibt Einzelgänger, die benötigen das Alleinsein.

Aber reist man in Begleitung, dann ist es wichtig, dass man sich sehr gut versteht. Wir hatten vor Reiseantritt geheiratet. Nach zwanzigjährigem Zusammenleben erschien uns das Risiko der Ehe gering zu sein. Man verbringt jede Minute gemeinsam, sei's im Flugzeug, im Bus, in der Bahn, oder auf Schiffen. In kalten Neuseelandnächten im Camper rückt man sich mächtig auf die Pelle. Auch Gasthäuser und Strandhütten bieten nur wenige Freiräume zum Abschalten. Daher spielt friedvolles Miteinander eine wichtige Rolle. Nie ist man sich sicher, dass alles problemlos klappt.

Nicht verschweigen will ich das Überraschungsmoment, das nicht einplanbar ist und Improvisationen erforderlich macht. Solch ein Moment ereignete sich in Cairns. Wir warteten vergeblich auf den Flieger nach Sydney. Eine höhere Gewalt in Form eines Sturms hatte den Weiterflug verhindert.

Schlimmes passierte bei der Einreise nach Neuseeland. Ich wurde wie ein Schwerverbrecher behandelt, weil ich dummerweise ein halbes Glas Honig eingeführt hatte. Wegen des Berappens von vierhundert Dollar Strafe ärgerte ich mich grün und blau, aber mehr über mich selbst, denn ein Ex-Arbeitskollege hatte mich vor den strengen Einreisebestimmungen gewarnt.

Natürlich gab es auch positive Überraschungen, die aufzeigen, wie klein die Welt geworden ist. Eine total verrückte ereignete sich in Kambodschas Hauptstadt, in Phnom Phen.

Beim Entlangspazieren an den Restaurants hörte ich urplötzlich den Ruf meines Namens. Mit „Hey, Klaus", drangen bekannte Laute an meine Ohren. Wem gehörte die Stimme?

Kambodschaner, die Klaus heißen, wird's nicht viele geben, rätselte ich. Der Zuruf gilt mir.

Meine Augen suchten nach der rufenden Person.

Und siehe da, Richard saß im Eingangsbereich eines Lokals, der langjährige Freund der Schwester meiner Frau. Zwanzigmal hatten wir uns in der Weihnachtszeit im Kreis der Familie meiner Frau im Emsland getroffen und unterhaltsame Abende verbracht. Tja, wenn das kein Zufall war?

Weitere Ereignisse aufzuzählen, wäre ein zu großer Vorgriff auf den Ablauf. Es ist besser, ich schildere die Reiseländer nacheinander und unsere Erlebnisse frei von der Leber weg. Dabei wird sich Sentimentalität einschleichen, bitte verzeihen Sie mir den Lapsus, aber die beeinflusst meinen Erzählerdrang nur mäßig, denn ich bleibe mein Leben lang angetört wegen der Einzigartigkeit der Reise.

Nun gut, mir gefällt mein Schreibmodus. Mit dem flutscht es bei mir, das kann man so sagen. Sitze ich vor dem Computer und schreibe über die Reise, fühle ich mich wie in einem Rauschzustand. Dann klabastern unglaubliche Geschehnisse durch meine Sinne, und die erlebt zu haben, erfüllt mich mit riesiger Freude.

Ich nehme Sie also mit auf eine sensationelle Tour. Wie erwähnt führte die mich und meine Frau auf die Insel Bali, an die Ostküste Australiens, auf die Nord- und Südinseln Neuseelands, nach Thailand, Vietnam, Kambodscha und Laos, und als Krönung ins Desaster Indien. Dessen Armutsregionen, und das von Krisen durchgeschüttelte Ostasien, sind sagenumwoben, jedenfalls weit entfernt von einem Schlaraffenland.

So wie jeder Mensch anders ist, so ist es auch manches fremde Land, daher nutzen Sie die Zeit und bereisen Sie die asiatischen Landstriche. In ein paar Jahren wird es die Ursprünglichkeit in Ostasien nicht mehr geben und Sie werden die jetzigen Lebensweisen nicht mehr bestaunen können. Durch den Raubbau der Chinesen verändert sich die Welt rasend schnell in eine ungewisse Zukunft, besonders die Ostasien.

Doch bevor Sie weiterlesen, noch ein kleiner Tipp: Bitte verzeihen Sie mir meinen unbedarften Schreibstil. Bestsellerautoren fallen eben nicht jeden Tag vom Himmel. Und konsumieren Sie die Reisereportage mit der gebührenden Locker- und Gelassenheit, dann haben Sie mein Wort: Ihre Neugierde bleibt zügellos.

Und bedenken Sie eins: Eine Nachahmung ist niemals allein eine Frage der Finanzierung, oh nein, sie ist allein eine Frage des Wollens.

Aber Hallo. Zweifeln Sie etwa an meiner Aussage? Denken Sie, ich würde das mit dem Wollen leicht und salopp daherreden? Meinen Sie gar, ich sei altklug und neige zur Übertreibungen? Oder trauen Sie sich einen ähnlichen Reisekrimi nicht zu?

Sollte es an letzterem liegen, dann fassen Sie sich ein Herz und wischen Sie die Zweifel weg. Angst wäre ein schlechter Berater. Ich verspreche Ihnen: Nehmen Sie die Herausforderung an, dann werden Sie verwundert feststellen, eine derartige Reise ist hochinteressant und dazu verhältnismäßig ungefährlich. Bei unserer Route treffen Sie auf Cowboys ähnelnde Australier und auf Neuseeländer als Schafshirten, wie sie der Reiseführer beschreibt, zudem auf die den Globetrottern und Touristen zugewandten Ostasiaten, aber auch auf gewöhnungsbedürftige und vor der Armut fliehenden Inder.

Natürlich ist die Reise keine Extremabenteuertour, vergleichbar mit der Hundeschlittenfahrt durch Alaska, auch kein Kletterspektakel auf einen Achttausender im Himalaja. Gegen diese heroischen Herausforderungen mutet unser Flug-, Bahn- und Schiffstrip bescheiden und bieder an. Ich bin siebzig Lenze und vergleiche mich nicht mit Reinhold Messner in jungen Jahren. Für unsere Reise muss man kein Übermensch sein.

Wir zum Beispiel sind alternativ angehaucht und aus solidem Holz geschnitzt. Wir kommen aus der Mitte der Gesellschaft. Eine gute Portion Entdeckerlust und Wagemut gehört dazu. Immerhin führt die Reise durch Länder mit unterschiedlichen Kulturen und Lebensformen, ebenfalls durch von Einsamkeit geprägte Landstriche. Die zu besuchen ist ein ungewisser Erlebnisverlauf. Noch dazu, wenn es sich um eine frei ausgewählte Reiseroute handelt, und nicht um eine organisierte Pauschalreise. Ich als Rentner habe mich an das Wagnis herangetraut. Darin bin ich eine Rarität und das erfüllt mich mit Stolz.

Mensch, liebe Leute, macht das Ding. Bietet sich die Chance, dann schlagt beherzt zu. Wer erst einmal auf den Geschmack gekommen ist, der bereut es nie.

Und nun kann's losgehen. Mein Körper möchte vor Freude Purzelbäume schlagen, wäre er dazu nicht zu alt. Mit dem Wanderrucksack auf dem Rücken und die Rollkoffer hinter uns herziehend, verlassen wir unser

Domizil. Auf unbequeme und schwere Tourenrucksäcke haben wir bewusst verzichtet. Im Alter belasten sie die Schulter- und Nackenpartie extrem. Das beruht auf den Erfahrungen des Inselspringens in Griechenland vor zwei Jahren.

Aber eins ist von vornherein klar: Mit der Tour betreten wir Neuland, denn die sprengt den normalen Urlaubsrahmen bei weitem. Dessen Umfang hatten wir als Seifenblase in unseren Köpfen runtergespult. Wir hatten die Reise wochenlang mit den Fingern auf dem Kartenmaterial und auf unserem Globus durchexerziert. Ist diese Unerfahrenheit ein Handicap? Wenn ja, dann ist es nicht zu ändern.

Gedanklich unterziehen wir unser Gepäck einer letzten Kontrolle. Haben wir alles Überlebenswichtige dabei? Schließlich handelt es sich nicht um einen Badeurlaub am Ballermann. Stattdessen müssen wir uns auf kalte Temperaturen in Neuseeland und Nordvietnam einrichten, demnach gehören wetterfeste Klamotten in die Koffer.

Allerdings dürfen wir nicht allzu viel Ballast mitschleppen, denn wir haben unser Augenmerk auf gewichtslimitierte Inlandflüge zu legen. Aber haben wir den Besuch Hanois hinter uns, dann lassen wir die warmen Klamotten zurück. Im weiteren Verlauf der Reise brauchen wir sie nicht mehr.

In meinem Koffer befinden sich eine Reservejeans, eine dünne Regenjacke, drei Shorts, drei Paar Strümpfe, zwei Badehosen, Unterwäsche, ein Kapuzenpulli aus Baumwolle für die kälteren Regionen, dazu zwölf T-Shirts mit und ohne Arm. Bei großem Verschleiß kann man sich die Hemdchen in Asien für einen Apfel und Ei nachkaufen, außerdem sind auf den Campingplätzen in Australien und Neuseeland Waschvollautomaten installiert. Dessen Vorhandensein hatten wir recherchiert.

Natürlich gehören Trekkingschuhe und Ledersandalen zur Ausrüstung. Auch meine Medikamente für sieben Monate sind unumgänglich für die Auslandsreise. Unser Hausarzt hat mich mit dem Notwendigsten ausgestattet. Und neben den Gesundheitsutensilien haben wir ein Kontingent US Dollar in der Brusttasche, falls sich dreiste Diebe der Rucksäcke und Rollkoffer bemächtigen. Derlei Vorsichtsmaßnahmen werden empfohlen und wir halten uns daran. Auch Fotokopien persönlicher Dokumente und der Ostasienreiseführer sind unentbehrliche Begleiter.

Damit ist mein Koffer voll, denn ich habe mich für ein handliches Exemplar entschieden. Im kleinen Wanderrucksack transportiere ich die Digitalkamera mit ordentlichem Zoom, extra für die Reise erworben. Weiter dabei habe ich einen e-book Reader. Auf dem sind die Reiseführer für Australien und Neuseeland gespeichert, sowie dreißig Kriminalromane. Die als Bücher mitzuschleppen hätte den Gewichtsrahmen gesprengt.

Den Reiseführer für Südindien erstehe ich durch eine glückliche Fügung in Bangkok auf dem Nachtmarkt vor der Abreise nach Indien. Diese Nebensächlichkeit nur nebenbei.

Auch die Kurbeltaschenlampe, die mir mein Sohnemann zur Radtour geschenkt hatte, befindet sich im Rucksack, außerdem Proviant für die nächsten Stunden. Das Visum für Indien, vorher organisiert, schmückt bereits den Reisepass. So, das war's. Hoffentlich haben wir an alles gedacht?

Na, dann schauen wir mal.

Meine Nervosität kennt keine Grenzen, denn die Reise ist angerichtet. Die Wartezeit hat eine unbeschreibliche Glut entfacht und ich suhle ich mich in der Hitze der Vorfreude. Übernatürlich kribbelt es unter meiner Haut bis in die Fußsohlen. Zudem ist der Abreisetag ein

Traumtag. Den versüßt eine gönnerhaft vom Himmel lachende Sonne. Die muss einfach Glück bringen.

Als Bewohner des Viertels um die Frankenburg, unweit des Aachener Stadtzentrums, ist unser fußläufiges Ziel der Hauptbahnhof. Von dem fahren wir mit einem Regionalzug nach Köln, um danach den Flughafen in Düsseldorf anzusteuern. Wir fliegen mit Emirate. Die Plätze in den Fliegern nach Dubai und weiter in die indonesische Hauptstadt Jakarta sind reserviert. Das klingt gut und einfach.

Einen Abbruch der Travel Tour kann und darf es nicht geben, denn wir haben uns mit Grillfleisch und anderem Brimborium von den Kindern, den Freunden sowie den Mitbewohnern der Hausgemeinschaft verabschiedet. Leider hat das Vermieten unserer Eigentumswohnung nicht geklappt. Wer weiß, wofür es gut ist. Vielleicht wären Vandalen eingezogen und hätten die Einrichtung ruiniert? Mit der Freundin und meinen Kindern bleiben wir in Kontakt, somit ist das Wichtigste in trockenen Tüchern.

So, geliebtes Heimatland. Auf ein Wiedersehen in Old Germany. Inzwischen habe ich Sie lange genug auf die Folter gespannt. Die Reisegeschichte kommt nicht als Krimi daher, sondern sie gleicht mehr einer Tagebuchschilderung, hoffentlich stört der Schreibstil nicht. Und nun raus aus einer heilen Welt, wie sie uns Europa im Moment bietet.

Freudig erregt fahren wir mit dem Zug vom Aachener Hauptbahnhof zum Airport Düsseldorf und pünktlich besteigen wir den Flieger. Es ist fünfzehn Uhr, da erhebt sich die Boing 770 mit uns an Bord in den wolkenlosen Himmel. Das Reiseabenteuer beginnt seinen mit schier grenzenlosen Erwartungen gespickten Verlauf.

Neben uns sitzt eine junge Frau mit Ziel Bangkok. Mit ihr unterhalten wir uns über ihre und unsere Reisepläne, dann über dies und jenes, denn sie ist sehr nett und reist allein. Dazu ist allerhand Mut nötig. Leider trennen sich unsere Wege nach sechseinhalb Stunden in Dubai. Sie startet ihren Weiterflug von einem anderen Gate. Wir verabschieden uns nach Erfolgswünschen mit herzigen Umarmungen.

Während der vier Stunden Aufenthalt ärgern wir uns über den Kauf einer Flasche Wasser für neun Dollar. Tja, dass ist Dubai. Der Preis ist typisch für viele Flughäfen. Ein Essen zu uns zu nehmen, ist nicht nötig. Entgegen deutscher und belgischer Fluglinien, die wir sonst nutzen, wurden wir von Emirate vor dem Anflug auf Dubai fürstlich versorgt, und Emirate lässt uns auch beim Flug nach Jakarta in Indonesien sicher nicht verhungern.

Ich bin vollgestopft mit Adrenalin und fühle ich mich ausgezeichnet. Mit Gelassenheit stecke ich den nun folgenden achtstündigen Flug ohne Mühe weg, obwohl meine Einschlafversuche kläglich scheitern. Und was macht man, um sich die Zeit zu vertreiben? Ich lese im Reiseführer für Ostasien, nebenbei glotzte ich auf die Mattscheibe. Der Film handelt von witzigen Drachen, mehr weiß ich allerdings nicht mehr.

Die Ankunft in Südostasien, also in der indonesischen Hauptstadt Jakarta, verläuft chaotisch. Wegen organisatorischer Missgeschicke müssen wir unsere Rollkoffer am Gepäckband abholen, obwohl sie nach Bali durchgeleitet gehört hätten, wie's vereinbart war. Protestieren nützt da gar nichts. Dann gibt's auch noch beim Kofferabholen Schwierigkeiten. Meine Nervenstränge sind höllisch angespannt.

Glücklicherweise wird das Problem geregelt und dass Koffer aufgeben am zuständigen Schalter für den Flug nach Bali klappt zu aller Zufriedenheit, außerdem haben wir bis zum Weiterflug viel Zeit.

War die blödsinnige Prozedur damit ausgestanden? Weit gefehlt, denn auch der Kauf des Visums verzögert sich aus unerfindlichen Gründen. Anscheinend gefällt dem Zollbeamten meine charmante Frau, denn ungewöhnlich lange schaut er auf ihre Erscheinung, dann auf ihren Pass, dann wieder sie an.

Schlussendlich passiert sie ohne Beanstandung die Sperre. Doch die Einreiseformalität ist unverschämt teuer. Sie kostet sage und schreibe fünfunddreißig Euro pro Kopf. Und als Krönung serviert uns Jakarta den Ausreiseterminal als Irrgarten, der übermenschliche Kenntnisse im Hellsehen verlangt. Doch mit Ach und Krach finden wir in der Unübersichtlichkeit den Abflugschalter für den Flug nach Bali.

Wir treffen abermals auf eine Frau. Die ist braungebrannt und hat sich anscheinend verirrt. Sollte sie sich auf der Rückreise nach Düsseldorf befinden, dann gehört sie überall hin, nur nicht hierher.

Braucht sie Hilfe?

Die Ungereimtheiten klären sich auf, denn die in flippige Klamotten gehüllte Frau hat den Durchblick. Sie hat bis zum Abflug einige Stunden Zeit und erkundet in der Wartezeit das Flughafengebäude. Überaus redselig macht sie uns mit Erzählungen die Vorzüge unseres ersten Ziels schmackhaft.

Freudestrahlend erzählt sie uns: „Es war traumhaft schön. Ich bin immer noch hin und weg. Der dreiwöchige Urlaub auf Bali hat mich total angetörnt."

Aha, denke ich. Aber ist das tatsächlich so? Ich bin gern gutgläubig, trotz allem frage ich kritisch dazwischen: „Ich habe entgegengesetzte Meinungen gehört. Was war so toll an Bali?"

„Nun gut", wägt sie beleidigt ab, doch danach lässt sie die Funken ihrer Begeisterung sprühen: „Vielleicht ist nicht alles wie in einem Paradies, aber tagtäglich nur

Sonnenschein und heilsame Wärme. Was willst du mehr? Und dann die kilometerlangen Strände, die allein sind eine Wucht."

„Das glaube ich dir", unterstütze ich ihr schwärmen.

„Und was sonst so?"

„Phantastisch ist auch das Essen, und die Menschen sind angenehm und friedfertig. Mich beeindruckt die Kritik der Klugscheißer nicht. So schön wie auf Bali ist es nirgendwo."

Das Balifieber hat sie erwischt, denn das Wesen ist im siebten Himmel. Sogar Kullertränen der Rührung rollen ihr über die Wangen. Meine Frau und ich vermuten: Die Meinung der Frau ist nicht zu bewerten, denn so wie sie dahingeschmolzen ist, hat sie eine nette männliche Bekanntschaft gemacht?

Trotzdem hören wir derlei Geschichten über die Insel der Götter und Dämonen gern, denn mit Unvoreinge-nommenheit wollen wir das Reiseziel angehen. Bali kann beweisen, was es draufhat. Von uns bekommt die Insel jede Möglichkeit.

Gegen acht Uhr hat die Warterei ein Ende.

Wir besteigen die Boing 770, übrigens ein erstaun-liches Kaliber. Und in der Maschine die Plätze einge-nommen, serviert eine Flugbegleiterin für die restliche Flugstunde ein für Fastfood-Verhältnisse leckeres Chicken Curry.

Bali

Mit Bali verbindet man eindrucksvollen Hinduzere-
monien. Der Name steht für hypnotisierende Tanzvor-
führungen, bezaubernde Menschen, grüne Reisterrassen,
weiße Strände und atemberaubende Wellen. Wir sind
gespannt wie ein Flitzebogen, ob die Lobhudeleien der
Hochglanzbroschüren zutreffen. In uns steckt eine Menge Neugier auf ein Inselparadies, das sich australische
Urlauber mehrheitlich angeeignet haben.

Spät abends am 30. September landen wir auf dem
Ngurah Rai Airport in Denpasar. Und das Flugzeug verlassen, holen wir unsere Gepäckstücke ohne große
Drängelei an der Gepäckausgabe ab. Die Boing war nur
zur Hälfte besetzt. Und kaum raus aus dem Flughafengebäude, stürzt sich ein Schlepper auf uns, mit dem wir
zum Taxistand rauschen, prompt zahlen wir erstmals
Lehrgeld.

Das Aushandeln des Fahrpreises für die Fahrt nach
Kuta ist durch die balinesische Währung ungewohnt für
uns, so knöpft man uns siebentausend Rupien ab, umgerechnet acht Euro. Das ist eindeutig zuviel. Gerechtfertigt wären fünftausend Rupien gewesen. Mehr hätte
die Taxifahrt für drei Kilometer nach Kuta nicht kosten
dürfen.

Aber was soll's. Das Draufzahlen haben wir schnell
verdaut, denn Abzocke ist in Asien normal und legal.
Vergisst du in der Hektik die Preisvereinbarung, dann
wirst du bestraft. Dagegen hilft nur eins: Sich das Aushandeln ein für allemal einbläuen. Anderseits hat die

Taxifahrt nicht mal fünf Euro gekostet. Zuhause hält für das Geld kein Taxi an. Dennoch, die Episode über das Taxigewerbe musste sein. Leider wird uns das Problem während der Reise durch Ostasien wie ein Gespenst begleiten.

Wechseln wir das Thema, denn mehr als der Taxipreis schockt uns das kolossale Verkehrsaufkommen im Inselsüden. Der Lärm ist unmenschlich, denn das Kleinmotorrad ist des Asiaten liebstes Kind. Doch die Behauptung, dass den Banausen die Hupe an die Hand gewachsen sei, oder sie mit der Hupe auf die Welt kämen, das ist ein Gerücht.

Aber egal. Der enorme Lärmpegel gehört zu Bali. Die krankmachende Geräuschentwicklung durch die Liebe zum knatternden Zweirad, das ist ein asiatisches Phänomen. Wer sich für Ostasien als Reiseziel entscheidet, der plant das Getöse ein, und berücksichtigt die Quälerei für das Trommelfell.

Jedenfalls bringt uns das Taxi zum Sie Doi Hotel, in dem wir ein respektables Doppelzimmer beziehen und uns auffrischen. Danach machen wir uns auf die Socken zu einem Essen mit sich anschließendem Schlummertrunk. Wir trinken unser Standardgetränk, ein Bier mit Sprite Gemisch, dann sind wir reif fürs Bett. Doch wegen des Flugmarathons fällt das Einschlafen schwer, was am nicht abebbenden Auspufflärm und an den stumpfsinnigen Huporgien liegt.

Das Frühstück ist sehr gut. Wir können wählen zwischen europäisch und asiatisch, doch viel besser und interessanter ist die Beobachtung, die wir von unserem Esstisch tätigen. Eine Balinesin drapiert ein hübsches Spendentellerchen mitten auf die Kreuzung, dabei wird uns schlagartig bewusst, welch wichtige Rolle die Religion auf Bali einnimmt. Die heute praktizierte Form des Hinduismus ist für die Balinesen der Motor. Er bestimmt die Abläufe vom frühen Morgen bis zum späten Abend. Das religiöse Leben ist den Opferritualen unterworfen.

Ich finde, dem Treiben um den Hinduismus mit dessen Auswirkungen zuzuschauen, das macht den Reiz für Balireisende aus.

Dazu einige Hintergrundinfos: Wussten Sie, dass ungefähr 90 Prozent der Bewohner Hindus sind und 40 Prozent des Haushaltsvolumens in die Religion fließt? Das geht zu Lasten der Infrastruktur, was wir bei der Weiterreise auf den katastrophalen Straßen hautnah spüren werden.

Tja, so ist das mit den Religionen. Ich persönlich bin kein Freund von Glaubensrichtungen, von Göttern oder Götzenverehrung, deshalb bin ich Atheist. Deshalb finde ich die Opfergaben kitschig und fragwürdig. Bitte gestatten Sie mir den Seitenhieb, obwohl der albern klingt. Und wo bitte landet der Kladderadatsch? Doch sicher auf dem Müll. Diese Zukunftsproblematik zu hinterfragen, dass steht einem grünen Expolitiker zu.

Anderseits respektiere ich die Gewohnheiten der Inselbewohner. Ihr Umgang mit den Göttern ist zumindest interessant. Dazu ein nicht ernst gemeinter Kommentar: Mir persönlich hat der Hotelpool hervorragend gefallen. Den hatte ich vor dem Frühstück für meinen Frühsport genutzt.

Aber nun zu den Kuta-Aktivitäten. Die bestehen als erstes aus einem Spaziergang zum Strand. An dem beobachten wir eine Hochzeitsvorbereitung. Meine Tochter hätte ihre Freude daran gehabt, denn sie hat vor nicht allzu langer Zeit mit allem Pomp geheiratet, trotz eines heidnischen Vaters wie mich. Hier in einem imposanten Strandhotel zu heiraten, dass macht was her, keine Frage. Die Balinesen verstehen sich auf hübsche Dekorationen und begeisternde Darbietungen, sei's auf tänzerischer oder musikalischer Basis.

Besonders die Sandqualität des Strandes von Kuta ist über jeden Zweifel erhaben, außerdem erstrahlt dessen Länge in einer selten erlebten Unendlichkeit. Stundenlang mit nackten Füßen durch den feinen Sand und das seichte Wasser rauf und runter zu spazieren, das ist ein tolles Vergnügen. Gegen die intensive Sonnenbestrahlung cremen wir uns dick ein und setzen unsere Kappen auf.

Positiv ist: Die Masse an Urlaubern ist überschaubar. Es ist keine Hochsaison. Etwas störend dagegen empfinden wir die fliegenden Händler, die uns unnötigen Kram aufzuschwatzen versuchen. Leider gibt es viele von den aufdringlichen Gesellen. Dagegen wirken die Strandrestaurants erfreulich und einladend in ihrer bunten Aufmachung. Hübsch hat man sie für die berühmten Sonnenuntergänge zurechtgemacht. Wir gönnen uns eine Cola in einer farbenfrohen Lokalität.

Wunderbar anzuschauen ist mancher Sarong, feilgeboten von Frauen in der Landestracht, aber Angela als Opfer bleibt hart. Irgendwann gedenken wir, uns eins der dekorativen und praktischen Tücher zuzulegen, so zum Beispiel als Strandtuch, doch am ersten Tag?

O nein, das muss nicht sein. Wir warten ab und vergleichen die Angebote. Was die Einkäufe betrifft, da müssen wir sparsam mit der Reisekasse umgehen.

Auf dem Heimweg ins Hotel mieten wir für die Weiterfahrt nach Padang Bai die Mitfahrgelegenheit in einem Kleinbus für den nächsten Tag. Der Touristenschmelztiegel Kuta ist nichts für uns. Hier fühlen wir uns deplaziert, denn wir sehnen uns nach dem ursprünglichen Bali. Der Shuttlebus wird uns elf Uhr am Hotel abholen, jedenfalls verspricht man uns das hoch und heilig.

Ich denke, dass der Glaube daran Berge versetzen kann. Jedenfalls haben wir die Weiterreise mit dem erworbenen Kleinbusticket schriftlich und der Preis ist ein Klacks. Lausige zwölf Euro kosten die Fahrkarten für uns beide. Bali ist im Finanzbereich immer noch ein Billigland. Gut, das zu wissen.

Dass wir durch den Ticketkauf das Untergehen der Sonne verpassen, ist schade, aber der Bärenhunger siegt über den Augenschmaus. Priorität erhält der Besuch im Smyly Frog Restaurant. Das Essen ist in Ordnung. Wir als Gäste lassen uns auf Wunsch des Hauses knipsen, und wir sind damit einverstanden, dass das Photo auf einer Bildwand gezeigt wird. Warum auch nicht?

Dann bricht die Nacht herein. Die Sterne dominieren den Himmel. Was gibt es da besseres, als sich in die Hölle Kuta's zu wagen. Doch das Wagnis ist eher ein Ärgernis, denn Kuta besteht aus einer Ansammlung an hässlichen Großhotels. Die Klötze sind an Geschmacklosigkeit nicht zu überbieten, ebenso abscheulich ist das Vergnügungsangebot mit den teuren Restaurants und einer unüberschaubaren Masse an Klamottenläden und Souvenirbuden.

Doch wir kennen keine Resignation, denn glücklicherweise gibt es eine Ausnahme. Wir setzen uns mit mäßigen Erwartungen in ein Nachtlokal mit Live Musik, in dem die Band alte Klassiker der Popmusik spielt. Der Sänger wirkt mit seiner hochgestylten Mähne wild und ungezähmt. Irgendwie sieht er phantastisch damit aus.

In einer Auftrittspause treffe ich ihn in der Toilette. Er bringt seine Haare in Form und ich lobe ihn mit dem Daumen nach oben für seine Darbietungen. Er erzählt mir, dass er Indonesier wäre, aber in Australien leben würde, wonach die Oldies auch klingen.

Nach zwei langsam getrunkenen Mixgetränken, natürlich Bier mit Sprite, bezahlen wir, obwohl ich mit

Grausen an die bevorstehende Nacht denke. Unter der Mithilfe von Ohrstöpseln versuchen wir dem Lärm der Mopeds beizukommen, doch das vergebens, denn mein Einschlafen misslingt.

Trotz allem bin ich in Gedanken mit dem ersten Tag auf Bali zufrieden, obwohl das Treiben in Kuta meinen Idealvorstellungen nur bedingt entspricht. An Urlaubsparadiese stelle ich andere Anforderungen.

*

Das Schrottteil als Kleinbus holt uns am nächsten Vormittag zur Fahrt nach Padang Bai ab, natürlich eine halbe Stunde zu spät. Ich frotzele und das zynisch: „An Unpünktlichkeiten werden wir uns auf Bali gewöhnen müssen. Verspätungen scheinen normal im Transportwesen Ostasiens zu sein."

Der Bus ist besetzt mit neun Personen der verschiedensten Nationen. Meine Frau, mich und den Fahrer hinzugezählt ist die Buskapazität mit zwölf Personen ausgereizt. Padang Bai ist runde siebzig Straßenkilometer von Kuta entfernt. Das ist ein Katzensprung, sollte man meinen.

Vorerst aber ein dreifaches Halleluja, denn ich sterbe tausend Tode. Bei Überholmanövern versuche ich den Gegenverkehr auszuklammern. Ich schließe die Augen um nicht zu kollabieren und wende mich mit Grausen von den Zuständen auf der Landstraße ab. Bei mir wechseln sich Angstattacken mit Schweißausbrüchen ab, da der Fahrer wie der letzte Henker fährt, obwohl der überdimensionale Verkehr dem blanken Wahnsinn gleicht.

Bei Verkehrsunfällen sterben täglich acht Personen auf Bali, eine achtmal höhere Zahl an Toten gegenüber

Europa. Diese Information des Reiseführers quält mich während der Fahrt im Hinterkopf.

Doch trotz der gewagten Fahrweise des verhinderten Rennfahrers brauchen wir anderthalb Stunden bis Padang Bai auf den unterschiedlichsten und unübersichtlichen Verbindungsstraßen. Gott sei Dank, wir haben das Chaos überlebt. Dennoch hat sich das Busfiasko in mein Sicherheitsdenken eingebrannt.

„Ratsch", macht es, als ich aussteige. Was war das?

Leider bin ich mit meiner Short an irgendeinem Hebel oder Haken im Bus hängen geblieben.

„Scheiße", entfährt mir der typisch deutsche Fluch über den ekelhaften Riss im Gesäß. Aber das Beinkleid ist wichtig für den weiteren Reiseverlauf, denn ich bin nur mit einem Minimum an Shorts ausgestattet.

Was also tun?

Kommt Zeit, kommt Rat. Vorerst befinden wir uns am Busbahnhof zur Fähre nach Lombok, wo fast alle Mitreisende zu den Gili Partyinseln weiterreisen. Wir dagegen haben Padang Bai als Aufenthaltsort auserkoren, dessen Ursprünglichkeit hat uns zu dem Schritt bewogen.

War die Entscheidung gut?

Nach den ersten Eindrücken fällt der Ist-Zustand eher bescheiden aus, anstatt ursprünglich,. Padang Bai ist schmutzig. Die Umgebung ist zugemüllt. Wie erwähnt steht Bali vor einem riesigen Müllproblem. Für mich als Bauingenieur, der sich beruflich mit der Müllproblematik beschäftigt hat, ist der Zustand auf Bali ein Schlag ins Gesicht. Old Germany ist fortschrittlicher. Unser Heimatland nimmt die Vorreiterrolle bei der Mülltrennung und Verwertung in Anspruch. Wann begreift die asiatische Entwicklungsregion, dass der Missbrauch beim Umgang mit Plastiktüten eine Gefahr für den Lebenskreislauf darstellt und eine Geisel der

Menschheit werden kann? Und was macht man in Padang Bai? Man schiebt das Problem beiseite.

Trotz des Negativeindrucks bummeln wir durch verwinkelte Gassen, denn wir brauchen eine Bleibe, dabei kommen wir an vielen mit elefantenähnlichen Skulpturen versehenen Häusern vorbei. Im altertümlichen Ortsbereich tun sich die schönen Seiten des ausgewählten Städtchens auf. Die gefallen uns sehr. Unser Wahlspruch lautet: Den Dreck nicht beachten. Und dass das klappt, darauf setzen wir unsere Hoffnungen, denn wir denken positiv.

Aber etwas anderes, nicht minder unangenehmes, tut sich auf? Es sind die vielen Kampfhähne, die in ihren Korb-Kerkern überall herumstehen, und das in der prallen Sonne. Hahnenkämpfe seien verboten, das habe ich im Reiseführer nachgeblättert. Doch wer hält sich dran? Auf Bali niemand.

Wie in Kuta den Lärm, so verdränge ich hier die Themen Dreck und Kampfhähne, prompt stellt sich der Erfolg ein bei der Unterkunftssuche. Blitzschnell ist die im Lonely Planet angepriesene Hüttenanlage mit ihren exotischen Pflanzen und Bäumen und dem wohlklingenden Namen „Billabong" gefunden.

O Mann. Die hochhinausragenden Strohhütten sind eine optische Augenweide mit ihren geschwungenen Dächern und den leuchtenden Reisstrohwänden, woraus auch eine kleine Bank und ein Sekretär angefertigt sind. Ansonsten ist die Aufmachung spartanisch. Eine steile Treppe führt hinauf in den Schlafbereich mit Bett und Moskitonetz und unten ist der Sanitärtrakt, in dem die Wasserspülung nicht funktioniert und das Waschbecken leckt.

Der Preis pro Nacht ist dagegen spottbillig. Das schräge Häuschen kostet acht Euro, inklusive Frühstück. Doch leider ist das weniger bombastisch, denn es besteht aus einer Tasse Kaffee, dazu zwei Scheiben staubtrockenem Toast und etwas Honig. Aber die Anlage strahlt eine himmlische Ruhe aus und ist damit anheimelnd. Nur zwei weitere Hütten sind bewohnt.

Tja, was bedeutet diese Auslastung? In Padang Bai ist nicht gerade der Teufel los.

Wir akzeptieren das Frühstücksangebot und beklagen uns nicht, stattdessen testen wir den Strand Blue-Lagoon. Auf den ersten Blick ist er wunderschön und einladend. Tückisch sind glitschige Steine und unsichtbare Löcher auf dem Weg ins tiefere Wasser. Ich falle fürchterlich auf die Fresse und prelle mir dabei zwei Finger der rechten Hand.

„Das fängt ja gut an", murmele ich mit Groll und lege meine Badewünsche an ad acta. Für die entgangenen Badefreuden kann mich höchstens ein gutes Essen entschädigen. Das erhoffe ich mir im Restaurant mit hohem Urlauberzuspruch. Und das zurecht, denn hinterher stellen wir fest: Es war ein leckeres Chicken Curry.

Nach dem Essen machen wir einen Rundgang durch die Botanik, dann lassen wir den Abend mit dem üblichen Bier und Limo Gemisch in einem netten Lokal ausklingen. Ein abwechslungsreicher Tag mit einigen Anstrengungen liegt hinter uns. Der zwingt uns relativ früh in unser Bett mit Moskitonetz.

Doch auch in Padang Bai schläft meine Frau sehr schlecht. Sie wird von den Schiffssirenen der Fähren nach Lombok und zu den Gilis wachgehalten, und die tuten relativ häufig.

*

Den nächsten Tag beginnen wir gelassen. Zuerst erstatten wir dem von mir nicht sonderlich geliebten

Strand einen Besuch, immerhin sind die Voraussetzungen gut, um sich in der Sonne zu aalen. Auf dem Sarong liegend und in losgelöster Stimmung, gebe ich meinen Gedanken Freigang.

Herr im Himmel, mir geht es verdammt gut. Meine hervorragende körperliche Verfassung schmeichelt mir durch den Kopf. Ich bin bis auf die Prellungen beschwerdefrei. Mein Herz hat die Qualität eines Jungspundes, das hoffe ich zumindest, und mein Kreislauf gleicht dem eines Leistungssportlers. Und weiter denke ich: Wir werden ein halbes Jahr unterwegs sein, insoweit ist alles easy. Wenn nicht auf Bali, wo sonst kann es mir gelingen, das Leben in vollen Zügen zu genießen. Im Sonnenparadies entgehen wir der Horrorberichterstattung über den Zustand der Welt. Sehe ich über die Schwachpunkte der Insel hinweg, dann verbringen wir hier beschauliche Tage.

Über den nächsten Tag nachdenkend, beschließen wir einen Abstecher nach Ubud, das ist das künstlerische Mekka der Insel. Als wir vom Strand in den Ortskern zurückgekehrt sind, ordern wir die Mitfahrt in einem Minibus für den Ausflug, Unkostenpauschale zwölf Euro. Und die Formalitäten festgemacht, überrascht uns ein Regenschauer. Und der hat es in sich, sodass wir uns unterstellen müssen.

Doch das tun wir nicht lange, dann geht's weiter durch den Regen. Nach dem sonnenüberfluteten Badeaufenthalt empfinde ich den kühlenden Schauer als angenehm. Ja, auch auf Bali regnet es ab und an, nicht nur in der Regenzeit.

Aber nun weiter im Text. Wir landen pitschnass in einem Restaurant mit Jamaika Flair. An der Theke nehmen einen Drink zu uns, dann entscheiden wir uns für den Schachzug, uns an einen Tisch zu setzen und die Speisekarte zu studieren. Und siehe da, es gibt ein Chicken-Curry, und das ist eine Spur besser, als das des Vorabends. Es ist das bisher perfekteste Curry auf Bali. So ist es wenig verwunderlich, dass wir das Jamaika-Restaurant zu unserem Stammlokal ausrufen.

Hinterher bringe ich meine kaputte Hose zur Schneiderei. In der verspricht mir die Näherin mit Händen und Füßen, der Riss sei am folgenden Abend genäht. Sie spricht kein englisch, daher kann ich ihre asiatischen Laute nur in diese Richtung deuten, aber mein Vertrauen in die Glaubwürdigkeit des Versprechens ist ungebrochen.

Den Abend verbringen wir in der Kneipe am Ende der Straße. Es ist ein Lokal nach dem Geschmack europäischer Touristen, im balinesischen Folklorestil rausgeputzt, doch seltsamerweise spielt und singt ein spanischer Gitarrist.

Wir als La Gomera Fans kennen die Gesangsstücke in und auswendig. Manchen Song haben wir so oft gehört, dass er uns schon zum Hals heraus hängt. Schade ist der geringe Zuhörerzuspruch, daran bestätigt sich: Padang Bai genießt nicht den Ruf einer Touristenhochburg. Der Ort ist die Durchgangsstation für die Überfahrten nach Lombok.

Unseren Ausflug nach Ubud starten wir mit einer dreiviertelstündigen Verspätung. Noch dazu fährt das Taxi einen Umweg. Wir sind für die einstündige Strecke zwei Stunden unterwegs. Erschwerend kommt hinzu, dass auf der Insel ein religiöses Fest gefeiert wird, auf das sich die balinesischen Männer mit einer weißen Mütze als Kopfschmuck einstimmen.

„Das Fest des Geistes", nennt es der Fahrer. Jedenfalls ist das Verkehrsaufkommen katastrophal. Wir dringen nicht bis zum Ortskern vor, so gehen wir den Restweg zu Fuß. Tja, und was bringt uns der Ausflug?

Dessen Bewertung ist Geschmackssache, denn bis auf Ausnahmen hängt in den Gemäldegalerien sehr viel Mist für die Touristen. Der übliche Ramsch. Natürlich sehen wir nur einen kleinen Teil des Kunstangebotes, denn die Masse an Galerien zu besichtigen, das fällt allein aus Zeitgründen flach. Immerhin kaufe ich mir als Andenken an Ubud zwei ärmellose T-Shirts mit dem Elefanten-symbol.

Beim Auspacken habe ich festgestellt: Meine Anzahl an T-Shirts ist knapp bemessen.

Danach ist eine Nahrungsaufnahme angesagt. Nach kurzer Sucherei finden wir ein Cafe, bei dem Pfannkuchen auf der Speisekarte stehen. Unser Gaumen freut sich über den Hochgenuss. Hoffentlich ähneln sie den Meinigen zuhause?

Sie waren sehr gut und ich habe zwei verspeist, daher gehen wir gesättigt zur Hauptstraße, auf der wir sogar zu Fuß viel Zeit verlieren, denn der Verkehr steht. Wir zwängen uns an der Blechlawine vorbei durch die verstopften Innenstadtstraßen, doch ausnahmsweise wird nicht gehupt, für mich eine balinesische Sensation. Der religiöse Feiertag macht's möglich.

Nach der Herkulessaufgabe erreichen wir das Ziel, den Monkey Forrest Park. Den kennt man durch unsere ihr Unwesen treibenden Artverwandten. Die Aufpasser versuchen die Affen am Diebstahl der Handtaschen unvorsichtiger Touristen zu hindern, was eine Atmosphäre voller Witz und Schabernack erzeugt. Alles in allem ist der Aufenthalt ein von nicht enden wollendem Gelächter geprägtes Ereignis, dazu erzeugen das baumreiche Gelände und der einer Klamm in den Alpen ähnelnde Verlauf des Baches heimatliche Gefühle. Wie sich das Wasser durch die Felsen quetscht, das ist eine optisch sehr ansprechende Konstellation.

Und das war's. Ehe wir uns versehen, ist die Zeit in Ubud vorbei. Der Tag ist zumindest halbwegs ausgereizt, aber wir müssen uns um die Rückfahrt kümmern. Wie jedoch finden wir ein Taxi an diesem Feiertag? Fährt überhaupt eins?

Erste Versuche schlagen prompt fehl, doch durch weitere Bemühungen ordern wir den Taxifahrer, der uns in einer Stunde praktisch bis vor unsere Haustür fährt. So soll es sein. Der Mann hat einen Orden verdient.

Wir machen uns schnell frisch und eilen in unser Stammlokal, in dem wir das Nasi-Goreng probieren. Es schmeckt hervorragend. Bei weitem nicht so langweilig wie die Fertiggerichte in den Restaurantketten europäischer Einkaufspaläste. Es ähnelt dem Chicken-Curry des Vortages.

Der übliche Schlaftrunk muss entfallen, denn der Gitarrist genießt seinen Ruhetag, daher beschäftige ich mich als Abendvergnügen mit meinem Reisetagebuch und knipse kurz nach zwölf das Licht aus.

Das spärliche Frühstück verfeinern wir mit Butter. Trotz schlechter Englischkenntnisse der Frühstücksbeauftragten verschaffe ich uns Butter für den Toast, und das mit Hand- und Fußakrobatik, was den Erfolg bemerkenswert macht. Nichtsdestotrotz wundere ich mich. Warum lernt die Frau kein englisch?

Nun ja, sie ist nicht mehr die Jüngste. Trotz allem ist die Platzherrin die Freundlichkeit in Person.

Einigermaßen satt ziehen wir los und mieten ein Taxi für die Weiterreise am nächsten Tag. Wir wollen den Norden Balis mit unserer Anwesenheit beehren. Bis dahin bleibt uns ein ganzer Tag, daher reagieren wir auf den Tipp des Taxivermieters, den südlichen Strand des Ortes aufzusuchen, zu Fuß eine halbe Stunde.

Somit beginnt er, der ganz normale Wahnsinn. Als wir bei der Schneiderei vorbeieilen, sehe ich meine Jeanshose unberührt daliegen, wie am jüngsten Tag. Wie kann das sein? Zu meinem Erstaunen höre ich, dass ich nach-mittags reinschauen solle.

Aha, jetzt soll sie am Nachmittag fertig sein. Verstehe ich das richtig? Kann ich das glauben? Auf Bali herrschen ungewöhnliche Zeitvorstellungen.

Aus Frust bekomme ich unbändige Lust auf einen Glimmstängel, was mich schmerzt. Ich war mir einhundertprozentig sicher, dass ich das Verlangen überwunden habe, aber unter Stress bin ich anscheinend anfällig für Kehrtwendungen. Bekommt die Tabakindustrie eine Chance?

O nein, ich bleibe knochenhart. Mein Suchtknubbeldasein ist vorbei. Durch den Infarkt habe ich den Tabakmissbrauch erfolgreich in die Schranken verwiesen und für allemal beendet. Zudem weiß ich nicht, woher ich eine Zigarette bekommen könnte.

Das Thema Rauchen kurz und schmerzlos abgehakt, gehen wir einen Umweg zum Strand, dadurch kommen wir durch eine sehenswerte Landschaft.

Als wir den beabsichtigten Strandabschnitt erreichen, knallt die Sonne erbarmungslos vom Himmel. Ich befriedige meinen Nachholbedarf an Schwimmaktivitäten, ja, ich tobe wie ein Kleinkind durch die sich auftürmenden und dann brechenden Wellen. Aufgeheitert verbanne ich die Gedanken an das Rauchen entgültig aus meinem Leben.

Doch das ausgiebige Badevergnügen macht hungrig. Wir setzen uns in die Essbude hinter den von uns ausgelegten Handtüchern und essen Pfannkuchen. Je eine Cola dazu getrunken, kostet das Festmahl zwei Euro siebzig. Wie können die Budenbetreiber davon leben? Preiswerter haben wir bisher nirgendwo gespeist. Aber danach heißt es Vorsichtsmaßnahmen zu ergreifen. Es besteht Sonnenbrandgefahr, trotz Sonnencreme und des schattenspendenden Baumes.

Also sind wir vernünftig. Wir brechen das Sonnenbad ab und wählen den Heimweg bei der Schneiderin vorbei.

Stockschwere Not, was macht die gute Frau mit mir? Ich bin am Boden zerstört, denn die Prinzessin an der Nähmaschine vertröstet mich auf den Abend. Die hat sie doch nicht mehr alle. Ist sie von allen guten Geistern verlassen? Mein Geduldsfaden ist dem reißen nahe. Aber mir sind die Hände gebunden, denn ich bin von ihr abhängig..

In angekratztem Zustand gehen wir weiter, bis wir vor einem Briefkasten stehen. Der hängt total verstaubt vor dem geschlossenen Postamt. Ist das Ding überhaupt in Betrieb?

Ich nehme an, dass er seit Wochen nicht geleert wurde, daher wachsen meine Zweifel am Kartenversand. Mich nervt die Frage: Werfe ich die Ansichtskarten ein, oder besser nicht? Viel Risikobereitschaft ist verlangt. Doch da es keine Alternative gibt, wage ich den Vorgang, und die Karten sind tatsächlich zuhause angekommen.

In unserer imposanten Hochhütte geduscht, natürlich kalt, naht der Abend, daher machen wir uns erneut auf den Marsch zur Schneiderei. Am nächsten Tag reisen wir ab und ich brauche die Hose. Doch bei der Schneiderin angekommen, liegt meine Short wie die unbefleckte Empfängnis am selben Platz. Das Beinkleid ist alles andere als fertig.

So nicht, plustere ich mich auf. Ich bin wütend und verlege mich auf unmissverständliche Drohgebärden. Wie ein Kampfschwein stehe ich vor der Schneiderin, bis die Aktion mit der Hose nach drei Minuten fertig ist.

Na also. Warum nicht gleich so? Und sie kostet drei Euro fünfzig. Das ist für das Machwerk viel zu viel, noch dazu ist sie unbefriedigend ausgefallen.

Ich bin immer noch mächtig geladen, als wir unser Stammlokal aufsuchen, in dem wir diesmal Sate-Spieße mit Gemüse und weißem Reis essen. Dann wechseln wir in das Lokal Sunshine hinüber. Am Strand hatte man uns einen Flyer in die Hand gedrückt, der uns auf den Auftritt einer Band aufmerksam gemacht hat. Erwartet uns ein musikalischer Leckerbissen?

Die Burschen sind nicht schlecht, aber die Stimmung ist mau. Als Zeitvertreib unterhalten wir uns mit einer Frau aus München, die seit fünfzehn Jahren ihren einmonatigen Urlaub in Padang Bai verbringt, und mit einem Typ, ebenfalls aus München, der aber nicht liiert ist mit der bayrischen Grazie. Bali scheint bei Bayern hoch im Kurs zu stehen. Und sie ist Kettenraucherin. Leider, leider. Das Thema Qualmen hatten wir vor ein paar Stunden durchgekaut.

Ich befreie mich von den Rauchschwaden und gehe mit meiner Frau heim, wo ich auf dem Bett der Hochhütte die Tageserlebnisse verarbeite. Die schreibe ich ins Reisetagebuch, danach gehört auch der 5. Oktober zu einer lebhaften Vergangenheit.

Am Morgen, ich bin gerade aufgestanden, höre ich meinen Namen. „Ros", ruft ein Mann die englische Ausdrucksweise meines Nachnamens.

Der Taxivermittler entschuldigt sich vielmals, dann unterbreitet er mir eine Fahrzeitänderung. Statt der verabredeten zehn Uhr könne er erst zwölf Uhr über das Taxi verfügen.

Verdammter Mist. Ich grolle zwar, finde mich aber mit der verspäteten Abreise ab, denn wenn wir etwas haben, dann ist es Zeit. Aber was machen wir bis dahin?

Wir gehen eine Runde durch den Ort, dabei weichen wir den Vorbereitungen eines Hahnenkampfes nicht aus. Ohne uns zu beachten und direkt an einer vielbefahrenen Durchgangsstraße, machen die Besitzer der Hähne ihre gefiederten Gladiatoren scharf. Das geschieht durch streicheln und anpusten. Damit wecken sie den Stolz der Hähne und deren Kampfeslust.

Und was tue ich? Ich ziehe den Schwanz ein und wende mich angeekelt von der Gier nach Blut und Tod ab. Nun ja, der Mensch ähnelt sich überall auf der Welt. Hier auf Bali ist es der Hahnenkampf, in Spanien der Stierkampf.

Dann ist der Magen auf die lange Taxifahrt vorzubereiten. Als wirksam erweisen sich die beliebten Pfannkuchen, dabei grübele ich über meinen Gesundheitszustand: Bisher habe ich keinerlei Negativanzeichen im Herzbereich und Kreislaufsystem registriert. Ich bin nach langen Märschen nicht außer Puste. Mein Herz schlägt regelmäßig wie ein Uhrwerk und mein Blutdruck ist im ordentlichen Bereich. Die Sorgen über Rückschläge sind unbegründet, solange ich meine Tabletten schlucke. Doch ist das Zwischenergebnis relevant? Wir sind gerade mal eine Woche unterwegs.

Es ist halb zwölf. Wir gehen zur Hütte zurück, an der uns der Taxivermittler bereits erwartet. Hastig packen wir unsere Sachen in die Rollkoffer, die wir in sein Fahrzeug laden, wobei uns der Vermittler hilft.

Dann, wir sind ein Stück außerhalb des Ortes, staunen wir kolossal, denn der Taxivermittler verfrachtet uns zu einem jungen Mann in dessen altersschwaches Taxi. Perfekte Organisation ist das nicht. Aber was soll's. Lamentieren hilft wenig. Wir haben keine Wahl.

*

Die lange Taxifahrt nach Lowina im Norden Balis ist angebrochen. Im Taxiinneren laufen mir Schweißrinnsale als Sturzbäche übers Gesicht und den Nacken hinunter. „Nur nicht ausrasten", murmele ich in mich hinein, dabei bemühe ich mich, die Nerven im Zaum zu halten. „Genieße die Aussicht", beruhigt mich meine Angetraute.

Das hilft. Ich bin wieder in der Spur. Endlich habe ich begriffen, welch ein Glück es ist, dass ich mich überhaupt auf dieser Reise und auf Bali befinde. Auf der Strecke durch herrliche Reisterrassen ist Trübsalblasen ein Sündenfall.

Während einer Pause des Fahrers besichtigen wir eine Wassertempelanlage. Dessen Ambiente hatte Padang Bai nicht zu bieten. Und wieder unterwegs auf der Küstenstraße in Balis Norden lässt der Verkehr nach, daher kommen wir gut voran. Es ist geschätzt zwei Uhr, als wir den Taxifahrer bitten, an einer netten Apartmentanlage anzuhalten. Eine Aachener Freundin hatte uns das Schmuckstück als Aufenthaltsort ans Herz gelegt. Doch Scheibenkleister, das hochgelobte Ressort ist fest in Schweizer Hand und ausgebucht.

Ein Gast zeigt uns den herrlichen Garten mit dem geschmackvollen Hauptwohnhaus, wobei ich ihn verwundert frage: Wo ist der Pool?

Fehlanzeige. Auch der Strand ist steinig. Irgendwie ist es zwar schade, aber ich bezweifle, dass wir uns unter der Horde Schweizer wohlgefühlt hätten. Man hat ja keine Vorurteile.

Kurz nach vier Uhr nachmittags erreichen wir Lovina an der Nordküste Balis. Dort fährt uns der Taxiboy zu einer Anlage, die jedoch missfällt uns und ist sauteuer. Erst als er uns vor einer Lonely Planet Reiseführerempfehlung absetzt, sind wir zufrieden. Die hat was, nicht nur wegen des Pools. Das riesengroße Zimmer ist zwar in die Jahre gekommen, aber in ihm fühlten wir uns frei und beschwingt, außerdem bezahlen wir achtzehn Euro für die Nacht. Zwölf Euro weniger als in der vorherigen. Den Schachzug, die Unterkünfte vor Ort auszuwählen, behalten wir bei. Der ist wichtig und hat sich auf früheren Reisen bewährt. Eine Bleibe muss schließlich in allen Belangen zusagen.

Es war ein anstrengender Tag, trotz allem traben wir wohlgelaunt in ein Restaurant, in dem man den Sonnenuntergang genießen kann. Mir gelingen atemberaubende Fotos.

Bei dem sich anschließenden Abendspaziergang erschreckt uns die vor Schmutz und Unrat triefende Dorfbebauung des muslimischen Zentrums. Wir treffen auf finster dreinblickende Moslems, die vom Fischfang leben, und uns wird mulmig. Wir sind beeinflusst von der heimischen Negativberichterstattung. Aber ist das ungute Gefühl begründet?

Das Gegenteil ist der Fall, denn die Bewohner finden schnell heraus, dass wir zwei harmlose Streuner sind, die ohne schlechte Absichten durch ihr Dorf streifen. Sofort hellen sich deren Mienen auf und sie zeigen uns ihr freundliches Gesicht.

Ein ungutes Gefühl erzeugt ein lautstarkes Telefongespräch mitten in der Nacht, wahrscheinlich geführt von einem besoffenen Australier. Es ist ärgerlich, weil seine Lautstärke unnötig ist. Warum tut uns das der einzige Mitbewohner an?

Am Morgen, als ich mir den Mistkerl zur Brust nehmen will, ist der Mann ausgeflogen. Also sitzen wir relativ unausgeschlafen am Frühstückstisch und essen French Toast. Der Toast ist okay, umso weniger der Kaffee, denn der schmeckt scheußlich. Leider ist auf Bali kein gescheiter Kaffee zu bekommen.

Am zweiten Tag gehen wir gemütlich den Strand entlang zum Fischerdorf der Hindus. Die leben ärmlich und schwimmen im Dreck. Von uns unerwünscht, bekommen wir hautnah vorgeführt, wie ein lebendiges Hausschwein mit Paketband verschnürt wird, dabei brechen die Männer dem armen Tier die Beine, doch das stört sie nicht. Auch nicht das Quieken der geschundenen Kreatur. Tierschutz ist im asiatischen Raum so gut wie unbekannt, aber in Europa geht es Nutztieren nicht besser.

Hat man die richtige Einstellung zu den Gepflogenheiten der Bewohner Balis gefunden und kann damit umgehen, dann ist es auf der Insel durchaus lebenswert. Die Menschen sind freundlich und zuvorkommend, das Klima ist auch bei hohen Temperaturen sehr angenehm. Und um beim Schwein zu bleiben, mir gefällt das Leben auf Bali saugut.

Und zu dem Wohlfühleffekt gehört auch ein fauler Nachmittag. Den verbringen wir am Pool, denn der gehört uns ganz allein, welch ein Luxus. Danach verköstigen wir uns in der Billigrestaurantecke. Mein Gericht mit Mie-Nudeln kostet ein Euro siebzig, Angelas Fischcurry drei Euro vierzig. Teuer auf Bali sind nur die Getränke.

Beim Strandgang haben wir einen Sarong für Angela erhandelt. Erhandelt ist übertrieben, eher war's eine gute Tat, denn mit acht Euro für das farbenfrohe Stück Stoff kommt die ihn verkaufende Frau sehr gut weg. Und den späten Abend krönen wir mit dem Besuch einer Musikkneipe. In der Bar spielt eine für Bali typische Liveband. Und das ausschließlich Oldies, und die gehen wunderbar ins Ohr.

Der nächste Tag lebt vom Spendenbrimborium mit den festlich gekleideten Insulanern. Wir halten uns im Hintergrund, denn wir wollen nicht provozieren. Bei den Feierlichkeiten landen gekochte Hühnerbeine, Eier, Gebäck, und was weiß ich alles, in bunten Schalen auf einem großen Altar am Meer. Doch Gläubigkeit hin oder her, letztlich enden die Spenden auf dem Müll. Übrigens hätte ich gern eins der Eier zum Frühstück verspeist.

Bei dem sich anschließenden Spaziergang fotografiert uns eine weibliche Touristin. Sie findet, wir wären ein wunderbares Paar. Als wir vom Strand ins Landesinnere abbiegen, registrieren wir so etwas wie Wohlstand. Ab und an hat sich eine nagelneue Reihenhausansiedlung angesiedelt, die erinnert in der holländischen Bauweise ans schlüsselfertige Bauen.

Der 9. Oktober ist unser Ausflugstag. Zuerst schwimme ich ausgiebig, dann wird gefrühstückt, diesmal gemeinsam mit zwei weiteren Pärchen, doch für ein Schwätzchen bleibt keine Zeit. Wir müssen uns beeilen, da der Taxifahrer wartet. Es ist der junge Mann, der uns aus Padang Bai abgeholt hatte.

Die erste Station ist der Hindutempel Whara Brama Arama. Am Eingang bindet uns der Fahrer einen der ausgelegten Sarongs um die Hüften, um unsere nackten Beine zu bedecken. Mit der Aufmachung lassen wir uns von ihm knipsen, mit erhobenen Daumen. Das Photo schicken wir meiner Tochter mit Whatsapp zum Geburtstag. Du bist toll, mein Töchterchen. Das soll das Bild symbolisieren.

Danach fahren wir nach Hot Springs. Dort nehmen wir ein Bad im Becken mit warmem Quellwasser und stellen uns unter die mit allerlei sagenumwogenem Getier verzierten Rohrzuflüsse. Das beruhigt und tut gut. Leider kommen Zweifel auf. Entspricht das Wasser dem Reinheitsgebot?

Das betrifft speziell das Wasser in den Duschen, denn die Indonesier benutzen es zur Körperpflege inklusive Kopfwäsche. An einer der vielen Verkaufsbuden auf dem Weg zum Taxi erhandele ich den zweiten Sarong, diesmal einen für mich. Ich habe ihn nicht erworben, sondern ersteigert, das ist die richtige Wortwahl. Mit zehn Euro erzielt die Verkaufsfrau den Höchstgewinn, es ist erneut viel zu viel. Er sei hundertprozentig aus reiner Seide, aber sicher bin ich mir nicht.

Und weiter fahren wir durch sattgrüne und imposante Reisterrassen zu einer frisch angelegten Plantage, auf der man das komplette Gewürzsortiment der Insel angepflanzt hat. Während der geführten Rundwanderung erklärt uns ein Mädel die Beschaffenheiten und Merkmale der unterschiedlichsten Pflanzen. Das tut sie im verständlichen Englisch. Wir schnuppern an Zimtstangen, an Nelken und an allerlei anderen Gewürzen. Auch Kaffeepflanzen sind auf Bali beheimatet.

Hinterher werte ich es als Erfolg, dass ich das gesamte Grünzeug der Insel besser auseinander halten kann. Und um mich zu bedanken, lade ich das Mädel beim Abschied zu einem Glas Saft ein, dabei fotografiere ich es als Erinnerung an der Seite meiner Frau.

Gut gestärkt geht es am Lake Buyen vorbei, bis wir bei den an der Straße wild herumtollenden Affen verweilen. Hier verhält sich die Rasselbande wie die Kollegen in Ubud. Danach besuchen wir eine weitere Tempelanlage, doch die zieht uns weniger in ihren Bann, trotz ihrer bombastischen Größe. Die heißt Pura Ulan Danu, oder so ähnlich. Nun ja, wir sind müde von der langen Tour, deshalb ist es viel verlangt, sich die Namen der Sehenswürdigkeiten einzuprägen.

Gegen das Abschlaffen ist ein Imbiss nötig. Den nehmen wir oberhalb des letzten Ziels zu uns, dem Wasserfall Gitgit. Dort nervt, dass wir uns an den unzählbaren Verkaufsbuden mit Schuldgefühlen vorbeistehlen müssen. Zu dem Thema gibt es nur eine Strategie: Abgebrüht werden.

Schlussendlich hat die beschwerliche Taxifahrt eine Menge Substanz aufgebraucht. Wir sind wir heilfroh, als uns der sympathische Taxifahrer vor unserer Anlage absetzt. Doch bevor wir uns von ihm verabschieden, bedanken wir uns mit einem ordentlichen Trinkgeld. Der achtstündige Autoabstecher durch den Norden hat Bali in ein bezauberndes Licht gerückt und alles in allem siebzig Euro verschlungen. Welche Fahrtstrecke bietet man in der Heimat für den gleichen Preis an?

Eine Besichtigungsrundreise über einen vollen Tag wohl kaum. Ich denke: Für diese Summe war es ein herausragender Ausflug.

Nichtsdestotrotz hat die Investition unseren Tagessatz gesprengt. Das hindert uns aber nicht daran, uns zwei Cocktails in der Rockkneipe zu genehmigen, diesmal mit Reggae-Musik und einem ausgelassen tanzenden und jungen Publikum. Man akzeptiert uns respektvoll, denn meine Frau und ich sind ein tolles Paar, trotz der gehobenen Altersklasse. Die Tanzenden lassen sich von uns angehende Greise nicht stören. Unsere Stimmung und die der Reggaefans ist dermaßen phantastisch, dass das Tanzvergnügen an Ekstase erinnert.

Die letzten Stunden in Lovina gehören einem endlosen Strandmarsch und einem sich anschließenden Poolaufenthalt. Ich plansche im Becken herum, und da wir allein sind, um so ausgelassener. Meine Bewegungen gleichen keinem Delphin, aber turbulenter als die einer Schildkröte sind sie allemal.

Danach überkommt uns Abschiedsmelancholie. Wir gehen ins Strandrestaurant, in dem wir ein letztes Mal den schönsten Sonnenuntergang der Insel beobachten, zu dem Fischerboote eine malerische Kulisse bilden. In meiner Euphorie bestelle ich Chicken Wings mit einem Vanille Shake, prompt berappe ich zwölf Euro. Der Preis ist überzogen, gar unverschämt, aber gerechtfertigt durch die Spitzenlage gerechtfertigt, berücksichtigt man den begeisternden Sonnenuntergang. In Anlehnung daran, dass es unser Abschiedsabend ist, besänftige ich meine sich anbahnende miese Laune. Was ist schon Geld gegen ein ausgefülltes Leben.

Wir haben sehr schöne Tage in Lovina verbracht. Als Ausklang bestellen wir den Shuttlebus nach Sanur für den nächsten Vormittag. Und die Fahrt in trockenen Tüchern, besuchen wir ein Beach-Volleyball-Turnier. Es muss bekannt sein, dass das Fernsehen vor Ort ist, denn es wimmelt von Zuschauern. Wir bewunderten die Qualität des Spiels und trinken eine Kleinigkeit.

Der 11. Oktober ist ein Samstag. An dem reisen wir nach Sanur weiter, zur vierten und letzten Station auf Bali. Sanur ist der Geheimtipp für geruhsame Badetage. Zu dem Aufenthalt haben wir uns ohne große Not, also aus Überzeugung durchgerungen.

Vier Uhr in der Nacht weckt uns ein Klopfen an der Tür. Der Irrtum ist peinlich für den Skipper, der die Nachbarn zu einer Delphintour abholen will. Er hat versehentlich an unsere Tür geklopft. Ich fluche leise vor mich hin, aber mancher Mist passiert nun mal.

Der Shuttlebus ist pünktlich. Er hat zehn Mitreisende an Bord. Er fährt ein längeres Stück auf der uns vom Ausflug bekannten Strecke, dann erreichen wir die Stadt Denpasar. Der Bus quält sich durch die Hauptstadt und erreicht den Küstenort.

Am Endhaltepunkt eingetrudelt, verabschieden wir uns mit einem freundlichen Händedruck von den Mitreisenden und das in der prallen Mittagshitze. Mir ist von der kurvenreichen Strecke schlecht. Um das Unwohlsein zu bekämpfen und wieder halbwegs durchzublicken, setzen wir uns in ein Cafe. In dem verarbeiten wir die Erschwernisse der Fahrt durch ausreichend Ruhe, mit einer Cola und den von uns heiß geliebten Pfannkuchen. Aber die Zeit drängt, denn wir brauchen eine Unterkunft.

Zuerst macht sich Angela auf die Suche. Sie klappert Adressen aus booking.com in unmittelbarer Nähe ab, doch kein Zimmer trifft ihren Geschmack. Danach ziehe ich los und komme zu der weit entfernten Anlage. Die wäre okay, aber fünfunddreißig Euro für das Zimmer sind zu teuer, dazu ist die Baustelle um den Komplex herum inakzeptabel.

Ich bin platt von der Hitze, als ich meine Partnerin nach einer Stunde unversehrt wiederfinde.

Nach eingehender Beratung und einer weiteren Cola, bewegen wir uns ins Ortzentrum. Die Kurzstrecke legen wir mit einem Uralttransportmittel zurück, einem museumsreifen Schrottteil, das die Hauptstraße auf und ab fährt. Ab da wird's ernst. Leider ist die in Traumlage angesiedelte und mit wunderbaren Zimmern ausgestattete Anlage ausgebucht. Wir müssen auf eine Notlösung für siebzehn Euro ausweichen, obwohl die an der Straße liegt und die ist bekanntlich laut. Zu guter Letzt beseitige ich eine Kakerlake und damit ist das Zimmer bezogen.

Durch die Sucherei ist es spät geworden. Uns quält der Hunger. Und obwohl das Essensangebot riesengroß ist, essen wir abermals balinesisch. Ein nettes Esslokal hat kolossalen Eindruck auf uns gemacht, aber das Essen ist wenig berauschend. Woran es liegt? Eventuell an der Baliküche oder an unserer Appetitlosigkeit? Vielleicht brauchen wir eine Geschmacksumstellung?

Morgen essen wir italienisch. Das beschließen wir hinterher, keineswegs entmutigt.

Vor dem Schlafengehen töte ich eine zweite Kakerlake, eine widerliche Beschäftigung, dann ist der Tag gelaufen, doch der Einschlafversuch misslingt abermals durch den bombastischen Mopedlärm. Obwohl ich die wertvolle Gabe besitze, mich überall problemlos einleben zu können, drehen sich meine Gedanken in der Ekelbude nur um ein Thema: Ich will keine Kakerlaken mehr töten, also werden wir in ein neues Zimmer umziehen.

Am Frühstückstisch bestelle ich einen Teller Rührei für meine Frau hinzu, dann druckse ich herum und stochere lustlos im Müsli. Um den Tag zu retten, gebe ich mir einen Ruck und offenbare meiner Angetrauten die Umzugswünsche.

Meiner Frau ist nicht nach einem Umzug zumute. Sie schüttelt den Kopf, doch nach längeren Überlegungen willigt sie halbherzig ein. „Na gut, machen wir's", sagt sie gleichgültig. „Mach dich auf die Suche."

Ich kann mit ihrer Unlust leben. Der Weg in eine nettere Behausung ist frei. Und bevor es sich meine Frau anders überlegt, mache ich Nägel mit Köpfen.

Ich klopfe in dem von ihr besichtigten, aber ausgebuchten Putri Sanur Anur Home Stay an. Dessen Vorzüge hatte mein Weib in den höchsten Tönen gelobt. Und siehe da: Zwei Zimmer sind frei geworden.

Ohne lange zu überlegen schlage ich zu und nehme das kühlere Zimmer, prompt kehrt das Reisevergnügen zurück. Der Schachzug mit dem Umzugswunsch hat perfekt geklappt. Bali macht in der vorzüglichen Umgebung wieder Freude und auf die kommt es bei einer Reise schließlich an. Auch der Zimmerpreis stimmt. Achtzehn Euro, ähnlich dem vorherigen, aber das mit hervorragendem Flair und ohne Straßenlärm.

Somit wohnen wir in einem Raum, umgeben von asiatischer Gebetsmusik in atmosphärischer Kulisse mit

Tempelschmuck und derlei Schnickschnack. Im offen liegenden Frühstücksraum stehen handgefertigte Tische mit den passenden Stühlen, und an den Wänden reihen sich verspielte Holzschnitzereinen aneinander, die irgendwelche Gottheiten darstellen. Und als Glanzstücke prangen zwei goldene Buddha-Statuen über der ganzen Pracht. Dazu leistet uns eine süße Katze mit Halsband Gesellschaft.

In dieser Anlage könnte ich biblisch alt werden, wenn ich's nicht schon wäre.

Wir packen die Koffer aus und kramen den Krempel in den geräumigen Schrank, danach werde ich neugierig auf den Strand, denn der Badespaß hat uns nach Sanur getrieben. Die Badeklamotten und Sarongs in die Badetasche gesteckt, gehen ein Stück an der Hauptstraße entlang und biegen zum Wasser ab, genau da, wo wir vorher gewohnt hatten.

Whoouuh. Tiefblau liegt das Meer vor uns, ähnlich der Wasserflächen in der Ägäis, ebenso unendlich weit. Ohne Übertreibung gleicht das Bild dem in einer Hochglanzbroschüre. Wir ergötzen uns geradezu an der Strandidylle für Badesüchtige. Durch eine natürliche Barriere, die den Wellen Paroli bietet, ist der Wasserspiegel glatt wie ein Kinderpopo. Wir breiten die Sarongs unter einem großen ausladenden Baum aus, unter dem auch weitere Paare Platz finden, da man sich gegenseitig nicht stört.

In Lovina hatte ich in eine Scherbe getreten und mir eine Schnittwunde unter dem Fuß zugezogen. Die hat Angela bisher mit Pflastern verarztet. Scheißegal, ich muss ins Wasser. Ähnlich einem Triathlet stürze ich mich Hals über Kopf in die Fluten. So wie hier am weißen Strand habe ich mir Bali überall vorgestellt, immer dann, wenn vom Badevergnügen die Rede war.

Als ich aus dem Wasser zu meiner Frau zurückkehre, liegt meine Wunde frei. Das Pflaster hat sich verflüchtigt. Aber ich bin kein Jammerlappen und ignoriere das Wehwehchen. Mit dem Strand und der Welt zufrieden, tragen wir die Sonnencreme dick auf und geben uns dem Lesestoff hin, wobei ich mich mit Australien beschäftige, unserer nächsten Reiseetappe. Die vielen tätowierten Australier, die man auf Bali antrifft, haben meine Neugier angefacht.

Nach der zweiten Badeeinlage ist die Beseitigung des Magenknurrens unausweichlich. Wir finden ein interessantes Esslokal, in dem ein Plakat auf eine Salsa-Veranstaltung verweist.

O ha, wäre das was für uns? Unsere Tanzbemühungen ruhen. Bietet die Tanzankündigung eine Chance, unsere Kenntnisse aufzufrischen oder gar auszubauen?

Wir essen ein Stück Apfelkuchen, danach erneuert meine Frau das Pflaster an meinem Fuß. Wir haben uns den Strandweggang nach Norden vorgenommen, doch die Idee war unlogisch, da ich die Schinderei humpelnd vollende. Mehrere Stunden in geflickten Latschen zurückzulegen ist eine Tortur, nebenbei ist der Weg am Strand ein belebter Treff. Jeder Balinese auf zwei gesunden Beinen verbringt den Sonntag am Strand.

Letztendlich sind wir froh, als wir uns in einem Thailokal niederlassen. Der ewige Balifraß (ein Scherz) hat ausgedient. Wir essen ein sauscharfes Currygericht.

Hinterher ziehen wir um in eine Musik-Bar, in der zu unserer Freude fetzige Oldies Trumpf sind. Auch in Sanur sind sie groß in Mode. Die Band mit der australischen Sängerin ist top. Wir trinken zwei Cocktails und saugen mehrere Deep Purple-Songs in unsere Gehörgänge auf.

Als die Band den Rolling Stones Hit Honky Tonk Women anstimmt, ist es spät. Trotzdem nehmen wir den Song noch mit, dann gähnen wir hemmungslos und verlassen gutgelaunt die Kneipe, um uns in unserem Traumzimmer eine ruhige Nacht ohne Straßenkrach zu gönnen.

Wohltuend ausgeschlafen fühlen wir uns, als uns eine Balinesin zum Frühstück Müsli, Toast, und Marmelade serviert, aber auch ein Kännchen Kaffee. Doch höre und staune, die Brühe ist genießbar. Der sich anschließende Tag wird heiß, im Grunde genommene wie jeder vorherige. Das Thermometer übersteigt die dreißig Grad Marke. Wir trödeln unmotiviert herum, dann gehen wir mit zwei eisgekühlten Wasserflaschen an den Strand, und natürlich zu unserem Baum. Unter dessen weit verzweigten Ästen fühlen wir uns auf den Sarongs wie unter einem Zeltdach aus tausend und eine Nacht. Der Baum bietet Platz, um sich genüsslich auszubreiten. Gelungener ist ein Strandtag nicht zu gestalten. Ich gehe dreimal ins Wasser und verliere mein Pflaster, aber wir haben vorgesorgt.

Dann ist es abermals das Hungergefühl, das uns in ein Lokal im Jamaikastil treibt. Bali und Jamaika haben anscheinend ein Arbeitsabkommen in Sachen Raumgestaltung der Kneipen abgeschlossen. Aber uns gefällt das Flair. Wir gehören zur Bob Marley Generation und finden die Musik und das ganze Drumherum sehr angenehm. Dazu ist mein Sandwich mit gegrilltem Hühnerfleisch ein Mordsteil.

Genauso oder ähnlich verbringen wir die Tage. Sie verlaufen unbeschwert. Nur selten siegt die Hektik. Am dritten Tag haben wir das Glück einem Tempeltanz beiwohnen zu können. Ein anderes Mal besuchen wir die umworbene Salsa-Veranstaltung, dabei bleiben wir passiv. Den hier praktizierten Tanzstil hatte man uns nicht beigebracht.

Eine gelungene Abwechslung widerfährt uns in der Musik-Kneipe, denn wir bekommen am Geburtstag eines Mädels ein Stück Kuchen serviert. Die Gutmütige hat alle Anwesenden zu dem Kuchenteil eingeladen. Und am vorletzten Abend ist es der pure Zufall, der uns in die Grillveranstaltung einer Hotelkette geraten lässt, die den Gästen ihr Fischangebot zum Schleuderpreis feilbietet. Und zu guter Letzt esse ich in einem Strandlokal Fritten mit Spiegelei. Diese Kombination hatte ich auf dem Teller eines Australiers gesehen und ich habe lange Zähne bekommen.

Auf solch bescheuerte Ideen kommt man in der Ferne. Doch damit nicht genug, verbringen wir weitere Stunden unter dem uns ans Herz gewachsenen Baum.

Zum Abschluss ein nicht unwesentlicher Ratschlag: Weil Sanur so wunderschön ist, hat sich der Ort zum Rückzugsgebiet für die ruhige Klientel auf Bali entwickelt, die sich vom Trubel der Nachbarstadt Kuta abgewendet hat. Bedenken Sie das, sollten Sie einen Urlaub auf Bali planen.

*

Braungebrannt verlassen wir Sanur. Es ist Mitte Oktober und ein Donnerstag. Wir bezahlen das Zimmer, gehen zur Hauptstraße und steigen ins erstbeste Taxi, das uns für sieben Euro zum Airport transportiert. Unser Flieger nach Brisbane geht aber erst am späten Abend, da wir den Nachtflug gebucht haben. Was also tun in der Wartezeit?

Eine Lautsprecherdurchsage warnt vor dreisten Gepäckdieben. Ne, ne, miese Ganoven, bei unseren Koffern bekommt ihr keine Chance. Als sichere Lösung bietet sich der Aufbewahrungsschalter an, was noch mal sieben Euro fünfzig kostet. Doch das sind uns die

Trollis mit den wichtigen Reiseutensilien wert, zudem haben wir ohne Gepäck mehr Bewegungsspielraum.

Wir geben das Gepäck auf und begeben uns zum Strand. Ein letztes Mal waten wir am Wasser entlang nach Kuta, um dort den Fehler zu begehen, uns dem Rummel der Verkaufsgassen auszusetzen. Dass daraus resultierende Spießrutenlaufen ist aufreibend, denn missmutig latschen wir durch ein total verstopftes Verkaufslabyrinth. Der Irrgarten an Souvenir- und Fressbuden ist kaum auszuhalten.

Irgendwann ergreifen wir die Flucht vor den wie die Hyänen auftretenden Standbetreibern und versuchen uns an einem abgelegenen Plätzchen von den Schikanen zu erholen. Aber der wohlgemeinte Versuch war ein Irrtum, und der wird mit einem irre hohen Preis für ein lieblos zubereitetes Sandwich mit undefinierbarem Inhalt bestraft. Das Baghette ist eine Frechheit, weil viel zu teuer. Überhaupt ist der Verkauf in Kuta nur auf Nepp aufgebaut. Hier wird man das ungute Gefühl nicht los, wie eine Weihnachtsgans ausgenommen zu werden. Und zusätzlich der Höllenlärm.

Ich gerate in Stress. Mein in Sanur erworbener Erholungsfaktor gerät ins wanken. Kann ich das Tohuwabohu meinem Herzen zumuten?

O nein, das sollte ich lassen. Mein Herzklabastern ist zwar eine Weile her, dennoch sollte ich mir Ärgernisse a la Kuta verkneifen, das ist meine verständliche Reaktion.

„Komm, liebe Frau. Schnell weg hier", sage ich zu ihr und die hat das selbige Anliegen.

Müde und geschlaucht trudeln wir um sechs Uhr im Airport ein, in dem wir uns im Toilettentrakt umziehen. In Australien herrschen kühle Temperaturen, daher streife ich mir meine lange Jeanshose über die Beine, aber oben herum belasse ich es beim T-Shirt.

So, das war's. Die Prozedur des Hosewechselns wäre erledigt, aber unternehmen können wir jetzt nichts mehr. Und schwuppdiwupp sind die Rollkoffer am Abflugschalter aufgegeben.

Doch damit hätten wir uns Zeit lassen sollen, denn Vergesslichkeit wird bestraft. Demenz kann's ja wohl nicht sein. Jedenfalls schimpfe ich fürchterlich mit mir selbst, weil man mir bei der Eincheckkontrolle mein Schweizer Messer abnimmt. Ich hatte es im Rucksack aufbewahrt, anstatt es im Trolli zu deponieren. Wirklich schade um das wertvolle Teil.

Leicht frustriert verprassen wir die letzten Rupien für ein Stück Pizza Margherita. Aber auch das ist unnötig, wie wir später feststellen, denn im Flugzeug werden wir bestens mit einem asiatischen Gericht versorgt.

So, bis hierhin hat alles geklappt. Es fehlt nur noch ein von uns unverschuldeter Aspekt, der Erwähnung verdient, und das ist das Schröpfen unserer Reiseersparnisse auf die balinesische Masche. Aus unerfindlichen Gründen blechen wir achtundzwanzig Euro Ausreisegebühr für uns beide. Man will es nicht glauben. Warum eine Gebühr bei der Ausreise? Hat Bali den Schmu wirklich nötig?

Ade, du abgezockte Trauminsel mit mancherlei Gegensätzen. Aber alles in allem gratulieren wir uns zu der sympathischen Reisestation, vor allem dazu, das wir den Bali-Besuch in die Tat umgesetzt haben. Es gibt Leute, die eine Menge planen, doch später verschwindet das Konstrukt in der Schublade.

Ich frage meine Frau mit gerunzelter Stirn: „Kehren wir irgendwann nach Bali zurück?"

Und die antwortet ohne ein langes Zögern: „Schon möglich, doch dann kaum nach Kuta. Aber lassen wir den Gesamteindruck erst mal sacken. Die Vor- und Nachteile sind noch zu frisch."

Momentan halten sich Fürsprache und Ablehnung zu Bali die Waage. Für Besuche der Urlaubsinsel sprechen das angenehme Klima, die sympathischen Menschen, die Landschaft zum Verlieben und die auffallend geringe Kriminalität. Aber es gibt Minuspunkte: Die betreffen vor allem den Lärm.

Ein weiterer Negativaspekt ist der durch den vielen Müll verursachte Gestank. Zur Müllproblematik stehen der Sonneninsel schwere Zeiten bevor, sowie durch die Gefahren der Klimakatastrophe. Doch dazu ist von der Politik nur wenig zu erwarten. Die wird die Hand nicht in die klaffende Wunde legen oder sie gar heilen. Und mit Religiosität allein vollbringt man kein Wunder.

Australiens Ostküste

Während des Fluges mit Virgin Australia nach Brisbane kann ich nicht schlafen. Diese Schlafverweigerungsmacke zieht sich wie ein roter Faden durch mein Flugverhalten. Trotz allem gehen die sechs Flugstunden relativ zügig vonstatten. Schließe ich die Zeit für die Mahlzeiten aus, dann studiere ich den Australienreiseführer. Ab und an schiele ich mit einem Auge zum Bildschirm des Sitznachbarn rüber, der einen Western verfolgt.

Jedenfalls landen wir am 17. Oktober, morgens um fünf Uhr, auf dem Brisbane Airport, circa zwölf Kilometer nordöstlich des Stadtzentrums, gerade ist die Sonne aufgegangen. Die Abfertigung ist unkompliziert. Wir nehmen ein Taxi, das uns zum Ibis-Hotel bringt, doch dessen Rezeption ist früh morgens nicht besetzt, da nützt auch die Zimmerbuchung nichts, daher suchen wir fürs Frühstück das gegenüberliegende und von mir gehasste Mc-Donald auf.

Punkt sieben Uhr stehen wir wieder im Ibis auf der Matte und dürfen die Trollis in einen Abstellraum stellen. Check in wäre um zwölf Uhr, sagt uns die freundliche Hotelfachfrau. Was aber tun mit sechs Stunden zur freien Verfügung in einer Großstadt wie Brisbane?

„Du als Stadtmensch bist sicher für einen Marsch ins Zentrum", schlägt meine Frau vor.

Gesagt, getan.

Vorweg ein „Welcome Down Under". Herzlich willkommen in der Hauptstadt des Bundesstaates Queensland am anderen Ende der Welt. Willkommen im Land der Kängurus und Koalas, der roten Felsen und Eukalyptusbäume. Willkommen in dem Erdteil, in das die Engländer ihre Sträflinge im 19. Jahrhundert abgeschoben hatte. Willkommen in einem Land, das zum Mythos der Fernwehgeplagten wurde. Gilt das auch für Brisbane?

Die drittgrößte Stadt Australiens ist für Balieinreisende eine kolossale Umstellung, ein Kulturschock. Im Vergleich zu Ostasien ist Brisbane eine andere Welt, denn die moderne Millionenstadt strotzt vor Sauberkeit. Nach dem Müll auf Bali eine Wohltat. Ich bin sicher kein Sauberkeitsfanatiker, aber der Dreck auf Bali ist unzumutbar.

Und hier in Brisbane? Weder achtlos weggeworfene Plastikflaschen, noch irgendeine zusammengeknüllte Plastiktüte oder herumfliegendes Zeitungspapier, fällt negativ ins Gewicht. Werden wir von unseren Augen betrogen? Treffend loben Brisbanes Bewohner ihre Stadt gern als big, bold und beautiful".

Die Bebauung erstreckt sich beidseitig des Brisbane River. Auf dessen Wasseroberfläche spiegeln sich die Hochhäuser. In kurzer Zeit hat man die Spuren eines schrecklichen Hochwassers beseitigt. Zudem wird das sonnige Klima von den Besuchern geschätzt.

Eine kauzige Kranichart ist dominant im Stadtbild. Der Ibis. Wie sich die Hotelkette nennt, so heißt der Vogel im Sprachgebrauch. Mir gefällt, wie er lässig um die Menschen herum durch die Gegend schlurft. Die frechen Tiere klauen den Leuten ihr Essen vom Teller, sobald sie abgelenkt sind und nicht aufpassen, aber die Einheimischen bleiben cool. Sie haben sich an die Zustände gewöhnt.

Mittlerweile ist es elf Uhr dreißig. Wir müssen zurück zum Hotel. Und in dem eine dreiviertel Stunde später angekommen, beziehen wir das winzige Zimmer. Dessen Größe ist bei Ibis-Budget Ketten üblich. Dann traben wir zur Bushaltestelle, um zurück ins Zentrum zu gelangen, wobei wir abermals die Sauberkeit Brisbanes bestaunen.

Ohne Fahrschein nimmt uns ein freundlicher Busfahrer mit. Er kann auf unsere fünfzig Dollar Banknote nicht rausgeben, somit sparen wir zwölf Dollar. Gar nicht schlecht für den Anfang. Aber der Mann hat viele Vorzüge, denn er erzählt uns wissenswertes über die Stadt. Besser hätte es kein Reiseführer gemacht.

Am Brisbane-River suchen wir ein Esslokal. Ich habe bock auf ein stinknormales Spaghettigericht, doch wir finden nur Restaurants für Gutbetuchte, wozu wir partout nicht gehören.

Als Notlösung gehen wir in ein Einkaufszentrum, das sich durch seine Fressmeile mit Essensständen aller Herren Länder auszeichnet. Am Indienstand macht uns der Madras-Teller pappesatt, der kostet sieben Dollar fünfzig. Für australische Verhältnisse ist das spottbillig und es ist gut für den Reiseetat, denn der ist bekanntlich begrenzt.

Am zweiten Tag schlafen wir aus. Angela hat Probleme mit ihren Nebenhöhlen. Gegen halb elf frühstückten wir. Zu Toast mit Orangenmarmelade gibt es ein respektables Müsli für sieben Dollar, nebenbei kaufen wir Waschpulver an der Rezeption, denn der erste Waschtag steht an. Die Unterwäsche und T-Shirts gehen zur Neige. Als die Wäsche den Trockner überstanden hat, legen wir sie provisorisch aufs Bett und machen uns auf in die City.

In der Queensstreet spielt eine Band und ein Hütchenspieler versucht, Zuschauer an sich zu binden. Wir jedoch wollen über die Viktoria-Bridge zur South-Bank auf der andern Seite des Brisbane-River. Das dortige Freizeitgelände hat eine künstliche Badelandschaft mit Sand und Spielmöglichkeiten für die Kids. Die Stadt lässt sich nicht lumpen. Und überaus spendabel ist sie gar bei der Free-River Bootslinie. Den Luxus, ohne Entgeld zwischen den Ortsteilen hin- und her schippern zu können, kosten wir weidlich aus.

Doch irgendwann werden wir hungrig. Wir wollen in die Fressmeile, doch es ist ein Samstag. Die Geschäfte sind nachmittags geschlossen. Gestorben ist mein Wunsch nach einer Portion Spaghetti oder einem Thaigericht, daher gehen wir zu Fuß zur willkommenen Essvariante, und das ist China Town. Wir waren mit dem Bus am Chinesenviertel vorbeigefahren, daran erinnern wir uns.

Leider vergreife ich mich bei der Wahl des Restaurants, denn beim von mir ausgesuchten Billigchinesen schmeckt es bescheiden. Immerhin erfreut uns eine Nachricht meiner Tochter über Wifi.

Gegen Abend wird es kühl. Ich friere im T-Shirt und der kurzen Jeans, nichtsdestotrotz verzichten wir auf den Bus und legen mutig die lange Strecke ins Hotel zu Fuß zurück, wobei ich beim Schlucken Halsschmerzen verspüre. Kein gutes Zeichen für die nächsten Tage.

*

Action ist am 19. Oktober angesagt, denn wir holen beim Apollo-Vermieter den Camper ab. Mit dem werden wir die Ostküste Australiens beackern. Man sollte in drei Wochen nicht den australischen Kontinent bereisen, aber die Ostküste von Brisbane bis Byron Bay und von dort hinauf nach Cairns, das ist ein eher lockeres Unterfangen. Gut geeignet für den zweitausend Kilometer Trip sind die Camper der Marke Toyota, die ähneln dem VW-Bus. Sydney besuchen wir separat, so haben wir's beschlossen. Ich bin euphorisch, denn auf das Leben im Camper freue ich mich riesig.

Wir bestellen ein Taxi und bezahlen die Rechnung für zwei Nächte, rund einhundertvierzig Dollar, dann fahren wir zum Campingbus Verleiher, bei dem wir per Internet das Wohnmobil bestellt hatten. Ich fühle mich nicht gut, dazu bringt mich die junge Angestellte mit französischem Akzent gänzlich auf die Palme.

Ich bräuchte den normalen, nicht den internationalen Führerschein, kalauert sie dreist daher. Die australische

Polizei würde den internationalen Führerschein nicht akzeptieren.

Was labert die da? Welch ein Unsinn. Ich bin entsetzt und verlange nach ihrem Chef. Und der korrigiert sie, womit er meine Stimmung aufhellt. Sichtlich verlegen erklärt er uns, sie sei neu und unerfahren im Job, dadurch hätte sie die Fakten vertauscht. Natürlich gelte der internationale Führerschein.

Mit dem Gefühl, es sei alles im Lot und wir haben die notwendige Zusatzausstattung an Bord, fahre ich den Camper vom Hof des Verleihers, prompt mache ich erste Negativerfahrungen mit dem Linksverkehr.

O Gott, o Gott, das Lenkrad rechts und der Schalthebel links, das ist eine enorme Umstellung, außerdem habe ich Probleme die linke Fahrspur zu halten, besonders beim Abbiegen. Und anstatt zu blinken, betätige ich andauernd den Scheibenwischer.

Glücklicherweise geht's sofort auf einer autobahnähnlichen Straße hinaus aus Brisbane an die Goldcoast, wodurch mein Fahrverhalten von Kilometer zu Kilometer stabiler wird. Aber nicht Surfers Paradies zieht uns an, aber nein, unser Ziel ist Byron Bay. Der Ort am Meer ist das harmonische Zentrum der fernöstlichen Bewusstseinslehre, dazu der östlichste Zipfel des australischen Kontinents. Die viertausend Seelengemeinde hat Kultcharakter und ist ein Rummelplatz für Partygänger. Sie dient den Surfern, Freaks und allerlei Lebenskünstlern als Hort.

Wen wundert's, dass die Stellplätze in Strandnähe besetzt sind? Alle samt und sonder. Aber unverzagt weichen wir auf den ein wenig vom Ortskern entfernten Campingplatz aus. Doch auch der nimmt eine Stellgebühr mit Strom und Wasseranschluss von achtunddreißig Dollar pro Nacht. Nicht schlecht, Herr Specht.

Den Camper auf unserem Stellplatz abgestellt, schließen wir ihn ans Stromnetz an, kramen den Campingtisch und die Regiestühle raus, und in null Komma nichts fühlen wir uns heimisch. Das ist keine Gefühlsduselei, die Wohlfühlatmosphäre packt jeden, der sich auf das Zuhause auf vier Rädern einlässt, sogar meine Frau ist angetan.

Zufrieden bezahlen wir für drei Nächte im voraus und gehen zu Fuß zum Supermarkt, Entfernung einen Kilometer, mit meiner Erkältung ein Eigentor. Und mit dem Lebensnotwendigen wieder am Camper zurück, koche ich eine Portion Spaghetti Carbonara.

Danach beehren wir den Ortskern und bummeln durch die Jonson Street zum Strand. Der ist trotz Dunkelheit recht einladend. Als wir wieder stadteinwärts durch die Gassen schlendern, hört meine Frau ein bekanntes Musik-Stück. Sie hat Klänge gehört, die wir von La Gomera kennen. Und das Lokal gefunden, setzen wir uns an einen Tisch zu einem Bier.

Leider macht der Gitarrengott früh Feierabend und packt sein Instrument ein. Äußerst schade, aber man merkt an der Zuhörerzahl, dass die spanische Musik auf dem Teil der Welt sehr gut ankommt.

Als wir bezahlen, haut es mich glatt vom Hocker, denn der Preis ist gesalzen. Es geht noch teurer, als wir's von Brisbane her kannten.

Die Nacht im Camper ist lausig kalt. Anders als in Queensland fällt die Temperatur hier nachts eklatant in den Keller, aber beim Frühstücken wird es angenehm. Ich bin glücklich, denn ich habe einen hervorragenden Kaffee gekocht und esse Toast mit Honig, meine Frau mit Käse, dazu genieße ich das erste gekochte Ei seit langem. Das Camperleben ist herrlich. So beschaulich habe ich es mir vorgestellt.

Die Frühstücksprozedur beendet, fahren wir mit dem Camper zum Supermarkt, was nicht aus Faulheit geschieht. Wir wollen uns die Schlepperei ersparen und uns Vorräte anlegen. Angela hat vor uns zu bekochen. Wir kaufen allerhand Gemüse und Reis ein, und für die alltäglichen Imbisse zwischendurch ein Fertigmüsli. Das Frühstück im Hotel in Brisbane hat mich auf den Geschmack gebracht. Außerdem verstauen wir mehrere Flaschen Bier und Sprite für unseren abendlichen Mix zum Alsterwasser im Schrank des Busses.

Mittags gehen wir an den Strand, legen die Sarongs aus und knallen uns in die Sonne. Ozonloch hin oder her. Gegen den eventuellen Sonnenbrand haben wir die gute Sonnenmilch mit dem Schutzfaktor dreißig dabei, für den Kopf eine Kappe. In der prallen Sonne ist es picke packe heiß, dagegen hat der Pazifik keine Badetemperatur. Und unangenehm sind die vielen Quallen. In dem Wasser soll ich schwimmen? Nein danke.

Und zurück auf dem Stellplatz, machen wir mehrere Photos von uns mit dem Camper, aber auch von einer riesigen Echse, von denen wir in Brisbane schon ein Exemplar bewundert hatten. Sie ist zutraulich und läuft nicht weg.

Angela hat an der Rezeption Wifi für ihr Smartphone gekauft, und das funktioniert. Den Daheimgebliebenen schicken wir über Whatsapp die einmaligen Aufnahmen von der Echse und unserem Camperleben. Wie gut es uns geht, das können die Kinder und die Freunde darauf unschwer erkennen.

Später bummeln wir ziellos durch die Stadt, dabei stoßen wir auf eine Aldi-Filiale. Zuhause bin ich kein Aldi Fan, aber hier sind wir begeistert über die für Australien untypischen Preise. Wie schon erwähnt, müssen wir haushalten.

Der Abend wird wieder kalt und meine Erkältung dominant. Recht früh versuche ich das Bett zu machen, wobei mein Kopf glüht. Meine Schwäche behindert mich beim Bettuchausbreiten. Gereizt knurre ich übles Zeug, bis Angela mir endlich hilft. Doch die Lage zwischen uns ist verfahren und die Nacht wird dementsprechend beschissen. Es regnet sogar.

Am nächsten Morgen ist der Himmel bedeckt, aber es bleibt trocken. Auch der Knatsch ist verflogen. Wir frühstückten vor dem Bus, dabei lesen wir die Antworten aus der Heimat auf Angelas Smartefon.

Meine Tochter, mein Sohn, und unsere Freundin, die mit uns im Haus lebt, alle haben reagiert. In Aachen sei alles in Ordnung, schreiben sie. So soll's sein. Uns erfreut jede positive Nachricht aus der Heimat.

Auf den beabsichtigten Surfkurzlehrgang verzichteten wir wegen der Quallen und des hohen Wellengangs, stattdessen machen wir eine Rundwanderung zum Cap Byron. Wir latschen bis zum sehenswerten Leuchtturm und zum östlichsten Felsen des Kontinents, von wo aus man mit viel Glück vorbeiziehende Buckelwale beobachten kann. Uns war es nicht vergönnt. Dann wird der Wanderweg schwerer, es geht rauf und runter, und das geht ans Eingemachte, außerdem weht ein frischer Wind. Ich habe mir mein Sweatshirt mit Kapuze über das T-Shirt gezogen.

Und kaum zurück, fängt es erneut an zu regnen. Tja, mit dem Regen im Wunderland ist es so eine Sache. Der passt nicht zur fröhlich entspannten Philosophie, für die Byron Bay steht. Die Kapriolen des Wetters ähneln mit ihrer Launenhaftigkeit denen in Aachen. Aber wohin soll die Reise am nächsten Tag führen?

Als Fahrziel kristallisiert sich die Ökohochburg Nimbin im Landesinneren heraus, anderthalb Stunden entfernt. Die Ökooase ist ein Muss für mich als ehemaligen Bioladenbetreiber.

*

Am nächsten Morgen beeilen wir uns, denn um zehn ist Check out. Wir schaffen das Abmelden bis auf die letzte Sekunde, dann benutzen wir eine schwach befahrene Straße aus dem Ort hinaus. Die mit Hügeln übersäte Landschaft macht das Lenken des Busses leicht und an den Linksverkehr gewöhne ich mich, daher schaffen wir das Ziel in der angegebenen Zeit.

In Nimbin parken wir an der Hauptstraße, zumindest regnet es nicht. Und nicht mal richtig ausgestiegen, hallt mir ein Zuruf entgegen: „Marihuana?"

Sehe ich mit meinen fast siebzig Jahren wie ein Kiffer aus? Anscheinend sortieren mich die Dealer der Freak-Ecke zu. Vielleicht wegen meines Outfits mit dem Ohrring im linken Ohrläppchen?

Der Ort Nimbin hat unbeschreiblichen Charme. Er ist vom Kleidungsstil der 60er Jahre geprägt. Uns fällt auf, dass sich um das prächtige Stadtzentrum die Alternativszene, abfällig oft auch Müslis genannt, angesiedelt hat. Ein Bioladen reiht sich an den anderen. In Nimbin leben die Bewohner konsequent von den Errungenschaften des biologischen Anbaus. In meiner Zeit als Bioladeninhaber hätte ich mir einen derartigen Zulauf gewünscht, doch damals war zahlungskräftige Kundschaft rar.

Voller Freude bummeln wir durch die kleine Anzahl an Straßen, dabei fühlen wir uns in die altvertraute Hippieepoche zurückversetzt. Außerdem riecht es lecker nach allerlei Kräutern. Das kommt mir vertraut vor. Das Hauptaugenmerk des Ortes hat sich der Hippiekultur verschrieben. Gegen den aufkommenden Hunger essen

71

wir ein Gemüsebrötchen, dazu trinken wir einen fair gehandelten Kaffee, und ich genieße das Gefühl des Eintauchens in die gute, alte Vergangenheit.

Wir haben uns sattgegessen und alles Sehenswerte in uns aufgenommen, so beschließen wir, an die Küste zurückzukehren. In Nimbin hat sich die Wetterlage verschlechtert. Dass es stark nieselt, passt uns nicht in den Kram, auch wenn's eine Abwechslung ist.

Dem anwachsenden Verkehr weichen wir aus, indem wir eine einsame Parallelstraße nehmen, auf der werden wir nicht überholt. Dafür haben wir ein anderes Malheur am Hals: Die Scheibe in der Beifahrertür schließt sich nicht, da die Automatik versagt. Bei Regenwetter eine unschöne Schweinerei. Ich bin stinksauer auf den fahrbaren Untersatz.

Es ist nicht der einzige Schwachpunkt an der Kiste: Ich bekomme den Wassertankverschluss nicht auf, dann hat sich die Außenbeleuchtung am Bus verabschiedet und nun das Versagen der Scheiben-Automatik. Das sind zu viele Scherereien. Und was kommt als nächstes?

Inzwischen suchen wir in Palm Beach einen Campingplatz, der sich irgendwo versteckt hält, dabei drücke ich aus Versehen auf eine Drucktaste, die hatte ich, warum auch immer, nicht ausprobiert.

Und siehe da, die Automatik ist intakt, aber holla, noch dazu stehen wir vor dem gesuchten Campingplatz. Das Blatt hat sich mit Geduld zum guten gewendet.

Wir stellen den Camper auf die angewiesene Parzelle und gehen die fünfzig Meter zum Strand zu Fuß. Ich bin hungrig, doch bevor wir unsere Mechanismen auf essen schalten, gönnen wir uns herrliche Ausblicke auf die eindrucksvolle Hochhaussilhouette des Surfers Paradise an der Gold Coast.

Aber das Bestaunen stillt nicht den Hunger, deshalb speisen wir in einem Strandimbiss. Angela Fish and

Ships, ich ein leider nicht heißes Nudelgericht. Inklusive Getränke bezahle ich fünfundzwanzig Dollar. Da gibt's nichts zu meckern.

Doch in der Nacht rumort die Lasagne in meinem Magen. Auch Angela schläft schlecht. Als wir uns morgens aufrappeln, steht ein deutsches Paar neben uns mit einem Hippiecamper. Leider sehen sie durch uns hindurch, als gäbe es uns nicht. Warum plaudern sie nicht mit uns? Existieren wir nicht? Ist es Unsicherheit? Und was mache ich, der die Konversation Liebende und dafür Zuständige?

Ich resigniere. Die Ignoranten sollen allein selig werden. In der Heimat rede ich auch nicht mit jedem. Warum soll das hier anders sein? Ich bin machtlos gegen diesen Blödsinn.

Unsere Weiterfahrt nach Queensland führt oft zum Stillstand. Der Autoverkehr auf dem Strandhighway durch die Touristenhochburg Surfers Paradise stockt. Es regiert des Teufels fette Beute in Form des Massenverkehrs, ausgelöst durch den gewaltigen Bauboom. In großer Zahl schießen unansehnlich hässliche Wolkenkratzer wie Pilze gen Himmel.

Und mit Southport das Ende des Hochhausschlamassels erreicht, biegen wir zum Pacific Hwy ab. Der führt uns vorbei an Brisbane in den Norden, prompt wird's wärmer.

Als Stationen an der nördlichen Ostküste des Staates Queensland haben wir Hervey Bay, Yeppoon, Airly Beach, Townsville und Mission Beach auserkoren, bevor wir nach zwei Nächten in Cairns und dem Besuch des Great Barrier Reef den Camper abgeben werden. Ich denke mit Schrecken an den Abschied von unserem vierrädrigen Freund, denn mittlerweile macht mir das Leben in ihm viel Freude. Trotz Linksverkehr fahre ich ihn gern. Auch manche Macke hindert mich nicht daran, das Gefährt zu lieben.

Um zwei Uhr nachmittags erreichen wir in den letzten Ort an der Sunshine Coast. Der trägt den Namen Noosa und hat einen Traumstrand. Seine schnuckelige Bebauung ist picobello. Wir essen ein dickes Sandwich im Einkaufszentrum, in dem die Ibisse scharenweise über die Essensreste herfallen. Ich mag die schrägen Vögel mit ihren krummen Schnäbeln und dem einschläfernden Gang. Danach gilt es die zweihundert Kilometer auf dem Bruce Hwy nach Hervey-Bay herunterzuspulen. Na gut, packen wir's an.

Das Fahren auf dem Highway ist anstrengend. Hin und wieder eine Überholspur und eine Parkbucht, ansonsten bestimmt die Monotonie des sturen geradeaus Fahrens unser Vorwärtskommen. Besonders krasse Seitenwinde erfordern große Aufmerksamkeit. Gegen das plötzliche Einschlafen hat man Tafeln mit Rätselfragen aufgestellt. Wenige Kilometer später erfolgt die Auflösung. Eine phantastische Idee.

Es wird dämmrig, als wir unseren Bus in Hervey Bay auf einem Stellplatz hinter der Uferpromenade abstellen. Wir erledigen die Anmeldeformalitäten und suchen ein Esslokal. Uns ist nicht nach einer Kochorgie, aber im Umfeld des Platzes herrscht tote Hose, typisch für Donnerstage. Zuhause tanzt mitten in der Woche auch nicht der Bär. Erstmalig gehen wir hungrig zu Bett.

Am frühen Morgen und gut gefrühstückt sieht Hervey Bay freundlich aus. Blicken wir nach links, nur Strand, nach rechts ebenso, und das so weit das Auge reicht. Die Meeresoberfläche ist glatt, denn es weht kein Lüftchen, da bietet es sich an, die Wassertemperatur zu testen. Brrr, nicht so warm wie auf Bali, aber doch angenehm. Ein paar Minuten geschwommen, will ich gar nicht mehr aus dem Wasser.

Nach zwei Stunden am und im Wasser, setze ich mich vor den Camper in meinen Regiestuhl, während Angela mit French Toast eine Leckerei auf den Tisch zaubert. Ginge es nach mir, könnte das Camperleben bis in alle Ewigkeit so weitergehen.

Aber faul oder nutzlos rumsitzen können wir zuhause. Wegen der vielen Fahrerei brauchen die lahm gesessenen Knochen Bewegung, also wandern wir am Wasser entlang zum Hafen. Von dem starten die Fähren zum Fraser Island, es ist die größte Sandinsel der Welt. Die ist hundertvierundzwanzig Kilometer lang, hat wandernde Dünen und ist autofrei, allerdings kann man mit einem geliehenen Jeep über die Insel brettern.

Es liegen auch Boote für diverse Waltouren am Pier, aber der Spaß ist sauteuer. Zum Beispiel kostet der Ausflug zu den Buckelwalen neunzig Dollar pro Nase. Ein schöner Batzen Geld. Vor Hervey Bay sollen zigtausend Wale Station machen, bevor sie zur Antarktis aufbrechen.

Auch wir beginnen unseren Rückmarsch. Vor dem Dunkelwerden wollen wir am Camper sein, aber der Ort ist durch seine weiträumige Bebauung flächenmäßig größer, als wir ihn eingeschätzt haben. Australier sind, entgegen uns Wanderfreaks, durch die weiten Wege schlechte Fußgänger. Sie machen jede Besorgung mit dem Fahrzeug.

Und schon sind wir beim Thema Essen. Wir gehen sämtliche Essensmöglichkeiten durch, da bleibt nur die Selbstversorgervariante übrig. So besteht Angela aufs Kochen ihres Gemüsegerichts mit Hackfleisch, aber wir finden keinen Laden oder gar Supermarkt. Wir wandeln durch eine reine Wohnbebauung. Erst kurz vor dem Campingplatz treffen wir auf ein Geschäft, in dem wir die Zutaten und vor allem mehrere Flaschen Wasser kau-fen, denn mein Durst sprengt jeden Rahmen.

Alsbald genieße ich Angelas Kochkünste bei aufkommender Dunkelheit, denn das Gemüsegericht ist bombastisch. Es ist besser als all das Imbissgedöns. Und danach, als Krönung, gönnen wir uns eine Mango als Nachspeise.

Während des Verdauungsvorgangs schwelgen wir in höchsten Tönen in unseren Reiseerlebnissen. Da bietet sich die Frage an Sie als Leser an: Kommen Sie auf den Geschmack? Können Sie sich vorstellen, mit einem Camper die Ostküste Australiens abzuklappern?

Wir finden den australischen Kontinent wunderbar. Auch die Menschen sind uns nicht mehr fremd.

*

Früh aufgestanden geht es gegen neun Uhr auf Tour. Wir haben ein langes Etappenspektakel vor uns. Von Hervey Bay fahren wir über Rockhampton zum Badeort Yeppoon. Vierhundertundvierzig Kilometer bei sengender Hitze sind zu bewältigen, und das über einen Highway, der mir die vollste Konzentration abverlangt und keinerlei Fehler verzeiht.

Der Streckenverlauf ist informativ. Erstmalig spüren wir die endlose Weite des australischen Kontinents. Riesige Rinderherden prägen die karge Landschaft, dazu einige Hügel, viele rote Felsen und eine spärliche Vegetation. Sehr traurig ist die Menge an überfahrenen Kängurus am Straßenrand, sogar nervig sind die aufdringlichen Ungetüme, die man LKW nennt. Die rücken mir unangenehm auf die Pelle, denn ich fahre ihnen nicht schnell genug.

Und dann alle paar Kilometer das Fragequizspiel gegen das Einschlafen. Sogar ein Imbiss mit Campingplatz hat sich in die Einöde verirrt. Diese Monotonie ist das echte Australien. Ich bin angetan von den Reizen der Ostküste, die unbeschreibbar ist.

Am frühen Nachmittag kommen wir nach Rockhampton, in die Rinderhauptstadt, die durch imposante Kolonialbauten längst vergangene Rinderherrlichkeit und den Goldboom wachzurufen versucht. Nach einem leckeren Eis buchen wir in einem Reisebüro die Flüge von Cairns nach Sydney. Die werden immer teurer, je später man das tut. Diese Erkenntnis soll sich in Ostasien als nützlich erweisen.

Wir fahren knappe vierzig Kilometer weiter, dann sind wir in Yeppoon. Dort orientierten wir uns an der Beschreibung im Lonely Planet und finden den ausgewiesenen Übernachtungsplatz. Wir nehmen eine Parzelle mit herrlichem Frontblick auf den Beach für vierunddreißig Dollar.

Nachdem wir gegessen haben, Angela Fish and Chips, und ich ein halbes Hähnchen mit Fritten, die matschig waren, ist es stockdunkel geworden. Zum Ausklang des beschwerlichen Tages trinken wir zwei Alsterwasser und beobachten den zwei Stellplätze weiter stehenden Campingbus. Haben wir deutsche Nachbarn?

Beim Frühstück merken wir, die Nachbarn sind tatsächlich Deutsche. Ich spreche sie wegen des sich nicht aufzubekommenden Wassertankstutzens an, worauf sich der junge Mann als hilfsbereit erweist. Er fährt das gleiche Modell wie wir und findet heraus, dass mein Stutzen klemmt.

„Null Problem", sagt er läppisch. „Der Schwachpunkt ist im Nu behoben." Doch damit hat es sich mit dem Kontakt, denn die Frau ist eine merkwürdige Tusse.

Ohne die beiden Miesepeter unternehmen wir einen langen Strandmarsch, denn die Strände Australiens sind einzigartig. Bei der Vergabe dieser Kostbarkeit haben die Australier am lautesten geschrien und zu viele

Sandstreifen abbekommen. Als sich Angela am dicken Zeh verletzt, verarzte ich sie am Camper und kaufe uns im Store zwei Kuchenteile, dazu mache ich uns eine gute Tasse Kaffee.

Danach legen wir uns an den Strand, doch das ist von kurzer Dauer. Der Wind hat aufgefrischt. Wir werden zusehendst mit Sand bedeckt und die hohen Wellen lassen das Schwimmen zur Farce werden. Wir kehren dem Meer den Rücken, mit Sand in jeder Körperfalte. Eine gründliche Dusche ist vonnöten.

„Heute kocht der Chefkoch persönlich", posaune ich großspurig heraus. Und was koche ich? Spaghetti Bolognese. Hackfleisch und eine Dose geschälte Tomaten hatten wir unterwegs eingekauft, sogar geriebenen Parmesan. Nach dem Essen frohlocke ich überschwänglich.

„Das war das beste Gericht seit langem."

Worauf Angela tönt: „Mein Gemüsegericht hat um Nuancen vorzüglicher geschmeckt."

Genug der Frotzelei, denn sie hat recht. Ich kann ich ihr nicht das Wasser reichen was das Kochen betrifft. Schlimmer ist, das der Akku meines e-books leer ist, welch ein Mist. Dadurch habe ich keinen Zugriff auf den Reiseführer für Australien. Das ist besonders bedauerlich.

Tja, was sieht man daran? Technischen Errungenschaften haben ihre Tücken.

*

Die Weiterfahrt ist zermürbend. Auf dem Bruce-Hwy ist zwar wenig Verkehr, trotz allem wird die Zahl der überfahrenen Kängurus nicht kleiner. Es ist zum Heulen. Weiterhin fahren wir an kargen Weiden für die Rinderherden vorbei und durch Landstriche für den Zuckerrohranbau. Als wir die Monotonie hinter uns haben, erreichen wir eine Tankstelle in Airlie-Beach, und das mit den letzten Tropfen Sprit im Tank

Den Tank gefüllt, stoßen wir anderthalb Kilometer hinter dem Ort auf den gesuchten Campingplatz Island Holiday Park Gateway. Der schöne Platz mit Pool ist schwach besucht, was uns nicht stört. Wegen der Nebensaison bevölkern ihn zehn Wohnmobile unseres kleinen Kalibers, und die Standgebühr liegt in der üblichen Preislage, und das sind sechsunddreißig Dollar pro Nacht.

Dagegen ist auf dem Hafenparkplatz mehr Betrieb, denn der ist der Ausgangspunkt für Ausflügler zum Besuch des Riffs und der Whitesundays, das sind Inseln mit schneeweißen Sandstränden und smaragdgrünen Lagunen. Außerdem gehören die Inseln als Besuchermagnet zu einem Ferienzentrum.

Es ist spät geworden. Wir essen eine Kleinigkeit, dafür mache ich die Reste des Vortages warm, dann stehen wir wieder voll im Saft. So begeben wir uns auf eine Erkundungsspritztour in den viel gepriesenen Ort.

In dem stellt sich heraus, dass Airlie-Beach einen grenzenüberschreitenden Ruf des Treffpunktes für junge Deutsche genießt. Wir zwei sind hier die Oberoldies. Warum wimmelt es in Airlie-Beach an Heranwachsenden? Was sucht die junge Generation ausgerechnet hier?

WORK & TRAVEL heißt die magische Formel, wegen der sie in Heerscharen über Australien herfallen. Australien bildet das Herzstück der jungen Bewegung, die in meiner Studienzeit noch völlig unbekannt war. Eben von einem dieser Jungspunde in einer Tourenvermittlung lasse ich meinen e-book Reader aufladen. Ich könne das Ding am nächsten Morgen abholen, sagt er, dann schließt er den Reader an seinen Computer an.

Hoppla, diese prompte Bedienung hatte ich so nicht erwartet.

Wir trinken zwei Gläser Alsterwasser vor einer Pinte
und lauschen dem Alleinunterhalter mit seiner akus-
tischen Gitarre. Es ist elf Uhr, als wir uns auf die Matratze schwingen.

Es ist der 28. Oktober, und wir sind jetzt einen Monat
auf der Rolle. Wir stehen auf, und das Schwimmen im
Pool absolviert, frühstücken wir. So will ich es jedem
Morgen haben. Ich füttere mit Feuereifer die Tiere, die
sich um den Frühstückstisch versammeln. Eine Schar
Enten, die storchartigen Vögel mit den stechenden
Augen und unseren Stargast, einen weißen Kakadu, der
sich zu meiner Frau auf die Stuhllehne setzt. Solch eine
wundersame Gesellschaft hatten wir nie auf der Reise.

Als nächste Handlung holen wir den e-book Reader
ab. Der junge Mann will sich nicht bezahlen lassen. Es
sei ein Freundschaftsdienst unter Landsleuten, erklärt er
mir grinsend.

Na schön. So dicke habe ich es jetzt auch nicht, und
aufdrängen werde ich ihm keinen Dollar.

Wir besichtigen den Strand. Vor dem ins Wasser
gehen werden wir allerdings per Hinweisschild gewarnt.
Vorsicht Quallen, steht drauf. Stattdessen legen wir uns
auf eine Liegewiese in einer herrlichen Badelandschaft.
Zwar künstlich angelegt, aber quallenfrei, zudem kostenlos.

Sauteuer hingegen ist der Mittagssnack. Zwei Sandwi-
ches, ein Milkshake und ein Orangensaft kosten vierzig
Dollar. Es ist ein Horrorpreis, immerhin hat der Frevel
gemundet. Doch damit noch nicht genug, denn das
Geldausgeben perfektioniere ich mit dem Erwerb na-
gelneuer Lederlatschen der Marke Reef. Bei der Spit-

zenqualität sind vierzig Dollar angemessen, so landen die alten Latschen in der Mülltonne.

Als Testlauf für die neuen Fußbekleidungsstücke besuchen wir am Abend abermals den Ort, in dem sich herausstellt, dass sich in Airlie-Beach rein gar nichts abspielt. Der Sänger des Vorabends kann einem leid tun. Wo stecken die jungen Mädels und Burschen aus Deutschland?

Aber toi, toi, toi, die Latschen bestehen den Test. Ich kann sie als Glückskauf werten.

Früh aufgestanden und die Schwimmeinlage genossen, frühstücken wir mit den tierischen Gästen, ja, die Tierschar ist beträchtlich angewachsen. Mir gefällt das Gewusel um unseren Tisch herum. Als Tierfreund bin ich in meinem Element. Hoffentlich geht es auf den folgenden Plätzen ähnlich tierisch zu?

Bis dato ist Airlie-Beach einer der schönsten Aufenthaltsorte der gesamten Ostküste. Ich mache Photos am laufenden Band von einem an Einzigartigkeit nicht überbietbaren Tierangebot.

*

Am Abreisetag nach Townsville, mit Zwischenstop am Tierpark Billabong, frühstücken wir stinknormal, allerdings verquetsche ich mir einige Tränen der Trauer beim Abschied von der liebgewonnenen Tierschar.

Und dann ist es soweit, etwa vier Stunden sind inzwischen vergangen, da erscheint das Schild Billabong in der Ferne. Endlich werde ich einem Känguru auf die Schulter klopfen, anstatt die toten Beuteltiere plattgefahren am Straßenrand zu zählen, doch der erste Programmpunkt ist eine einmalige Krokodilshow. Die Fütterung der vierbeinigen Riesenechsen ist interessant und lebt von ihrer irren Spannung.

Eine ähnliche Faszination üben Kragenechsen, Emus, Dingos, und die natürlich wie fast immer schlafenden Koalabären aus. Meine Frau ist vernarrt in die kuscheligen Viecher. Mich beeindrucken vor allem die vom Aussterben bedrohten, aber herrschaftlich dreinschauenden Kasuare. Einer davon steht etwa fünfzig Meter weit entfernt in einem waldartigen Gestrüpp und beobachtet uns. Leider kommen wir nicht näher an das scheue Tier heran. Immerhin ist es uns gelungen, eins dieser seltenen Exemplare lebendig bestaunen zu können. Meines Wissens gehören die Tiere der Straußenrasse an und das sind Laufvögel.

Doch den Vogel schießt der Wombat ab. Von seiner relaxten Ausstrahlung sind wir hochgradig begeistert. Sein zutrauliches Verhalten hat es mir besonders angetan. Mein Gott, ist der herzig, wie er auf dem Schoß einer Wärterin hängt. Ich bin frech und kitzelte ihn unter den Hinterpranken

Uns gefällt das Tierparkgelände wahnsinnig gut, daher setzen wir uns in den Eingangsbereich und gönnen uns einen Imbiss. Anschließend schlendern wir stundenlang bei hervorragenden äußeren Bedingungen durch die Anlage, dabei zieht es meine Frau immer wieder zu den Koalas, mich mehr zu den Kängurus. Wo gibt es einen Zoo, in dem man seine Zeit mit den Tiere so naturnah und ungezwungen verbringen kann? Ich bin aus dem Häuschen und fälle den Beschluss, das ich das Füttern der Tiere in meinem weiteren Leben zu einer Lieblingsbeschäftigung ausbaue.

Letztendlich nutzen wir die Besichtigungszeit voll aus und bleiben bis sechzehn Uhr, dann fahren wir zum Campingpark in Townsville, wo wir für zwei Nächte bezahlen. Ich hatte über die Stadt gelesen, dass es eine hervorragende Strandpromenade beherbergt, die ihresgleichen sucht. Und genau das stimmt, denn die Promenade mit dem Namen The Strand ist einmalig. Die Lebensader der Stadt sprüht mit gelungenen Verweilangeboten und witzigen Spielplätzen. Wer für diese Vielfalt die Verantwortung übernimmt, der hat den Orden für herausragende Kreativität verdient.

Nach dem Genießen der Strandpromenade sind wir voll des Lobes, aber auch hungrig. Meine Frau isst Fish and Chips und ich Calamares mit Chips. Die Portionen sind so groß, dass sie kein normaler Mensch aufgegessen bekommt.

Auf dem Rückweg in der finsteren Nacht fällt uns das Quietschen meiner neuen Sandalen auf, was mich aber nicht stört, denn die Dinger sind wahnsinnig bequem. Letztendlich beenden wir den informativen Tag in altbewährten Manier, also mit Alsterwasser, bestehend aus Bier mit Sprite, wobei mir die australische Biersorte weniger zusagt.

Heute ist unser zweiter Waschtag. Wir kaufen Coins für die Waschmaschine in der Rezeption und füttern das Gerät, dann frühstücken wir in der prallen Sonne. Von dem Tag an verleben wir nur noch herrlich warme Tage, denn kontinuierlich nähern wir uns der subtropischen Region Australiens.

Ins Zentrum der Stadt Townsville fahren wir mit dem Linienbus. Drei Dollar pro Person bezahlen wir für das Busticket. Den Preis finde ich korrekt. Auf einer Leinwand in der Innenstadt läuft ein Musikclip. Ich verfolge den Auftritt der Kultband Guns'n Rose's und bin hin und weg. Außerdem gibt's Free WIFI, welches Angela weidlich ausnutzt.

Im Reef Museum, dem Great Barier Riff in Kleinformat, gehen wir durch einen Glastunnel, in dem wir uns seelenruhig die verschiedensten Meeresbewohner hautnah und in Ruhe anschauen können. Danach sind wir Teilnehmer an einer Fütterung der Fische in den Aquarien, und toll anzuschauen sind die naturgetreuen Korallennachbildungen.

Nach drei Stunden haben sich unsere Augen müde gesehen. Wir verlassen das Museum und kaufen auf dem Nachhauseweg im Supermarkt ein. Somit schleppe ich die schweren Getränkeflaschen und die Lebensmittel im Rucksack durch Townsville. Für die sich häufenden Krämpfe im Nackenbereich mache ich das verspannt am Lenkrad sitzen und das Tragen des sauschweren Rucksacks verantwortlich.

Und ziemlich ausgelaugt den Camper erreicht, lege ich mich wegen der Schmerzen aufs Ohr. So unvernünftig darf es nicht weitergehen. In Zukunft werden wir mit dem Camper zum Einkaufen fahren und uns einen größeren Vorrat zulegen, wozu hat man das Ding. Den Campingbus zu nutzen ist der gemeinsame Tenor.

*

Mission Beach ist unsere letzte Station vor Cairns. Die Etappe ist glücklicherweise nur kurz und sie führt durch ein typisch australisches Areal mit vielfältigen Aus-sichtspunkten aufs Meer.

Mein Rücken streikt immer noch. Irgendwas an ihm ist kaputt. Wegen der entstandenen Schmerzen machen wir unterwegs eine längere Pause. Bei der esse ich einen Napf voll Müsli mit Milch und lege mich so in den Bus, dass ich den herrlichen Meerblick genüsslich auskosten kann.

Der Ausruheffekt hat mir gut getan, trotzdem horche ich in mich hinein. Ich bin erleichtert, denn im Großen und Ganzen lebe ich gesund. Mein Herz verkraftet die Hitze und die neuen Lebensabläufe, da ich meine brav meine Tabletten schlucke. Nur das Rückenproblem ist ärgerlich. Womit bekämpfe ich die Verspannung?

Wie wäre es damit: Ich trainiere mir eine den Nacken entspannende Sitzhaltung an. Das beschließe ich einfach mal, denn später in Neuseeland sind wir einen weiteren Monat mit dem Camper auf Tour.

Ansonsten Kopf hoch. Bloß nicht vor minderschweren Problemen kapitulieren. Ich habe schlimmere Auswirkungen überstanden.

Nach einer weiteren Stunde Fahrt entlang der Küste fühlen wir uns wie in der Karibik, wofür der Name Mission-Beach steht. Und da uns das Südseeflair begeistert, richten wir uns auf zwei Nächte Aufenthalt auf dem Camperplatz ein, denn der Strand ist fabelhaft. Eine ähnlich malerische Kulisse habe ich von Costa Rica her in Erinnerung.

Vom weißen Sandstrand wie hypnotisiert, wagen wir einen ellenlangen Marsch mit nackten Füßen durch die seichte Brandung. Das Schwimmen hat man durch mit Netzen abgetrennte Bereiche sicher gemacht, denn seit Tagen gilt: Quallenalarm. Der Aufforderung dringend nachzukommen ist an der Ostküste angeraten. Und zum ersten Mal sehen wir eine Hilfsstation. Es ist eine etwa einen Meter hohe und hohle Säule, in der eine Flasche Essig steht. Essig soll bei Feuerquallenbefall wahre Wunder verrichten, allerdings ist die Wirkung nicht unumstritten.

Am Abend kocht Angela Spaghetti mit einer Gemüsehackfleischsoße. Das Gericht schmeckt für Camperküchenverhältnisse außergewöhnlich. Und wie wir so verträumt mit einem Glas Alsterwasser in der Hand vor dem Camper sitzen, beschließen wir eine Wanderung durch den nahe gelegenen Regenwald. Eventuell könne man Kasuaren begegnen, steht in einer Reisebroschüre. Nur den Einstieg zum Wanderweg müssen wir rausbekommen. Da hilft ein Infostand mit Kartenmaterial weiter.

Fertig gefrühstückt, die Kappe als Sonnenschutz aufgesetzt, etwas Proviant und eine Flasche Wasser in den Rucksack gesteckt, so wagen wir uns auf den Querfeldeinmarsch mit leichtem Höhenprofil. Die Bepflanzung gleicht einer Dschungellandschaft. Der Pfad ist zwar nicht gefährlich, aber der Kampf durch die Botanik wird kein Husarenritt. Wunschdenken bleibt auch der Kontakt zu Australiens Wildtieren. Unsere Augen sehen einen Papagei und einige Singvögel, sonst nur unberührte Natur.

Und da die Strecke kurz war, ist der Markt von Mission-Beach nach unserer Rückkehr in vollem Gange. Der Trubel spielt sich gegenüber des Campingplatzes ab. Es gibt ein paar nette Verkaufsstände, ansonsten nicht viel Herausragendes. Mir gefallen zwei nette Warnaufkleber für das Auto, die ich kaufe. Einer ist mit dem Känguru-Motiv versehen, der andere mit einem Kasuar. Die schmücken heute unsere Küche.

Meine Nackenbeschwerden klingen ab, trotzdem bin ich auf keine Leckerbissen eingestellt und verzichte auf das Kochen. Wir essen in einer kleinen Restaurantansammlung, dabei lesen wir eine Ankündigung. In der geht es um ein Live-Konzert.

Okay, sagen wir uns, da gehen wir hin, denn wir sind natürlich neugierig geworden. Leider kommen wir mal wieder zu spät zum Veranstaltungsort, denn wie vor mehren Tagen in Byron-Bay packt der Gitarrist gerade seine Gitarre in den Koffer und verschwindet.

Das ist abermals sehr schade, denn für den Abend hatten wir uns auf einen guten musikalischen Auftritt eingestellt. An die ungewöhnlich frühen Zeiten für die Musiker werden wir uns nie gewöhnen.

Leicht niedergeschlagen trinken wir ein Bier mit Limo, einen guten Cocktail verkneifen wir uns, dann bezahlen wir und legen uns Schlafen, vorher müssen einige Mücken dran glauben. Wegen der stockfinsteren Nächte wird in der Region jegliche Art der Aktivität viel zu früh eingestellt.

*

Unser Abreisetag ist Montag, der 3. November. An dem begeben wir uns frohgemut auf die mit 142 Kilometer eher kurze Etappe nach Cairns und erreichen um die Mittagszeit unser Fahrziel, einen diesmal ziemlich vollen Campingplatz. Die Stadt ist das Endziel für die Ostküstenbesucher, die mit dem Camper aus dem Süden kommen. Wir schnappen uns die Parzelle am Eingang unter einer schattenspendenden Platane. Und das ist ein Glücksfall, denn hier in Äquatornähe kennt die Sonne kein Erbarmen. Sie brennt ohne Unterlass vom wolkenlosen Himmel, wodurch die Mittagstemperatur zweiunddreißig Grad im Schatten beträgt.

Mit dem Linienbus und der Tasche mit den Badesachen fahren wir zu einer künstlichen Badelandschaft im Zentrum. Ins Meer gehen ist auch in Cairns wegen der Quallen tabu. Nachdem ich die Badehose anhabe und Angela ihren Bikini, schwimmen und planschen wir eine halbe Stunde in der flachen Badeoase herum, dann lassen wir uns von der Sonne trocknen. Ozon hin oder her.

Später finden wir beim Herumbummeln durch Cairns die Fressmeile im Nachtmarkt, die uns von der Rezeptionsfrau zur Nahrungsaufnahme empfohlen wurde. Dort essen wir asiatisch und das gut und reichlich, ein Essen kostet zwölf Dollar. Für australische Verhältnisse ein Spottpreis. Aber die Sparmaßnahme passt uns in den Kram, denn wir brauchen viel Bares für eine andere Geldausgabe, die da heißt Great Barrier Reef. Wer an die Ostküste Australiens reist, fährt zum Reef, so auch wir. Wir können der Magie des Reefs nicht widerstehen. Schocken tut uns der satte Ausflugspreis von sechsundachtzig Dollar pro Person.

Den Ablauf des nächsten Tages festgezurrt, bildet der Schlummertrunk in einer Kneipe, die mir nicht in Erinnerung geblieben ist, in der aber relativ viel los ist, den Ausklang. Danach nehmen wir den zehn Uhr Bus, der uns in die Nähe des Campingplatzes bringt. Kurz nach elf liegen wir ermattet auf der Matratze im Bus.

Wir sind sehr früh aufgestanden und haben reichlich gefrühstückt, denn wir brauchen eine solide Grundlage für die Überfahrt zum Reef. Anschließend fahren wir mit dem Linienbus zum Anleger, bezahlen die Tickets, betreten das Fährboot und staunen Bauklötze. Die Fähre ist gerammelt voll mit Chinesen. Das Boot ist fest in chinesischer Hand. Sogar die Schriftzüge auf den Bootswänden sind in englisch und chinesisch gehalten. Haben die Chinesen das Great Barrier Reef käuflich erworben?

Das Schiff fährt eine dreiviertel Stunde, dann legt es auf Green Island an, wo wir auf ein Glasbodenboot umsteigen. Was wir dort sehen, das ist eine große Anzahl an sehr schönen bunten Fischen, aber es ist nicht der berauschende Augenschmaus. Wir haben die Erwartungen zu hoch geschraubt.

„Flora und Fauna, sowie die Fischbestände, alles ist in seinem Bestand gefährdet, erklärt uns der Touristikführer. So vorsichtig drückt er sich jedenfalls aus. Bei mir bringt es meine Zornesader zum Vorschein, denn die schwillt kräftig an. Im asiatischen Raum oder auch bei den Indern greift die Umweltverschmutzung rabiat in die Naturlandschaft ein, aber auch in Australien, denn hier leidet sogar das Weltkulturerbe Great Berrier Reef unter dem Problem des Klimawandels.

Nach einer halben Stunde Unterwasserforschung, verlassen wir das Glasbodenboot und begeben uns zu Fuß auf eine Erkundungstour über die Insel Green Island mitten im Reef. Schnorcheln haben wir nicht gelernt. Jetzt ist es zu spät, das versäumte nachzuholen, zudem bin ich ein hundsmiserabler Schwimmer. Das Beste an der Insel ist ein Spaziergang durch einen Bereich Regenwald.

Gegen den Hunger kauft Angela eine Familienportion Fritten. Die Riesenportion kostet acht Dollar und passt hervorragend in unser Finanzkonzept.

Dann war's das mit den Sehenswürdigkeiten. Im Nu ist die Exkursion vorüber. „Für über achtzig Dollar kann man mehr erwarten", lästert meine Frau.

Wir gehen auf das Fährboot zurück, das nach einer dreiviertel Stunde das total bewölkte Cairns erreicht. Dort im Hafen steigen wir aus, dabei beschäftigen wir uns in einer hitzigen Diskussion mit der Invasion der Chinesen und den Inselerlebnissen, aber wir kommen auf keinen gemeinsamen Nenner. Darüber frustriert, gehen wir zu Fuß heimwärts, und das an der Küste ent-lang. Bisher hatten wir dem Küstenstreifen wenig Be-achtung zukommen lassen.

In einem Laden kurz vor dem Campingplatz kaufen wir Brot, Kaffee und Honig für das nächste Frühstück ein. Wir duschen uns und ziehen uns frische Klamotten an, dann benutzen wir den Linienbus für die Fahrt stadt-einwärts, wo er uns gezielt ins Stadtzentrum zur Fress-meile bringt. Sparsam bleiben ist das oberste Gebot. Hinterher kommen wir an einer fragwürdigen Lokalität mit Live-Musik vorbei. In der wimmelt es von Be-soffenen.

„Schnell weg hier", sage ich zu meinem Weib. „Auf Besoffene kann ich gut und gern verzichten."

Resolut hakt sich meine Frau bei mir unter. Dann verschwinden wir aus dem verruchten Viertel, denn das Ausgehen in Cairns ist eine verfahrene Kiste. Letztlich landen wir in einer Art Bierkneipe. Die trägt den uns vertrauten Namen Bavaria Bierhouse, aber der Ort ist nur eine enttäuschende Notlösung für den gewohnten Einschlaftrunk.

In der Nacht hat es geregnet. Mein Handtuch über der Leine ist pitschnass. Auch die Regiestühle und der Tisch sind feucht. Ich frage meine Frau: „Wie bekomme ich mein Handtuch trocken? Nass kann ich es schlecht einpacken."

Und die antwortet einsilbig: „Das trocknet rasch in der Morgensonne."

Und tatsächlich, beim Frühstück knallt die Sonne in gewohnter Zuverlässigkeit vom Himmel und im Handumdrehen ist das Handtuch getrocknet.

Check-out ist zehn Uhr. Das ist die Standartzeit auf Campingplätzen. Wir haben unsere Klamotten rechtzeitig vor der Abfahrt in die Rollkoffer verstaut. Besser jetzt, als später beim Apollo-Autoverleiher unter Stress. Vergisst man irgendwas Unentbehrliches, dann ist es irreparabel.

Unser Inlandsflug nach Sydney ist auf fünf Uhr terminiert. Wir haben noch geraume Zeit bis zum Abflug. Tja, was machen wir mit den letzten Camperstunden in Australien?

Energiegeladen schmeiße ich mich ans Lenkrad, und Angela wirft sich mit ähnlichem Elan auf den Nebensitz. Ohne uns groß abzusprechen verlassen wir das Stadtgebiet und suchen die Küstenregion nördlich von Cairns auf. Den Bereich haben wir aus unseren bisherigen Aktivitäten ausgelassen. Diesen Lapsus, wenn es denn einer ist, holen wir mit dem melancholischen Strandspaziergang in die totale Einsamkeit des Staates Queensland nach.

Ich finde es gut, dass wir diese Region in unseren Entdeckerschatz aufnehmen. Es gefällt mir, allein mit meiner Frau am Strand entlang zu tigern, ohne auf Lärm und Wohlstandsmüll zu stoßen. In der Großstadtmetropole Sydney werden uns einsame Strandaufenthalte versagt bleiben, denke ich. Dann ist er da, der Moment des Abschieds von unserem Camper.

Als wir beim Apollo-Center eintrudeln, überfällt mich tiefe Trauer. Mit der war zu rechnen. Wir übergeben den Camper ohne Beanstandungen in die Hände der Besitzer. Und ohne mich mit großen Gefühlsregungen nach der Blechdose umzusehen, bestelle ich ein Taxi, das uns zum Flughafen bringt. Dort beginnt prompt ein unerwartetes Dilemma, denn an der Anzeigetafel steht, der Flieger hat Verspätung.

Okay, das kann vorkommen.

Schließlich wird der Flug gänzlich gestrichen.

Weshalb? Das fragen wir uns und auch die anderen Wartenden.

Die letzte Meldung lautet: Das Flugzeug sei wegen eines Sturms über Sydney überhaupt nicht gestartet.

Ja Herrgott sakra. Warum nicht gleich die Wahrheit?

Doch da hilft kein lamentieren. „Für den Vormittag am nächsten Tag können Sie einen Ausweichflug bekommen", sagt uns ein Flugbevollmächtigter, den wir natürlich nehmen. Das steht ohne lange zu überlegen fest, doch für die notwendige Übernachtung ist viel Improvisation gefordert.

Ich erinnere mich an das Ibis-Hotel in der Nähe des Zentrums. An dem sind wir mit dem Linienbus ein paar mal vorbeigefahren. Dorthin lassen wir uns von einem

Taxi transportieren, für Fixkosten von zweiundzwanzig Dollar, und für das Zimmer nochmals einhundertneunzehn Dollar, das Frühstück inklusive.

Ich lamentiere zerknirscht: „Durch die unvorhergesehenen Mehrausgaben geht unser Sparhaushalt unausweichlich den Bach runter."

„In Ostasien sanieren wir uns", antwortet meine Frau und beendet das leidige Thema.

Wir sättigen uns in den Fressarkaden, wo sonst, und trinken dort unseren Schlummertrunk. Dann legen wir uns kurz nach zehn Uhr ins Bett, danach lese ich mir die Kapitel über Sydney intensiv durch.

*

Das letzte Frühstück in Cairns ist sehr gut. Doch viel zu früh, das denken wir zumindest, fahren wir mit dem Taxi erneut zum Flughafen. Mich treibt meine innere Unruhe an. Ist auf Virgin Australia Verlass? Klappt es heute? Diese Fragen stelle ich mir andauernd, denn durch die Erfahrungen bin ich besorgt.

An drei Abflugschaltern hat sich eine Menschenmenge gebildet, obwohl kein Flug an der Anzeigetafel steht. Ich frage nach und erfahre, es handele sich um unseren Flug nach Sydney.

Puh, Augen zu und durch. Wir stehen mächtig unter Zeitdruck. Jetzt nur nichts falsch machen. Wir schnappen uns das Gepäck und stellen uns am Schalter an. Als wir einchecken, bekommen wir zwar unsere zwei Plätze, aber weit voneinander entfernt.

Doch okay, es ist ja nur ein Dreistundenflug. Das wichtigste ist, wir kommen nach Sydney.

G' day!

Liest man den Sydneyführer, dann wird die traumhafte Lage Sydneys über den grünen Klee gelobt. Hervorgehoben werden die vielen verästelten Buchten und grünen Hügel. Weltweit kann keine andere Großstadt mit mehr Stränden und Parks aufwarten wie Sydney. Dass das der Wahrheit entspricht, bestaunen wir beim Überfliegen der Stadt.

Zuerst einmal spüren wir nach der Landung: Es ist windig, aber Sturm kann man das Lüftchen nicht nennen. Und die Koffer vom Gepäckband abgeholt, bringt uns ein Taxi zum vorgebuchten Ibis-Hotel, dessen Zimmerbeschreibung ich mir erspare. Sie sind klein und überall ähnlich.

Direkt nebenan befindet sich das Imbisslokal der Kette KFC. In dem verspeise ich undefinierbare Hühnchen-Teile. Die entsprechen allerdings eher einer scheußlichen Geschmacksnorm.

Selbst schuld, denke ich. Warum tue ich mir den Fraß auch an?

Durch den Flugausfall sind wir einen Tag weniger in Sydney, demnach haben wir vier Tage für die Sehenswürdigkeiten der Metropole. Und das ist wenig, denn täglich entfallen allein zehn Minuten auf den Fußmarsch vom Ibis zur Train Station St. Peters.

Aber erst einmal fahren wir zu den Anlegestellen der Sydneyfähren im Zentrum. O Mann, der Blick hinüber zur Sydney-Harbour-Bridge ist imposant. Wer viel Geld hinblättert kann wie mancher Tourist, der marschiert mit einer Seilschaft zum Scheitelpunkt der Brücke hinauf. Hundert Dollar verschlingt der vermeintliche Kick, doch trotz der tollen Aussicht müssen wir passen. Der Preis ist zu hoch und unser Dukatenesel hat die Reise nicht mit angetreten.

Und dann das Sydney Opera House. Ich kenne viele Photos seiner prächtigen Architektur, aber das Monument im Original zu bewundern, das ist eine andere

Hausnummer. Das Gebäude ist überwältigend. Wie wird die Oper von der Wasserseite wirken?

Um uns zu stärken, essen wir Crepe mit Banane, dazu trinke ich einen Becher Milch mit Vanilleeis, und schon rumort es in meinem Magen. Leider habe ich ihn mir durch den KFC-Fraß gründlich versaut. Zwangsläufig bekomme ich fürchterlichen Durchfall, doch glücklicherweise geht's mir nach einer Totalentleerung viel besser.

Am nächsten Morgen fahren wir nach Manly. Unsere Begeisterung gilt dem herrlichen Strand am Pacific. Mit der Fähre ist es eine gut halbstündige Spritztour, bei der wir die Oper und die Harbour Bridge von der Seeseite aus fotografieren. Am Kai liegt eine Bettenburg vertaut, sie wird auch Kreuzfahrtschiff genannt. Und die beeindruckende Hochhaussilhouette der City vervollständigt die eindrucksvollen Fotos. Aber geradezu paradox ist die Masse an herumwuselnden Chinesen. Deren Anzahl ähnelt der am Reef.

Bitte verstehen Sie mich nicht falsch. Auch wenn es sich negativ anhört, dennoch habe ich keine Vorurteile gegen Chinesen. Aber der gelben Gefahr gelingt es in Australien eindrucksvoll, uns Europäern den Rang abzulaufen. Mit ihrem dominanten und geschwätzigen Auftreten, vermiesen sie mir den Genuss an den Kulturgütern und Sehenswürdigkeiten. Was zu viel ist, ist zu viel. In Australien sind's die Chinesen, auf Mallorca die Deutschen.

Den chinesischen Horden entgehen wir am nächsten Tag beim Besuch des Bondi Beach. Am Strand für die Gutbetuchten sollen sich die Berühmtheiten Australiens ein Stelldichein geben, so stand es in einer Broschüre, aber ist das auch so?

Als wir am Bondi eintreffen, da macht die Prominenz irgendwo auf der Welt Urlaub, nur nicht hier. Wir sichten keinen Filmstar weit und breit, ansonsten das gleiche Bild, denn auch am Bondi Beach machen sich die „schlitzäugigen Horden" breit. Der Begriff stammt aus der Feder des CDU-Europapolitikers Oettinger.

Ich wende mich dem Thema Kunst zu und stelle meiner Frau die Frage: „Seit wann steht die Kunst in Bondi so hoch im Kurs?"

Meine Anspielung gilt dem Skulpturenwanderweg über die Klippen und Hügel an der Küste. Das Kunstvergnügen scheint halb Sydney angelockt zu haben, denn der Weg ist rappelvoll mit den Menschen aus der Großstadt.

Sie kann die Frage nicht beantworten, trotzdem zwängen wir uns von einem Objekt zum Nächsten auf der Kunstroute. Wir bewältigen den Halbmarathon mit Siebenmeilenstiefeln bei geschätzten dreiundzwanzig Grad. Das ist gegenüber Cairns ein Kälteschock. Und am Abend, da mögen es geschätzte sechzehn Grad sein, ist die lange Jeans ein begehrtes Kleidungsstück.

Hoffentlich langweile ich Sie nicht mit schwer nachvollziehbaren Details über Sydney, denn im ähnlichem Trott geht es weiter. Wenn man schon Sydney besucht, dann komplett. So steht auf unserer Besuchsliste das Hardrockcafe in Darling Harbour mit anschließendem Feuerwerk anlässlich des „Anti Aids Tages." Das findet am Hafen und um die Oper herum großen Anklang.

Einen weiteren Abend verbringen wir auf der Vergnügungsmeile „The Rocks", um danach den nicht minder berühmten Ableger in uns aufzusaugen. Und die Vorsichtsmaßnahmen nicht außer Acht lassend, schlendern wir durch das zwingen vorgeschriebene Kings Cross Viertel. Aber so verrucht, wie es der Reiseführer beschreibt, finde ich es nicht.

Und weil's uns so gut gefallen hatte, steigen wir am vorletzten Tag noch einmal in die Fähre nach Manly.

Dort essen wir den mexikanischen Teller für zwei Personen, der uns nicht mehr aus dem Kopf gegangen war, seit wir ihn am ersten Besuchstag bewundert hatten. Ich hatte richtig nach ihm geschmachtet.

Nach dem Essen machen wir einen Verdauungstrip auf dem Südwanderweg, der ausgesprochen beschaulich verläuft. Wir legen uns sogar ein Stündchen auf unsere im Rucksack mitgeführten Sarongs in die Sonne, denn inzwischen ist das Thermometer auf erfreuliche sechsundzwanzig Grad in Sydney und Umgebung hochgeschnellt.

Tja, und was gibt's sonst noch über Sydney und seine Umgebung zu berichten? Vielleicht das, dass wir so gut wie gar nicht mit den Ureinwohnern des Kontinents in Berührung gekommen waren. Die Ausnahme bildet der am ganzen Körper bemalter Aborigine, der am Hafen sitzt und sich für die Touristen als Didgeridoo-Spieler und Photoobjekt betätigt. Sein geduldig hervorgezaubertes Klangkonstrukt habe ich heute noch wohltuend im Ohr. Direkt neben ihm werden auf einer Decke ausgebreitet die in der Aborigine-Kunst bemalten Frisbees verkauft.

Die Eroberer des 5. Kontinent haben die Urbewohner nicht sonderlich gut behandelt, umso freundlicher behandeln Sydneys Einwohner uns Touristen im hier und jetzt, was übrigens auf alle Australier zutrifft. Deren Biergenuss und Grillmentalität ist zwar berühmt, aber das macht sie nicht unsympathisch. Leider leidet die Esskultur darunter, denn ein gutes und gleichzeitig bezahlbares Essen haben wir uns abgeschminkt. Für uns war wichtig, uns im Campingbus durch Eigenversorgung über die Runden zu retten.

Besonders hervorhebenswert an Sydney ist das angenehme Klima, und sie hat eine Menge an Abwechslung zu bieten. Wäre es möglich, würde ich Sydney oft besuchen, doch der Flug ist mörderisch. Bei der Entfernung zwischen Nordeuropa und Australien dauert ein Flug über vierundzwanzig Stunden, denn Sydney ist meilenweit entfernt.

Beim Kofferpacken am Abreisetag erkenne ich mit Entsetzen: Die Kurbeltaschenlampe ist weg. Anscheinend habe ich sie im Camper übersehen und dadurch vergessen. Es ist der erste Verlust auf der bis dahin sechswöchigen Reise, den ich nur sehr widerwillig akzeptieren muss. Immerhin handelt es bei der Lampe um ein Geburtstagsgeschenk meines Sohnes.

Nach dem Auschecken stellen wir unsere Trollis in einen Abstellraum des Hotels, danach fahren wir ein allerletztes Mal in die City zum Pier, um uns gebührend zu verabschieden. Eine Frau hat im Train ihre Zeitung liegengelassen, dadurch kann ich auf der Sportseite die neuesten Bundesligaergebnisse mit der dazugehörigen Tabelle studieren. Das ist für mich so interessant, weil ich mit meinem Sohn am Fußballmanagerspiel der Sportzeitung Kicker teilnehme.

Noch ein Lebewohl zur Oper und zur Sydney Harbour Bridge hinüber gesandt, dann fahren wir ins Hotel zurück, wo wir an der Rezeption einen Shuttlebus bestellen, der uns in einer Stunde zum Flugzeug nach Neuseeland bringt. Meine Neugier auf neue Reiseziele ist nicht gestillt. Ich befinde mich endgültig im Ländersammelrausch.

Tja, das war's. Aber wie hat sich der Aufenthalt in Australien dargestellt? Das ist eine schwer zu beantwortende Frage. Ich überlege gründlich und komme zu dem Ergebnis: Die Art des Reisens durch Australien war erfreulich in allen Belangen, und die Tierwelt und Natur waren einzigartig, darin stimme ich mit meiner Frau überein. Das vielseitige Land hat sich in unserer

Beliebtheitsskala weit nach vorn katapultiert. Doch nun auf zu neuen Ufern.

In Sydneys Flughafengebäude verspeisen wir die letzten Dollar in Form eines Kuchenteilchens, und weiter geht unser Reisetrip nach Neuseeland. Wir richten unser Augenmerk auf Auckland. Nach Sydney und der Ostküste Australiens freuen wir uns auf Neuseelands malerische Wiesenlandschaften und seine mit Schnee bedeckten Berggipfel.

Neuseeland

Zwei und eine dreiviertel Stunde Flugdauer sind um, da landet die Maschine sicher auf der Landebahn in Auckland. Doch kaum den Flieger verlassen und an der Einreisekontrolle angekommen, beginnt das Malheur. Ich hatte es auf den Einleitungsseiten angedeutet. Es ist neun Uhr abends, als ein Zollbeamter mein angebrochenes Glas Honig aus dem Koffer fischt.

Mit Unschuldsmine schaue ich den Beamten an, denn irrtümlich bin ich von einer problemfreien Ankunft ausgegangen. Stattdessen werde ich von einem Uniformierten wie ein Terrorist behandelt. Der hält das Glas

Honig triumphal in die Höhe, als hätte er soeben einen Terrorakt verhindert. Er setzt das Honigglas auf eine Stufe mit einer Handgranate, dementsprechend barsch fordert er mich auf, ihm zu folgen.

Am Boden zerstört schleiche ich mit meiner Frau zum Aufnahmeschalter, an dem man meine Personalien dokumentiert. Innerhalb einer geschlagenen Stunde leiste ich Unterschriften unter diverse Schriftstücke, die bei grober Einschätzung eine Verhaftung oder gar Gefängnisstrafe nach sich ziehen könnten. Das macht mich und meine Angetraute sprachlos. Ich finde das Prozedere total übertrieben, denn was habe ich so verwerfliches angestellt?

Okay, das Honigglas habe ich auf dem Einreiseformular nicht vermerkt. Das war nicht korrekt, aber ist es nötig, diesen Mordsaufstand zu veranstalten, wegen einem Glas Honig?

Mir steigt die Zornesröte ins Gesicht. Und obwohl ich leicht aus der Haut fahre und losdonnere, wenn ich mich ungerecht behandelt fühle, bleibe ich beherrscht. Diese Zurücknahme rechne ich mir hinterher hoch an. Ich zische meiner Frau meinen Unmut nur leise zu: „Sicher wird das Arschloch unter der Rubrik Mann des Monats ausgelobt."

Glücklicherweise ist der pflichtbewusste Beamte der deutschen Sprache nicht mächtig, außerdem geht im Trubel unter, dass wir weitere Lebensmittel in Tütenform mit uns führen.

Doch die Sache hat einen weiteren Haken, denn die Bestrafung ist ein Hammer. Es ist zwar keine Gefängnisstrafe, aber der Honig wird als Trophäe beschlagnahmt, was ich verschmerzen kann. Aber Moment mal, was hat der Zollbeamte gesagt? Habe ich tatsächlich vierhundert Dollar verstanden?

Ich werde tatsächlich zu einer Strafzahlung von satten vierhundert Dollar verurteilt. Hat der Mann einen an der Waffel?

Die gesalzene Summe macht mich fassungslos. Vierhundert Dollar, als Wort VIERHUNDERT, berappe ich per Visa-Karte, rechne ich die Summe um dann sind es zweihundertfünfzig Euro. Meine Frau und ich finden: Das ist ein unangemessen oder gar unverschämt hoher Betrag.

Ich kreide mir meinen schludrigen Umgang mit den Einfuhrbestimmungen an, denn der ehemalige Arbeitskollege, der vor zwei Jahren selbst durch Neuseeland gereist war, hatte mich vor der strengen Handhabung gewarnt.

Trotz der Dummheit sind wir nach zwei Stunden auf freiem Fuß, aber ich fühle mich flau. Die Fisimatenten sind mir auf den Magen geschlagen. Und als wir mit dem Shuttlebus am Ibis-Hotel in Aucklands City vorfahren, ist mir richtig schlecht. In dem sehr schmalen Hochhaus bekommen wir das übliche Minizimmer, diesmal mit Kochecke, was für uns neu ist. Im Unterschrank befinden sich sogar Töpfe, Teller, Tassen und Besteck. Die Bestückung würde für ein kleines Essen oder Frühstück reichen.

Wir sind durch den Einreiseärger aufgekratzt. Zur Beruhigung machen wir einen Stadtrundgang, doch bei dem ist mir richtig kalt. Ich bin mit meiner kurzen Hose zu sparsam angezogen. Es ist kälter als in Sydney. Hier in Auckland ist eine lange Jeans von Nöten, denn das Wetter hat Erkältungspotenzial.

Vor dem Schlafengehen trinken wir unser gewohntes Alsterwasser in einer Eckkneipe, in der ein Alleinunterhalter alte Songs zum besten gibt, und das vor fünf oder sechs weiteren Gästen, dann verziehen wir uns in unser warmes Hotelzimmer, mittlerweile haben wir

Mitternacht. Ist die Zuversicht angebracht, dass es am nächsten Tag wärmer wird? Auf eine Wetterbesserung setze ich meine Hoffnungen.

Am folgenden Morgen frühstücken wir fürstlich im Restaurant nebenan. Die wahnsinnig hübsche Bedienung, ein Mädel aus Köln, hat Probleme mit dem neuen Job. Sie ist erst seit einem Monat in Neuseeland und mit den Neuerungen nicht vertraut, aber der verwegene Preis, satte zwanzig Dollar, geht nicht auf ihre Kappe. Sie kann ihn nicht beeinflussen.

Anschließend spazieren wir durch den Hafen. In dem ist ein Segelboot am Kai vertäut, das am berühmten Ryders-Cup teilgenommen hatte und ihn meines Wissens sogar gewonnen hatte. Aber das mit Vorbehalt, denn ich bin natürlich kein Experte des Regattasegelns.

Wir beenden den Rundgang, denn es ist zu windig und dadurch lausekalt. Zum Aufwärmen gehen wir in ein Einkaufszentrum, wo wir asiatisch essen. Den Ausschlag gibt natürlich der niedrige Preis. Später kaufen wir fürs Frühstück ein, dann gehen wir ins Ibis-Hotel zurück, denn erneut quälen mich Rückenschmerzen. Woher rühren die? Von der Sitzhaltung am Lenkrad des Campers? Quatsch, das ist fünf Tage her.

Meine Tabletteneinnahme habe ich wegen der Aufregung verschwitzt, aber das ist irrrelevant. Eher brauche ich eine gründliche Massage, die mir Angela auf dem Bett des Zimmers verabreicht. Und um die Massage wirken zu lassen, bleibe ich liegen, als Angela einen Abstecher zum Aussichtshochhaus Sky-Tower macht und hinauffährt. Viele Photos belegen ihren Alleingang. Der Blick auf Aucklands riesige Fläche ist sagenhaft, wegen der Einfamilienhausbebauung ist sie viermal so groß wie die Londons.

Bei Angelas Heimkehr regnet es. Auckland ist ein ungemütlicher Fleck. Der Fernsehwetterbericht verheißt wenig Besserung. Das ist deprimierend, aber da müssen wir durch. Um uns die Zeit zu vertreiben, setzten wir uns an den Hotelcomputer, von dem ich e-mails an meine Kinder schicke, Angela an ihre Schwestern.

Ins großflächige Auckland haben wir uns gewiss nicht verliebt. Teilweise liegt es am Wetter, vielleicht schwirren uns aber die Schönheiten der Stadt Sydney durch den Kopf. In der hatten wir uns vorher sauwohl gefühlt. Sydney als Weltmetropole hat ein interessanteres Flair. Aber beurteilen wir Neuseeland nicht vorschnell, warten wir die Ergebnisse des Camperlebens ab dem nächsten Tag ab.

*

Den Start in den 12. November haben wir glatt verschlafen, also frühstücken wir im Rekordtempo auf dem Zimmer, denn wir müssen uns beeilen. Telefonisch hatten wir uns für elf Uhr am Drop out Stand des Flughafens mit dem Verleiher des Campers verabredet.

Kurz vor elf bringt uns ein Taxi samt Gepäck zum verabredeten Platz, aber wo ist der Verleiher? Bis halb zwölf warten wir auf den Typ, dann erscheint er endlich. Da haben wir uns längst den Arsch abgefroren, denn es ist weiterhin stürmisch und kalt.

Wir bekommen den gemieteten Eurocamper, doch das Modell entpuppt sich als alter Klepper. Das Vorgängermodell in Australien war neueren Datums. Aber zu Angelas Freude hat man uns ein Navigationsgerät mitgegeben, das uns in ein Einkaufszentrum lotst, in dem wir den sinnvollen Großeinkauf tätigen. Dann führt uns das Navi problemlos durch das Straßengewirr in

Auckland auf die Ausfallstraße nach Norden. Unser Ziel ist die Bay of Islands.

Das Weiterfahren wir durch sturmähnliche Windverhältnisse schwierig. Die wunderbare Landschaft erinnert an die Regionen Bayerns und Süddeutschlands. Auffällig sind die saftig grünen Hügel und die waldreichen und nicht allzu hohen Berge. Die Verhältnisse sind ideal für eine erfolgreiche Schafzucht.

Mit Hilfe des Navigationsgerätes trudeln wir sieben Uhr abends in Paihia ein. Dort suchen wir uns einen schön gelegenen Campingplatz aus. Wir haben die freie Auswahl, denn die breite Palette der Stellplatzangebote ist ungenutzt. Der unverbaute Blick auf die Bay of Islands versetzt uns in Ekstase.

Zur Essenseinnahme besuchen wir den zwanzig Minuten entfernten Ort zu Fuß. In einem Restaurant nimmt eine junge deutsche Bedienung unsere Bestellung auf. Sie lebt seit drei Monaten in Neuseeland und erzählt mir, dass sie aus Itzehoe stammt und zuletzt drei Jahre in München gelebt hat. Darüber hätte ich mich als ehemaliger Münchner gern intensiv mit ihr unterhalten, doch das Lokal schließt seine Pforten. Halb zehn ist in Neuseeland Schicht.

Die Nacht ist kalt, aber die Decke wärmt ausreichend, so haben wir relativ fest geschlafen und das ziemlich lange. Wegen der Regenschauer, die über unser Gefährt hinwegfegen, wollen wir ungern aufstehen. Irgendwann jedoch reißt mir der Geduldsfaden und ich gehe in den Waschtrakt. Dort mache ich eine Katzenwäsche, danach wird gefrühstückt. Wir bauen das Innere des Busses zur Wohnlandschaft um, so können wir bequem am Tisch sitzen. Den Toast mache ich in der Campingplatzküche, da ein Toaster im Camper fehlt. Wir überlegen: Sollen wir einen Toaster kaufen?

Als das Regnen nachlässt, gehen wir nach Paihia und fahren mit einer Kleinfähre zur Landzunge mit dem Örtchen Russel hinüber. Durch den Wind ist die See aufgewühlt, zumindest blinzeln ab und zu einige Sonnenstrahlen durch die Wolken. Und in dem netten Ort angekommen, ist dort tote Hose. Es ist Vorsaison, dadurch fehlen die Besucher, was die Gegend einsam erscheinen lässt. Wir stiegen über einen Berg zur Strandseite hinüber, aber dort ist das Windaufkommen so mächtig, dass wir glatt umweht werden. Es regnet auch wieder stärker, daher kehren wir kurzentschlossen nach Paihia zurück und tätigten im Supermarkt den Einkauf für ein Reisrissotto-Gericht.

Es ist sieben Uhr, als wir zum Campingplatz zurückkehren, wo wir zwei deutsche Mädels kennenlernen. Sie haben als Putzkolonne angeheuert, und da ohne Bezahlung, aber der Unkostenbeitrag für das Essen und Schlafen auf dem Campingplatz wird ihnen erlassen. Ein perfekter Deal des Platzinhabers.

Nach dem Essen, das gut gemundet hatte, bauen wir den Bus für die Nacht um, dann legen wir uns hin und lesen. Es ist zehn Uhr. Da kommt plötzlich Bewegung auf den Platz. Hinter unserem Bus wird ein Zelt aufgebaut. So spät noch? Was ist los? Am Eingang steht ein Polizeiwagen. Das sehe ich durch einen Spalt in der Fenstergardine. Am nächsten Morgen sind die Ankömmlinge verschwunden. Wohin?

Wir erfahren, dass die Mädels fürchterlich gefroren haben. Der Platzbesitzer hatte vergessen, ihnen Decken bereitzustellen. Sie mussten sich mehre Klamotten übereinander ziehen, um die Nacht zu überstehen. Obwohl es die bisher kälteste Nacht war, gewöhnen wir uns an die Temperaturen, denn Kälte härtet bekanntlich ab.

Nach der Tabletteneinnahme, dann dem Frühstück und etwas Gymnastik, ziehen wir los. Diesmal habe ich

Trekkingschuhe an, doch der Marsch nach Waikiki wird zum Flop. Das Gelände ist in Privathand, nirgendwo gibt es ein Durchkommen. Augenscheinlich ist der Tag ein Feiertag der Maori. Es wimmelt von Veranstaltungen der eingewanderten Volksgruppe. Die hat ihre bunten Pfähle und Tore festlich geschmückt. Redner schwingen Festtagsreden, trotz allem wirkt das Maori-Treiben sympathisch auf uns.

Letztendlich wandern wir stundenlang auf einem Weg über unwegsame Klippen am Wasser entlang. Für uns eine willkommene Abwechslung zu den seichten und pflegeleichten Strandwanderungen.

Um uns von der Wanderung zu erholen, setzten wir uns auf eine Bank im Zentrum. Endlich hat die Sonne die Oberhand gewonnen. Auch die deutschen Mädels sind vor Ort. Die Hübschere setzt sich an ein Klavier, das ist buntbemalt und wurde für uns Gäste aufgestellt. Sie spielt altvertraute Oldies. Aus derlei musikalischen Leckereien besteht ihr Repertoire, wofür ich sie später lobe.

Trotz des wankelmütigen Wetters ist es Klasse in der Bay of Islands. Das Herzstück der Nordinsel hat seine magnetische Wirkung nicht verfehlt. Jetzt verstehen wir, warum jeder Neuseelandreisende auf den Abstecher an den Nordzipfel der Insel schwört.

Mit einem wunderschönen Ausblick über die Bucht, gehen wir zum Camper zurück, der Gesellschaft bekommen hat. Zwei große Campermobile mit Holländern haben sich dazugesellt. Und hinter unserem Bus hatte ein deutsches Pärchen sein Zelt aufgebaut und ist wieder verschwunden, wahrscheinlich zum Essen.

Und das tun wir auch, denn meine Frau stellt ein leckeres Spaghetti Bolognese auf den Tisch. Dazu kramt sie den gut versteckten Heizer hervor. Dass wir auf die Idee nicht früher gekommen sind?

*

Drei Nächte auf dem Campingplatz in der Bay of Islands reichen, denn mittlerweile lässt uns das Wetter total im Stich. Wir fahren weiter. Und als ob die Wetterkapriolen nicht schlimm genug wären, verfolgen uns gefährliche Seitenwinde. Eine willkommene Unterbrechung ist eine Pause beim Ort Whangarei.

In der kleinen Ortschaft benutzen wir die Hundertwasser-Toilettenanlage. Dass der Künstler in der Nähe der Bay of Islands die letzten Lebensjahre verbracht hat und hier verstorben ist, hatte ich nicht auf dem Schirm. Zumindest hat er Neuseeland ein witziges Denkmal hinterlassen.

Unterwegs geht das Sturm- und Regendebakel weiter. Die Fahrerei ist anstrengend und nichts für schwache Nerven. Kreidebleich klammere ich mich auf der Auckland-Bridge ans Lenkrad des schlingernden Campingbusses, der zum Spielball der tobenden Naturgewalt geworden ist. Habe ich sogar gebetet? Beim stärksten Windaufkommen seit zehn Jahren ist es eine Fehlentscheidung, die Route über die kilometerlange Brücke zu nehmen, deshalb bin ich kein Bruder Leichtfuß. Aber zu meiner Entschuldigung halte ich fest, dass ich diese Hiobsbotschaft erst hinterher aus einer Zeitung erfahre. Vom Benutzen der Brücke wurde in der Presse ausdrücklich abgeraten. Und trotzdem, der Preis für meine Unwissenheit wäre zu hoch gewesen.

Nun gut, wir haben das Himmelfahrtskommando überlebt. Um so mehr hole ich die letzten Reserven an Durchhaltevermögen aus mir raus. Ich bin physisch und körperlich total zerfleddert, als wir Rotorua erreichen. Es ist eine Siebzigtausendeinwohnerstadt, über der ein beißender Schwefelgeruch liegt. An den mag man sich nur schwer gewöhnen. Nicht unser Instinkt, sonder das Navigationsgerät weist uns den Weg zum versteckt liegenden Campingplatz.

Der Anteil an Maoris in der Gemeinde beträgt über dreißig Prozent, das entnehme ich dem Reiseführer. Neben den dampfenden Schwefellöchern imponiert uns beim Spaziergang durch die Stadt besonders das Lebensumfeld der Maori in einem auffällig gestalteten Maoridorf. Die uns von der Bay of Islands bekannten, buntbemalten Torvorrichtungen und Pfähle, die den Marterpfählen der Indianer ähneln, bestimmen das malerische Ortsbild.

Die Ureinwanderer haben mit der Kirche als Mittelpunkt ihre eigene Kultur bewahrt. Mehrmals pro Woche werden Tanzveranstaltungen für Touristen aufgeführt. Die Eintrittspreise zu den Vorführungen sind teuer, soweit ich es den Ankündigungen auf Plakaten entnehmen kann. Auch das Essen bei einem Thai im Zentrum der Stadt hat seinen stolzen Preis. Sechzig satte Dollar für zwei Curry-Gerichte, einen Wein und eine Cola, knöpft man uns ab.

Als wir zum Campingplatz zurückkehren, ist es spät, außerdem haben wir unseren Tagesetat weit überschritten. Rechts neben unserem Campingbus steht ein Großwohnmobil und links daneben haben zwei junge Australierinnen mit einem Kombi ihr Domizil aufgeschlagen. Die haben uns durch das Ausstöpseln des Stromkabels unserer Elektrik beraubt. Warum? War's Unwissenheit?

Ich will mich nicht mit ihnen anlegen und beschlagnahme eine weitere Steckdose, um mit unserem Heizgerät den Bus aufzuwärmen, da die Nächte weiterhin eklig kalt werden.

Am nächsten Morgen wärmen wir uns im lauwarmen Schwefelwasserbecken auf. Es hätte eine Idee heißer sein dürfen, trotzdem ist es eine nicht alltägliche Badeeinheit. Danach duschen wir uns und waschen uns die Haare. So sind wir bereit für ein leckeres Frühstück. Ich gönne mir ein gekochtes Ei und als puren Luxus ein Glas Orangensaft.

Und als hätte Angela es geahnt hätte, ist diesmal ihrem e-book Reader der Saft ausgegangen. Dafür scheint die Sonne und es herrschen ganz ordentliche Morgentemperaturen. Später finden wir beim Besichtigungsmarsch durch Roterua einen Internetshop, in dem wir das e-book zum Aufladen anschließen, nebenher surfen wir im Internet und erkundigen uns nach dem Weltgeschehen. Ich erfahre, dass die deutsche Fußballnationalmannschaft ein Trauerspiel mit 4:0 gegen Gibraltar gewonnen hat. Okay, da habe ich nicht viel verpasst.

Es könnte alles easy sein, wäre da nicht das ärgerliche Rätsel mit dem Aufladeprozess. Es will nicht funktionieren, obwohl der Reader auf Aufladen steht. Aus purer Verzweiflung versuchen wir es später im Camper mit dem USB-Kabel, worauf wir früher hätten kommen können, denn das klappt problemlos.

Doch bevor es dazu kommt, genießen wir das schöne Wetter und schlendern zum See hinab, an dem eine Gruppe Chinesen mit wachsender Begeisterung Schwäne füttert. Ein Bild für die Götter bei deren überzogenem Fotoaufwand. Danach verspeisen wir auf einem Flohmarkt ein Hot Dog. Und als Abschluss zieht es uns in ein hübsch gestaltetes Museum, in dem ich mich für die Geschichte der Maori interessiere, denn deren Einwanderung nach Neuseeland fesselt mich. Ein origineller Filmvortrag zeigt den schlimmen Vulkanausbruch, der sie fast ausgerottet hätte. Dass es in den

Weltkriegen sogar ein Maori-Schwadron gegeben hat, das war mir gänzlich unbekannt.

Nach unserem Erklimmen des Museumsturms mit dem hervorragenden Ausblick über die Stadt und Umgebung, schließt das Museum seine Pforten und wir machen uns auf den Heimweg. Unterwegs fotografieren wir spektakuläre Schwefelschlammlöcher. Denke ich an die Dämpfe, kehrt der ätzende Geruch auch heute noch in meine Nase zurück.

Ein weiteres Opfer unserer Fotografierwut ist eine uns unbekannte Huhnsorte mit ihrem Nachwuchs. Das originelle Familienmotiv bereichert unsere Fotosammlung. Wie Australien, so hat auch Neuseeland einen reichhaltigen Schatz an Federvieh.

Nachdem wir eine Sammel-Whatsapp in die Heimat geschickt haben, schreibe ich im Tagebuch, dabei hoffe ich auf eine wärmere Nacht und einen sonnigen Tag.

*

Im Morgengrauen regnet es unerbittlich. Die Wettergötter der Maoris haben sich gegen uns verschworen. Das Weiterfahren von Roturua nach Napier ist bei dem Dreckswetter nicht ideal, so wird es durch die eingeengte und schlechte Sicht ein trostloser Tag.

Viel bleibt von der wunderschönen Landschaft verborgen. Die Umgebung erinnert mich an die Filme mit dem kleinen Hobbit, denn die hat man tatsächlich hier gedreht. Die Südwesterli's, so nennen die Einheimischen ihre kräftigen Winde aus Südwesten, was liebevoll klingt, toben über das Land und führen hartnäckig Regie.

Trotz des verregneten Klimas schwärmen die deutschen Besucher vom Zweiinselstaat. Leider hat uns die Nordinsel, was das Wetter betrifft, während unserer

Anwesenheit schlecht bedient. Die Neuseeländer haben was an uns gutzumachen.

In Napier angekommen, eine schmucke Hafenstadt an der Ostküste und die sonnigste Gegend der Nordinsel, lässt sich nach langer Zeit die Sonne blicken. Wir atmen auf, denn den Sonnenschein gibt es noch. Und im Ort den Tank gefüllt, fahren wir zum Supermarkt. Ich hatte mir für den Abend Spaghetti-Napoli zu kochen vorgenommen, denn Essen gehen ist nach dem teuren Stop beim Burger-King finanziell nicht mehr drin.

In der Innenstadt knipsen wir berühmte Art-Deco Fassaden, um danach ein Stück am gewaltig langen Strand entlang zu bummeln. Die Stärke des Windes hat zugelegt, aber wenigstens scheint die Sonne. Um die Wettervorhersage zu studieren, suchen wir nach einem Zeitungsladen, wir finden aber keinen. Die Prognose der Presse für die nächsten Tage hätte uns brennend interessiert.

Um halb Fünf müssen wir unseren Parkplatz verlassen. Der Parkschein ist abgelaufen. Wir fahren zum Übernachtungsplatz Holiday Park, der pro Nacht stolze achtundvierzig Dollar kostet. Es ist ein Preis, an den ich mich nur unter Protest gewöhnen will, immerhin ist das Schwimmen in einem großen Pool inklusive. Von dem Luxus mache ich sofort regen Gebrauch.

Damit meine Unmutsregungen über die Campinggebühr nicht überhand nehmen, fahre ich die erzeugte Stimmungslage mit Tagebucheintragungen runter, während Angela in ihrem Kobo liest. Eine ausreichende Anzahl an Krimis ihrer Lieblingsautorinnen hat sie vor Reisebeginn reingeladen. Und das Spaghettigericht gekocht und gegessen, trinken wir den Einschlaftrunk vor unserem Bus. Daran anschließend erleben wir die wärmste Nacht des Neuseelandaufenthaltes.

Über Nacht hat der Sturm nicht nachgelassen, trotzdem fällen wir den Entschluss, uns Fahrräder auszuleihen. Da die des Campingplatzes unbrauchbar sind, hilft uns ein Fahrradverleih im Ort aus. Wir bezahlen fünfzig Dollar und schwingen uns auf den Sattel.

Zuerst fahren nach Norden durch den Hafen. Bisher kommen wir verhältnismäßig gut voran, doch nach drei Kilometern ist's vorbei mit der Herrlichkeit. Die Grausamkeit der Seitenwinde schmeißt uns regelrecht um. Also kehren wir auf ein herzhaftes Apfelkuchenstück in eine Bäckerei ein. Dazu trinke ich einen Milkeshake mit Caramel-Geschmack, was prompt zum Durchfall führt. Dagegen hilft eine Toilettenanlage.

Als uns der Sturm immer mehr zu schaffen macht, geben wir entkräftet auf und legen uns an einem windgeschützten Platz mit Blick aufs Meer ins saftige Gras. Mit geschlossenen Augen träume ich, dass der Wind abgeschafft wird und stattdessen jeden Tag die Sonne vom Himmel lacht. Schön wär's.

Unseren ersten Radausflug in Neuseeland hatte ich mir ganz anders vorgestellt, außerdem ist der Sattel ungeeignet für mein Hinterteil. Immerhin scheint endlich die Sonne und entschädigt uns für die entgangene Freude am Radfahren. Ich schlafe wegen der Monotonie sogar kurz ein.

Nach zwei Stunden geben wir die Räder ab und ich entleere mich in einem öffentlichen Toilettenhäuschen, dem Durchfall geschuldet. Danach diskutieren wir über den weiteren Verlauf der Reise. Die Entscheidung, trotz des Windes unseren Aufenthalt zu verlängern, fällt inbrünstig aus. Das beständige Sonnenhoch über Napier gibt den Ausschlag, denn nirgendwo wird uns eine bessere Wetterlage garantiert.

Leider wird unser Verdauungsspaziergang nach dem Essen keine große Affäre. Ab neun Uhr wird in Napier der Bürgersteig hochgeklappt. Ab da herrscht Hängen im Schacht. Nur dem Geldautomat in der Nähe des Campingplatzes wiederfährt Aufmerksamkeit und Zuspruch. Den Inbegriff des fetzigen Nachtlebens werden wir in Neuseeland nicht erleben.

Der Te Mata Peak, der Berg im Süden Napiers, und die Wanderung zum Cape Kidnappers, dem Brutplatz für Tölpel, beides steht auf der To-Do-Liste, doch der Marsch zu den Tölpeln scheitert an der Flut. Deren Brutplätze sind nur bei Ebbe erreichbar. Das ist sehr bedauerlich, doch so manchen Tölpel gibt es auch in Aachen zu bestaunen.

Uns bleibt der Aufstieg auf den Te Mata Peak, doch der stockt wegen zu böigem Wind auf halber Strecke, aber landschaftlich und wegen seiner Aussicht ist der Berg eine Wucht. Wir wollen von dort gar nicht weg. Hoch hinaufsteigen auf den Berg ist allerdings gefährlich, denn der Sturm tobt nun schon tagelang über Neuseeland hinweg. Jederzeit kann er uns in einen Schlund wehen. Wie halten die Einheimischen solche Wetterbedingungen bloß aus?

Auch die Idee, uns am Wasser in eine geschützte Mulde zu legen, ist eine Totgeburt. Entgegengesetzt zum vorherigen Tag finden wir keinen passenden Platz. Stattdessen machen wir am Supermarkt einen Stop. In dem kaufen wir die Zutaten zum Maggi-Fertigtütchen für ein Spaghetti-Carbonara Gericht ein. Das habe ich aus der Heimat nach Neuseeland geschmuggelt. Doch bis es soweit ist, rufe ich von einer Münzautomatenzelle des Campingplatzes meinen Sohn an und gratuliere ihm, auch im Namen Angelas, zum Geburtstag.

Leider sind die Coins schnell aufgebraucht, dennoch hat er sich riesig gefreut. Und mit einem Leseabend, bei dem ich mich auf die Südinsel vorbereite, schließen wir das Kapitel Napier. Trotz des starken Windes war der

Besuch hochinteressant und hat uns alles in allem Spaß gemacht.

Die Fahrstrecke von Napier nach Wellington ist landschaftlich hervorragend. Und die Sonne scheint, daher könnte man meinen, man fahre durch eine Fotogalerie oder durch die Bebilderung eines Märchenbandes. Es ist die Gegend, in der viele Sequenzen zum Film „Herr der Ringe" gedreht wurden. Da die Windturbulenzen nachlassen, macht das Autofahren wieder Freude.

Unsere Mittagspause legen wir im Mc-Donald in Masterton ein. Ich esse einen Cheesburger mit Fritten. An der Sauerei komme ich hin und wieder nicht vorbei. Wir finden auch einen Supermarkt der Kette Countown, in dem wir einkaufen, ansonsten ist der Ort langweilig. Bei der Weiterfahrt sehe ich ein Warnschild mit dem Kiwi-Emblem drauf. Da ich nicht anhalten kann, verpasse ich es zu fotografieren.

Die Campingplatzsuche nach dem Platz, der zwanzig Kilometer vor der Hauptstadt Wellington liegen soll, brechen wir ab, stattdessen landen wir auf einem befestigten Parkplatz mitten im Zentrum der Großstadt, der sich Motorhome-Park nennt. Auf seiner Landseite bestaunen wir eine Anreihung an Hochhäusern, die den Stellplatz winzig erscheinen lassen, auf der anderen Seite starren wir hinaus auf den Ozean. Für Campingromantiker ist der Platz eine schallende Ohrfeige.

Fünfzig Dollar für die Nutzung der Wasch- und Toilettencontainer, das ist der dreiste Preis, wofür sich die Neuseeländer schämen sollten. Allerdings hat der reine Abstellplatz den Vorteil der zentralen Lage, sodass man einen abendlichen Bummel durch Wellingtons City ohne längere Anreise unternehmen kann und bis zum Fähranleger zur Südinsel ist es auch nicht weit.

Wir essen ein Spaghettischellgericht im Camper. Einen Restaurantbesuch streichen wir aus Gründen der Sparsamkeit. Nach der Nahrungsaufnahme spülen wir das Geschirr ab und führen uns das sehenswerte Wellington zu Gemüte.

Der Ex-Arbeitskollege hatte sich abfällig über die Hauptstadt Neuseelands geäußert, aber mir gefällt die eigenwillige Bebauung mit den ungewöhnlichen Gebäuden. Die Stadt hat einen amerikanischen Touch. Danach setzen wir uns in eine Musik-Kneipe, wo wir zwei Gläser Alsterwasser trinken.

Um halb elf beenden wir den Stadtbummel und begeben uns zu unserem Nachtlager. Sogar die Nacht in der Großstadt ist ungemütlich kalt.

*

Am 21. November verlassen wir die Nordinsel und damit auch Wellington. Ich habe überraschenderweise recht ordentlich geschlafen. Sogar die in den Kocher integrierte Toastvorrichtung bekomme ich in den Griff, denn eine Campingküche bietet der Parkplatz nicht. Der von mir erzeugte Toast ist leicht angeröstet, immerhin genießbar.

Die Duschen sind okay. Nun bleibt ein zweistündiger Aufenthalt, bis die Autofähre mit uns zur Südinsel ablegen wird. Den nutzten wir für unsere Sightseeing-Aktivitäten. Danach kann ich getrost rekapitulieren: Die negativen Einschätzungen meines Ex-Arbeitskollegen mit Wellington als Flop beruhten sicher auf fehlgeleiteten Grundlagen. Aber wer von uns hatte falsche Vorstellungen?

Beim Warten auf die Fähre gerate ich in ein Gespräch mit dem Ehepaar, das eine Nacht in Roturua unsere Nachbarn waren, nur haben wir damals nicht miteinander gesprochen. Die Abfahrt der Fähre verzögert sich um fünfundvierzig Minuten, erklären sie mir. Das Paar wohnt in Oberhausen. Er ist von Beruf Sozialarbeiter, jetzt aber Rentner. Dummerweise ist der Mann ein Fan des FC Schalke 04. Das spricht nicht für ihn.

Die Frau ist sechzig Jahre alt und Krankenschwester, erfahre ich so nebenbei, denn er ist der Wortführer. Sie sind rundherum sympathisch und ähneln uns in der Altersstruktur, aber während der Überfahrt verlieren wir sie aus den Augen.

Das Übersetzen zur Südinsel dauert drei Stunden und zwanzig Minuten. Es verläuft ruhig, entgegen anderslautenden Informationen. Bei glatter See gleiten wir sanft durch einen sehenswerten Fjord, der sich Queen Charlotte Sound nennt. Das Passagieraufkommen ist groß. Es herrscht reger Wochenendreiseverkehr von Insel zu Insel. Zur Stärkung kaufe ich uns eine Portion Fritten.

Aber was ist das plötzlich für ein Wetter? Unbarmherzig prasseln die Sonnenstrahlen auf uns nieder. Zwölf Tage sind wir jetzt in Neuseeland auf Tour, aber diese milden Temperaturen sind neu. Hält in dem windigen Land endlich der Sommer Einzug?

Den Camper in Picton an Land gefahren, nehmen wir den Top 10 Platz Holidaypark. Der liegt günstig zu den von uns geplanten Aktivitäten. Er hat einen Pool und unsere Parzelle ist mit einer Holzsitzgarnitur versehen, wie man sie oft in Neuseeland auf Campingplätzen vorfindet. An denen kann man wunderbar essen, ohne die eigene Tischgruppe rauskramen zu müssen.

Wir haben keine Lust auf die Kocherei, stattdessen spazieren wir in den Ort und essen eine Pizza. Die beste Alternative zum selber brutzeln. Anstatt aber den Absacker in Picton zu uns zu nehmen, kauft sich Angela eine Flasche Wein. Ich begnüge mich mit Bier und Sprite. Das haben wir im Kühlschrank.

Am nächsten Morgen kaum aufgewacht, nieselt es leicht. Dermaßen nass haben wir uns die Marlborough Sounds nicht vorgestellt. Der Reiseführer preist die Region um Picton als warm und sonnenüberflutet an. Aber da durch die Wetterbedingungen ein Aktivitätsstop herrscht, stecken wir die dreckige Wäsche in einen der Waschvollautomaten im Waschraum. Während der läuft, kaufen wir mit dem Camper im Supermarkt ein.

Und den Einkauf erledigt, lockert sich die Bewölkung auf und es wird warm, denn die Sonne nimmt das Heft in die Hand. Unsere logische Reaktion ist eine Wanderung in die Waikawa Bay. Doch bevor die steigt, essen wir ein Schinkenbrot, dann schnappen wir uns die Rucksäcke und stürzen uns in ein Wandererlebnis, das wir nie vergessen werden. Wir befinden uns in einem der schönsten Wandergebiete Neuseelands. Herrliche Panoramabilder, die sich vor uns auftun, stellen jede Ansichtskarte in den Schatten.

Nach der Rückkehr und einer Portion Chili-Concarne intus, von mir gekocht, schreibe ich erste Ansichtskarten aus Neuseeland an die Kinder, an meine Ex-Frau und an die Schwester. Die stecken wir in den Briefkasten am Fährschalter. Der Anfang für weitere Karten ist gemacht. Beim im Bett aneinander kuscheln fällt uns eine Horde Motorradfahrer auf, die sich auf dem Campingplatz einquartieren. Hoffentlich machen sie keinen Radau.

Das Aufwachen am nächsten Tag ist ein Schock, denn abermals ist der Himmel wolkenverhangen und es ist kühl. Ich fluche: „Was haben wir Neuseeland angetan?"

Nichts ist es mit dem Frühstück an der Holzgarnitur, und wir haben Glück mit der Entscheidung für einen Museumsbesuch. An Sonn- und Feiertagen ist der Eintritt frei. Ich schieße Fotos von blauen Pinguinen, die leider schlecht werden, danach besichtigen wir mit dem Edwin Fox Ship eins der ältesten Segelschiffe der Welt. Es wurde 1853 in Indien aus Teakholz gebaut und wird in mühsamer Kleinarbeit restauriert, dazu hat es eine abenteuerliche Geschichte hinter sich, unter anderem durch den Transport der Sträflinge von Australien nach Neuseeland, aber wieder aufgemotzt ist der Dreimaster ein stolzes Boot.

Als wir aus dem Museum ins Freie treten, strahlt die Sonne wie ein Honigkuchenpferd. Da gibt es nur eine Wahrnehmung, eine Kleinigkeit essen und auf Wanderschaft gehen. Unser Ziel ist es zur Spitze des Marlborough Sounds vorzudringen.

Als wir eine Stunde unterwegs sind, stellen wir zufrieden fest: Die Wanderungen werden immer eindrucksvoller. Wir stoßen mit unserem Weg auf Aussichtsplattformen, von denen wir auf den nicht enden wollenden Fjord mit seinem tiefblauen Wasserspiegel hinabblicken.

Nach zehn Kilometern kommt uns ein Fährschiff entgegen, weswegen wir verweilen. Mit strahlenden Augen lassen wir die Einmaligkeit der Fjordlandschaft in Kombination mit einer dahingleitenden Fähre auf uns einwirken.

Puh, ist das schön. Kann es wundervollere Tage auf einer Reise geben?

Unterwegs treffen wir zwei junge Männer, der eine ist aus Deutschland, der andere ist Österreicher. Wir unterhalten uns über ihre Neuseelanderfahrungen, wobei wir ihnen den weiteren Verlauf unserer Reise schildern. Sie staunen über unseren Wagemut. Halten sie uns für zu alt für die Reisepläne? Der Deutsche macht mit unserem Smart Phone ein Photo von mir und Angela und dem Fjord im Hintergrund. Und nach etwas ausgiebigerem

Smalltalk wünschen wir uns viel Glück und weiter geht's.

Die Wanderung erfolgreich abgeschlossen, kocht meine Frau in der Campingküche, um Gas zu sparen. Ihr Hackfleischgericht mundet prächtig. Und ebenso erfreulich sind brandneue Nachrichten über Whatsapp. Meine Tochter schickt ein Photo vom verschneiten Aachener Weihnachtsmarkt, und die Freundin meines Sohnes ein Bild von den beiden bei einem Fußballspielbesuch auf dem Aachener Tivoli. Der Kontrast zu den Marlborough Sounds ist beträchtlich. Uns von der Schönheit des Fjordes losreißen zu müssen, das wird uns einiges abverlangen.

Der Abreisetag fällt auf unseren Hochzeitstag. Der wievielte? Ich weiß es nicht mehr so genau. Ist es der dritte oder vierte? Immerhin scheint die Sonne, wie es sich für einen Festtag gehört. Wir frühstücken im Freien und das etwas üppiger als sonst. Hocherfreut bemerken wir, welch ein hervorragend eingespieltes Team aus unserer Verbindung geworden ist.

Die Weiterfahrt nach Nelson ist verzwickt. Zuerst fahren wir durch das riesige Weinanbaugebiet Blenheim, darauf folgen saftige Kuhweiden und später die Weiden zur Schafzucht, danach begeben wir uns in die Bergregion. Hundertvierzig Kilometer beträgt die nie langweilige Strecke. Gegenüber auf der Nordinsel sieht man die schneebedeckten und fast zweitausend Meter hohen Berggipfel, die sich majestätisch erheben.

Ungefähr zwölf Uhr stellen wir den Camper auf einen Parkplatz der Supermarktkette Countown in der Innenstadt ab. Viel kaufen wir nicht ein, denn zum Hochzeitstag habe ich meine Frau zu einem opulenten Essen eingeladen. Und bevor wir den Camperplatz aufsuchen, testen wir den Tahunanui Beach. In die Sonne am

Strand können wir uns nicht legen, dafür müsste man dem Wind den Safthahn abdrehen. Wir gönnen uns eine Brotzeit, anschließend kuscheln wir uns im Windschatten einer schützenden Düne auf einen Sarong aus Bali aneinander, dabei wird es richtig heiß.

Leicht gerötet fahren wir zum Wohnmobilcamp, das außerhalb des Ortskerns angesiedelt liegt. Neben uns Neuankömmlingen zähle ich weitere Wohnmobile. Vom Stellplatz ist für unser Hochzeitsgelage eine lange Wegstrecke in den Ortskern zurückzulegen, aber laufen ist bekanntlich gesund.

Der Fußmarsch dauert eine halbe Stunde. Aber verflixt und zugenäht, wo sind die Restaurants? Wir latschen bis zum Jachthafen hinunter. Nichts. Als wir uns mit einem Lokal für Burger abfinden wollen, sehen wir ihn, den Lichtblick des Abends. Wir stehen vor einem indischen Restaurant und das ist keine Fata Morgana.

Einen ordentlichen Tisch gefunden und uns hingesetzt, rät mir der Kellner von dem gewünschten Goa-Gericht ab. Es sei zu scharf. Spicy benutzt er als abschreckendes Wort. Ich glaube es ihm, daher nehmen wir das Reisgericht mit Mango, und es schmeckt gut.

Wir schweben auf der berühmten Wolke sieben, denn wir kennen uns jetzt zwanzig herrliche Jahre, die uns für immer und ewig zusammengeschweißt haben. Verliebt wie am ersten Tag schwelgen wir in wunderbaren Erinnerungen. Und das Essen bildet dazu den würdigen Rahmen.

Doch irgendwann kommt der Punkt, da werde ich unsicher. Mich bedrückt das ungute Gefühl, dass man uns loswerden will, um unseren Tisch anderweitig vergeben zu können. Kann das sein, oder täusche ich mich?

Das Getue des Personals stimmt mich sauer, denn so geht man nicht mit feiernden Gästen um. Lasse ich mir die Unverschämtheit gefallen?

Ich bleibe ruhig uns lasse mir nichts anmerken, denn etwas habe ich seit dem Einreisestress gelernt: Immer gelassen bleiben. Ich mache keinen Aufstand um mich abzureagieren, stattdessen verlassen wir das Lokal ohne ein Trinkgeld dazulassen und gehen um die Ecke in die Spiel- und Musikkneipe. Dort trinken wir zwei Baileys, natürlich in Kleinformat, wobei zwei Gläser sechzehn Dollar kosten. Bei unserem Wirt Pepe auf La Gomera bekommen wir einen Doppelten für den halben Preis.

„Scheißegal", sage ich zu meiner Frau, schon leicht beschwipst. „Ich bin heilfroh, dich für mich gewonnen zu haben. Mit dir zusammensein zu dürfen ist mein größtes Glück."

Elf Uhr sind wir wieder auf dem Camperstellplatz, auf dem sich weitere Camper eingefunden haben um auf ihm zu nächtigen.

Ein Frühstück bei Sonnenschein, diese Hoffnung erfüllt sich nicht. Die Wolkendecke ist zäh. Nichtsdestotrotz machen wir unsere Wanderung zu einem Denkmal, welches das Zentrum Neuseelands symbolisiert. Das steht auf einer Bergkuppe, von der wir bei einsetzendem Regen am Bergkamm entlag durch einen japanischen Garten zur Ortsmitte zurücklatschen. Mein Kapuzenshirt, über das ich eine federleichte Regenjacke gezogen habe, schützt mich ausreichend vor dem kleinen Unwetter.

In einem Buchladen finden wir Ansichtskarten, da ist es, nach der Zeitanzeige auf dem Display des Handys, gerade mal vier Uhr. Viel können wir an dem Tag nicht mehr unternehmen, also ziehen wir uns in den Camper zurück und die durchnässten Klamotten aus.

Dann machen wir es uns gemütlich, dabei stören die auf das Busdach klatschenden Regentropfen keinesfalls. Eher ist das Gegenteil der Fall, denn für Regenromantiker wird das Kartenschreiben ein Genuss. In der

Atmosphäre fühle ich mich im Wohngefährt besonders heimelig.

Am Abend koche ich in der Campingplatzküche, wobei ich mich über schlechte, weil zu langsame Kochplatten ärgere, dann verspeisen wir im Camper das von mir zubereitete Nudelgericht und als Krönung essen wir eine Mandarine, die lecker schmeckt.

Was kann man wetterbedingt schon groß machen? Noch mal ausgehen? O nein, der gestrige Hochzeitstag war teuer genug.

Die nächste Etappe führte uns nach Marahau, dort wollen wir ein Stück des Abel Tasman Coast Track beackern, das haben wir uns als Wanderhöhepunkt vorgenommen. Der Wanderweg führt mitten durch den Tasman Nationalpark. Zuvor haben wir das Problem, dass wir uns zwischen zwei Campingplätzen entscheiden zu müssen. Den abgelegenen Platz umgibt ein Hauch Alternativromantik, unter anderem beheimatet er eine Gruppe Lamas, doch unsere Wahl fällt auf den Stellplatz am Hauptstandort in günstiger Lage, denn das unterstützt unsere Ausflugsaktivitäten, außerdem ist er fast leer.

Früh morgens besteigen wir ein Wassertaxi, das bei Ebbe von einem Traktor ins tiefe Wasser gezogen wird. Dann sticht der Skipper mit uns und vierzehn Leuten an Bord in See und macht seine Späße. An einem Felsen mit Kormoranen stoppt er, ebenso an einer Sandbank mit Seehunden, danach beschleunigt er das Tempo des Bootes so rasant, dass uns Hören und Sehen vergeht. Bald sind die hinten im Boot sitzenden pitschnass gespritzt, doch das stört ihn nicht.

Nach zwanzig Minuten am Startpunkt unseres Wandervergnügens angekommen, macht er den Motor aus. Wir springen barfuss ins Wasser und waten an Land. Da mir etwas schwindelig ist vom Tempo des Speedbootes, setzen wir uns auf eine Bank des luxuriösen Übernachtungshauses. Ich trockne mir die Füße ab, ziehe mir die Socken und die Treckingschuhe an, damit beginnt der fünf Sterne Wandertrip.

Und tatsächlich. Es ist eine Wanderung der Extraklasse. Sie ist genial und hat das, was sich Wanderer wünschen. Zuerst geht's stur bergauf, das aber moderat. Und danach, wir haben uns hoch über den Wasserspiegel gehievt, gibt der Weg unglaubliche Ausblicke auf den tiefblauen Pazifik mit seinen abwechslungsreichen Küstenabschnitten frei. Dazu das vielstimmige und artenreiche Vogelgezwitscher. Die ganze Vielfalt des Nationalparks ist unbeschreiblich. Außerdem haben wir einen Schokoladentag erwischt, weil uns die Sonne mit einer ganztägigen Bestrahlung verwöhnt.

Zwei Müsliriegel essen wir bei der ersten Rast in einer kleinen Sandbucht, dazu trinken wir viel Wasser, was mich unsicher macht. Wird unser Vorrat reichen?

Und weiter wandern wir bis zu einem langen Strandstück, an dem wir uns in die Sonne knallen. Wegen der totalen Ruhe schlafe ich sogar ein kleines Weilchen. Als ich aufwache, müssen wir aufbrechen, denn wir haben zwei weitere Stunden vor uns. Die Zeitspanne für die Wanderung ist auf fünf Stunden ausgelegt.

Den Genuss, aber auch die Anstrengung des Marsches sieht man uns an, als wir am Camper eintreffen, und Angela zwei Tassen Tee aufbrüht. Später, nach einer Portion Penne-Arrabiata, setzen wir uns in den Camper. In dem machen wir Tagebucheinträge und lesen. Wir haben uns auf eine kalte und sternklare Nacht einzustellen.

Als wir aufwachen, ist die Sonne verschwunden und der Temperatursturz ist enorm. Ich friere, deshalb will ich weiterfahren nach Takaka. In der nächsten Bucht hoffe ich auf besseres Wetter. Gesagt, getan, nieselt es beständig, also fahren wir nach Pohara zu einem Monstercampingplatz. Und wie das Leben so spielt, glänzt der mit seiner totalen Leere. Warum ist das so?

Der Platz ist in Betrieb, trotz seines öden Erscheinungsbildes, denn die Rezeption ist geöffnet. Aber bevor wir uns zum Bleiben durchringen, warten wir auf dem Vorplatz auf den Wetterumschwung. Und der kommt tatsächlich. Zwar trauen wir dem Braten noch nicht so richtig, doch der Himmel hat ein Einsehen. Mit verbesserter Laune melden wir uns an der Rezeption für zwei Nächte an.

Tja, so ist es oft. Kaum ist der Anfang gemacht, füllt sich der Platz. Schlussendlich hat sich die Zahl auf sieben Wohnmobile erhöht und der Tag wird besser als erwartet. Ein schöner Spaziergang zu einem Hafen in unmittelbarer Nähe, bei dem man auf Pinguine stoßen könnte, schließt sich der Anmeldung an.

Aber wo sind die Pinguine? Trotz eifrigen Suchens bleiben sie verborgen. Wir sehen nur ein hübsches Toilettenhäuschen, auf dessen Türen lustige Pinguinkarikaturen prangen.

Der Spaziergang hat Spaß gemacht. Und zum Camper zurückgekehrt kocht meine Frau. Die hat heute der Mut gepackt, denn sie wagt sich an eine Paella heran. Als Fleischersatz nimmt sie neuseeländische Würstchen. Wie mag das schmecken?

Das Paellagericht hat geschmeckt. Die Zutaten gab's übrigens im Campingplatzshop, der ein erstaunliches Sortiment an Lebensmitteln in den Regalen stehen hat. Ich bitte meine Frau, das Gericht als Bereicherung in die Bordküche aufzunehmen. Dann wird die Nacht eiskalt. Trotz Aneinanderkuscheln kommt es mir kälter als es in Zeitungsartikeln angegeben war. Für mich sind es vier Grad, noch dazu ist keine Erwärmung in Sicht, glaubt man den Prognosen.

Beim diesmal sonnigen Frühstück auf dem Holztischgestell ist Vorsicht höchstes Gebot, denn freche Möwen rauben einem das Essen aus der Hand. Vom Teller sowieso. Darin sind sie sehr geschickt. Danach beginnt das Tagwerk emotional ausgewogen. Der Inhalt besteht aus dem Wandertrip zu einem Wasserfall, dem Wainui-Falls.

Die Kletterpartie ist mit ihrem Schwierigkeitsgrad ein Knaller. Erstens ist der Weg herausragend schön und zweitens führt er über eine wild wippende Hängebrücke, die gefährlich wirkt. Ich verspüre aber weder Leistungsdruck noch so was wie Höhenangst, obwohl ein beträchtliches Maß an Schwindelfreiheit verlangt wird. Dazu führt der Marsch unentwegt an einem tosenden Gebirgsbach entlang. An eine anspruchsvollere Wanderung kann ich mich schwerlich erinnern und wir sind bekanntlich von La Gomera an Höhepunkte gewöhnt.

Zum Camper zurückgekehrt, ruhen wir uns aus. Meine Waden zwicken. Und was essen wir? Ich verspüre keine Kochgelüste, daher fahren wir in die Kleinstadt Takaka. Hier ist die Alternativszene beheimatet. Vieles erinnert an Nimbin, nur alles ein paar Nummern kleiner. Wir bummeln herum und ich esse eine Pizza, Angela einen Salat. Das kostet uns mit einem Alsterwasser und einem Glas Wein satte neunundfünfzig Dollar.

Habe ich neunundfünfzig Dollar gehört? Mein Gott, das glaube ich jetzt nicht. Ich bin geschockt über den Betrag und frage nach, denn ich will es nicht wahrhaben, aber der Inhaber bleibt hart. Ich könne den Preis ja mit der Speisekarte vergleichen, weist er mich unfreundlich in die Schranken.

Na gut, da ist nichts zu machen.

Mürrisch akzeptiere ich den Preis. Glücklicherweise folgen nach Neuseeland die asiatischen Länder, in denen man preiswerter über die Runden kommt. So fahren wir zurück und ich mache einen Leseabend. Dass es in der folgenden Nacht lausekalt wird, verdient keine nähere Betrachtung.

Da die Sonne in den Bus scheint, stehen wir früh auf und frühstücken in der wärmenden Sonne. Als Angela bezahlen geht, stellt sie ernüchtert fest, dass das Konto ihrer Visa-Karte nicht gedeckt ist. Es steckt sogar mit fünfhundert Euro in den Miesen. Der Sache müssen wir am Computer nachgehen, doch vorerst bezahlen wir mit meiner Karte, die ist mit dreitausend Euro relativ gut ausgestattet.

Uns bleibt bis zum Auschecken etwas Zeit, daher setzen wir uns mit Klärungsbedarf vor den Campingplatzcomputer. Woran hakt es bei Angelas Visa-Konto? Hat sie in Neuseeland zu viel Geld berappt? Hat sie die Übersicht verloren?

Auf den ersten Blick scheint es so zu sein, aber es besteht kein Grund zur Panik, denn in den nächsten Tagen wird ihr Konto automatisch aufgefrischt.

Es ist Ende November, als wir zur Ostküste zurückkehren. Eine Fahrt zur Westküste fällt flach. Dort regnet es nach dem Wetterbericht in der Zeitung ununterbrochen. Das macht einen Besuch indiskutabel.

Blenheim, unseren Zielort, hatten wir, als wir von Picton wegfuhren, schon einmal dicht vor Augen, doch damals sind wir nach Nelson abgebogen. Jedenfalls ist die 30'000 Einwohnerstadt von einem riesigen Weinanbaugebiet umringt. Es ist die sonnigste Region der Südinsel, steht im Reiseführer. Über hundert Weingüter soll es um Blenheim herum geben, dagegen ist die

Schönheit der Stadt überschaubar. Eine ansehnliche City, das muss reichen.

Wir steuern den Top 10 Park an, einen Campingplatz der Extraklasse, der aber kann das Niveau des letzten Platzes nicht erreichen. Und anstatt das die Sonne scheint, ist es windig und kalt. Ich bekomme den Gefrierzustand nicht mehr aus meinem Körper. Meine Frau kocht mexikanisch in der Campingplatzküche. Ich sitze im Aufenthaltsraum am Computer und surfe im Internet. Der EHC München, meine Lieblingsmannschaft im Eishockey, führt die Tabelle der DEL vor den Mannheimern an. So soll es sein.

Als mir Angela ihr pikantes Gericht mundgerecht serviert, schmeckt es wie in Mexico, daher esse ich gleich zwei Teller. Danach erleben wir die kälteste Nacht der Reise. Die Kälte ist nahezu unmenschlich für den endenden November. Miese null Grad zeigt die Temperatur an der Rezeption an und das im Sommer Neuseelands, zumindest im Frühling, weshalb wir eng aneinandergekuschelt einschlafen.

Wir frühstücken in der Gemeinschaftsküche, danach verschieben die Ausleihe der Fahrräder, denn auch weiterhin verspricht die Wetterlage wenig Hoffnung auf Besserung. Missgelaunt gehen wir im Countown einkaufen und Angela kocht ein asiatisches Tütchengericht. Es schmeckt mit den Hackfleischresten von gestern nicht schlecht. Danach schreibt meine Frau ihre fälligen Ansichtskarten und ich lese.

Am dritten Tag verlängern wir unseren Aufenthalt um einen Tag, denn endlich geschieht das Wunder. Urplötzlich will's die Sonne wissen, und damit wird es warm. Nach dem Frühstück eilen wir zum Fahrradverleiher und lassen uns mitsamt den Rädern von der Verkaufskraft mit unserem Handy fotografieren, dann beginnen wir den vierstündigen Trip entlang des Tayler River bis zum Damm.

Zwölf Kilometer radeln wir auf einer Schotterpiste, wobei wir das Flussbett oft überqueren müssen. Das ist ein holperiges Unterfangen, das viel Geschick erfordert. Das Ende bildet die Rast an einem Stausee. Der liegt in der unendlichen Weite einer Weinanbaufläche.

Einen Müsliriegel gegessen und mich zur Erholung in die Sonne gelegt, treten wir nach einer Stunde den Rückweg an. Trotz der angenehmen Erfahrung stufe ich die Radtour als mittelprächtig ein.

Nach mehreren Stunden geben wir die Räder ab und bedanken uns vielmals. Dann kaufen wir im Countown Seelachs und Bandnudeln. Anschließend koche ich in der Küche mein Tütchengericht von Maggi, das nennt sich Bandnudeln mit Lachs. Zuhause hat es sich bewährt. Mehrere deutsche Jüngelchen machen sich an den Kochplatten breit. Die Ferkel hinterlassen einen Saustall. Wahrscheinlich putzt denen die Mutter auch noch den Arsch ab.

Einer der Schweineigel hat sich im Waschraum die Haare geschnitten und die Schweinerei liegengelassen. Ich bin bestimmt nicht altmodisch, aber dem gehört kräftig der Marsch geblasen. Aber das ist nicht meine Aufgabe, daher halte ich mich bedeckt. Für erzieherische Maßnahmen bin ich nicht zuständig. Dagegen freut uns die Wetterentwicklung, denn es soll auch am Abend deutlich wärmer werden. Den Wärmeeinbruch genießen wir bei Wein, Bier und Limo. Und die Nachttemperatur fällt nicht mehr unter fünf Grad.

Die Nacht war okay. Die Zahl der Frostbeulen hält sich in Grenzen, ja, wir haben sogar in der Sonne gefrühstückt. Gegen zehn Uhr brechen wir auf zu unserem Ziel. Es ist Kaikura, berühmt durch ein in Schnee gehülltes Bergkuppenpanorama. Doch vor der Ankunft landen wir auf der Suche nach dem Cape Campbell in einer einsamen Bucht. In der erfreuen wir uns an einem Kurzspaziergang am kiesigen Strand.

Den Top 10 Platz in Kaikura finden wir ohne Probleme mit dem Navi. Wir nehmen die Parzelle, die uns von der Lage her am frühen Morgen Sonnenschein garantiert und Angela fabriziert in der Küche herzhafte Pfannkuchen. So gehen wir gestärkt in den Ort, der eine bessere Ausstrahlung hat als die vorherige Ortschaft Blenheim.

Im Infogebäude besorgen wir eine Wanderkarte. Die soll auf einer zehn Kilometer Rundwanderung helfen, die wir uns für den nächsten Morgen vorgenommen haben. Bei der gehören Seehundbänke und Vogelbrutstätten zu den Sehenswürdigkeiten.

Abends essen wir eine Portion Bandnudeln, mehrere Spiegeleier und Aprikosen aus der Dose im Bus, eine genießbare Billigmahlzeit, dann gehen wir in die Stadt, um den Live-Auftritt einer Band mitzuerleben. Die jungen Burschen sind hervorragend. Als nach ihnen eine langweilige Gitarristin auftritt, ist es spät. Wir brechen unsere Zelte ab und gehen zu Bett.

Mitten in der Nacht stellt sich ein Wohnmobil mit zwei Frauen im Alter meiner Angela neben unseren Toyota. In dem Zusammenhang breche ich eine längst überfällige Lanze für das Campingplatzleben, denn die meisten Nächte sind weder zu laut, noch stören irgendwelche unangenehmen Nebengeräusche. So zum Beispiel haben wir das Eintreffen des Wohnmobils nur am Rande bemerkt. In vielen Hotels geht es oft lauter zu. Auch mit dem nächtlichen Benutzen der Toilette können wir gut leben.

Und wie schön und unkompliziert es ist, sich einen Stellplatz aussuchen zu können, das genießen wir in vollen Zügen. Ein besonderer Luxus des Camperlebens ist das mögliche Vorfahren und Einladen direkt vor dem Supermarkt. Sofort landet der Einkauf da, wo er hingehört. Nach einer Eingewöhnungszeit fühlt man sich mit dem Wohnmobil locker und frei. In Australien und Neuseeland ist das Campermobil das ideale Fortbewegungsmittel, aber in der Hauptsaison sind Schlafmöglichkeiten rar. Dann sind die Campingplätze überfüllt und oft ganz gesperrt. Mein Ex-Kollege kann ein trauriges Lied davon singen. So, das Thema Camperleben ist durch.

Die Ladys reisen früh am Morgen ab und wir frühstücken an der Holzsitzgruppe, die wir allein benutzen, in der wärmenden Sonne und mit freier Sicht. Reisender, was willst du mehr?

Die beschlossene Wandertour führt zum Point Kean, aber dort sieht man die Robben nur weit entfernt. Man erahnt sie als winzig kleine Punkte in der Ferne. Wir erklimmen kinderleicht über den Track nach Whalers Bay ein Hochplateau, das sich durch sein saftiges Gras hervorragend für die Schafszucht eignet, dann kommen wir zu einem Aussichtspunkt und sehen, dass sich eine große Robbe den unten gebliebenen Menschen nähert. Ich finde das Verhalten der Touristen leichtsinnig, denn die halten nicht die wünschenswerten zwanzig Meter Abstand zur Robbe ein. Wir sind in dem Moment leider sehr weit entfernt und können die Leute nicht maßregeln. Wären wir da unten, hätte die Robbe ein tolles Photomotiv abgegeben.

Vor Enttäuschung schüttele ich den Kopf, dann wandern wir weiter am oberen Kamm entlang zu einem Brutgebiet für Seevögel, das seinen Platz weit unter uns zwischen den Klippen hat. Als wir einen Abstieg erwägen, fängt es an zu regnen.

Herrgott sakra, muss das schon wieder sein? Etwas missmutig geworden, streifen wir uns die Regenjacken über und stapfen weiter, aber bis zur Marina an der South Bay ist es noch weit. Nach einer Stunde dort angekommen, bewundern wir die Whalewatching Flotte im Hafen. Von den vier Booten ist eins ausgelaufen. Im Hochsommer sieht das sicher lebhafter aus.

Auf dem Weg, der sich Tom's Track nennt, der aber nichts mit meinem Schwiegersohn Tom zu tun hat, sondern einem mutigen Umweltschützer gewidmet ist, der bei einer Walrettungsaktion sein Leben verloren hatte, kommen wir zurück in den Ort. Dort sehen wir auf dem Marsch zum Camper ein Schild. Das macht uns auf eine Schafscherveranstaltung aufmerksam, die wir am folgenden Tag aufsuchen wollen. Wir knobeln aus, wer am Abend kochen darf, und ich gewinne, also kauft meine Frau alle benötigten Zutaten für ihr Reisgericht mit Gemüse ein.

Am drauffolgenden Morgen sieht der Himmel unerfreulich aus. Wir kaufen WIFI an der Rezeption, was sage und schreibe sieben Dollar kostet, trotzdem erfreuen wir uns an einem Lebenszeichen meiner Tochter. Die gute Seele bleibt eine treue Kontaktperson. Wir antworten sofort und schicken ihr das Photo von uns, entstanden während der Fahrradausleihe in Blenheim.

Der Wind pfeift beim Eintreffen an der Farm des Schafscherers um alle Ecken. Nichts Neues für uns, sozusagen das gewohnte Bild. Neuseeland ist und bleibt ein rauer Inselstaat. Der Schafschur beizuwohnen kostet den für Neuseeland spottbilligen Betrag von zwölf Dollar. Das ist ein Klacks gegenüber einem Schiffsausflug zu den Walrouten.

Zehn Personen sind anwesend, ohne den Besitzer der Schafsfarm, vier Deutsche, zwei Österreicher und vier Neuseeländer. Und als Einführung füttert der Chef der

Farm ein Lämmchen mit der Flasche. Mein Gott, ist das putzig. Danach darf jeder Anwesende das Lämmchen streicheln. Dann gehen wir in eine Halle, wo uns der Besitzer der Farm einen Schafsbock vorführt, den er scheren wird. Wie sich der Scherer das Tier schnappt sieht brutaler aus, als es ist.

Der eigentliche Schervorgang geht relativ schnell vonstatten, dann steht das Schaf neben einem Haufen Schafswolle nackt vor uns. Zum Programm gehört das Erklären der steinzeitlichen Scherwerkzeuge, die kaum zu unterscheidenden Qualitäten der Wollsorten, und das Überreichen einer Salbe gegen trockene Haut durch die Frau des Farmbesitzers.

Und weiter vermittelt er, dass er von seinen Scher-veranstaltungen leben kann, was uns sein schmuckes Farmwohnhaus beweist. Zur Schafaufzucht im großen Stil wäre die Fläche seiner Schafweiden leider zu klein, behauptet er. Na ja, ein armer Mann bist du nicht, denke ich. Das lasse ich mir jedoch nicht anmerken.

Auf dem Heimweg begegnen wir einer Robbe. Zum Anfassen nah und unerwartet watschelt sie auf ihren Flossen seelenruhig an uns vorbei. Insgeheim hatte ich mir die Begegnung gewünscht. Blitzschnell mache ich eine hervorragende Nahaufnahme.

Und die im Kasten gehen wir unverzüglich zum Cam-per. Ein informativer und höhepunktreicher Tag geht zu Ende. Der hat gezeigt, das man auch bei mehr als be-scheidenem Wetter wunderbare Tage in Kaikura ver-bringen kann.

Ich vermerke den Aufenthalt positiv in meinem Reisetagebuch und grübele: In aller Herrgottsfrühe will ich aufstehen, denn mit der letzten Station erwartet uns eine spannende Wiederaufbaugeschichte. Es ist die von einem schlimmen Erdbeben zerstörte Stadt Christ-church, in der zur Zeit 360.000 Einwohnern leben.

Wir stehen um halb acht auf und vermissen den Sonnenschein. Während des Frühstücks schauen wir im Smartphone nach dem Wetter. Das sieht erstaunlich gut aus. Erwartungsfroh verlassen wir den Platz und fahren gegen zehn Uhr auf die Ortsumgehungsstraße, die aus Kaikura hinausführt und machen uns auf den Weg ins von Zerstörung gezeichnete Christchurch, dazu bewegen wir uns zielstrebig auf einer kurvenreichen Bergstrecke vorwärts. Und was passiert? Die Sonne blinzelt immer öfter durch die Wolkendecke.

Kurz vor Christchurch hat sich die Sonne durchgesetzt, demnach treffen wir mit viel Vorfreude am Tiergehege Willowbank Wildlife Reserve Park ein. Wir stellen den Camper auf den nur halbvollen Parkplatz, dann brutzelt uns Angela ihre Spezialpfannkuchen. Die mögen wir wie am ersten Tag.

Gesättigt starten wir für den Eintrittspreis von fünfundzwanzig Dollar unseren lange geplanten Rundgang. Endlich werden wir leibhaftige Kiwis zu sehen bekommen, das habe ich dabei im Hinterkopf. Es wird auch höchste Zeit.

Neben vielem Vogelvieh, also Gänse- und Entenarten, beherbergt ein nachgebauter Bauernhof hochinteressante Tierarten. Und obwohl es sich um die üblichen Hoftiere handelt, kennen wir manche noch nicht. Wir aber sind fixiert auf eine ganz spezielle Tiergattung, nämlich auf das Nationalsymbol der Neuseeländer, den Kiwi.

Die Kiwis, im Fachgebrauch nennt man sie auch Schnepfenstrauße, sind flugunfähige und nachtaktive Vögel, die in den Wäldern Neuseelands leben. Deren bräunliches, strähniges Gefieder sieht aus wie ein Pelz. Haben Sie das gewusst?

Und genau diese Gesellen halten sich in einer finsteren Halle des Tiergeheges auf, die wir ohne lange Sucherei finden. Ein meistbenutzter Pfad führt uns in die Unterkunft der Kiwis. Und was ist die Ursache für die Dunkelheit?

Kiwis scheuen das Tageslicht. Sie verkriechen sich, sobald Lichtstrahlen in die Halle fallen oder ein ungewohntes Geräusch ertönt. Noch schlimmer ist es, wenn sie gar Menschen erspähen. Doch wir sind allein in der Halle und schleichen lautlos hindurch. Jede Art von Geräusch gilt es zu vermeiden.

„Da, es raschelt an der hinteren Hallenwand. Das ist eins der Exemplare", flüstert meine Frau. Ehrfürchtig schauen wir zum Geräuschverursacher hinüber, und tatsächlich huscht ein Kiwi, nur schwer erkennbar, hin und her an der Wand entlang. Er verhält sich wie der Gefangene, der nach dem Ausgang aus einem Gefängnis sucht. Als eine lärmende Familie die Halle betritt ist der Spuk vorbei.

Stolz verlassen wir die Halle. Juhu, wir haben einen Kiwi gesehen, könnte ich lauthals in die Welt hinausposaunen. Ich bekomme mich kaum noch ein, denn aus meinem Wunsch ist Wirklichkeit geworden. Mit uns und der Welt zufrieden, gehen wir zum Eingangsbereich zurück. In dem kauft Angela ein Neuseeland T-Shirt und einen Schlüsselanhänger mit dem Kiwi-Symbol als immer währende Erinnerung an das herbeigewünschte Ereignis. Sicher will mich meine Frau mit den Requisiten am morgigen Geburtstag beglücken.

Am späten Nachmittag fahren wir nach Christchurch. Dort ist unsere Campingplatzsuche Dank des Navi sehr schnell von Erfolg gekrönt. Ausgesucht haben wir uns einen Platz der Kiwi-Campingplatz-Kette nahe dem Zentrum. Der ist mit einem Rosenspalier geschmückt. Angela bleibt sehr lange bei dem Rosenkavalier in der

Rezeption, dann weist uns der Verwalter den hervorragenden Platz am Waschhaus und Küchentrakt zu. Das passt uns gut, aber womit hat sie ihn bezirzt?

Nach dem Essen und Spülen machen wir's uns im Camper gemütlich. Bei einem Glas Alsterwasser naschen wir an einer Nussmischung mit Rosinen. Heute scheißen wir auf die Kalorien.

Am 7. Dezember, an meinem siebzigsten Geburtstag, nehme ich Angelas Glückwünsche, ihre Geschenke und herzlichen Umarmungen entgegen. Mit dem Erfüllen meines Wunsches, Australien und Neuseeland mit dem Camper zu bereisen, hatte mich meine Frau schon vor der Abreise reichlich beschenkt. Noch zwei Nächte im Camper, dann ist das Kapitel Camperleben Vergangenheit. So wie für Muslime die Pilgerhochburg Mekka der Nabel der Welt ist, so ist es für uns Deutsche der wunderbare Inselstaat im Pazifik. Jeder Deutsche, der was auf sich hält, der reist per Camper durch Neuseeland. Anders ist die große Anzahl an Landsleuten nicht zu erklären.

Es ist ein Sonntag, daher fahren wir mit dem Camper in die Stadt, denn an Sonntagen ist das Parken kostenbefreit. War der Außenbezirk bei dem großen Erdbeben relativ unversehrt geblieben, so erschreckt uns das trostlose Gesamtbild der Innenstadt umso mehr.

Das Beben 2011 hatte verheerende Arbeit geleistet, denn achtzig Prozent der Bausubstanz sind eingestürzt oder abbruchreif. Damals hatte Cristchurch einhundertfünfundachtzig Tote zu beklagen. Und jetzt, vier Jahre nach den tragischen Ereignissen, prägt das Nebeneinander an Ruinen und ultramoderner Architektur, aber auch von Brachflächen und Pop-up Projekten, das geschundene Stadtbild.

In einem der hübsch hergerichteten Abschnitte, bestehend aus Containern, die viele Läden und Imbissbuden beherbergen, erfahren wir während eines Vortrags, dass die Bewohner nach der Katastrophe ein Jahr mit dem Wiederaufbau gewartet haben, wegen des befürchteten Nachbebens. Nun schreiten die Aufräumbeziehungsweise Aufbauarbeiten zügig voran, aber es wird noch eine Menge Zeit vergehen, bis die Stadt die Schäden verdaut hat.

Als Imbiss essen wir eine Box mit Fritten vor einem dieser Container. Ein fulminantes Festessen soll am Abend, anlässlich meines Geburtstages, in einem Spitzenrestaurant stattfinden. Kennen Sie einen Spruch mit dem Satz mit x? Das war wohl nix.

Etliche Stunden latschen wir durch Christchurch und treiben kein verheißungsvolles Restaurant auf, das auch nur annähernd meinen Vorstellungen entspricht. Es ist zum Haare raufen. Wer aber verzweifelt schon gern an seinem Festtag? Als ob es von oben gewollt ist, fliegt mir ein roter, herzförmiger Luftballon mit der Aufschrift Happy Birthday zu. Mit einem Freudensprung schnappe ich mir das Ding, schon ist der Flop mit der verunglückten Restaurantsuche verdaut.

So, und wohin jetzt? Wir fahren raus aus der Stadt auf den Parkplatz einer Einkaufsmeile mit Imbissläden, die auch Sonntags geöffnet haben. Dort essen wir thailändisch im provisorisch geschmückten Camper. Und damit nicht genug, besorgt Angela eine Flasche Baileys, die wir uns zur Brust nehmen. Wie erwähnt ist der Kakaolikör mein Leibgetränk. Zwischendurch erreichen mich Geburtstagsgrüße der Kinder und einiger enger Freunde. Ich bin glücklich, denn bombastischer wäre die Feier zuhause auch nicht ausgefallen.

Okay, der aufreibende Tag ist gelaufen. Ich setze mich ans Lenkrad, was für ein Frevel, wegen des Alkoholzuspruchs, dann manövriere ich den Camper sehr sicher auf den zwei Kilometer entfernten Stellplatz im Campingpark. Da es bereits Nacht ist, trinken wir weitere Gläser Baileys, und mit einigen Lobhudeleien meiner Frau im Ohr, wie diese: „Du bist der Glücksfall meines Lebens. Ein besserer Mann hätte mir nicht passieren können", schlafe ich im siebten Himmel ein.

Am Morgen darauf habe ich einen fürchterlichen Kater. Alles andere ist schnell erzählt. Wir besuchen Lyttelton, Christchurchs Hafenstadt, die mit einem gewaltigen Verladeterminal für die Holztransporte nach China glänzt, aber der Ort ist ebenfalls von erheblichen Erdbebenschäden gezeichnet.

Danach besuchen wir die Seilbahn mit dem Namen Gondola. Eine schwankende Gondel bringt uns in ein imposantes Gebäude auf einen Berg, von wo das Ausmaß an Zerstörung der Stadt Christchurch unverfälscht zu Tage tritt. Auch der vorgeführte Film über Neuseelands Entstehung und die Erdbebensituation ist spannend und informativ.

Und wieder zurückgekehrt in die Stadt, schließt sich die Besichtigung der neuen, supermodernen Kirche an, die als Übergangslösung für die zerstörte alte Kathedrale dient. Überdimensional dicke Papprollen bilden das Gerüst der Kirchenarchitektur. Sogar mir als Heiden gefällt das gewagte Experiment.

Unsere Zeit in Christchurch geht zur Neige. Ich bin traurig, denn wir müssen die Abgabe des Campers ins Auge fassen. Die alte Klapperkiste hat uns knappe vier Wochen nie im Stich gelassen. Vielen Dank, du zuverlässige Blechdose.

Und damit der Abschied noch schwerer fällt, haben wir in der allerletzten Nacht sehr gut im Camper geschlafen. Doch alles hat einmal ein Ende, singt man in einem Karnevalslied, so auch das Camperleben.

Als ich um halb acht aufstehe gibt es viel zu tun. Wir müssen frühstücken, unsere Koffer packen, den Camper abgabefertig machen und duschen. Und mit nassem Haar in den Bus zurückgekehrt, zucke ich zusammen. Das Toastbrot ist schimmlig und damit ungenießbar.

Nicht lange nachgedacht, renne ich los. Vorn an der Straße, etwa zwei Kilometer entfernt, hatte ich ein Kaufhaus gesehen. Hat das Brot? Ich weiß es nicht.

Völlig außer Atem versuche mein Glück in dem Einkaufsschuppen. Er ist geöffnet. Ich hetze wie ein wildgewordener Handfeger durch die Warengänge an den vollen Regalen entlang. Auf meine Nachfrage schickt mich eine Kundin in die Küchenabteilung. Und wo sind die Lebensmittel? Nichts. Totale Fehlanzeige.

Ich frage eine Bedienung. Die schickt mich zurück zur Kasse. Dort bin ich gerettet, denn vor der liegt ein großer Haufen Toastbrot, dem Himmel sei Dank.

Als meine Frau vom Duschen kommt, bin ich zurück im Bus. So staunt sie nicht schlecht über die frische Packung Toastbrot, denn sie hatte von meinem Einkaufsjogging nichts mitbekommen.

Fertig mit dem Frühstück fahren wir zur Ablassvorrichtung und leeren unseren Gebrauchtwassertank. Dann bezahlen wir in der Rezeption und tanken an der Tankstelle den Camper voll, ebenso die Propangasflasche. Und die Pflichtaufgaben erledigt, führt uns das Navi zur Eurocamper-Vertretung weit außerhalb der Stadt.

Ein junger deutscher Angestellter, der arbeitet seit drei Monaten für die Firma, nimmt uns den Camper ohne Beanstandung ab und fährt uns zum vorgebuchten Hotel Southwark. Es ist eins von den stabilen und einsturzsicheren Häusern, das dem Erdbeben getrotzt hat.

Es läuft alles wie am Schnürchen. Wir sind zufrieden, obwohl die gute Ausstattung des Hotelzimmers für die letzte Nacht in Christchurch nutzlos ist. Der Standart ist komfortabler als der im Ibis. Wir haben einen Wasserkocher, Toaster, eine Spüle, den Kühlschrank und nebenan eine Küche. Und erst das Bett. Das ist ein Traum. Ich strecke mich genüsslich aus und will nicht mehr aufstehen.

Doch der Hunger treibt uns in die Containeransammlung. Diesmal essen wir keine Fritten, sondern ein Hot Dog im Bavarian Style. Es besteht aus einem Brötchen mit einer scharfen Wurst, und die ist mit Senf und BBQ-Soße garniert. Was daran bayrisch sein soll, das erschließt sich mir nicht.

Auf dem Heimweg kaufen wir Lebensmittel ein. Die Superküche hat meine Frau inspiriert. Sie nutzt den Luxus für ihr Reisgericht mit Gemüse aus, wobei ich sie von Herzen unterstütze. Ich erwähne unser Kochen viel zu oft, womit ich Sie sicher nerve. Vielleicht ist es das letzte selbstgebrutzelte Essen für lange Zeit?

Wir trinken Alsterwasser zum Essen und freuen uns über das warme, gemütliche Zimmer, denn insgesamt war es ein zu kalter Neuseelandaufenthalt für einen November- und Dezember, trotz einiger Schönwetterphasen. Der Vorteil ist, wir sind mit der weisen Wahl der Reisezeit für Neuseeland der Gefahr von überfüllten Campingplätzen ausgewichen. Aber bald in Südostasien bleibt uns die Kälte erspart.

Der zehnte Dezember ist unser Abreisetag. Bereits um neun Uhr sind wir mit dem frühstücken fertig und sitzen auf gepackten Koffern. Wir stellen sie an der Rezeption unter, wo wir auch einen Shuttlebus für zwölf Uhr zum Airport bestellen. Der Kurzflug kommt uns wesentlich billiger, als eine Rückreise mit dem Camper über die

Nord- und Südinsel nach Auckland, und natürlich die Fährüberfahrt.

Die Wartezeit auf den Shuttlebus überbrücken wir mit dem Besuch des Canterbury-Museums. Es ist genau das Wetter für Museumsbesuche, denn es regnet wie so oft. Leider können wir dort nicht viel Zeit verbringen, obwohl mich das Museumsangebot überzeugt.

Auf dem Rückweg zum Hotel setzt sich meine Frau in eine Wohlfühloase. Diese Oasen mit Verweilbänken in einem hübschen Blumenmeer entwickeln die Wirkung wie positive Nadelstiche bei einer Akupunktur in einer trübsinnig machenden Trümmerlandschaft. Das Errichten dieser Zonen ist eine glänzende Idee für die vom Erdbeben gebeutelten Stadtbewohner.

Danach lassen wir uns in der Containerstation eine Portion Fritten schmecken und sind Punkt zwölf am Hotel. Kurze Zeit später fährt der Shuttlebus vor. Der bringt uns umgehend zum Airport, zusammen mit zwei deutschen Mädels und zwei Neuseeländern. Da es ein Inlandflug ist, geht die Abfertigung schnell, das Einchecken, die Kontrolle usw. Trotz allem bleibt Zeit für den Kauf einer Kette für mich, als Anhänger mit einem magischen Symbol der Maori. Dieser ungewöhnliche Glücksbringer schmückt auch heute noch meinen Hals. Zum Abschied gönne ich mir einen Rückblick auf die bewegenden Wochen in Neuseeland: Land und Leute des Zweiinselstaates haben uns hervorragend gefallen. Neuseeland war, trotz der saukalten Nächte und der unentwegt tobenden Stürme der innig erhoffte Traum. Dazu stehe ich, und so werde ich das ohne Abstriche erzählen. Zwar lagen in Christchurch das Lachen und das Weinen dicht beieinander, wegen der erschütternden Erdbebenschäden, aber wie die Neuseeländer mit der beklemmenden Situation umgehen, das fordert Respekt ab und hat mir imponiert.

Beispiele sind die großflächig mit Wandgemälden versehenen Fassaden der Abbruchhäuser, die wunderbar bunt bemalten und mit Raffinesse ausgestalteten Verkaufscontainer, und die mit viel Liebe und Herzblut angepflanzten Wohlfühloasen. Das erwähnte Blumenintermezzo, das gibt es über die gesamte Innenstadt verteilt, ist auf der Welt einzigartig und war den Besuch wert. Wir kommen wieder, Neuseeland.

Nach dem Kurzflug nach Auckland wechseln wir das Flughafengelände. Der Marsch mit den Trollis vom Inland- zum Internationalen Flughafen dauert fünfzehn Minuten. Und was sehe ich bei der Ankunft? Die Abfertigungshalle ist vollgestopft mit Chinesen, die nach Shangai und Peking zurückfliegen. Unser Abflug nach Hongkong steht für 23 Uhr 50 an der elektronischen Anzeigetafel.

Doch was wäre Neuseeland ohne ein zusätzliches Bonbon. Das schenken mir die Sicherheitsbeamten, als wir die Trollis aufgegeben haben und mit dem Handgepäck durch die Kontrolle schreiten. Als Abwechslung nimmt man mir diesmal eine Tube Zahnpasta ab.

Aber mein Groll bleibt verhalten, denn der Schaden ist ein Witz, über den ich köstlich lache. Und trotz der fragwürdigen Sondereinlage, vielen, vielen Dank liebes Neuseeland. Du hast uns zwar kalte und raue, dennoch wunderschöne Wochen beschert. Zuhause werden wir dich wärmstens weiterempfehlen.

In diesem Sinne, mach's gut und tschüss.

Mit dem Ziel Hongkong erheben wir uns in einer Boing 770 in die Lüfte. Der Start scheint ungefährlich zu sein, trotz der stark vibrierenden Flugzeugwände durch den böigen Seitenwind. Und der Sitzkomfort in der Maschine ist hervorragend, drei Sitze an den Außenseiten und vier Sitze mittig zwischen den Gängen.

Dann dauert der Flug nach Hongkong acht Stunden, und dort umgestiegen, legen wir drei weitere Flugstunden nach Bangkok zurück. Erst um neun Uhr am Morgen betreten wir thailändischen Boden.

Thailand

Der 11. Dezember ist ein Donnerstag. An dem lassen wir uns fünf Stunden durch Bangkoks Flughafengebäude und dessen Gelände treiben, bis der Flug auf die Ferieninsel Ko Samui aufgerufen wird, von der wir uns Kopfnahrung für Geist und Seele erhoffen. Wir denken dabei an meditierende Buddhas, aber auch an ein feuriges Curry.

In einer Wartezone verspeisen wir gemütlich ein Blätterteig-Kuchenteil, anstatt einem Curry, und da wir noch Zeit haben, horche ich auf mein Herz. Was funkt mir meine Pumpe?

Alarmsignale sind's jedenfalls nicht, trotz der über vierzigtausend Flugkilometer, die in der Summe hinter uns liegen. Beruhigt lehne ich mich mit ausgestreckten Beinen in meinem Stuhl zurück und denke an meine

Frau. Wie geht es ihr? Sie ist der ruhige Typ, der sich selten beklagt und mit allen Situationen arrangiert.

Auf meine Frage: „Ist bei dir alles in Ordnung?", bekomme ich keine Antwort, ja sie hebt nicht mal den Kopf. Meine Frau ist total vertieft in ihren Krimi. Nun gut, dann eben nicht. Wenn sie geistig abwesend ist, kann ich kein Gespräch anzetteln. Also stürze ich mich mit Enthusiasmus auf das Kapitel über Thailand im Ostasienreiseführer.

Vor der Abreise mache ich Fotos von der einmaligen Architektur des Riesenairports, dann wird unser Abflug nach Ko Samui aufgerufen. Wir gehen zum Terminal für Inlandflüge. Dort sitzen fast nur Deutsche und Russen herum. Wir bekommen die Flugtickets, und wo setzt man mich hin? Natürlich neben eine Russin mit ihrem Säugling.

Au backe. Das Kind ist eine Nervensäge, gelinde ausgedrückt. Da ich übermüdet bin, will ich mir dessen Geschrei nicht antun. Zum Glück ist die Maschine nicht ausgebucht, also setze ich mich auf einen ruhigeren Sitz. Nichts gegen die Russin.

Nach einstündigem Flug landen wir auf Ko Samui. Die Umstellung von dem kalten und nassen Neuseeland auf die Inselwelt Thailands ist riesengroß. Jetzt steht dem Wunsch nach unbeschwertem Sonnenbaden nichts im Wege, doch um das zu verwirklichen, fehlt das auf uns wartendes Taxi. Wir hatten es mit dem gebuchten Ressort vereinbart. Wo steckt die Karre?

Statt dem Taxi nehme ich etwas anderes wahr. Es ist die wohltuende Wärme, die mich schlagartig überfällt, prompt fange ich an zu schwitzen. Achtundzwanzig Grad und Sonnenschein pur, das Wetter sind wir aus Neuseeland nicht gewöhnt.

Das bestellte Taxi kommt nicht, daher nehmen wir ein beliebiges. Das bringt uns über eine schlaglochreiche

Straße in unsere Wohnanlage an der Nordküste. Wir bezahlen den Taxifahrer und suchen die Rezeption auf, in der uns der australische Inhaber und seiner thailändische Frau eine Stelzenhütte zuweisen. Deren hohe Stelzen werden wir später schätzen lernen. Die spartanische Einrichtung sind wir vom Campingbus her gewöhnt, zum Beispiel fehlt ein Schrank. Auch das Bad hat viel erlebt, nur keine Modernisierung. Aber alles in allem ist die Hütte romantisch und liegt unweit vom Strand.

Um mich einzugewöhnen, gehe ich ins Wasser und schwimme zehn Minuten, dann setzen wir uns an einen Tisch in die Beach Bar, wo uns eine junge unerfahrene Crew bedient. Ausgehungert von der Flugreise schlagen wir uns den Bauch voll. Auf den Zapfenstreich verzichten wir, denn anstatt schlapp zu machen, was für mich als Weltenbummler dem Offenbarungseid gleichkäme, besuchen wir den einmal wöchentlich im Nachbarort stattfindenden Nachtmarkt. Trotz Schlafdefizit lassen ich mir mit meiner Frau die Feuerakrobaten, Klamottenstände und Fressbuden nicht entgehen, denn das asiatische Fieber ergreift von uns Besitz. Ich suche nach einem landestypischen T-Shirt als Andenken für meine Reisesammlung. Ob's hier bei der Vielzahl an Ständen klappt?

Der Nachtmarkt ist ein Renner. Viele Urlauber und Einheimische, alle wuseln gemeinsam durch die bis zum bersten gefüllten Gassen. Ich bin aufgekratzt, denn das Gedränge zerrt an den Nerven. Warum legen wir uns nicht einfach ins Bett? Wir sind sechs weitere Tage auf Ko Samui und danach eine Woche auf Ko Pha Ngan. Der Zeitablauf fährt mir wie Schmelzkäse durch die Gedankenstränge. Es bleibt noch genügend Zeit fürs be-suchen diverser Nachtmärkte. Stattdessen tun wir uns den Stress an.

Und die Überlegungen zu Ende gedacht, weicht die Hektik. Von da an übernimmt die Realität das Regiment, denn durch die Müdigkeit vernünftig geworden, will ich nur noch eins: Ins Bett und schlafen.

*

Acht Uhr ist es, als ich aufstehe und ins Wasser springe. Die Sehnsucht nach dem Badevergnügen hatte wochenlang mein Wunschdenken beschäftigt. Jetzt liegt das Meer warm und mit spiegelglatter Oberfläche vor mir, sozusagen das Schwimmparadies auf Erden.

In der zur Anlage gehörenden Beach-Bar frühstücken wir. Ich esse zwei Spiegeleier auf Toast, dazu trinken wir ein Kännchen Kaffee und ein Glas Orangensaft. Als wir uns an den Strand legen, kippt die Wetterlage. Die Wellen werden borstig, daneben tröpfelt es beständig vor sich hin. Wo sind wir denn hier gelandet. Das soll Thailand sein?

Dem Unwillen des Wetters trotzend, erfülle ich mir den langgehegten Wunsch einer Thai-Massage, eine Stunde für dreihundert Bhat, das sind acht Euro.

Erwartungsfroh lege ich mich auf die Matte und blicke dabei aufs Meer hinaus. Prompt stürzen sich zwei junge Thaimädchen auf mich, natürlich abwechselnd, dabei suchen sie die Unterhaltung.

Und die gelingt, trotz bescheidener Englischkenntnisse. Hinterher sind meine Rückenschmerzen abgeklungen, dafür spüre ich jeden Quadratzentimeter Haut und meine gekneteten Muskeln am Leib. Die Mädel haben einen runderneuerten Mann aus mir gemacht.

Am Nachmittag suchen wir einen Supermarkt, doch so wie wir uns den vorstellen, gibt es ihn in der Umgebung nicht. Stattdessen kaufen wir Sonnenmilch im Seven-Eleven ein. Im Moment brauchen wir sie zwar nicht dringend, da es die Sonne im Paradies Thailand nicht gut mit uns meint, aber man weiß ja nie, wie's kommt.

Besser meinen es die schnuckeligen Thaimäuschen, die mich in eine Kaschemme locken wollen. Meine Frau schüttelt vor Unverständnis den Kopf.

In der Nacht wird aus dem Regen ein Wolkenbruch. Auf Ko Samui regiert der Ausnahmezustand. Gleißend helle Blitze machen die Nacht zum Tag. Auf die folgt ein unvorstellbares Donnergrollen. Das Gewitter hat Katastrophencharakter, oder nennt man das Naturschauspiel Monsunsturm?

Ähnlich wie diese gewaltigen Auswüchse stelle ich mir den Weltuntergang vor. In meinen schaurigsten Gedanken frage ich mich: Hält die Hütte den Wassermassen stand?

Als Angela früh morgens aus dem Fenster blinzelt, steht das komplette Ressort unter Wasser. „Land unter", ruft sie mir zu. Und wieder fragen wir uns. Sind wir hier tatsächlich in Thailand?

O ja, auch das ist Thailand.

Wir steigen die Leiter von unserem Schlafbereich hinab und landen im Niederschlagswasser. Da wir frühstücken wollen, waten wir durch den einen halben Meter unter Regenwasser stehenden Platz zum Strandrestaurant, dabei reicht es uns stellenweise bis zu den Knien. Vom Untergrund sieht man nichts. Wohin man tritt, das ist reine Glückssache. Ich bekomme Angst vor Schlangen und anderem Getier.

Am Nachmittag ist die Regenpracht versickert und das Gelände halbwegs wieder trocken. Wir könnten zur Normalität übergehen, und das wäre ein Sonnenbad und das Schwimmen im Meer. Aber wie soll das funktionieren? Die Wellen des Ozeans am Sandstrand sind meterhoch und badefeindlich, dazu bleibt der Himmel bedeckt. Aber an einem Besuch des Nachbarortes Pho Put hindert uns das Wetter nicht.

Mit dem Songthaeo, das ist ein Pick up mit zwei seitlich angeordneten Sitzreihen auf der Ladefläche, der auf der Verbindungsstraße zwischen den Küstenorten hin und her pendelt, fahren wir in den Ort. Hundert Bhat bezahle ich pro Kopf, als wir durch mein Klopfzeichen unser Aussteigen signalisiert haben.

Doch was ist das? In Pho Put hat das Unwetter besonders drastisch gewütet, denn der Anlegesteg hat sich losgerissen und wurde weggeschwemmt. Und die Nebenwirkung der Malaise ist das Einstellen des Wassertaxibetriebes.

Nach einem Einkaufsbummel gehen wir mit gekauften Ansichtskarten sowie den notwendigen Briefmarken in ein indisches Restaurant. Wenigstens die guten Mahlzeiten bleiben uns bei dem anhaltenden Schlechtwetter erhalten. Und es schmeckt hervorragend.

Als wir beim Verdauungsgang durch die Gassen flanieren, finde ich das erhoffte T-Shirt wieder nicht. Mit Resignationserscheinungen machen wir uns zu Fuß am Strand entlang auf den Heimweg, aber wir kommen nicht weit. An einer Stelle hat das tobende Meer erhebliche Schäden angerichtet. Das Weiterkommen ist blockiert. Uns bleibt nur übrig zur Verbindungsstraße zurückzukehren. Doch da verkehrt momentan kein Taxi, also begeben wir uns auf den Rückmarsch über die verhasste Straße. Prost Mahlzeit.

So ähnlich setzen sich die Wetterabläufe fort. Tiefausläufer aus dem Golf von Thailand treiben bedrohliche Wolkenbänke über die Insel hinweg. Das Meer bleibt unberechenbar und boshaft aufgewühlt. Immerhin haben wir die Alternative größerer Besichtigungsausflüge zu Touristenattraktionen. Und die nutzen wir. Wir fahren mit dem Billig-Pick-up an der Nordküste entlang zum Tempel mit dem goldenen Buddha. Zweihundert Bhat pro Kopf Fahrgeld löhnen wir, also knappe fünf Euro. Das ist ein preiswerter und lohnender Ausflug.

Ein weiteres Ziel ist Chaweng, das touristische Zentrum der Insel mit viel Remmidemmi und den größten Hotelanlagen. Hier ist die See, entgegen der Orte an der Nordküste, durch eine Barriere einladend und glatt. Ich kann dem Badevergnügen nicht wiederstehen und fühle mich wie ein Fisch im Wasser. Aber baden macht bekanntlich hungrig und ich bin seit langem neugierig auf eine echte Thaisuppe. Und die bestelle ich in einem Beach Restaurant.

Boorrrr, was ist die scharf. Mit Tränen in den Augen speie ich Feuer.

Die Serviererin lacht. „Ich entschärfe sie", sagt sie in thailändischem Englisch, was lustig klingt.

Als ich eifrig nicke, denn ich kann nicht sprechen, zu stark habe ich mir die Zunge verbrannt, nimmt die Bedienung die Suppe mit und stellt sie mir zwei Minuten später wieder vor die Nase, dabei fragt sie abermals: „Jetzt schmeckt sie besser, nicht wahr?"

Sie hat die Thaisuppe mit zusätzlicher Milch der Kokosnuss entschärft und neu abgeschmeckt. Dadurch ist die Suppe gut genießbar und hat von ihrem edlen Geschmack wenig eingebüßt.

Chaweng ist ein durch die Pauschalurlauber ein total versauter Ort, eine typische Hotelkettenenklave. Um die Jahrtausendwende wurde die Phase des Wohlstandes eingeläutet. Das hat Ko Samui zum Star der beliebten Inselgruppe gemacht. Vergnügungslokalitäten wo man hinschaut, dann Souvenirbuden, die großen Schund verkaufen, und zusätzlich reihen sich T-Shirt Läden in unüberschaubarer Menge aneinander.

„Der Rummelplatz ist was für Nullachtfünfzehn Urlauber", seufzt meine Frau. „Wir haben hier nichts verloren." Und ich verstehe, warum sie das gesagt hat, ja ich kaufe mir nicht mal ein T-Shirt.

Die Heimfahrt gestaltet sich schwierig. Wir haben die falsche Ausfallstraße gewählt. Die Songthaeo-Taxen halten nicht in unsere Richtung, egal wie turbulent wir winken.

In der Not müssen wir auf ein herkömmliches Taxi ausweichen, das uns für vierhundert Bhat (10 Euro) in unser Ressort fährt. Okay, der Preis ist zu hoch, aber Schwamm drüber, gut dagegen ist der Gutenachttrunk in unserer Bar, bestehend aus zwei Cocktails.

Am folgenden Tag steht der Ausflug nach Lamai auf dem Wunschzettel. Eigentlich wollten wir wegen der Flüge nach Bangkok und Chiang Rai ins Reisebüro, aber das Verbindungsflüge buchen kann warten, denken wir. Mit welchen Schwierigkeiten wir uns deswegen herumschlagen werden, können wir zu dem Zeitpunkt nicht mal ansatzweise erahnen.

Nach dem Frühstücksverzehr im Strandrestaurant, in dem man die Windschutzplanen ausgefahren hat, nehmen wir an der Verbindungsstraße das erste Songthaeo, doch wir müssen in Chaweng umsteigen, was so nicht von uns eingeplant war. Dadurch bezahlen wir mit fünfhundert Bhat zu viel. Die Welt ist schlecht.

Besser als Chaweng ist der Ort Lamai. Das einzige Manko ist: Er ist viel zu sehr auf die deutschen Urlauber zugeschnitten, was man an den Speisekarten merkt. Die sind in thailändisch und deutsch gehalten und bieten sogar deutsche Gerichte an.

Trotz der Deutschhörigkeit setzen wir uns in ein einfaches Restaurant, da es anfängt zu regnen. Die Urlaubsbroschüren versprechen Sonne pur, also genau das Gegenteil. Langsam verfluche ich Ko Samui, dennoch versuche ich nicht auszuflippen, denn Gott sei Dank ist das bestellte Gericht okay.

Ich esse eine große Portion Reis mit einer suppenähnlichen Soße, die stark curry-geprägt ist. Kostenpunkt neunzig Bhat. Das ist preiswert, es macht gerade mal zwei Euro zehn. Wo isst man heutzutage billiger? Nach den teuren Ländern Australien und Neuseeland verbessert sich unsere Finanzlage enorm

Da es aufhört zu regnen, inspizieren wir den Ort, der einige Reize aufweist. Das wäre ein ordentlich langer Strand, und unter anderem eine nette Wohnanlage mit blauen Spitzdächern, die originell wirken. Ansonsten gibt der Badeort nach unserem Geschmack keine herausragende Attraktion her. Dummerweise werde ich beim Überqueren einer Flusseinmündung pitschnass. Eine hohe Welle erwischt mich, weil ich tief in den Sand eingesunken bin und dadurch zu langsam vorwärts gekommen bin. Ich betrachte den Vorgang als eine Art Künstlerpech. Würde die Sonne scheinen, wäre ich in Nullkommanichts trocken

Leicht angesäuert brechen wir unseren Besuch ab und warten auf ein Billigtaxi. Endlich hält eine Frau mit ihrer nagelneuen Kiste, doch die bringt uns nur bis Chaweng und setzt uns an einem Einkaufszentrum ab. In dessen Supermarkt finden wir endlich neue Schaber für meine Rasur. Eben dieses Einkaufszentrum geht später in den Nachrichten rund um die Welt, denn es erlangt durch ein Bombenattentat negative Berühmtheit.

Mit dem nächsten Billigtaxi fahren wir bis zum Abzweig zu unserem Ressort und gehen dort ins Reisebüro. Wir brauchen eine Flugverbindung von Ko Tao nach Bangkok am 2. Januar, aber da stehen wir vor einem Riesenproblem. Von der Tauchinsel Ko Tao nach Ko Samui per Fähre zurückzufahren, das wäre einfach, doch es gibt keine Flüge von Ko Samui nach Bangkok.

Alle sind ausgebucht. Oje, da haben wir uns ein Kuckucksei ins Nest gelegt. Was bleibt zu tun?

Die Reisefachfrau ist ein Kracher. Hartnäckig sucht sie nach anderen Lösungen und hat Erfolg. Im Computer fischt sie die Verbindung mit der Fähre von Ko Tao ans Festland heraus. Von dort geht es per Bus nach Surat Thani zum Airport und weiter mit einem Inlandsflug nach Bangkok. Ja super, das ist das Ei des Columbus.

Liebend gern würde ich die hübsche Frau herzen, doch das unterlasse ich besser, aber das ändert nichts daran, dass ich ihre zuvorkommende Art und Hilfsbereitschaft bewundere. Ich eile zum Automaten und ziehe das benötigte Geld, um die Rechnung zu begleichen. Das ist billiger, als die Visa-Karte einzusetzen und schont den Reiseetat. Somit ist die Weiterreise geritzt und unser Problem gelöst, denn es war eine Schnapsidee, in der Neujahrszeit nach Bangkok fliegen zu wollen.

Als wir uns verabschieden, wünscht sie uns eine gute Zeit, dabei erklärt sie uns: „Die momentane Wetterlage ist in Thailand nicht ungewöhnlich. Leider kommt es im Dezember häufig zu Regentagen."

Wieder was gelernt, denke ich und drücke es hart aus. Leider haben wir mit Ko Samui die Arschkarte gezogen, jedenfalls kein Friedessabkommen geschlossen. Solange es Bindfäden regnet, wird sich unsere Meinung über die Insel nicht ins Positive umwandeln.

Unser Tenor lautet: Einen zweiten Besuch auf der Urlaubsinsel wird es nicht geben.

Unseren Abschiedsabend von Ko Samui genießen wir mit dem besten Essen des Strandrestaurants. Es ist das Spitzenreisgericht mit Chashew-Nüssen und kostet über zweihundert Bhat. Danach trinken wir zwei Cocktails, die uns den Abschied vom Ressort erleichtern, denn wir haben uns bei dem Besitzerehepaar und der bemühten

und herzlichen Bedienungscrew rundherum wohlgefühlt, trotz mancher Widrigkeiten.

*

Am 18. Dezember, bei unveränderten Wetterbedingungen, quatschen wir beim Frühstück mit einem netten
Pärchen aus Tirol. Sie bestätigen die Äußerungen der
Büroreisefachfrau in Bezug auf das Wetter. Sie hätten
ein ähnliches Dilemma vor zwei Jahren erlebt.

„Macht euch keine Illusionen für Ko Pha Ngan", sagt
der junge Mann. „Dort wird es nicht groß anders sein."

Das Pärchen ist sympathisch. Gerne hätten wir es früher getroffen.

Doch urplötzlich kommt eine Nachricht von der Rezeption: Unsere Taxifahrt wurde vorverlegt. Wir müssen einen Zahn zulegen, denn anstatt zum Anleger im
Nebenort, fährt unser Taxi zum Haupthafen in Naton.
Alle weiteren Anlegestellen haben den Betrieb eingestellt. Die raue See lässt nur Überfahrten mit der
Großfähre nach Ko Pha Ngan zu.

Okay, wenn's so sein soll?

Hastig bezahlen wir unsere Unterkunft und das Frühstück, dann verabschieden wir uns von den Besitzern
und Gesprächspartnern. Danach steigen wir ins be-
reitstehende Taxi. Dem Personal winken wir freundlich
zu, dann führt uns die Fahrt durch eine uns fremd gebliebene Landschaft zum Zielort, in dem es eine Stunde
bis zur Abfahrt zu überbrücken gilt. Beim Gedanken an
die raue Überfahrt stülpt sich mir bereits jetzt der
Magen um.

Beim uns sammeln erleben wir eine Demonstration für
bessere Gehälter und essen Reiswaffeln, denn den
Möwen wollen wir nur wenig Mageninhalt zum Fraß
anbieten. Und dann heißt es abwarten. Wir warten und

warten. Nirgendwo am Horizont taucht das Fährschiff auf. Verflixt und Zugenäht, kommt die Fähre überhaupt? Als sie anlegt und man uns hineinklamüsert hat, fährt sie eine Stunde zu spät ab.

Die Überfahrt ist hart. Da im Moment nur die eine Fährverbindung existiert, ist das Boot proppevoll. Es ist total überladen. Sinkt die Fähre, dann geistert eine Schreckensnachricht mehr durch die Welt. Prost Mahlzeit. Ich schließe wegen des brutalen Seegangs die Augen und konzentriere mich innerlich auf einen fiktiven Punkt. Trotz allem quält mich der Brechreiz.

„Komm bitte bald an", flehe ich leise. „Bitte, bitte, leg bald an."

Der vermeintliche Spaß geht ohne Magenentleerung über die Bühne. Und in der Hauptstadt Thong Sala von Bord gegangen, lotst uns ein Schlepper zu einem der netten Songthaeos, das uns in unsere Zwillingsbucht an der Ostküste bringen soll. Es ist frisch auf der luftigen Ladefläche und die vorher ausgewählte Bucht ist weit von der Hauptstadt entfernt, deshalb dauert die Fahrt fünfundvierzig Minuten, immerhin berauschen wir uns an einer wunderschönen Landschaft. Außerdem bezahlen wir pro Person die ausgehandelten dreihundert Bhat. Das ist der normale Preis für die Insel.

Als wir am gebuchten Bungalow im Paradise-Ressort aussteigen, ist es bewölkt und uns ist unwohl. Teils noch von der Überfahrt, aber auch vom Auf und Ab der Landstrecke. Und unser Zustand bessert sich nicht, da es im Ressort weit und breit keine Rezeption gibt. Ein plötzlich auftauchender Bursche reicht uns den Schlüssel zum Bungalow. Welche Funktion hat der Jüngling? Ist er der Verwalter?

In unserem neuen Zuhause stinkt es aus dem Duschablauf, das ist das erste Manko. Dann müssen die Vorhänge der Fenster abgenommen werden, oder besser erneuert werden, denn die sind verschimmelt. Die grottendreckige Badewanne gehört gereinigt, ebenso die schmuddelige Spüle, zusätzlich gehören weitere Unzulänglichkeiten beseitigt. Der Zustand ist ein Skandal. Wann wurde die Räumlichkeit zuletzt gesäubert? Es muss eine Ewigkeit her sein, so kommt es mir vor. Der einzige Lichtblick ist die riesengroße Terrasse.

Der verkommene Anblick zieht mich runter und mein Frust steckt metertief in mir. Warum ist das Drecksloch teurer als unsere Hütte auf Ko Samui? Ginge es nach mir, würde ich sie erst gar nicht beziehen.

Wir fangen uns und ich treiben den Verantwortlichen für die Anlage auf. Es ist der Bursche, der uns den Schlüssel gab. Der nimmt die Vorhänge ab und verspricht uns, sie zu waschen und wieder aufzuhängen. Dann dichte ich den Duschablauf ab und wir putzen gründlich die Räumlichkeit inklusive Spüle und Badewanne. Hinterher kann sich die Bude sehen lassen. Die Nachbarn zur Rechten, freundliche Dauerbewohner aus Irland, wundern sich über unsere Betriebsamkeit. Das tun die linken Nachbarn nicht. Die vier jungen Männer aus Frankreich verhalten sich uninteressiert. Ich vermute, es ist Unsicherheit.

Unser Abendspaziergang hellt unsere Stimmung nur minimal auf, denn der vielgerühmte Strand ist in miserablem Zustand. Der Müll wird nicht weggeräumt, ein langer Strandabschnitt besteht aus einem Zaun mit einer Baustelle dahinter und das Meer tobt. Die Wellen schwappen über die Sandsackbarrieren. Ansonsten ist im Ort die Zeit stehen geblieben. Es ist das Thailand, wie es vor hundert Jahren war. Wäre der Himmel nicht so bewölkt, könnte man romantische Anwandlungen bekommen. Besänftigen tut uns ein überzeugendes Essen bei einer sehr netten Thailänderin.

Am nächsten Morgen frühstücken wir in der Bakery. Zwar hapert es mit der Verständigung beim Bestellen, aber im Großen und Ganzen ist das Frühstück okay, nur das Ei ist zu weich. Und danach, das Baden im Meer ist undenkbar, spazieren wir rüber zum Nachbarort. Der ist in seiner Struktur deutlich touristischer und wird von einer Nobelanlage dominiert, was uns nicht so gut gefällt, allerdings ist hier der Sandstrand aufgeräumt. Nach dem Reiseführer sind die Sandstrandabschnitte der Zwillingsbucht wunderschön. Nun ja, vielleicht stimmt das bei einer Superwetterlage? Aber ein weiteres Dilemma fällt uns in unserem Aufenthaltsumfeld auf: Es fehlt ein Internetcafe.

An manchem Laden steht zwar High-Speed-Internet dran, aber auf meine Nachfrage winkt man beschämt ab. Sogar die Straßenbeleuchtung im Ort ist ausgefallen. Nachts wird's stockdüster. Jedenfalls können wir das Skypen am Heiligen Abend vergessen.

Na gut, dann behelfen wir uns halt mit Whatsapp. Ein paar Klasseaufnahmen mit dem Handy gemacht und den passenden Text dazu verfasst, dann schicken wir alles zusammen an die Lieben zuhause. Ich wette, auch darüber werden sie sich ausgelassen freuen.

Oh, was ist das? Die Sonne bricht durch.

Wir eilen über die steile Ortsverbindungsstraße zurück in unseren Bungalow. In der hat der träge Geselle, auch Verwalter genannt, inzwischen die frisch gewaschenen Vorhänge aufgehängt. Mit denen wirkt die Villa viel freundlicher.

Hastig ziehen wir die Badesachen an, schnappen uns die Sarongs und sausen zum Strand, an dem wir ein gutes Plätzchen finden. Ich bin nicht tapfer genug für ein Bad in den Wellen. Bei dem Wellengang wagen sich nur die ganz Wagemutigen in die Fluten. Daher lesen wir eine halbe Stunde, dann ist es mit der Herrlichkeit vorbei. Die Sonne verschwindet hinter den Wolken.

Okay, das ist eben so. Warum sich ärgern? Das Wichtigste ist doch, dass es mir und meiner Frau gut geht und mein Herz nicht rebelliert. Mit der Angst, einer meiner Stents könnte sich zusetzen und meine Blutzirkulation blockieren, muss ich tagtäglich leben. Nichtsdestotrotz genieße ich die wunderbare Reisezeit mit meiner Frau.

Den Snack am Nachmittag essen wir im Longtail. Es ist das Restaurant am Strandende, dessen strahlende Bedienung uns sofort wiedererkennt. Sie ist Australierin und wohnt in unserer Anlage zwei Villen weiter. Vier Jahre lebt sie jetzt schon auf der Insel, erzählt sie uns. Bei so viel Freundlichkeit suchen wir das Esslokal am Abend nochmals auf, aber auch wegen der guten Küche. Ich esse ein Gericht mit Limonengras.

Unseren abendlichen Absacker nehmen wir in der Strandkneipe mit bunten Ballons und zu Reggaeklängen zu uns. Beim Bezahlen kräuseln sich mir allerdings die Nackenhaare. Bescheidenheit sieht anders aus. Und als sei's nicht ärgerlich genug, lassen die Franzosen in der Nacht die Sau raus, dazu jaulen die Hunde, und das stundenlang. Es ist zum Heulen. Wann hört die Pechsträhne endlich auf?

Gerade wegen der Scheißnacht schläft Angela etwas länger, ich schreibe derweil im Tagebuch. Dann dusche ich und nehme die Tabletten ein. Anschließend frühstücken wir wie am Vortag in der Bakery, wobei mein Ei natürlich zu weich ausfällt. Mein Hinweis, es mit sechs Minuten zu versuchen, stößt auf taube Ohren, aber ich habe keine Lust, einen langweiligen Kochkurs für Eier durchzuführen, deshalb ärgere ich mich nicht.

Ich bin auch nicht sauer, als die Suche nach einer Wäscheleine in unserer Villa negativ ausfällt. Spontan eile ich zum einzig geeigneten Laden im Ort, zum Seven Eleven, der rund um die Uhr geöffnet ist, doch sogar der hat nichts schnurähnliches im Angebot. Letztlich helfen uns die Nachbarn mit einem dicken Seil aus.

Auch am folgenden Tag ändert sich nichts. Die Bewölkung hält an seiner Blockade der Sonne fest, die steht auf der Verschollenenliste. Und auch das Ei in der Bakery bleibt zu weich. Es ist der 21. Dezember. In drei Tagen ist Weihnachten und am 27. Dezember, also in sechs Tagen, werden wir nach Ko Tao weitertingeln. Doch da das noch eine geraume Weile hin ist, erklimmen wir als Zwischenintermezzo den Berg oberhalb unserer Zwillingsbucht. Und oben angekommen, machen wir herrliche Photos von der leblosen Ortschaft mit seiner Bilderbuchumgebung.

Die Aufnahmen zeigen die Bucht und das bergige Hinterland, sie spiegeln aber nicht die unruhige See wider. Einerseits bildet der Waldreichtum der Insel eine malerische Kulisse, anderseits zeigt der wolkenreiche Himmel, wie wir unter den Wetterbedingungen leiden. Aber weil die warmen Temperaturen uns dazu verleiten, verweilen wir auf einem umgestürzten Baumstamm, dabei male ich mir aus, wie umwerfend die Aussicht vom Berg bei Sonnenschein sein muss.

Auf dem Rückweg zum Ort kreuzt eine Schlange unseren Weg. Die schlängelt sich blitzschnell ins Gestrüpp, als sie unsere Schritte gehört hat. War es eine Giftschlange?

Den Schreck verarbeitet, unternehmen wir einen Trip in die Hauptstadt Thong Sala mit dem Taxi. Dort ist das Wetter deutlich besser. Wir verbringen eine herrliche Stunde mit Sonnenbaden am Strand, dabei powere ich mich im Wasser intensiv aus. Ach ja, vieles wäre besser verlaufen, wäre unsere Wahl des Inselwohnsitzes auf Thong Sala gefallen. Tja, es ist anders gekommen, da hilft kein Nachkarten. Murren bringt nichts.

Ansonsten ist die Hauptstadt so lala. Es gibt ein Hotelrestaurant mit dem bescheuerten Namen „Tölzer Hütte". Interessant ist ein riesiger Freiluftmarkt mit Essensständen. Wir verköstigen uns mit typisch thailändischen Spezialitäten, und das preiswert. Das Innere des Ortes besteht aus T-Shirt Läden, dazu Fisch, Obst, Gemüse und allerlei anderer Stände, demnach mit all den Waren des täglichen Gebrauchs. Rein zufällig stoßen wir auf ein Geschäft, vor dem ein geschmückter Weihnachtsbaum als Dekoration steht. Der ist ein gefundenes Fressen für ein Photo. Wir platzieren uns vor den Baum und lassen uns von einem Passanten mit unserem Handy knipsen.

Ja, wunderbar. Schon haben wir ein Photo für die Whatsapp-Nachricht an Heiligabend an meine Kinder.

Auf mein zureden kauft sich Angela ein sehr kurzes, buntes Höschen, wie es die jungen Frauen bevorzugt tragen. Sie kann sich damit sehen lassen, denn sie ist schlank und hat die richtige Figur. Meine Suche nach einem geschmackvollen T-Shirt stagniert. Dann eben nicht, denke ich und rümpfe die Nase. Vielleicht liegt's an mir und ich bin zu wählerisch. Doch da ich keinen Kaufzwang empfinde, und außerdem der Heimweg ansteht, rufe ich den Taxityp, der uns hergebracht hatte, für die Heimfahrt an. Zu dem Zweck hatte er uns seine Karte mit seiner Telephonnummer gegeben. Mit ihm kommen wir überein, dass er uns in einer halben Stunde abholt.

Und das klappt, denn das Taxi kommt zum verabredeten Platz und der Fahrer lässt uns einsteigen. Mit ihm düsen wir quer über die Insel zum Ausgangspunkt des Ausfluges zurück. Die Fahrt hat uns eintausendzweihundert Bhat hin und zurück gekostet, das sind sage und schreibe dreißig Euro. Oft können wir uns Ausgaben in solcher Größenordnung nicht leisten bei unserem limitierten Etat. Für den Thailandaufenthalt sind wir von geringen Unkosten ausgegangen.

Leider verleben wir erneut eine schlaflose Nacht, da zum Paradise-Ressort eine Disco gehört. Die liegt gegenüber unserer Villa und hat erstmals Hochbetrieb. Kennen sie die monoton dröhnenden Bässe der Techno-Musik? Wir jetzt auch. Aber uns stört weniger die laute Musik, o nein, dabei könnte ich schlafen. Es ist das Gekreische und Gequieke, mit dem die Tanz- und Feierwütigen die Nacht zum Tag machen. Und natürlich das fürchterliche Geknatter der abfahrenden Mopeds.

*

Es ist Heiligabend, also der 24. Dezember. Wir stehen wegen unseres Schlafmangels spät auf. Dann frühstücken wir und buchen das Ticket für die Überfahrt nach Ko Tao. Und das in der Tasche, chartern wir einen altersschwachen Songthaeo zur Fahrt nach Haad Rin.

Das Gefährt ächzt und stöhnt. In den Kurven bricht es fast auseinander. Unterwegs liegt ein umgekippter PKW auf der Fahrbahn, an dem uns der Fahrer vorbeimanövriert. Trotz der Erschwernisse bringt er uns in einer dreiviertel Stunde und für den stolzen Preis von achthundert Bhat nach Haad Rin.

Haad Rin ist bekannt wie ein bunter Hund durch seine weltberühmten Vollmondpartys. Unseren Geschmack trifft der Ort nicht. Der ist was für Freaks, die nicht auf die Thai-Romantik stehen, sondern wegen der Eimersauferei nach Ko Pha Ngan gekommen sind. Fertigmischungen im Eimer und mit Billigfusel für fünfhundert Bhat stehen hier haufenweise in den Läden. Nur einen Vorteil gegenüber der Zwillingsbucht hat Haad Rin, der Ort hat ein Internetcafe.

Wir nutzen das altbewehrte booking.com Portal, um ein Zimmer in Bangkok für drei Nächte zu mieten. Das Hotel liegt mitten in der spannenden Altstadt, die man wegen seiner Paläste unbedingt auskundschaften sollte. Wir sind mächtig gespannt auf die Sehenswürdigkeiten der Hauptstadt Thailands.

Nachdem wir uns die Plätze für die Vollmondpartys angesehen haben, stärke ich mich in einem Cafe mit einem leider verwässerten Milkeshake. Dann ordern wir an der Ausfallstraße durch ein Winkzeichen einen Pickup, der bringt uns für zweihundert Bhat in die Hauptstadt. Das dauert schlappe zehn Minuten. Und da dort mal wieder die Sonne beständig vom Himmel lacht, spazieren wir abermals an den Strand und legen unsere Sarongs zu einem Sonnenbad aus.

Zuerst schwimmen wir, um danach zu lesen, damit verbringen wir eine Stunde. Das Vergnügen war uns bisher viel zu selten vergönnt. Ich schmökere in einem Taschenbuch von Andreas Altmann. Seine spannenden Reiselektüren fesseln mich. Der Reisebericht führt den Abenteurer durch Thailand, Kambodscha und Vietnam, also durch Länder, die auf unserer Besuchsliste stehen. Der Preis der Leichtigkeit, so heißt das Werk, das er faszinierend geschrieben hat.

Und die noch ungelesenen Seiten geschafft, essen wir wieder in der Fressmeile, ich die Hähnchenspieße für achtzig Bhat. Angela gönnt sich ein Reisgericht und trinkt die Milch einer Kokosnuss. Danach wollen wir nachhause, was nicht sonderlich gut klappt, denn das nun folgende, nervenaufreibende Hickhack ist wahrlich nichts für schwache Nerven.

Wir haben uns in einen wartenden Pickup gesetzt und wollen heimfahren, doch der Fahrer weigert sich, nur mit uns als alleinige Passagiere loszufahren. Wir warten und ärgern uns, ja ich beschimpfe den Typ sogar laut, das natürlich auf deutsch. Erst als ein russisches Paar zu uns in das Billigtaxi einsteigt, nimmt der Bursche Fahrt auf. Unterwegs begegnen wir dem umgekippten Pkw, den niemand weggeräumt hat. Und abermals berappen wir beim Aussteigen sechshundert Bhat. Es geht auf keine Kuhhaut, was wir auf der Insel Ko Pha Ngan für die Verkehrsmittel ausgeben.

Dann ist er da, der heilige Abend. Erstmalig bin ich mit meiner Frau allein, also feiern wir ohne meine Kinder. Auf den Genuss einer Aachener Printe, oder auf ein Stück von dem herzhaften Christstollen, aber auch auf den Duft von Lebkuchengebäck müssen wir in diesem Jahr verzichten. Unsere Bakery von nebenan hat derlei Leckereien nicht im Angebot, doch der Schmerz wegen des Verzichts auf die Weihnachtsspezialitäten hält sich in Grenzen.

Unsere persönliche Weihnachtsfeier lassen wir im Longtail stattfinden. Wegen unserer netten Nachbarin bietet sich die Lokalität für den Zweck geradezu an. Diesmal esse ich leider ein Gericht, dass meine Geschmacksnerven nicht überzeugt, und das passiert ausgerechnet an Heiligabend.

Eher nervt ein besoffener, skandinavischer Mitbürger, der mit Hundert-Bhat-Banknoten für die Lokalcrew um sich schmeißt. Sein Verhalten ist abstoßend, zumindest fragwürdig, trotz allem trinken wir an dem Abend mehr als sonst. Dann bezahlen wir sechshundert Bhat und verabschieden uns.

Vom Seven-Eleven nehmen wir vier Flaschen Coca-Cola mit in unsere Villa. Den Rum zum Mixen der Cuba Libre hatten wir vorher besorgt. Und wie wir das

Getränk so in uns reinkippen und den Oldies der Disco lauschen, wird es dreiundzwanzig Uhr.

Berücksichtige ich die Zeitverschiebung, dann ist es in Aachen später Nachmittag. Bei meiner Ex-Frau sitzen meine Kinder und die Schwester feiernd zusammen in feuchtfröhlicher Runde, davon gehe ich aus. Wir schicken die Whatsapp an sie ab und eine an die Freunde. Trotzdem betätige ich die Anruftaste, prompt habe ich meine Tochter an der Strippe. Die juchzt vor Freude und reicht den Hörer rum, so hat jeder was von meiner Stimme. Mir kommt's so vor, als säßen wir mitten unter den Lieben.

Dann dauert es ein paar Minuten, da kommt eine Whatsapp zurück mit einem Bild von den Feiernden. Und was schließt man daraus? Auch aus der Ferne kann man mit den Daheimgebliebenen das Weihnachtsfest feiern.

Die Kontaktaufnahme mit der Familie war ein Erfolg. Vor Freude bin ich selig. Und als hätte uns eine Himmelsmacht erhört, geschieht am nächsten Tag ein Wunder, denn der erste Weihnachtsfeiertag ist der erste vollwertige Strandtag in der Zwillingsbucht. Es ist zwar windig, aber die unartige Inselangewohnheit nehmen wir gelassen hin und genießen die Sonne, solange es eben geht. Als sich der Himmel wieder zuzieht, was leider zur Normalität ausgeartet ist, legen wir uns auf unsere Superterrasse vor der Villa und lesen.

So vergeht die Zeit, denn während des Lesens ist es Abend geworden. Wir spazieren in den Nachbarort, essen hervorragend (Sate Spieße), dann machen wir den überfälligen Strandmarsch.

Anschließend gehen wir zurück und begeben uns auf unsere Terrasse und lauschen der Musik aus der Disco. Gemütlich dasitzend erfreuen uns an mehreren Gläsern Alsterwasser, doch früher als sonst, nämlich zehn Uhr, schließt die Disco und aus ist es mit der Musik. Immerhin regnet es nicht. Ich denke vor dem Schlafengehen: Nichts, aber rein gar nichts, ist in Thailand planbar.

Die Hähne in der Nachbarschaft wecken uns, und was stellen wir fest? Es hat doch wieder geregnet. Als wir aufstehen, steht der Platz vor unserer Terrasse unter Wasser. Zwar nicht knietief wie vor einer Woche auf Ko Samui, aber das Gelände ist mit großen Pfützen übersät. Gestaltet sich unser letzter Tag auf Ko Pha Ngan ähnlich wie die vorherigen?

Anders allerdings ist der Frühstücksablauf, denn die Bakery ist gerammelt voll. Wie aus heiterem Himmel ist eine Ladung Touristen über den Ort hergefallen. Wir reden mit einem sympathischen Paar aus Bayern über die thailändischen Inseln, denn sie kennen sich gut aus. Die Gesprächspartner besuchen die Insel jedes Jahr und diesmal besonders gern, denn der Besuch gilt einem frischvermählten Paar. Deren Sohn lebt vor Ort und hat eine Thailänderin geheiratet. Neben dem Gespräch beobachten wir den Aufbau eines Tiergeheges.

Mensch, was für ein Affentheater. An der Fertigstellung sind zehn Leute beteiligt. Aber die Fixesten sind die Thais wahrlich nicht, und mit deutscher Arbeitsweise hat die gebotene Glanzleistung weiß Gott nichts zu tun. Okay, die Arbeitsleistung daheim ist schwer zu übertreffen. Deutscher Eifer und Gründlichkeit setzen Maßstäbe, aber die Thais kommen mit Gemütlichkeit ans Ziel, und das hat manchen Vorteil, ich erwähne nur den Stress.

Für uns allerdings heißt es Abschiednehmen von der hochgelobten Insel Ko Pha Ngan, doch das fällt uns leicht, sieht man sich die Pfützen vor unserer Terrasse an. Ich unke wie ein Wetterfrosch: „Thailand und ich werden keine Freunde." Ernstzunehmen sind meine Gefühlsregungen allerdings nicht.

Das Taxi für den nächsten Morgen ist bestellt und das Ticket für die Überfahrt nach Ko Tao gilt auch für die Taxifahrt. Alles für die Abreise ist also angerichtet. Wir müssen uns um nichts weiter kümmern, so gehen wir ein allerletztes Mal ins Longtail und essen ausreichend und lecker, dann verabschieden uns von der netten Bedienung. Mit unserer Nachbarin haben wir oft und herzlich gelacht.

Auf dem Nachhauseweg am Strand entlang überrascht uns der nächste Regenschauer. Schutzsuchend stellen wir uns im Konkurrenzlokal unter und trinken einen Cocktail mit dem passenden Namen Swimmingpool, bis der Regen nachlässt. Dann tappen wir auf einem matschigen Pfad zum Seven-Eleven, wo wir eine Nussmischung zum Naschen und diverse Flaschen Cola einkaufen. Mit dem noch vorhandenen Rum mixen wir auf der Terrasse unsere letzten Gläser Cuba Libre auf Ko Pha Ngan. Mit verhaltener Vorfreude auf Ko Tao, auf die Tauch-, Party und Badeinsel, klingt der letzte Abend leicht beschwipst aus. Wird uns dort endlich die Sonne verwöhnen?

*

Das Taxi ist überpünktlich. Wir verpacken unsere Trollis in den Innenraum und das war's. Ade, du gewöhnungsbedürftige Villa. Du warst, trotz aller Widrigkeiten, eine annehmbare Bleibe. Sich würdig zu verabschieden war nie mein Ding.

Mir ist schlecht beim Gedanken an die Fährfahrt. Dazu rast der bekloppte Fahrer wie die Feuerwehr durch die Berge, sodass mir Hören und Sehen vergeht. Bei der Ankunft fühle ich mich zum Kotzen, doch eine Cola beruhigt meinen Magen. Vielleicht fühle ich mich auch wohler, wegen des wolkenlosen Himmels und der ruhigen See auf der Inselwestseite. Erleben wir von dem Tag an den Wetterumschwung im Golf von Thailand?

Der Hype mit dem Tourismus begann mit Ko Samui, danach war Ko Pha Ngan dran, und nun ist Ko Tao an Thailands kristallklarer Golfküste an der Reihe. Heute lockt das türkiesfarbene Meer abertausend Besucher auf die Trauminsel. Zuerst kamen die Backpacker auf das buschige Island, danach entdeckten die Tauchfans mit knappem Reisebudget das Paradies. Prompt zogen touristische Einrichtungen nach. Doch keine Angst, denn authentische Erlebnisse, beispielsweise Wanderungen und Kajakfahren, warten auf der Insel immer noch zuhauf. Das verspricht der Reiseführer. Und was erwartet uns tatsächlich?

Während der anderthalb Stunden Überfahrt nach Ko Tao ziehen bedrohliche Wolken auf, die uns bis zur Ankunft begleiten. Ein gewohnter Anblick, denn zu oft wurden wir vom Gott für das Wetters betrogen. Ich als Wetterpessimist werte es als schlechtes Zeichen. Doch zuerst betrügt uns ein Taxifahrer, der uns ins Asia-Diving Ressort bringt. Satte fünfhundert Bhat nimmt er uns für die Kurzstrecke ab. Die miese Abzocke ist eine Unverschämtheit, aber sie verfolgt uns seit Bali und ist auch in Thailand gang und gäbe. Leider hatten wir vergessen, vorher einen adäquaten Preis für das Bringen auszuhandeln.

Da es zu regnen beginnt, legen wir uns in unserem Zimmer aufs Ohr. Es ist hübsch ausgestattet und hat einen großen Balkon. In einem vergleichbaren Zimmer hatten wir auf der Reise bisher nie gewohnt. Inzwischen ist draußen ein heftiges Gewitter am Werk.

Als es abzieht, werfen wir uns die Regenjacken über und setzen uns ins erstbeste Restaurant. Das Essen ist okay, auch der sich anschließende Spaziergang zum nicht weit entfernten Strand. Dort bewundern wir die riesige Armada an Tauchschiffen, die vor der Küste ankert. Zum Schwimmen eignet sich das wellenarme Wasser ideal.

Nun gut, der Schnupperkurs in Sachen Strandqualität genügt für den Anfang. Wir kaufen eine Flasche Bacardi im Seven-Eleven, dazu vier Flaschen Cola und machen es uns auf unserem Balkon gemütlich, dabei ist kein Wetterumschwung in Sicht. Soll's bis in alle Ewigkeit so weitergehen?

Doch den Vogel schießt ein Besoffener ab, der die halbe Nacht herumtelefoniert und mit seinem Gequatsche das Hotel unterhält. Der Typ ist verrückt. Wegen dem verleben wir eine schlechte Nacht.

Früh morgens schwimme ich im Pool und komme den Tauchschülern in die Quere, aber das ist mir egal. Der Pool ist auch für mich da. Dann nehmen wir das erste Frühstück auf Ko Tao im Hotelrestaurant zu uns, doch das Bestellen ist kompliziert. Das Personal spricht kein Englisch. Trotzdem bekommen wir das Gewünschte aufgetischt und es ist preiswerter als auf Ko Pha Ngan. Fünf Euro bezahlen wir für uns beide. Sieben Euro hätten wir auf der Nachbarinsel bezahlt. Sobald man Haushalten muss mit den Finanzen, achtet man auf jede Ausgabe.

Danach treibt es uns zum Strand, denn urplötzlich hat die Sonne ihre Liebe zu uns entdeckt. Wir schwimmen beherzt wegen des Nachholbedarfs. Doch was passiert? Der nächste Regenschauer kündigt sich mit angsteinflößenden Wolkenbergen an. „Komm, Angela, machen wir die Fliege", fordere ich meine Frau auf, ihren Sarong einzupacken.

Auf dem Heimweg zum Hotel kaufe ich mir ein T-Shirt mit einem VW-Bus-Aufdruck. Und warum kaufe ich den Quatsch? Ich weiß es selbst nicht genau. Es war wohl eine Verzweiflungstat, denn das dünne Hemdchen ist von schlechter Qualität und sieht irgendwie spießig aus. So etwas nennt man auch Frustkauf. Gegen den Hunger nehmen wir eine Flasche Wasser und zwei Kuchenstücke mit aufs Zimmer.

Spät nachmittags siegt die Sonne. Diesmal machen wir einen Strandmarsch bis zur Hauptstadt Ban Mae Haad, Gesamtstrecke etwas über zwei Kilometer. Wir bummeln durch das Städtchen, aber dessen Besonderheiten sind an fünf Fingern abzuzählen.

Na ja, der große Wurf ist die Hafenstadt nicht. Immerhin nutzen wir den Ausflug zum Kauf der Tickets für die Fähre zum Festland am 2. Januar.

Auf dem Heimweg wird uns drastisch vor Augen geführt, welche Reize Ko Tao auf die Wassersporturlauber ausübt. Für Tauchanfänger ist Ko Taos Küste das ideale Terrain. Mehr als vierzig Tauchzentren stellen die entsprechende Ausrüstung zur Verfügung und vermitteln in dreitägigen Kursen die gewünschten Grundkenntnisse. Die Menge der Tauchschulen ist die Größte auf der Welt.

Doch das Tauchen interessiert uns weniger, mehr ein preiswertes Restaurant. Und das Geeignete gefunden und platzgenommen, bittet man uns höflich, wir mögen uns an einen anderen Tisch setzen, um einer Tauchgruppe Platz zu machen. Wir haben kein Problem damit und werden mit einem guten Essen belohnt. Mein Tintenfischgericht ist zum Feuerspeien, aber lecker.

Feuerspeien tun allerdings die Akrobaten am Strand. Bei höllisch lauter Techno-Musik bricht ein Feuerspektakel über uns herein. Drei Restaurants mit den dazugehörigen Strandabschnitten sind in der Hand der

Feuerakrobaten, und die übersteuerte und ruppige Musik der Freaks, das bringt die Trommelfelle in die Gefahr zu platzen. Lange halte ich das nicht aus. Auch das Ei-mersaufen nervt. Halb elf machen wir uns auf den Heimweg zu unserem Balkon.

Von dem beobachtet Angela, wie der junge Mann von nebenan selbst Hand anlegt. Er holt sich kräftig einen runter, und das auf einer Partyinsel. Wozu Einsamkeit führen kann. Und die Nachbarn rechts von uns hindern uns mit ihrem Beischlafgestöhne an unserem wohl-verdienten Schlaf. Ja, wo sind wir denn hier? Sind wir auf einer Freudeninsel gelandet? Bisher präsentiert sich Ko Tao nicht als Trauminsel, eher als Albtraum. Unter-wegs hatten wir ruhigere Unterkünfte, regelrecht fried-lich war's im Campingbus.

Beim Frühstücken fühlen wir uns von der Schlaf-losigkeit regelrecht erschlagen. Und das um so mehr, als wir über das Internet von den Überschwemmungen in Südthailand erfahren. Da bleibt es nicht aus, dass uns meine Kinder und unsere Freundin ihre Sorge über Whatsapp zutragen, worauf ich sie über das gleiche Fo-rum beruhige. Wir sind außerhalb der Gefahrenzone, erstatte ich Bericht, danach lasse ich meinem Hass auf die Wetterbedingungen und der Taxibetrügereien freien Lauf. Doch das spiegelt nur meine Ungeduld auf den nicht vorhandenen Sonnenschein wider. Die Ostasiaten würden die Wetterkapriolen sofort abstellen, ginge das. Aber der Ausflug in meine gedankliche Privatsphäre nur so nebenbei.

Fertig gefrühstückt, scheint die Sonne. So besuchen wir erst einmal den Badestrand. Wir finden einen Lie-geplatz, auf dem wir uns ausbreiten und uns ausgie-bigen Badefreuden hingeben. Doch abermals müssen wir den Aufenthalt abbrechen, denn es ziehen Un-wetterwolken auf. Uns gelingt der Kauf eines Crepe mit

Nutella, dann eilen wir auf unser Zimmer und schon schüttet es wie aus Gieskannen. Wann geschieht endlich das Wunder, das zur Wetteränderung führt?

Ohne Sonne macht die erfolgsverwöhnte Insel Ko Tao keinen Spaß. Glücklicherweise sind wir nicht von der Sparte derjenigen, die sich nur das am Strandherumliegen wünscht, um sich knackigbraun brennen lassen. Wir sind aus einem anderen Holz geschnitzt. Dazu ist die Pizza hervorragend, die wir uns als Abendmahl gönnen.

Aber nun zu einem Wunder, denn das geschieht am 30. Dezember. Ab da ändert sich das Blatt und die Wetterlage wird beständig. Nirgendwo am Horizont erscheint eine Wolke. In Vorfreude auf den Tag springe ich in den Pool, dann frühstücken wir, dabei spüre ich ein leichtes Unwohlsein. Es ist eine Art Sodbrennen. Liegt es am Frühstück? Und wenn ja, was ändere ich daran?

Statt Toast mit Honig und den zwei Eiern, dazu eine Kanne Kaffee und ein Glas Orangensaft, sollte ich öfter ein Müsli essen und den Orangensaft weglassen. Das Aufstoßen von der Magensäure bekommt mir nicht.

Am Strand ist es friedlich und angenehm, aber dieses Mal beenden wir das Anbeten der Sonne nicht wegen sich nähernder Gewitterwolken, sondern wegen gefährlich werdender Sonnenbestrahlung. Es besteht Sonnenbrandgefahr. Trotzdem sind wir unvernünftig und machen eine einstündige Kajakfahrt, die wir uns vorgenommen hatten. Das in ungewohnt gebückter Sitzhaltung zu paddeln ist anstrengend, aber der Preis von fünf Euro für uns zusammen ist annehmbar. Alles in allem ist die Paddelaktion Lebensfreude pur.

Und was machen wir am Abend? Den verbringen wir aus Kostengründen in dem Lokal, in dem man uns umgesetzt hatte und ich verspeise wieder das leckere

Tintenfischgericht. Die vielarmigen Viecher gönne ich mir nochmals, und ich bin abermals begeistert. Danach beenden wir den Tag, denn für die bevorstehende Silvesternacht ist Schonung angesagt.

Den Silvestertag beginne ich mit einem Müsli. Anschließend ziehe ich meine Trekkingschuhe an, denn unsere Wanderung soll quer über die Insel zur Ostküste führen.

Der erste Anstieg ist steil und anstrengend. Uns rinnt der Schweiß als Sturzbäche aus den Poren. Ich merke, dass ich in den zurückliegenden Jahren nicht jünger geworden bin. In der prallen Sonne und bei einer Bullenhitze begegnen wir keiner Menschenseele, als wir durch eine wunderschöne Bergkette wandern. Belohnt werden wir mit einer naturbelassenen Bucht. In der gibt es ein Restaurant, einige wenige Ferienhäuser, dazu ankern zwei Tauchboote vor Ort.

Erst einmal trinken wir eine Cola. Dadurch gestärkt, wandern wir zurück zum Hotel und wechseln die verschwitzten T-Shirts. Anderthalb Stunden hat der Marsch gedauert. Und damit nicht genug, latschen wir in trockenen Shirts zur Nordspitze der Insel. Für die leichte Strecke brauchen wir fünfunddreißig Minuten. Und das alles weiterhin in der Mittagshitze

In der Nähe der Zwillingsinseln Ko Nang Yuan setzen wir uns in ein sauteures Restaurant mit Blick auf die Sehenswürdigkeit Nummer Eins. Wir trinken nur zwei Mineralwasser, denn essen kommt nicht in Frage. Wir sind schließlich keine Millionäre. Ich überlege: Zu den Inseln wären wir besser mit einem Longtailboot gefahren, doch jetzt ist's zu spät, aber die Ansichtskartenattraktion aus der Ferne betrachtet zu haben, das ist auch sehr schön. In sechs Tagen Aufenthalt auf Ko Tao kann man nicht alles machen.

Beim Zurückgehen fällt uns auf, dass es bei den Thais Unverständnis hervorruft, sich zu Fuß fortzubewegen. An jeder Ecke will man uns das Mieten eines Mopeds einreden, was irgendwie nachvollziehbar ist, denn es ist höllisch heiß. Und im Hotelzimmer zurück, wechseln wir abermals die Klamotten.

Bevor wir zum Essen gehen und uns in den Silvestertrubel stürzen, erfolgt ein überraschender Anruf. Unser guter Freund Stefan übermittelt uns Silvestergrüße in seinem und Annes Namen. Es ist ein Anruf, mit dem wir weiß Gott nicht gerechnet haben.

Zur Feier des Tages verspeisen wir in gehobener Preisklasse zwei superlange Hähnchenspieße vom Grill. Das ist mehr als ein Armeleuteessen und widerspricht unserem Sparprinzip. Aber bei uns daheim hätten wir mit Freunden rund um ein Raclette gesessen, was auch einen Batzen Geld verschlingen hätte.

Nach den Spießen testen wir die Stimmung in einer der großen vier Strandlokalitäten, die zur Silvesterfete einladen. Herr im Himmel, was soll ich zu dem blanken Wahnsinn sagen. Die Techno- und House-Musik ist ohrenbetäubend laut. Zu der tanzt sich das Jungvolk in eine Art Rausch, vor allem wird das Eimersaufen hemmungslos in die Tat umgesetzt. Und erst die Feuerakrobaten. Die können sich sehen lassen. Deren Show mit manch erlaubten, aber auch unerlaubten Hilfsmitteln, ist der Silvesternacht angemessen. Ich bin von den eingeölten Artisten und der aufgeheizten Atmosphäre hin und her gerissen. Meine Frau weniger, denn die quälen stechende Kopfschmerzen.

Wegen derlei Unannehmlichkeiten gehen wir ins Hotel, wo sie eine Schmerztablette runterspült. Sie hofft, dass das Medikament hilft.

Wir unternehmen einen neuen Versuch, und eilen zum Sunset-Beach, an dem die Feier im Schweiß der Feuerkünstler ihren Siedepunkt erreicht, denn das Spiel mit dem Feuer hat die Menschen seit jeher fasziniert. Mit einem Cocktail mischen wir uns unter die Menschenmasse, als sich das Spektakel auf den Sivesterhöhepunkt schaukelt. Noch ist es kurz vor Zwölf und das Tanzen ähnelt der Ekstase. Und dazu die allgegenwärtig kreisenden Schnapseimer.

Der Zwölf-Uhr-Gong gleicht dem Paukenschlag. Urgewaltig ist das, was sich dann ereignet. Das Tohuwabohu raubt einem den Atem. Ein bombastisches Feuerwerk erleuchtet den Nachthimmel über Ko Tao. Raketen, Kanonenschläge, Böller und andere Krachmacher erzeugen einen Schwefelgestank, von dem sich mir der Hals zuschnürt. Bei uns stellen sich Atembeschwerden ein. Das unbeschreibliche und aufwühlende Spektakel werde ich nie vergessen, dafür hat es mich zu sehr erstaunt. Aber was kostet der fragwürdige Spaß, und wer bezahlt ihn? Wie ist eine solch kleine Insel zu diesem mächtigen Aufwand fähig?

Einerseits erfreut man sich an der extremen Feiersituation, andererseits erzeugt sie Kopfschütteln. Muss das Eimersaufen sein? Weshalb machen junge Leute ihren Körper mit teuer bezahltem Billigfusel kaputt und ruinieren sich die Gehörgänge mit dem Krach?

Ich merke an den Fragen, das ich langsam alt werde. Die aufsteigenden Ballons ins sternenklare Himmelszelt mit den Wünschen für das neue Jahr sind der positive Nebeneffekt einer total abgefahrenen Nacht.

Wir wünschen uns bei einer innigen Umarmung viel Gutes für die Zukunft. Wie im vollendeten Jahr kann es für uns weitergehen, nehmen wir uns eindringlich vor. Dann schlendern wir Hand in Hand in unser Zimmer. Es ist ein Glücksfall für Landratten wie wir, dass wir eine solch ungewöhnliche Silvesterfete miterlebt haben.

Das ganze Drumherum ist verrückt und verfolgt uns bis in die Ewigkeit.

Am Neujahrstag unternehmen wir wenig. Die Auswirkungen der Silvesternacht stecken uns in den gelähmten Knochen. Zudem müssen wir am darauffolgenden Morgen sehr früh raus. Die Überfahrt ans Festland ist auf sechs Uhr angesetzt. Das heißt vier Uhr in der Frühe aufstehen, uns frisch machen und so schnell als möglich den Hafen ansteuern. Aber womit? Mit der Taximaffia?

Und tatsächlich kramen wir uns um vier Uhr in der Frühe aus dem Bett und machen uns nach einer Katzenwäsche auf den Weg. Doch dann wird's spannend. Ich handele an der Kreuzung mit dem Taxistand zweihundert Bhat mit einem schrägen Typ aus, obwohl mir der Mann alkoholisiert vorkommt, doch der pokert und bittet uns zehn Minuten zu warten. Die übrigen Fahrer lachen dreckig, denn es ist der billige Trick.

Nach einer Viertelstunde erhalten wir ein neues Angebot für dreihundert Bhat. Eine Frau ist bereit, uns sofort für den Preis zum Pier zu bringen, so willige ich ein. Nur nicht mehr lange rumeiern, geht mir durch den Kopf. Uns bleibt eh nichts anderes übrig, als darauf einzugehen, schließlich wartet die Fähre nicht auf uns. Immerhin haben wir gegenüber der Herfahrt zweihundert Bhat gespart. So gesehen ist der Preis fair. Ich darf nicht nur schlecht über die taxifahrenden Thais denken. Auch das Taxigewerbe will leben. Reich wird man mit der Fahrerei gewiss nicht.

Im Hafen angekommen und wegen des großen Andrangs mühsam auf die Fähre geklettert, legt sie verspätet ab. Hoffentlich klappt es zeitlich mit den Anbindungen zum Airport?

Auf der Strecke nach Ko Pha Ngan und Ko Samui schaukelt das Boot bedenklich, danach aber, nachdem es von Ko Samui abgelegt hat und auf dem Weg zum Festland ist, läuft alles wie ein Uhrwerk ab. Nur das Anlegen ähnelt einem Trauerspiel. Die Fähre wechselt zweimal die Pierseite, dann erst macht sie fest. Wir steigen aus und wetzen wie die Irren zum auf uns wartenden Bus nach Suat Thani. Mit den Trollis ist die Rennerei das reinste Himmelfahrtskommando.

Tja, da sehen wir sie, die Überschwemmungsgebiete. Samt und sonder stehen alle Felder, Wiesen und Wälder auf dem Weg zum Airport unter Wasser. Das ist mehr Niederschlagswasser, als bisher auf den Inseln auf uns niedergeregnet ist.

Als wir am Airport aus dem Bus steigen, ist es zwölf Uhr dreißig, also sind wir zu früh eingetroffen, denn der Flug nach Bangkok startet erst um halb drei. Meine Sorgen waren unbegründet. Uns bleibt eine Menge Verschnaufzeit. Manchmal sehe ich zeitbedingte Aktionen nicht locker genug und bin angespannt. Ob ich das noch lerne auf meine alten Tage? Meine Frau bezweifelt das berechtigterweise.

Wir kaufen zwei Stücke Kuchen, essen sie vor dem Flughafengebäude, dann packen wir unsere Reiseutensilien um. Bei Inlandsflügen ist das Gewicht limitiert. Ich drücke das Gewicht des Trollis unter die Höchstgrenze von zehn Kilo. Ein Kapuzenshirt, ein Hemd und die Latschen, die für meine Blasen verantwortlich sind, den Krempel habe ich bewusst im Hotel auf Ko Tao zurückgelassen. Nun verlagere ich das Gewicht vom Koffer in das Handgepäck. Und es funktioniert. Wir marschieren ohne Beanstandungen durch die Kontrolle. Schwein gehabt, kann man da nur sagen.

*

Der Kurzflug verläuft reibungslos. Wir landen auf dem Großflughafen in Bangkok, den wir zur Genüge kennen. Um dort wegzukommen, müssen wir uns an einer von mehreren Schlangen Wartender anstellen, um ein Taxi zu bekommen. Der Fahrer des Taxis kennt unser ge-buchtes Hotel Warehouse nicht, doch mit Hilfe des Navigationsgerätes kämpft er sich durch die Wirren der Stadt und setzt uns nach anderthalb Stunden am Hoteleingang ab. Wir bezahlen sechshundert Bhat, was ich wegen der Fahrzeit als angemessen erachte. Oder ist es wie so oft zu viel? Man weiß es nicht.

Bangkok ist die Stadt der Superlative, aber auch der Armut. Unser Hotel in der Altstadt liegt im Armenviertel, obwohl in unmittelbarer Nähe bombastische Tempelbauten stehen. Das Hotel ist in Sichtbeton gehalten, dadurch wirkt es kalt, aber interessant. Zudem verwischen die neckischen Schriftzüge auf den Wänden jeden Negativeindruck. Im Kontrast zu eher langweiligen Hotels ist es ein architektonisches Meisterwerk. Wie hat der Architekt die Baugenehmigung für den modernen Klotz in der Altstadt bekommen? Mit welchem Trick wurden die freiliegenden Lüftungsrohre und Elektroleitungen durchgeboxt?

Brandschutztechnisch bleibt mir das ein Rätsel. Bei unseren Behörden hätte man das Bauwerk sicherlich nicht abgenommen, siehe den Skandalflughafen in unserer Hauptstadt Berlin.

Wir haben das Hotel erreicht und unsere Nerven sind weiterhin intakt. Da trifft es sich gut, dass wir Lust und Laune auf einen Spaziergang verspüren. Kurzentschlossen nutzen wir den Vorteil, dass unsere Bleibe in der Nähe der Khao San Road steht. Es ist Bangkoks Vergnügungsmeile. Auf dem Weg dorthin registrieren wir viele Prostituierte. Wieso reift in mir die schreckliche

Vorahnung, die Freudenmädchen könnten sich verheerend auf unsere Nachtruhe auswirken?

Trotz des bösen Gedankens bummeln wir die Khao San Road rauf und runter, dabei fühlt man sich wie in einem Irrenhaus. Was hier los ist, das ähnelt einem Panoptikum. Bald sind wir müde vom Drängeln und Schieben, also setzen wir uns vor ein Lokal und nehmen einen Imbiss zu uns, dazu trinken wir zwei Alsterwasser. Das dauert eine Stunde, danach staksen wir in unser Hotel. Man soll die Jagd nach Eindrücken nicht übertreiben.

Kurz nach Mitternacht bewahrheitet sich meine Vorahnung, denn der Geräuschpegel ist katastrophal. In irgendeinem Zimmer neben oder über uns ist wahrhaftig der Teufel los. Ist der Mann sexsüchtig, der sich mit einem oder mehreren Freudenmädchen vergnügt? Eine Hure stöhnt und gurrt, dann kreischt sie wie eine angestochene Sau. Wer verlangt das von der Frau? Ist der Mann pervers? Meiner Frau ist Angst und Bange. Das Lustgeschrei verleidet uns die erste Nacht in Bangkok.

Nach einem mittelmäßigen Frühstück im Hotel, begeben wir uns auf eine Besichtigungstour, wobei man Bangkok in Alt- und Neustadt unterteilt. Zwingend zu besichtigen ist der große Palast, die ehemalige königliche Residenz, und das Wat Pho. In dem stehen die stattlichsten Tempel Bangkoks. Der Glanz der Kuppeln und verzierten Säulen blendet den Besucher. Wir sind überwältigt von der Größe des Geländes. Die prunkvollen Altäre und Säulen in den Tempelanlagen und Herrschaftsgebäuden übertreffen alle vorstellbaren Dimensionen, aber die Hauptattraktion als Besuchermagnet ist der liegende Buddha. Wenn man das vergoldete Prachtstück sieht, dann versteht man, warum er von Buddhisten angebetet wird.

Trotz der Menge an Touristen durchforsten wir mit Genuss die entlegensten Palastansammlungen und jeden noch so abgelegen Tempel. Hätten wir die Fassetten der unvorstellbar monströsen Tempelbaukunst nicht bewundert, dann wären wir um viele Erfahrungen ärmer, was einer Todsünde gleichkäme.

Doch mit der ersten Etappe durch die vorherrschende Tempelkunst ist der Ausflug beiweiten noch nicht beendet, denn wir besteigen die Fähre über den Mae-Nam Fluss, er ist die Lebensader Bangkoks. Und die andere Flussseite erreicht, nehmen wir als Krönung das Wat Arun in Augenschein. Bei dessen Begutachtung sind wir beeindruckt von der verschwenderischen Eleganz und dem Einfallsreichtum der Tempelerbauer.

Den Kraftaufwand durch das Hinaufsteigen der zweihundert Stufen des Turms nehmen wir schweißgebadet auf uns. Von weit oben knipsen wir, was das Zeug hält. Beharrlich halten wir das großflächige Bangkok mit der Digitalkamera fest.

Ich habe eine soziale Ader. Bei mir sind Wohltätigkeit und Hilfsbereitschaft keine leeren Phrasen. Mich, das Flüchtlingskind aus der Ex-DDR, hat die Armut und Ablehnung lange begleitet. Und eben diese Ader kommt unterwegs zum Vorschein, wobei ich meine großzügige Spende an einen Behinderten nicht an die große Glocke hänge. Der Körperbehinderte setzt sich wirksam in Szene, indem er sich in unmöglich gekrümmter Körperhaltung an eine Pfütze gelegt hat, als wolle er das Wasser trinken. Hinterher sehe ich aus den Augenwinkeln, wie er aufsteht und sich ganz zügig vom Acker macht.

Ist das wahr? Kann man diese Elendshaltung antrainieren? Ich weiß nicht, was ich denken soll. Danach erzeugt eine Vogelhändlerin mein Aufsehen, doch ich bleibe abwartend. Die Frau verkauft Miniaturkäfige inklusive eines Vogels, den man freilässt und der dann Glück bringen soll. Na ja, wer's glaubt?

Mit dem Fährboot wieder auf der Wat Pho Seite angelangt, nehmen wir ein Tuk-Tuk. Ziel ist das MBK, die empfohlene Shoppingmall Bangkoks außerhalb der Altstadt. Der Fahrer rast mit dem Ding, als ginge es ums nackte Überleben. Welch hohe Geschwindigkeit man aus dem Gefährt mit Hilfsmotor herausholen kann, das erzeugt bei uns Erstaunen.

Bis dahin ist alles gut, doch dann geraten wir in einen für Bangkoks Verkehrsverhältnisse stinknormalen Stau. Nichts geht mehr. Es ist das altbekannte Muster, aber der Fahrer bleibt heiter. Er nimmt den stehenden Verkehr in Bangkok mit Humor. Nichtsdestotrotz erreichen wir das Verkaufsgedöns am selben Tag. Wir steigen aus dem Tuk-Tuk und bezahlen den ausgehandelten Betrag von zweihundertfünfzig Bhat. Dann bummeln wir zwei Stunden durch das Labyrinth an Gängen mit allem, was das Herz eines Kaufwütigen begehrt.

Wir finden kein Schnäppchen, das uns reizt. Den handelsüblichen Kram kann man überall in Bangkok kaufen. Ernüchtert fahren wir mit einem anderen Tuk-Tuk ins Hotel, wo ich meinen Sohn anrufe und mit ihm über dies und das rede. Er sei mit der Freundin in eine neue Wohnung gezogen, erzählt er. Jetzt wohnen sie am Waldrand gegenüber den Kasernen. Dort befindet sich der Anfang eurer Nordic-Walking Strecke.

Ich freue mich für ihn und für mich, denn mir ist der Kladderadatsch mit dem Umzug erspart geblieben. Nur unser altersschwacher Berlingo hat für einige Kleintransporte herhalten müssen.

Am Abend versuche ich meine Frau zu einem Essen an einem der vielen Straßenstände zu überreden. Sie versucht sich zu der Überwindung durchzuringen, aber dabei bleibt es. Die Garküchen sind ihr zu dreckig, viele auch zu düster und damit abschreckend. Sie reagiert empfindlich auf den Schmutz. Allerdings gebe ich zu, dass die hygienischen Zustände in den Garküchen es auch mir schwer gemacht hätten, mich für einen Stand am Straßenrand zu entscheiden. Eine Essenseinnahme unter schmuddeligen Bedingungen ist nicht jedermanns Sache.

Hinzu kommt, dass wir schockiert sind über die Masse an Menschen, die auf dem Bürgersteig im Freien schlafen. Wie schon erwähnt liegt unser Hotel mitten in der Altstadt, und die ist das Armeleuteviertel der Stadt. Schlussendlich essen wir auf einem Balkon in der Kao San Road und das ganz gut.

Dann endlich geschieht das Wunder von Bangkok. Meine Frau kauft sich einen bunten, zweiteiligen Badeanzug. Viele Jahre versuche ich sie zu einem Bikinikauf zu überreden. Bisher ohne Erfolg. Und jetzt, hier mitten in Bangkok, ist es endlich passiert. Das Badebekleidungsstück, in wunderschöne Farben getränkt und gut geformt, ist wie für sie gemacht. Meine Frau wird am Strand die Queen sein. Der Bikini wird ihr phantastisch stehen, das spüre ich als Mann, obwohl es in der Straße keine Anprobekabine gibt.

Später trinken wir zwei Alsterwasser und lauschen einem sympathischen Duo, das Oldies zum besten gibt. Aber wie gebe Ihnen einen Einblick in meine durch die Reise ausgelösten Gefühle? Das ist schwierig, doch an meiner Zufriedenheit können Sie erkennen, dass es bestens um mich bestellt ist.

Und zurück im Hotel liefern wir uns abermals dem Sexsüchtigen aus, denn wiederum gelingt es dem Ferkel, uns die Nacht zu vermiesen.

*

178

Der 4. Januar bedeutet für uns: Der Schiedsrichter hat zur Halbzeit im Reisespektakel abgepfiffen. Heute, an einem Sonntag, beginnt die 2. Halbzeit, wie's im Fußballjargon heißt. Und wie lautet der Spielstand?

Natürlich steht's Zehn zu Null für die Reise, denn sie hat unsere Erwartungen erfüllt. So stimmt meine körperliche Bilanz. Mein Gesundheitszustand ist tadellos, und diverse Reisekrankheiten, vor denen oft gewarnt wird, haben uns Gott sei Dank verschont. Und wie steht es um die Finanzkraft?

Dazu ein gutgemeinter Rat: Machen Sie's wie wir. Richten Sie ein DKB-Konto ein, schmeißen Sie Ihre Ersparnisse drauf und ab geht's in die weite Welt. Durch das Konto behalten Sie den Überblick und so werden Sie die Reise nicht bereuen.

Nun aber weiter im Text, denn es stellt sich die Frage: Kann in Bangkok Langeweile aufkommen?

An das zu glauben wäre ein schlechter Witz. Nehmen wir da die Gegensätze durch die Armut und die Religionen, und dann die vielen Sehenswürdigkeiten. Die füllen die Programmseiten für mehrere Tage. In dieser energiegeladenen Stadt stehen die Räder niemals still, denn Bangkok liebt den Lärm, das grelle Neonlicht und sehr viele neue Betonbauten. Die Lebensform ist ein wildes Durcheinander.

Wir starten den Tag mit einer Fährfahrt nach China Town. Dort wühlen wir uns durch eine unüberschaubare Menschenmasse. In dem Trubel kann man den Thailändern tief in die Seele blicken. Man stößt auf eine Vielzahl von Eindrücken, die eventuell Ekel erzeugen, anderseits bekommt man ein authentisches Bild von den Lebensgewohnheiten der einfachen Menschen. Die geben einem Europäer oft Rätsel auf.

Das geht soweit, dass uns durch eine schmale Gasse und dem Menschengewimmel, zwischen das keine Zeitung passt, ein Motorradfahrer seelenruhig entgegen kommt. Ohne Vorsichtsmaßnahmen fährt er uns fast in Grund und Boden. Ja, daran sehen Sie's. Bekloppte gibt's überall.

Bei der Rückfahrt passiert uns ein Missgeschick. Wir verpassen das Aussteigen am Pier in unserem Wohnbezirk und fahren zu weit. Anstatt per Boot zurückzufahren, machen wir einen Fußmarsch durch ein uns unbekanntes Viertel. In dem überwiegt nicht der Dreck, o nein, die Bürgersteige sind gefegt und aufgeräumt, fast sind sie steril. Tja, worin liegt die Erklärung für diese Sauberkeit?

Die Antwort ist einfach, denn vorherrschend besteht das Viertel aus Regierungsgebäuden, die streng bewacht werden, und anderer öffentlicher Einrichtungen. Aber auch die Wohngegend für Touristen ist das Gegenteil des unsrigen Schmuddelviertels. Sie ist zwar kein Nobelviertel, aber hier campieren die Menschen nicht auf den Gehwegen, dagegen leben und schlafen in unserer Hotelnähe zwei Kleinkinder mit ihrer Mutter auf dem Bürgersteig, und das notdürftig eingehüllt. Viele leben hier nicht besser wie die Tiere. Diese aufschreckende Aussage drückt die drastischen Gegensätze der Thaimetropole rigoros aus.

Zu der Armut mache ich mir meinen eigenen Reim: Wäre ich zart veranlagt, käme ich wegen der Zustände aus dem Weinen nicht mehr heraus.

Zwei lebhafte und ausgefüllte Tage in Bangkok sollten genügen. Wir haben irrsinnig viele Eindrücke vom Großstadttreiben gesammelt, dabei war jede Aktivität interessant und aufreibend. Die Klongs, die wir uns vorgenommen hatten, heben wir uns für einen anderen Bangkokaufenthalt auf. Damit erhalten wir uns Spielräume für den späteren Besuch der Stadt. Tja, wann es dazu kommt, das wissen wir nicht genau. Vielleicht in zwei bis drei Monaten? Wir pfuschen der Zukunft nicht ins Handwerk.

Am letzten Abend essen wir auf Angelas Wunsch im Urlauberdistrikt. Sie hat sich viel von einem Franzosen versprochen, aber das Essen ist so la, la. Dann bummeln wir vorbei an einigen Kneipen und Unterkünften, dabei beschließen wir: Besuchen wir Bangkok erneut, steigen wir hier ab. Und das aus bekanntem Grund, denn unser Hotel beschert uns auch in der letzten Nacht das akustische Sexgeplänkel. Bangkok erfordert Stehvermögen. Verschont uns unser nächstes Reiseziel Chiang Rai vor derlei Exzessen?

*

Noch müde steigen wir um zehn Uhr ins bestellte Taxi, das uns in fünfunddreißig Minuten Fahrzeit zum Flughafen bringt. Uns bleibt eine Stunde bis zum Abflug, daher lasse ich Bangkok Revue passieren: Wie hat mir das Drehkreuz Ostasiens gefallen?

Die Antwort ist schwierig. Mal so, mal so, könnte ich auf die Frage erwidern. Aber darin bin ich ähnlich widersprüchlich, wie die Stadt Bangkok selbst.

Nur kurz ist der Flug mit der Fluggesellschaft Air-Asia. Nach einer Stunde landet die Maschine in Chiang Rai, das liegt im Norden Thailands im Bereich des Mekongs. Die Rollkoffer werden aus Sicherheitsgründen ein zweites Mal durchleuchtet, währenddessen bezahlt meine Frau an einem Schalter zweihundert Bhat Taxigebühr. Das System funktioniert blendend und verhindert zu hohe Forderungen der Taxifahrer.

Einer der Taxifahrer bringt uns zum Hotel Anaya, in der Nähe des Stadtkerns, doch das vorbestellte Zimmer ist nicht bezugsfertig. Es wird geputzt. Daher deponieren wir die Trollis in der Bleibe und machen einen

Abstecher in die Stadt. Ziel ist das Blumenfest zu Ehren des Königs.

Dessen Ausstattung ist Ansichtssache. Auf mich wirken das Glitzergedöns und die Beleuchtungen an den Büschen und Bäumen zu künstlich und naturfremd. Hat man den Blumenfirlefanz nicht gesehen, dann geht die Welt nicht unter. Ansonsten ist die Stadt eher langweilig. Erwähnenswert ist, das die Verehrung der Königsfamilie hier in Ching Rai den Vogel abschießt. Die treibt in ganz Thailand extreme und seltsame Blüten, doch hier grenzt das Ganze an Totenkult, obwohl der alte Mann noch leben soll. Zwar findet momentan kein Wahlkampf statt, dennoch hat man an größeren Straßen und Plätzen riesige Schautafeln mit dem Konterfei eines noch jungen Königs installiert. Mit dem Mann wird eine fürchterliche Augenwischerei betrieben.

Der kitschige Kult um den Königsclan tritt nirgendwo so penetrant in Erscheinung. Er wurde aber auch an vorherigen Stationen praktiziert. Ich sage dazu: Mitglied in der Clique um den altersschwachen König zu sein, das wäre der Clou.

Zur Abendessenszeit finden wir uns am Wahrzeichen Chiang Rai's ein, dem Clocktower. Dort setzen wir uns vor eine Kneipe im Angesicht des außergewöhnlichen Denkmals mit der Uhr. In den Abendstunden erklingt ein klassisches Musikstück, bei dem das angestrahlte Monument mit der Uhr die Färbung wechselt. Von rot über violett und blau ins grün. Das Spiel mit den Farben ist phantastisch.

Thailand muss reich sein, denn Ich habe selten ein Denkmal mit solch farbenprächtiger Ausstattung gesehen. Wir genießen das Musikstück und den Anblick auf einem Spitzensitzplatz im gegenüberliegenden Restaurant in vorderster Reihe, und das mit einem guten und wohlschmeckenden Essen.

Der Abend endet in einem fragwürdigen Etablissement. Rose-Bar heißt die Absteige. Die wurde nicht nach mir benannt, trotz des gleichlautenden Nachnamens. Bedient werden wir von einem sehr jungen und knapp bekleideten Thaimäuschen. Und wie die mich aufdringlich anlächelt. Das Kind ist zuckersüß. Nun ja, es ist kein Geheimnis, dass gerade ältere Männer aus Deutschland ihr Glück im fernen Ostasien bei jungen Schönheiten versuchen.

Für mich ist Sex mit einem Thaimädchen kein Thema. Ich stehe nicht auf derlei Abwechslungen, schon gar nicht in Anwesenheit meiner Frau. Viel mehr beschäftigt mich die in zwei Tagen stattfindende zwei Etappen Mekongtour. Auf dem Spaziergang vom Hotel zum Essen waren wir an einem Reisebüro vorbeigekommen. In dessen Schaufenster ist die abenteuerliche Flussfahrt in verschiedenen Reisemodellen mit Preistabellen abgebildet. Bei den Bildern kribbelte es mir in den Fingern, denn ich bin fest davon überzeugt, das die Mekongflussfahrt zum wichtigen Bestandteil für jeden Ostasienreisenden gehört.

Gleich nach dem Frühstück werden wir das Reisebüro aufsuchen und das Abenteuer mit einem sicheren Kahn buchen, denn meine Frau und ich finden: Das Spektakel ist ein Muss.

Ich habe gut geschlafen, trotz des Krachs aus der Bar gegenüber. In Chiang Rai versuche ich die schlaflosen Nächte Bangkoks in Vergessenheit geraten zu lassen, in dem ich den Schlaf nachhole.

Nach dem spärlichen Frühstück, gemütlich an einem Bistrotisch vor dem Zimmer, es ist im Preis von zweiundzwanzig Euro pro Nacht enthalten, gehen wir zum

Reisebüro. Wir wissen wenig über den Standard der angebotenen Mekong-Bootsfahrten, deshalb überlegen wir nicht lange und nehmen die langsame, aber sichere Variante mit einer Zwischenübernachtung. Das Spektakel auf dem Wasser kostet eintausenddreihundert Bhat für zwei Personen, inklusive Anreise mit dem Shuttlebus zum Mekong. Okay, den Betrag ist uns die Kahnfahrt wert.

Wir verlassen das Reisebüro mit den Tickets in den Händen und besichtigen die Stadt.

Die Innenstadt ist sauber und ordentlich. Der Norden Thailands hebt sich in punkto Sauberkeit deutlich vom Süden des Landes ab. Bausünden und planerische Verfehlungen sind aber auch hier gang und gäbe.

Zum Beispiel wandern wir über eine großklotzig gestaltete Brücke mit goldverzierten Laternen. Die führt sprichwörtlich ins Nichts. Auf der anderen Flussseite steht ein einsames Hotel und den Freiraum unter der Brücke nutzen die Fahrer der Shuttle-Busse als willkommene Parkfläche.

Wir vermuten, dass die Brücke eine Investition für die Zukunft darstellt und von den Chinesen erbaut wurde. Die demonstrieren ihre Macht und strecken ihre Fühler überallhin in Ostasien aus.

Am Abend, wir sitzen am angestammten Tisch am Clocktower, wird die Allee für den Autoverkehr gesperrt. Zuerst rauschen Luxuskarossen an uns vorüber. Was soll das werden? Hat sich die hohe Politik in Chiang Rai angesagt, eventuell sogar ein Mitglied der Königsfamilie?

Das Rätsel löst sich schnell auf, denn in Chiang Rai findet eine Parade anlässlich des Blumenfestes statt, an der sich alle Stadtteile mit kostümierten Gruppen beteiligen.

Die Vorhut bildet eine Musik-Kapelle. Die trägt Uniform und spielt Marschmusik, wie im Aachener Raum ein Trommler und Pfeifercorps. Dahinter reihen sich die Prunkwagen und die Fahnenträger aneinander. Das Spektakel erinnert mich an eine Veranstaltung zu den Maijungenspielen.

Wir haben gegessen und bezahlt, jetzt marschieren wir auf der gesperrten Allee bis ans Ende der Parade, dort hat man für die Prominenz eine Tribüne aufgebaut. Die Beschallung ist laut. Das miteinander Reden können wir uns sparen. Und völlig unpassend läuft der Discohit Young man, oder heißt er YMCA?

Wir schätzen den Pippifax nicht und verschwinden, stattdessen setzen wir uns in eine Reggaekneipe im Umfeld unseres Hotels. Im Gegensatz zur vorherigen Beschallung, lieben wir Reggaemusik. Und danach geht es ab ins Bett. Wir müssen am nächsten morgen früh raus. Dann ist der 7. Januar, an dem wir uns von den Thais verabschieden, doch im März werden wir das Land ein zweites Mal aufsuchen, denn wir sind mit der Freundin Heidrun in Kao Lak verabredet.

Es ist sechs Uhr in der Frühe. Der Shuttlebus zum Mekong ist überpünktlich. Hastig schütten wir eine Tasse Kaffee in uns hinein und steigen ein. Der Bus dreht zum Auflesen der Mitreisenden eine Runde durch den Ort, dann jagt er im Affenzahn zur Grenze, die wir um acht Uhr erreichen. Uns überfällt eine innere Unruhe: Wie lange zieht sich der Grenzübertritt mit dem Visa-Brimborium hin? Wie lange dauert das Abwickeln der Formalitäten.

Das dauert eine Ewigkeit. Schnell geht in Ostasien prinzipiell gar nichts. Wir haben gelernt: Bewegst du dich durch Asien, dann ist Geduld erstrebenswert.

Und so ist es, denn am ersten Schalter knallt uns der Uniformierte den Ausreisestempel in den Pass, und am nächsten Schalter bezahlen wir dreißig Dollar für den Einreisestempel. Warum man zwei Schalter braucht und das so schleppend abläuft, ist nicht nachvollziehbar. Schlussendlich betreten wir Laos und passieren zum fünften Mal eine Landesgrenze, wodurch sich die Reisepässe mit Stempeln füllen.

Laos

Ist das tatsächlich Laos? Ich reibe mir die Augen vor Erstaunen, denn der erste landschaftliche Eindruck ist karg und unwirklich, dabei soll Laos ein schönes, umweltbewusstes und gastfreundliches Land sein.

Doch das war mal, denn Laos hat sich in die Hände der Chinesen begeben. Und eben jene Barbaren holzen die Waldregionen großflächig ab und transportieren den Rohstoff auf dem Mekong ins Reich der Mitte, da Chinas Hochgeschwindigkeitszug noch nicht durch das ausgebeutete Land donnert, aber die Entwicklung dahin ist nicht zu stoppen.

Jetzt, an der Grenze zu Laos, weiß ich nicht recht, ob und wie ich mich mit der Umgebung anfreunden kann.

Meine Frau redet wohlwollend auf mich ein und vertreibt mein Unbehagen.

„Das sieht am Mekong sicher anders aus", sagt sie. „Nicht so trostlos wie am Grenzübergang."

Wir ziehen Geld in der landesüblichen Währung an einem Automaten, Kip nennt sie sich, und fragen uns: Wie geht es weiter? Ist auf die Organisation Verlass? Womit kommen wir zum Boot der Mekongtour?

Ein Minilastkraftwagen fährt vor, ein Fahrzeug mit Sitzbankreihen auf der Ladefläche, so wie wir's von Thailand kennen. Der bringt uns an einen Haltepunkt, an dem die Tickets kontrolliert werden, aber wir sollen auch Proviant kaufen und Zimmer für die Zwischenstation buchen.

Das riecht nach Ausbeutung, trotzdem machen wir und die Mitreisenden regen Gebrauch davon. Doch bei mir und anderen siegt das Misstrauen. Ich erkenne in deren Augen die bangen Fragen: Worauf lassen wir uns ein? Hat das mit den Zimmern seine Richtigkeit?

Weitere fünf Minuten im Lkw zurückgelegt und am Mekonganleger angekommen, bin ich hibbelig. Ich sehe eine Menge alter Kähne, die ich als unsicher einstufe. Gedanklich habe ich das Geschehen auf dem Mekong oft durchgespielt und bin ein Fan des Abenteuers geworden. Eine Menge Dokumentarfilme über den Mekong habe ich am Fernseher mit Interesse verfolgt und in mich eingesogen. Und jetzt folgt die Tat.

Ich unterhalte mich mit einem Mann, der die Tour vor Jahren mit seiner Frau durchgezogen hatte, leider hatte sie sich dabei am Bein stark verletzt. Nur unter großen Schmerzen konnte sie das Begonnene vollenden. Die neue Mekongfahrt unter gesunden Voraussetzungen ist sein Geschenk zum Hochzeitstag.

Wir schließen Freundschaft mit Maren und Harm aus Paderborn, und machen uns bekannt mit Liselotte und

Fritz aus der Schweiz, einem reiselustigen Ehepaar, so ähnlich gestrickt wie wir. Zusammen mit den neugewonnenen Freunden, einer Horde Backpacker und einigen Laoten, betreten wir das vorbereitete Boot. Aber was für eins?

„Auf unseren Flüssen in der Heimat sehen Ausflugsschiffe anders aus", bezweifele ich die Qualität des Kahns, sodass meine Frau schimpft: „Nun warte mal ab. Der erste Eindruck kann trügen."

Fünfzig Personen finden auf dem schwerfällig wirkenden Schwimmfahrzeug Platz, ohne dass es eine Überkapazität gäbe, heißt es. Das Boot hat Ähnlichkeit mit einem Lastkahn. Jedenfalls beginnt ein spannendes Experiment.

Viel zu spät legt das Boot unter ohrenbetäubendem Lärm des freiliegenden Motors ab. Glücklicherweise sitzen wir auf eine Zweierbank weit weg vom Motor, was sich als genial herausstellt, denn der Kahn ist proppevoll. Und wichtig ist, dass unsere neuen Freunde in der Nähe sitzen. So kann man sich besser kennenlernen und in anspruchsvollen Gesprächen den Kontakt vertiefen.

Eine Weile unterwegs, nimmt mich das Gleiten auf dem Wasser gefangen. Dazu kommt das sicher durch die Stromschnellen winden und um Sandbänke herumkurven. Ich bin von den Manövern beeindruckt. Oft sind abenteuerliche Wechsel der Flussseite dabei.

An den Flussrändern sehen wir vereinzelte Dörfer, viel Wald, Holzlastkähne der Chinesen, die das Land plündern, einige Wasserbüffel, ab und an einen Fischer in seinem kleinen Boot, der sein Netz auswirft. Aber auch Leute, die ihren Körper und ihre Wäsche waschen, und als Höhepunkt einige Arbeitselefanten, doch die Kolosse bilden eine Seltenheit im Land.

In unregelmäßigen Zeitabständen donnern Speedboote in atemberaubender Geschwindigkeit an uns vorüber. Diese Ausflugsvariante, um auf dem Mekong nach Luang Prabang zu kommen, haben wir uns Gott sei's gedankt erspart. Die war uns viel zu gefährlich.

Trotz Heidenkrach des Motors könnte es angenehm zugehen auf dem Kahn, wären da nicht die feiersüchtigen Backpacker. Deren Verhalten gefällt uns weniger. Wie sie die Schnapsflaschen kreisen lassen, das artet unweigerlich zum Saufgelage aus. Zusätzlich erhöhen sie den stetig ansteigernden Lärmpegel mit ihrem ätzenden Gegröle, das mit dem Lärm des Motors konkurriert. Zuerst bleibt es bei abgedroschenen Allerweltsliedern, doch mit dem Leeren einer Menge an Schnapsflaschen wird das Gejaule unerträglich.

Dermaßen feuchtfröhlich habe ich mir das Treiben auf dem Mekong nicht vorgestellt. Ich wollte mir meine Frau und der wunderschönen Umgebung zu einer Einheit verschmelzen, aber das bleibt Wunschdenken.

Und wie geht die Bootsfahrt weiter? Werden die Burschen irgendwann vernünftig?

Denkste. Wir werten das Treiben als eine böse Erfahrung, dazu kommt auch Pech hinzu, denn gegen den Alkoholgenuss der Barbaren können wir nichts unternehmen, quasi sind wir machtlos. Die Ignoranz von Besoffenen ist bekannt.

Bei der Ankunft in Pak Beng, dem Ort der Zwischenübernachtung, bleibt mir nach dem Anlegen eine weitere Unannehmlichkeit nicht erspart, denn das nun folgende Missgeschick ist schlichtweg dumm und es ereignet sich folgendermaßen: Ich bin an die neue Währung nicht gewöhnt. So drücke ich einem Träger, der meinen Koffer eine Böschung hinaufgeschleppt hat, sage und schreibe fünfzigtausend Kip in die Hand.

Die Freunde sind sprachlos und der Träger trollt sich freudestrahlend. Da erst registriere ich meinen Lapsus und fühle mich von allen Geistern verlassen.

Dann will ich dem zweiten Träger für Angelas Gepäckstück sechstausend Kip geben, doch der weigert sich hartnäckig das Geld anzunehmen. Er weicht mir nicht von der Seite. Natürlich hat er die fünfzigtausend Kip seines Kollegen im Hinterkopf und erwartet die gleiche Summe. Als ich wütend werde und schimpfe, nimmt er das Geld und verzieht sich.

Mit sage und schreibe fünfzigtausend Kip, umgerechnet fünf Euro, habe ich einem Glückspilz das Leben versüßt. In Laos ist der Betrag ein stattliches Vermögen. Hoffentlich versäuft er den unverhofften Reichtum nicht in einer Kneipe, sondern lässt seine Familie daran teilhaben.

Hat er das? Wir haben ihn nicht wiedergesehen.

Mein Missgeschick hat für Gelächter gesorgt. Nur bedingt ist das ein Trostpflaster. Ich hake den Lapsus ab, dann bringt uns ein Lastkraftwagen in die gebuchte Behausung. Aber für die Form der Unterbringung wäre Bruchbude die richtige Bezeichnung, denn mehr als ein schäbiges Loch ist es nicht. Wir sind in einer üblen Kaschemme mit katastrophalen Zimmern gelandet. Das Bettgestell und die Waschvorrichtungen strahlen Wanzengefahr aus. Hätten wir uns vorher bloß die angeratenen Seidenschlafsäcke gekauft.

Meine Frau zieht mit der Paderbornerin Maren los. Sie will frisches Bettzeug organisieren und kommt auch nicht mit leeren Händen zurück, aber gewaschen wirken die mitgebrachten Laken gewiss nicht. Und was machen wir mit der Situation? Ohnmächtig geben wir uns mit der im Mekong gewaschenen Schmuddelbettwäsche zufrieden und gehen im Ort indisch Essen, dabei stoßen wir auf die Backpacker-Clique, die ihr alkoholisiertes Treiben ungeniert fortsetzt.

Ich werde gehässig und denke: Macht nur so weiter, dabei deren Kater am nächsten Morgen im Hinterkopf. In eurem Zustand sieht eure Welt sicher höchst unfreundlich aus.

Und wieder heimgekehrt an den Übernachtungsfleck, verbringen auch wir einen feuchtfröhlichen Abend in Gesellschaft unserer gesprächsfreudigen Freunde. Wir graulen uns vor dem das Bett aufsuchen, wodurch es spät geworden ist, als wir uns in die nebeneinander angeordneten Zimmer verkriechen, um es mit wenigen Stunden Schlaf zu versuchen.

„He, du Langschläferin. Steh auf. Wir sind spät dran." Ich ruckle an meiner Frau, die erstaunlicherweise fest geschlafen hatte, ich dagegen hatte erst früh morgens ein Auge zugemacht. Um die Folgen der Nacht zu begutachten, begucke ich mich von oben bis unten. Mein Zustand scheint okay zu sein. Wanzen oder Flöhe haben uns nicht befallen, nur sind wir die Letzten, die am Frühstückstisch erscheinen.

Maren und Harm befinden sich bereits im Aufbruch und Liselotte und Fritz sind zum Kahn unterwegs. Hier in der Kaschemme weiß kein Mensch, wann das Boot abfährt. Der Informationsfluss ist unter aller Sau. Uns kann auch niemand sagen, ob uns der LKW abholt, der uns hergebracht hatte, auch zum Anleger fährt. Aber so ist das in Asien. In der Heimat wären solche organisatorischen Mängel undenkbar.

Ich schlinge mein Omelett hinunter, das bezahlt ist, Angela hat das Ihrige als Proviant für das Boot eingepackt, dann schütte ich den Kaffee in mich hinein und wir eilen mit Sack und Pack den Berg hinunter zum Bootsanleger. Dort warten diesmal zwei Kähne, denn man hat deren Anzahl aufgestockt. Auf dem einen sehe ich Liselotte und Fritz, auf dem anderen Maren und Harm.

Wir steigen zu den Paderbornern ins Boot, prompt legt es ab. Glück gehabt. Hinterher erfahren wir, dass die Abfahrtszeit auf neun Uhr festgesetzt war.

Von Anfang an herrscht eine Himmelsruhe auf dem Kahn. Leider röhrt der Motor und das die Ohren betäubend. Die Sauftruppe des Vortages hängt in den Seilen. Keinen Pieps geben die Bachpacker von sich. Mancher hat sich, statt der Flöhe und Wanzen, eine Alkoholvergiftung eingefangen. Gut so. Warum müssen sie's auch übertreiben?

Der Mekong führt im Januar wenig Wasser. Er wirkt gebändigt. Aber in der Jahreszeit des Monsuns, wenn die Pegel rasant ansteigen, wird er zu einem reißenden, unbändigen Strom. Die Flussfahrt, wie wir sie machen, gibt es dann nicht mehr. Aber was wird aus den Booten? Wie die gesichert werden, darüber habe ich nichts im Reiseführer gelesen. Schleppt man sie mit großem Aufwand an Land?

Diese Frage beschäftigt mich, als das Boot während der Fahrt mehrmals anlegt. Beim ersten Stop steigen ein paar Einheimische zu, die zwei Körbe mit sich führen. Die stellen sie am Bug ab. Darin eingeschnürt haben sie kleine Ferkel, die fürchterlich quieken und mein Mitleid erwecken. Ich würde den Ferkeln gern zu Hilfe eilen, doch ein Eingriff in Privatangelegenheiten der Laoten geht natürlich nicht.

Ein anderes Mal ist eine alte Frau zugestiegen, die sich mitten in den Kahn pflanzt. Ganz heißbegehrtes Fotomodell, fuchtelt sie mit dem vorsintflutlichen Handy herum. Das sieht aus wie ein Funkgerät der Wehrmacht im zweiten Weltkrieg. Immer mal hört es sich an, als telefoniere sie mit dem Ding. Ob sie jemanden damit erreicht?

In den nächsten Stunden auf dem Mekong sehen wir hauptsächlich ausgemergelte Arbeiter, die die chinesischen Lastkähne mit frisch geschlagenem Holz beladen. Dicke Menschen sehen wir wenige in Laos. Wir begegnen ausschließlich arm wirkenden Laoten, die sehr klein sind und ausgesprochen dünn, trotzdem schauen sie freundlich zu uns rüber, manche winken sogar. Man sieht es den Einheimischen an, dass sie von der Hand in den Mund leben.

In sich am Konsum orientierenden Wohlstandsländern ist es eine Modeerscheinung, die vom Buddhismus geprägte Lebensweise der Asiaten anzuhimmeln, aber würde ein Europäer mit einem Laoten tauschen?

Ich versuche mich in die Laoten hinein zu versetzen. Mir gefällt ihre Gelassenheit, denn die ist es, worum ich sie als Infarktgeschädigter beneide. Doch stehen sie wirklich mit beiden Beinen mitten im Leben? Sind sie durch ihre Gelassenheit so ausgeglichen wie sie wirken? Würden sie nicht lieber erfolgsorientiert wie wir Deutsche leben?

Diese Fragen zu den Lebensumständen in armen Regionen der Welt sind legitim zu Zeiten der ansteigenden Flüchtlingsströme.

Achtsam beobachte ich die Bewegungen am Ufer des Mekongs und alles, was mir vom Boot aus sehenswert erscheint, dabei verfliegt die Zeit. Meine Frau wendet sich zwischendurch ab, dabei liest sie in ihrem Krimi, danach schaltet sie ganz ab, denn ihr gelingt ein Nickerchen. Ich unterhalte mich währenddessen mit Harm und Maren.

So vergehen die sieben Stunden auf dem Mekong bis Luang Prabang. Jede Minute davon hat andere Reize. Hat man die Mekongtour gemacht, dann versteht man die geistigen Regungen, die tief ins Innere eindringen. Das Phänomen Mekong wird eine Langzeitwirkung ausüben, denn die mit wachen Sinnen wahrnehmbare Einheit des Erlebens ist ein wichtiger Bestandteil meiner Reiseerlebnisse. Mit traurigen Gefühlen wird mir beim beobachten der laotischen Landschaft und deren Natürlichkeit bewusst, dass mir eine derart emotionale Flussfahrt nie wieder vergönnt sein wird. Gerade deswegen werde ich die herzberührenden Eindrücke nie vergessen.

Ich werde die Flussfahrt in mir speichern, um sie in Lebenslagen abrufen zu können, in denen ich sehr schlechte Phasen erlebe, oder es mir mal nicht so gut geht.

*

Luang Prabang ist eine Stadt wie aus dem Bilderbuch. Schon beim Klang des Namens schlägt mein Herz eine Spur schneller. Die alte Stadt mit ihren tollen Tempeln und einer von der Monarchie geprägten Geschichte ist ein Paradies für Traveller. Der französische Einschlag hat sich gepaart mit indonesischem Chic. Hervorzuheben ist die Masse an orangefarbenen Mönchen, und gar überwältigend ist der Blick von einem Bergtempel hinunter auf die Stadt und den Mekong.

Schön sind auch die bezahlbaren Restaurants in Kolonialbauten, sodass man an jeder Ecke seinen Fotoapparat zückt. Damit hat sich die Halbinsel mit den dreißig buddhistischen Tempeln die Aufnahme ins Unesco-Weltkulturerbe redlich verdient, denn alles ist einmalig auf der Welt. Luang Prabang legt eine besondere Mischung aus altertümlichem Charme und neuartiger Raffinesse an den Tag.

Da unser Kahn außerhalb der Stadt anlegt, fahren wir zusammen mit den Paderbornern im angeheuerten Lasttaxi zum Guesthouse Rattana, in dem Harm für sich und seine Frau ein Doppelzimmer gebucht hat. Wir, noch ohne Bleibe, wollen versuchen, uns ebenfalls in dem Haus einzuquartieren. Die Hoffnung stirbt zuletzt, dass ein Zimmer frei ist.

Und tatsächlich haben wir Dusel, denn wir bekommen ein Dreibettzimmer, und das total problemlos, weil wir uns gleich für sieben Tage einmieten. In dem Zimmer hatten die Paderborner vor Jahren gewohnt. Die Pension ist eine alte Ville mit eben erwähntem Charme und macht einen respektablen Eindruck. Ich habe von Anfang an das Gefühl, dass wir uns mit dem Personal und unter den Gästen wohlfühlen werden.

Nach dem Begutachten der Pension richten wir uns häuslich ein, dann ziehen wir uns wärmere Klamotten an, denn das ist durch die kühlen Temperaturen notwendig geworden. Erst danach begeben wir uns auf einen Spaziergang durch Luang Prabang.

So beginnt eine wunderbare Woche, denn die Stadt ist phantastisch. Wir sind vor Begeisterung hin und hergerissen. In einem wahren Freudentaumel treffen wir die Schweizer, mit denen wir einen Treffpunkt auf ein Essen am nächsten Abend verabreden, worin wir auch Maren und Harm einbeziehen wollen.

Danach latschen wir zu einer wackeligen Fußgängerbrücke über den Nebenfluss und bezahlen umgerechnet fünfzig Cent. Die aus Bambusstäben hergestellte Konstruktion überqueren wir mit Magengrummeln. Hält das gewagte Konstrukt?

Als wir mit wackeligen Beinen zurückgekehrt sind, atme ich tief durch. Das ist noch mal gut gegangen. Hinterher erfahren wir, dass das Bambusskelett in der Monsunzeit abgebaut wird, weil die Brücke den reißenden

Wassermassen nicht standhalten würde. Demnach sind wir in der richtigen Jahreszeit nach Luang Prabang gereist, denke ich, obwohl die Temperaturen alles andere als sommerlich warm sind.

Danach treibt uns das Hungergefühl in die Hauptstraße. Angela isst ein Green-Curry, und ich das Red-Curry. Beide Gerichte sind okay. Wir bezahlen für das Essen inklusive zweier Alsterwasser einhunderttausend Kip, umgerechnet sind das zehn Euro. Laos ist für Reisende mit schmalem Budget wie gemalt. Und da wir vom wenigen Schlaf in der schmuddeligen Unterkunft müde sind, dazu wegen des langen Sitzens auf dem Kahn, bummeln wir zum Ausklang des Tages noch über den Nachtmarkt, danach beginnt die Schlafenszeit.

Beim Frühstücken gesellen sich Maren und Harm zu uns. Wir erzählen vom Treffen mit den Schweizern und beschließen, das Hot-Pot-Restaurant zu einem Abendessen zusammen aufzusuchen. Es ist vergleichbar mit den in der Heimat beliebten Barbeque-Restaurants. Wir stehen zu dem Beschluss, den Fritz und Liselotte ebenso gut finden werden, da bin ich mir sicher.

Wenig begeistert sind wir von der Wetterlage. In der Nacht hat es geregnet und es ist noch kühler geworden. Erstmals seit Neuseeland ziehe ich die lange Jeans an, dann beginnen wir unseren Erkundungsgang entlang des Mekongs. Wir sehen am Ufer, wie ein schlachtreifes Schwein auf einen Mini-Lkw verladen wird und ein Mann mit seinem Schwein eine Art Spaziergang macht. Seine Umgehensweise mit dem Tier hat etwas absurdes. Als weitere Merkwürdigkeit springt uns ein Tuk-Tuk in grell bunten Farben ins Auge, auf dessen Frontscheibe ein Che Guevara Aufkleber prangt. Der Fahrer gönnt sich eine Pause, in der er mit anderen die Einnahmen verzockt. Die Spielleidenschaft ist in Laos leider allgegenwärtig.

Später kommen wir abermals an den Zipfel der Halbinsel, auf der sich Luang Prabang breit gemacht hat und wo der Nebenfluss in den Mekong mündet. Dort waren wir bereits, dennoch gehen wir ein zweites Mal über das einsturzgefährdete Bambusbrückengestell, womit wir das Glück wahrlich herausfordern. Mehrere Fotos belegen unsere mutige Tat.

Doch dann ist es vorbei mit der Herrlichkeit. Das Wetter kippt von annehmbar in den Bereich schlecht, denn es fängt an zu regnen. In der Not kaufe ich mir einen Ganzkörper-Regenumhang. Der sieht zwar Scheiße aus, aber er erfüllt den Zweck. Damit beweist sich mal wieder, dass es schlechtes Wetter nicht gibt, es ist halt eine Frage der Bekleidung.

Ja, ja, der Regen bleibt ein ständiger Begleiter auf der Reise. Und wie vertreibt man sich die Zeit, wenn der Regen überhand nimmt?

Wir verzagen nicht, sondern gehen in ein Reisebüro und buchen den Flug nach Hanoi für den 15. Januar. Je früher die Buchung erfolgt, umso günstiger ist der Preis. Diese Erfahrung haben wir in uns eingepaukt, durch den Schlamassel in Thailand. Und praktisch ist, dass die Reisekauffrau die Visa-Einreiseformalitäten für Vietnam für uns erledigt. Besser geht es nicht. Als wir wieder durch den Ort streifen, aber der Regen extrem auf uns herabprasselt, setzen wir uns in ein Internetcafe, dort checken wir die Mails.

Mit fortschreitender Zeit wird es langweilig, den liebenlangen Tag im Internetcafe zu verbringen, daher gehen wir zurück in unser Gästehaus, das sich als überaus sympathische Privatpension entpuppt. Mittlerweile bin ich pitschnass, trotz des Regenumhangs. Wir legen uns trocken, dann erledigt Angela mit dem Smart Phone den

Finanzkram. Auch eine passable Unterkunft finden wir in Hanoi mit Booking.com.

Und das ist gar nicht einfach, denn steht eine riesige Auswahl zur Verfügung. Unsere Wahl fällt auf ein Zimmer in einem Hotel mit dem Namen Indochina-Hotel mitten im Zentrum. Der Airport Hanois liegt weit außerhalb der Stadt, deshalb das frühzeitige Buchen.

Eine Zimmersuche nach der Ankunft am späten Abend geht gar nicht.

Die Wahl stimmt uns zufrieden, so treffen wir uns mit Maren und Harm im Empfangsraum. In dem verquatschen wir viel Zeit. Eine geschlagene Stunde zieht dabei ins Land, dann erfahren wir mehr beiläufig, dass die Zwei schon zu Abend gegessen haben.

„Macht für morgen am Abend einen neuen Termin aus", geben sie uns kleinlaut mit auf den Weg, denn aus gutem Grund haben sie ein schlechtes Gewissen.

„Na gut. Machen wir's so. Das ist ja kein Beinbruch", reagiere ich etwas pikiert, schließlich hätten sie früher mit der Absage rausrücken können.

Das Green Curry ist gut und der Regen lässt nach. So wird es auch ohne Maren und Harm ein angenehmer Abend. Wir verstehen uns blendend mit Liselotte und Fritz. Beide sehen blendend aus und das mit über sechzig Jahren, außerdem sind sie zuvorkommend und witzig. Speziell erfreut uns, dass sie das Reise-Gen zusammen geführt hat, was hervorragend zu uns passt. Wo sie überall waren?

Wir schnacken ausführlich über die Eindrücke, die sie in Bali, in Thailand und Indien gesammelt haben, dabei ist unser Gespräch sehr offen und ehrlich. Tabus kennen sie genauso wenig wie wir. Besonders aufschlussreich sind ihre Infos über Indien, denn Mumbai und Goa werden wir im letzten Monat unserer Reise besuchen.

Freundschaften während einer Reise zu schließen, das ist die wunderbarste Errungenschaft, die jedem Weltenbummler widerfahren kann. Tja, liebe Leute, was will man mehr?

Es ist richtig spät, als wir einen Termin für den kommenden Abend vereinbaren und danach unter einsetzendem Regen nachhause trotten. Wir sind viel zu müde, um noch einen Blick auf die Stände des Nachtmarktes zu verschwenden.

Was sich in den weiteren Tagen der Anwesenheit in Luang Prabang abspielt, in einer der schönsten Städte der Welt, fasse ich der Einfachheit halber zusammen. Erst einmal regnet es unentwegt weiter, nichtsdestotrotz findet das Essen in großer Runde statt.

Das Hot-Pot-Restaurant aufzusuchen scheitert an dem vollgepfropften Lokal mit Chinesen.

„Manchmal sind sie eine Plage", seufzt Fritz.

Wir setzen uns zwei Lokale weiter und verbringen einen geschwätzigen Abend, obwohl uns die Chinesen mit ihrem Gesang und Gekreische fast den Appetit verderben. Dass Jo Cocker gestorben ist, das erfahren wir durch die Gespräche. Den hatten wir kurz vor unserer Abreise aus Aachen bei dem Kurpark-Classics-Konzert erlebt. Und das der IS einen mörderischen Anschlag in Paris verübt hat, auch darüber informieren uns die Freunde. Trotz Internetzugang leben wir momentan total hinter dem Mond.

Der darauf folgende Tag gehört dem Treffen mit dem Ex-Schauspieler Claus. Die Freundin eines Ex-Arbeitskollegen hat uns auf seine Spur gebracht, denn die beiden verbindet, dass sie in Kassel ein und die selbe Schulklasse besucht haben, deshalb hat sie uns seine Kontaktdaten mitgegeben. Claus hatte sich vor zwölf Jahren für Luang Prabang entschieden und war geblieben, weil riesiger Bedarf an der Unterrichtung in Englisch nicht zu übersehen war. Aus dem Grund hatte er die Englischschule MEC (Mekong English Center) aufgebaut.

Wir treffen uns mit ihm in einem Cafe am Mekong. Dort ratschen wir über dies und das. Nur meine Neugierde will er nicht befriedigen, denn er verrät nicht, warum er in Laos sesshaft wurde. Welche Gründe dafür waren ausschlaggebend? Sind sie auf der persönlichen Schiene zu suchen? Kam es zur Trennung mit einer geliebten Frau?

Spekulieren bringt nichts. Jedenfalls gefällt es Claus super in Luang Prabang. Der Ort ist zu seinem Lebensmittelpunkt geworden. Und um den zu stabilisieren, hat er sich ein kleines Häuschen außerhalb des Stadtzentrums gebaut.

Wir hocken lange zusammen und verabreden einem Besuch seiner Schule, dann verabschiedet er sich, da uns ein überraschender Anruf erreicht.

Der liebe Mathias meldet sich, da er gerade unsere Karte aus Thailand bekommen hat. Wir erzählen ihm, dass alles wunschgemäß klappt, dass wir kerngesund und putzmunter sind, und dass wir uns im verregneten Laos aufhalten, dann beenden wir den Plausch. Auslandsgespräche mit dem Handy sind teuer.

Aber es gibt auch unangenehme Erlebnisse. Zu denen zählt der Vorfall mit einem Bettler. Nichts ahnend stehe ich an einem Grillspießstand, als sich mir ein körperlich stark Eingeschränkter vor die Füße wirft und mir die Zehen abschleckt.

Ich erstarre vor Entsetzen. Was geschieht mit mir? Das sich ein Mann vor mir erniedrigt ist mir bisher noch nie untergekommen. Tja, da ist guter Rat teuer, denn mir ist der Vorfall peinlich und ich weiß nicht so recht, warum mir das widerfährt.

Der Spießverkäufer lacht und sagt im schlechten Englisch: „O ja, der Mann kennt die Pappenheimer, bei denen er sich Erfolg verspricht."

Als ich sein Kauderwelsch mit der dazugehörigen Mimik gedeutet habe, lache auch ich.

Um die verquere Situation zu beenden, packe ich den Krüppel an den schultern und ziehe ihn hoch, dann drücke ich ihm zweitausend Kip in die mir bettelnd entgegengestreckten Hände. Danach verziehe ich mich zu meiner Frau auf die andere Seite der Straße, von der wir beobachten, wie sich der Bettler von der Spende einen Spieß kauft und ihn hungrig verschlingt.

Ich habe ein gutes Werk getan, denke ich. Und das genügt, um zu den angenehmen Seiten des Besuchs zurückzukehren.

Morgens frühstücken wir mit Maren und Harm, aber die anstehenden Aktivitäten unternehmen wir getrennt. So auch das Besteigen der Bergkuppe mit Tempel hoch über Luang Prabang. Auf dem Weg hinauf schenke ich einem Vogel die Freiheit, indem ich ihn aus dem Käfig freikaufe und fliegen lasse. Hinterher erklärt mir Harm, dass die Vögelchen zurückkehren würden. Sie kennen es nicht anders.

Sei's drum. Ich schlucke an der Nachricht, dann genieße ich den herausragenden Ausblick über das wunderschöne Tal und vor allem über Luang Prabang. Der Ort ist die Perle am Mekong. Mit seiner Schönheit hebt sich Lunag Prabang wie ein Schmuckstück am Ausschnitt einer betörenden Frau aus anderen Städten Ostasiens heraus. Die Tempel, alle Klosteranlagen, die komplette Altstadt auf der Halbinsel, alle Sehenswürdigkeiten liegen gestochen scharf vor uns, denn ausnahmsweise macht der Regen eine Pause. Bahnt sich die überfällige Wetterwende an?

Es ist noch nicht sommerlich warm, aber immer öfter kommt die Sonne zum Vorschein. So ist es auch während unserer Stippvisite im etwas abgelegenen Chinatown. Bei der schlängeln wir uns suchend durch die Gänge, da wird ein Huhn direkt vor unseren Augen abgemurkst, dann lässt man das zappelnde Federvieh ausbluten. Wahrlich kein appetitliches Schauspiel für Tierliebende.

Aus Frust kaufe ich mir für zwei Euro fünfzig ein grünes T-Shirt mit der Nationalflagge des Staates Laos drauf. Das trage ich stolz durch die weiteren Reiseländer, da es mein Lieblingsoberbekleidungsstück wird. Angela kauft sich eine lila Pumphose, die etwas mehr kostet, nämlich acht Euro.

Und wieder auf dem Heimweg denken wir an meine Ex-Frau, der wir per Whatsapp zum 59. Geburtstag gratulieren und ihr die besten Wünsche für ihr weiteres Leben vermitteln. Ich verstehe mich weiterhin gut mit ihr. Leider war sie in der Vergangenheit nicht gerade vom Glück verfolgt.

Es vergehen Stunden, wegen der Zeitverschiebung, dann kommt eine Whatsapp bei uns an. Mit der bedankt sie sich und schickt uns einige Bilder von sich im Kreis meiner Kinder. Und eine Mail von unserer La Gomera-Freundin Ute bekommen wir zusätzlich.

Wir verbringen weitere gelungene Abende in Luang Prabang im Kreis der Freunde, doch wenn's am schönsten ist, naht der Abschied. Das ist eine Binsenweisheit. Die Schweizer Liselotte und Fritz verlassen uns. Frühmorgens ziehen sie mit dem Überlandbus weiter nach Vientiane. Macht's gut, ihr Ulknudeln. Ihr habt unsere Reise mit einem Sahnehäubchen versehen.

Aber auch Maren und Harm verlassen uns in Richtung Thailand. Sie fliegen nach Chiang Mai zurück. Mit sehr viel Wehmut tauschen wir beim Abschied unsere Mail-Adressen aus.

„Wir machen in Vietnam Gebrauch davon", verspreche ich. „Vielleicht besuchen wir euch in Paderborn?"

Und damit sind wir allein in Luang Prabang.

Doch bevor wir unsere Tour nach Hanoi fortsetzen, besuchen wir ein Weberdorf auf der gegenüberliegenden Seite des Nebenflusses, dazu überqueren wir eine andere, wackelige Bambusbrücke. Drüben im Dorf beobachten wir das Herstellen edler Seidentücher live am Webstuhl. Angela ist so begeistert von der Machart, dass sie sich einen Schal aus Seide kauft.

Und wieder auf der Halbinsel zurück, begutachten wir die Englischschule des liebenswerten Claus. Der führt uns durch die wenigen Schulräume und meine Frau als Lehrerin schaut sich die Struktur der Schule ganz genau an. Versucht Claus sie anzuwerben und zum Dableiben zu überreden? Habe ich Grund zur Eifersucht?

Das ist Gott sei Dank ein Hirngespinst, denn er verhält sich höchstens kollegial und hätte wohl auch wenig Erfolg damit.

Nun fehlt noch die Besichtigung des interessantesten Tempels vor Ort, denn das Glanzstück Luang Prabengs kommt zum Schluss. Dem Tempel widmen wir uns mit andächtiger Demut, und das gilt für seine phänomenale Außendarstellung und sein Innenleben. Der wievielte Tempel war das, frage ich mich danach? Ich habe sie nicht gezählt.

Ach ja, und da ist noch der Besuch eines Elefantencamps, denn ein Highlight des Besuches in Laos ist zweifellos der Ritt auf einem Dickhäuter. Doch bevor es soweit ist, serviert man uns in der Pension aus Nachlässigkeit, anstatt der Tasse Nescafe diese ekelige Laoplörre zum Frühstück, und das wegen des Fehlens der Englischkenntnisse beim Personal.

Und das Gesöff hinuntergewürgt, brechen wir zu der Spitzenattraktion auf, auf die wir uns schon lange freuen, und das sehr früh im Morgengrauen mit einer Kleingruppe von acht Touristen in einem Minibus.

Wir fahren über eine schlaglochreiche Straßen zu dem zwanzig Minuten entfernten Elefantencamp, das wir kräftig durchgeschüttelt erreichen. Die sanften Kolosse mit ihren Betreuern warten bereits. Die Dickhäuter sind liebenswerte Geschöpfe. Wären sie nicht so groß, würde man sie zu gern knuffeln. Sie zu füttern löst tierische Genugtuung bei uns aus und weckt Ängste um den weiteren Fortbestand der Elefanten.

Die Betreuer schicken uns auf eine drei Meter hohes Holzpodest. Von dem steigen wir in Zweiergruppen in eine Bambuskonstruktion auf dem Rücken der Elefanten. Wir lachen dabei, denn der von meiner Frau ausgesuchte sanfte Brocken genießt unsere uneingeschränkte Sympathie.

Das Prachtexemplar schaukelt uns ohne Angst vor dem Wegrutschen, also sehr trittsicher, durch das gestrüppreiche Gelände und den schlammigen Flusslauf. Wie überzeugend der Elefant das macht ist aller Ehren wert. Ich kann nicht beschreiben, was mir dabei durch den Kopf geht. Es ist, als wäre ich im Schoß meiner Mutter und würde ans Leben herangeführt. Mit erworbenen Bananen füttern wir den Freudenspender mit den großen Ohren, denn er beschert uns ein herausragendes Reiterlebnis, außerdem ist der Besuch im Camp ein sinnvoller Beitrag zum verhindern des Aussterbens der Kolosse. Da sie als Arbeitstiere aus dem täglichen Leben in Laos verschwinden, ist solch ein Camp ihre einzige Überlebenschance.

Wäre der Flug nach Hanoi nicht gebucht, hätten wir den Aufenthalt bei den Dickhäutern verlängert. So aber bleibt es die letzte Berührung mit einem bedrohten Tier, das ich zu den phantastischsten Lebewesen Ostasiens zähle. Seit dem Tag im Camp sehe ich die Elefanten mit noch einfühlsameren Augen. Wir haben die fünfundsechzig Dollar für den Spaß sehr gern bezahlt. Manchmal muss man Geld in die Hand nehmen und darf nicht knausern.

Wir fahren in die Stadt zurück und nehmen unseren Mittagsimbiss in der französischen Bäckerei ein, wo man uns unverschämt übers Ohr haut. Es wären doppelt so große Käsekuchenteile, so wird nach meinem Protest argumentiert. Die spinnen. Um hinterher satt zu sein, kaufe ich mir auf dem Weg zur Pension zwei Schokoriegel der Marke Twix.

In der Unterkunft zurück, bestelle ich die Rechnung, dann bezahle ich einhundertfünfzig Euro für sieben Nächte. Pro Nacht sind das zweiundzwanzig Euro. Für diese bescheidene Summe haben wir gut gewohnt.

Und wer fährt uns mit dem Auto zu dem von den Chinesen frisch aus dem Boden gestampften Airport? Natürlich unsere Pensionswirtin. Von der sympathischen Laotin, die das Unternehmen gemeinsam mit der Schwester leitet, verabschieden wir uns mit einer Träne im Knopfloch.

Damit ist der Besuch in Laos abgeschlossen. Es war eine kurze Reiseetappe, aber eine, die uns beeindruckt hat. Als wir relaxend in der Flughafenwartehalle sitzen, denke ich über meinen von mir in den letzten Tagen total ignorierten Gesundheitszustand nach: Wie steht es um mein gebeuteltes Herz? Und ist auch sonst mit mir alles okay?

Wegen meiner guten Konstitution gehe ich fest davon aus. Wäre der Zustand meiner Herzkranzgefäße nicht unverändert gut, hätten sie sich längst gemeldet.

Dann denke ich an die Reise. Jeder Reisetag war ein Abenteuer, aber das Kapitel Laos mit der Superstadt

Luang Prabang inklusive Mekong, war eins der bewegendsten. Ich habe mich unsterblich in Luang Prabang verliebt. Der abwechslungsreiche Aufenthalt war von großer Freude geprägt.

Weil das Ende der Reise noch nicht in Sicht ist, hebe ich kein Land hervor, durch das wir gereist sind. Dass die Fülle an Erlebnissen einzigartig war und ich nicht übertreibe, das entnehmen Sie den Schilderungen. Ich werde zukünftigen Asienreisenden einen Besuch in Luang Prabang wärmstens ans Herz legen..

Wir warten zwei Stunden, dann startet die Propellermaschine der Laos-Airlines und fliegt hinauf über die nur noch spärlich vertretenen Wolken. Ist das ein sicheres Zeichen für die Wetterbesserung? Es wird Zeit.

Vietnam

Aus dem Fenster bewundern wir eine imposante Gebirgslandschaft, ehe wir nach einer Stunde in Hanoi auf dem Flughafen landen. Wir sind im quirligen Vietnam. Nach den besinnlichen Lebensbedingungen in Luang Prabang, nun die von Hektik geprägte Menschenmenge in Hanoi. Was für ein Kontrast. Aber weshalb zieht sich die Kontrolle bei meiner Frau in die Länge? Hatten wir das schon mal? Ist irgendetwas mit ihrem Pass? Vermutlich sind die Vietnamesen pingelig, nach ihrer vom Krieg geprägten Vergangenheit. Dennoch herzlich willkommen im Megaland Vietnam.

Schlussendlich bekommt sie den Reisepass ausgehändigt. Der ist mit dem zigsten Stempel versehen. Und jetzt heißt es Geld ziehen, was ich tue. Leider spuckt der Automat nur achtzig Euro in Dong aus. Zehn Euro sind umgerechnet Zweihundertvierzigtausend Dong.

„Herr im Himmel", fluche ich empört. „Was soll der Quatsch? Mit den wenigen Kröten können wir nicht mal die Bettler zufrieden stellen."

Meine Frau reagiert überlegter und hebt ebenfalls ihr Kontingent ab, so sind wir erst einmal flüssig.

Dann fährt uns ein Taxi wie gewünscht in die Altstadt zum Indochina 2 Hotel, wo uns ein Boy in Uniform empfängt. Oho, wie nobel. Diese Aufmerksamkeit ist für uns neu auf der Reise. Und derselbe Boy bringt das Gepäck auf unser Zimmer, wo wir ihn mit einem kleinen Trinkgeld belohnen.

Das Zimmer ist geräumig und gut ausgestattet, leider hat es nur ein Fenster zum Flur, wovor im Reiseführer gewarnt wird. Bei einem Brand kann es zur Falle werden. Aber das Zubehör im Bad übertrifft alle bisher erlebten Bäder. Zahnbürsten mit Paste stehen auf der Badablage, daneben liegt ein Schaber für die Rasur, und ein Haarwaschmittel und die Seife vervollständigen das Repertoire zur Körperpflege. Body, was willst du mehr? Dazu liegen zwei Handtücher parat. Die Vietnamesen haben sich auf die Wünsche der Touristen eingestellt.

Doch nun einige Informationen über die Historie der Stadt. So zum Beispiel schreibt der Reiseführer: Hanoi, die altehrwürdige Dame des Orients, ist eine elegante, stimmungsvolle und faszinierende Metropole. In Hanoi vermischt sich das exotische Asien unmerklich mit dem dynamischen Gesicht des Kontinents, und die fantastische Architektur legt Zeugnis über die stolze Geschichte der Stadt ab. Es soll Pläne geben, die Altbausubstanz mit dem Bulldozer niederreißen zu lassen, aber dazu wird es nicht kommen, denn das wäre eine Schande.

In der Neuzeit knattern Schwadronen von Motorrädern unablässig durch die verwinkelten Straßen der Altstadt. Die ist der beste Ort, um der auflebenden Metropole auf den Puls zu fühlen. Hanoi bietet uralte Geschichte, ein koloniales Erbe und ein modernes Erscheinungsbild. Es gibt keinen besseren Ort, um die Widersprüche des heutigen Vietnam zu entwirren.

Und weiter steht in dem Reiseführer: Das alte Hanoi ist das Herz und die Seele des Schmelztiegels. Hier pulsiert das Leben und blüht der Handel. An jeder Ecke wehen den Besuchern exotische Düfte in die Nase. An Straßen und Plätzen versprechen brutzelnde und dampfende Imbissstände eine billige Mahlzeit.

An denen tauschen die Einheimischen den neusten Klatsch und Tratsch aus.

Diese Umschreibungen scheinen ihre Richtigkeit zu haben, denn wir hecheln, mit dem Hintergrund ein respektables Restaurant zu finden, an ellenlangen Mopedkolonnen entlang durch den selbstmörderischen Verkehr der Altstadt.

„Wechselt einfach die Straßenseite. Bloß nicht stehen bleiben und zögern. Augen zu und durch. So bewegt man sich durch Hanoi."

Den Tipp bekamen wir von Freunden aus Köln. Die hatten Vietnam vor zwei Jahren bereist. „Ampeln gibt es zwar, aber die werden von Vietnamesen ignoriert. In Vietnam zählt das Recht des Stärkeren", hatten sie mit mahnendem Zeigefinger ergänzt.

Den Rat beherzigen wir auf der Suche nach einem für Angela akzeptablem Esslokal, trotzdem ist die Angst angefahren zu werden, nur schwer abzulegen, doch mit geraumer Zeit gewöhnen wir uns an den Verkehrsstress. Und das entsprechende Lokal gefunden, übrigens eine Lonely-Planet Empfehlung, essen wir vietnamesisch, das aber auf die Gaumen der Europäer zugeschnitten. Im Hintergrund läuft spanische Musik Ich würze mein Gericht mit Sambal Oleg nach, dadurch schmeckt es hervorragend.

Nach der Thaiküche und dem Essen in Luang Prabang, kommt mir die vietnamesische Kochvariante recht. Wir prägen uns die Lage des Lokals ein, obwohl das bei dem Gassengewirr schier unmöglich erscheint. Dann runden wir den ersten Hanoiabend mit einem Rundgang um den Hoan-Kiem-See ab, dabei landen wir in einer Salsa-Veranstaltung. In Hanoi sind spanische Gepflogenheiten „in". Aber das Mittanzen verkneifen wir uns. Wir sind aus der Übung.

Um zehn Uhr stirbt das Leben in Hanoi. Das ist früh, aber auch wir sind müde und gehen ins Hotel, wo wir eine angenehme Nacht verbringen. So kann's weitergehen, denn der Eindruck von der Stadt ist positiv.

Am zweiten Tag stehen wir spät auf und frühstücken im Obergeschoss mit Panoramaausblick. Das Büffet ist perfekt. Es gibt das auf Europäer zugeschnittene, aber auch das asiatische Frühstück. Wir essen nach Herzenslaune, also gut und reichlich, denn das Frühstück ist im Zimmerpreis inbegriffen.

Mit vollem Bauch setzen wir zu einem Rundgang an. Den haben wir mit dem Reiseführer ausgearbeitet. Es grenzt geradezu an ein Wunder, dass wir keinerlei Verkehrsunfälle registrieren, aber noch mehr wundern wir uns über die Darbietungen der Schreckensherrschaft, welche wir im Museum Hanoi Hilton vorgeführt bekommen. Uns widern die Grausamkeiten an, zu denen Menschen fähig sind. Als Besatzer des Landes hatten die Franzosen unglaubliche Massaker an den vietnamesischen Freiheitskämpfern angerichtet.

Pfui Teufel kann dazu nur sagen.

Doch damit noch nicht genug vom Besichtigen, knöpfen wir uns auch das Women-Museum vor. Die sorgsam ausgewählten Ausstellungsstücke über die Weiterentwicklung der Frau kann man sogar als Mann mitnehmen und sind ganz nett, aber der große Knüller ist der Museumsbesuch für mich nicht. Immerhin gefällt meiner Frau der Sinn der Veranstaltung, also darf ich nicht meckern. Ich dagegen habe mehr Power und Brisanz erwartet. Mehr in die Richtung, wie sich die Frau im gesellschaftlichen Leben durchgesetzt hat.

Nun ja, fürs erste ist unser Museumsbedarf erschöpft, und das sind wir auch. Unser Abendessen nehmen wir daher etwas früher ein und gehen abermals in das Klasselokal, das uns am ersten Abend mit seiner hervorragenden Küche beglückt hatte. Ich esse das Gericht mit Chicken und Limonengras und sehr viel Chili. Das schmeckt herzhaft, es ist aber teuflisch scharf.

Aber anstatt der spanischen Klänge unterhält man uns mit den Songs der Band Creedance Clearwater Revival. Erfreut stellen wir immer wieder fest, wie sehr man in Ostasien auf Oldies steht.

Danach bummeln wir über einen Nachtmarkt Hanois, aber wir finden nicht das, was uns zum Kaufen anregt. Auch die grellen und lauten Bars reißen uns nicht vom Hocker. Tja, und was tun wir da?

Aus Müdigkeit gehen wir ins Hotel zurück und ich schreibe im Reisetagebuch, meine Frau stürzt sich auf ihre Krimilektüre. Danach entschwinden wir in ein Reich asiatischer Träume.

Sehr früh aufgestanden, gut gefrühstückt und meine Tabletteneinnahme nicht vergessen, rauschen wir mit dem Taxi durch die verwinkelten Straßen zum Ho Chi Minh Mausoleum. Vor dem Eingang sprengt die Menschenansammlung jede Vorstellung und rechtzeitig vor dem Verschließen der Pforten müssen wir mehrere pingelige Kontrollen durchstehen, dann gewährt man uns den Eintritt in die Welt des Revolutionsführers.

Die straffe Organisation lässt uns in Zweierreihen am einbalsamierten Onkel Ho vorbei marschieren, dabei hallen mir meine eigenen „Ho, Ho, Ho Chi Minh" Rufe bei einer Demo in München in den Ohren.

Fotografieren ist nicht erlaubt und die Prozedur dauert zwei Minuten, schon sind wir draußen. Der von den politisch Linken in der Welt angehimmelte Revoluzzer würde sich im Grab umdrehen, könnte er den übertriebenen Kult und Pomp um seine Person miterleben. Ho Chi Minh war ein bescheidener Mann, so steht es in seinen Memoiren. Was wir hier erleben, das lässt das Gegenteil vermuten.

Nach der Ehrerweisung besichtigen wir Ho Chi Minhs Wohnresidenz und das Sommer- oder Stelzenhaus mit den Arbeitsräumen des bewundernswerten Freiheitskämpfers, danach seinen Fuhrpark, bestehend aus vier eher bescheidenen Karossen, dann verlassen wir das Gelände zu Fuß in Richtung Altstadt.

Unterwegs knipst meine Frau viele Häuser und Villen der Kolonialzeit, ich dagegen esse ein Würstchen, das ähnlich wie unsere Bockwurst schmeckt, dann finde und kaufe ich ein Vietnam T-Shirt mit Good Morning Vietnam als Aufschrift drauf. Der Kauf für meine Urlaubstrophäensammlung hat prompt geklappt. Ich bin zufrieden.

Und bevor wir ans Abendessen denken, gehen wir ins Hotel. An dessen Rezeption machen wir die Ha-Long-Bucht-Kreuzfahrt mit einer Zwischenübernachtung an Bord perfekt, wobei wir uns vom geschäftstüchtigen Hotelportier übertölpelt fühlen, der den Trip als das beste Angebot in Hanoi anpreist.

War dessen Akzeptanz ohne zu handeln voreilig? Ist der Preis in Ordnung?

Ich finde, zweihundertvierzig Dollar für uns beide, das bleibt im normalen Rahmen. Okay, der Portier ist mit seiner charmanten Art ein cleverer Zeitgenosse, aber ist er auch ein Schlitzohr?

Es gibt kein Zurück. Wir haben die Dschunkenfahrt gebucht. Vielleicht ist unser Misstrauen gegenüber dem Portier unbegründet, denn der Preis steht und fällt mit dem Zustand der Dschunke und deren Ausstattung. Ich vermute, die Billigangebote, die wir unterwegs auf Bildern anderer Anbieter sehen, sind Lockangebote. Uns bleibt nur übrig, uns überraschen zu lassen.

Jetzt fehlt nur noch die Bahnfahrt von Hanoi nach Hue. Auch die buchen wir über das Hotel. Wir nehmen statt der Holzklasse die bessere Kategorie. Dafür bezahlen wir zusammen dreihundert Dollar, wobei ich sehe, wie der Charmeur schmunzelt.

Dann setzen wir uns an den Hotelcomputer und finden ein ansprechendes Hotel in Hue. In der alten Kaiserstadt gönnen wir uns zwei Nächte Aufenthalt. Eine Verlängerung kann man immer erwirken. Das die Buchung klappt ist dadurch so wichtig, weil wir nach vierzehnstündigen Zugfahrt erst sehr spät in Hue eintreffen werden. Aber zuerst zählt der Trip in die Ha-Long-Bucht. Dieses Schmankerl genießt absoluten Vorrang. Alles andere ist Zukunftsmusik.

Noch sind wir in Hanoi und die Tagestemperatur beträgt achtzehn Grad. Die ist nicht sonderlich hoch für einen Sommertag, an dem einem das die Ohren betäubende Hupkonzert den letzten Nerv raubt. Die sich in der Lautstärke kaum zu überbietende Tröterei dröhnt durch die Straßen und Gassen, allerdings sprühen die Abende am Hoan Kiem See vor nicht erwarteter Romantik. Und warum?

Es wimmelt vor Liebespaaren, als wir ein zweites Mal um den See bummeln. Es mögen einhundert oder noch mehr sein, die sich engumschlungen tief in die Augen schauen. Nach Überlieferungen soll der See Reichtum und Glück für die Zukunft bringen.

Das Glück fordern besonders die hübsch und aufwändig zurechtgemachten Hochzeitspaaren heraus, die mit witzigen Grimassen und akrobatischen Verrenkungen in die Kameras der Fotografen gucken, die das von ihnen verlangen. Ich habe meine Frau kurz und schmerzlos auf dem Standesamt geheiratet, wir ganz allein mit dem Standesbeamten. Erst an der hübschdekorierten Abendessenstafel beim Lieblingschinesen haben wir den Familienclan in die Eheschließung eingeweiht, wobei meine Kinder aus allen Wolken gefallen sind.

Sorry, die kleine Anekdote zum Entstehen meiner zweiten Ehe mehr nebenbei.

Eigentlich fehlt die in Hanoi übliche Rikschafahrt. Genug von den Dingern kurven in den Straßen der Stadt herum. Doch die verschieben wir auf später. Für das Wegstück zum Esslokal nehmen wir unsere Beine. Dort verspeise ich das bewährte Limonengrasgericht, dann bummeln wir durch die Altstadt.

Hanoi wurde wegen der Übersichtlichkeit in einzelne Bereiche unterteilt, je nach der Handwerkszunft. Die Blumenhändler haben ihr Viertel, die Seidenverarbeiter, die Vogelkäfighersteller, dann der Elektrohandel und die Reparaturwerkstätten, um nur wenige Beispiele zu nennen. Es gibt sogar einen Bereich für T-Shirt Läden.

Und unerbittlich erschließen sich uns die fatalen Folgen durch den Motorrad-Verkehr: Die Gehwege der Altstadt Hanois sind zugeparkt. Packt dich Fußgänger die Angst, weil du den Gehweg nicht benutzen kannst, dann hast du verloren. Erlerne das Mitfließen im Verkehr, denn an und für sich verläuft das Miteinander der vielen Menschen sehr friedfertig.

Beherrscht wird das Altstadttreiben besonders von der großen Masse an Billiglohnhändlerinnen. Die tragen ihre Körbe geschickt ausbalanciert mit einer Stange über der Schulter. Damit beherrschen sie das Stadtbild und machen Hanoi zu einer lebendigen Stadt.

*

Die Tage vom 18. und 19. Januar gehören der Ha-Long Bucht. Die atemberaubende Meereslandschaft wurde im Jahr 1994 zum UNESCO-Weltkulturerbe erklärt. Majestätisch und mysteriös, inspirierend und gebieterisch, das sind die dreitausend aus Kalkstein bestehenden Inselchen, die sich im Golf von Tonkin aus dem smaragdgrünen Wasser erheben.

Es verspricht ein sonniger Tag zu werden, als uns der Wecker um sechs Uhr in der Frühe weckt. Wir frühstücken im Eiltempo, dann stellen wir unsere Trollis in einem Abstellraum unter, doch unerwartet haben wir danach viel Zeit, denn der Bus nach Ha-Long hat Verspätung. In der Pünktlichkeit unterscheiden sich Bali, Thailand und Vietnam keinen Deut.

Als der Bus um neun Uhr fünfundvierzig vorfährt, beginnt die lange Busfahrt auf einer schlaglochreichen Straße. Der Zustand ist himmelschreiend. Erst gegen zwölf Uhr dreißig erreichen wir den Anleger, von dem uns die bildhübsche Reiseleiterin zackig zum Zubringerboot dirigiert. In das steigen wir ein, dann legen wir die Schwimmwesten an, und in null Komma nichts sind wir auf der Ausflugsdschunke.

Es ist ein prächtiges Boot für achtzehn Personen, das wegen der stattfindenden Säuberung noch nicht Fahrt hinaus in die Bucht aufnimmt. Zur Zeitüberbrückung serviert man uns eine Tasse Begrüßungstee und daran anschließend den üppigen Lunch.

Ich hatte mich bei der Essenbestellung für Fleisch entschieden, die anderen hatten Fisch ausgewählt, daher bekomme ich drei Fleischteller mit Reis vorgesetzt, die ausgezeichnet schmecken. Und hervorragend ist auch unsere Kajüte, die wir danach beziehen. Sie ist der blanke Luxus mit einer nagelneuen Dusch, Wasch- und Toilettenkabine. Soll ich ehrlich sein? Ich war vorher skeptisch, da ich diese hervorragende Ausstattung nicht in den kühnsten Träumen erwartet hatte.

Auf der Fahrt in die Ha-Long Bucht scheint die Sonne, daher legen wir uns auf das Sonnendeck. Von dem erweisen sich die Sichtverhältnisse auf die emporragenden Kalksteinnadeln als optimal. Es ist eine wunderbare Dschunkenfahrt, die mitten in einer Bucht, die auch von anderen Dschunken aufgesucht wird, mit unserem Ankern endet. Inzwischen haben wir uns mit zwei sympathischen Frauen angefreundet. Das sind Claudia aus dem seenreichen Bundesland Mecklenburg und Katrin aus Ingolstadt.

Beim ersten Verlassen des Schiffes geht es um eine Kajakfahrt, und beim zweiten ist es die Besichtigung einer zu durchwandernden Tropfsteinhöhle. Katrin nimmt sich unsere Kamera und schießt wahllos eine Menge Bilder von uns in den unterschiedlichsten Situationen.

„Man soll euch schließlich zusammen sehen, wenn ihr zuhause die Bilder vorführt", ist ihre überaus nett gemeinte Begründung.

Wieder zurück auf der Dschunke, stellt uns die bildhübsche Reisebegleiterin die Crew vor. Alle sind Vietnamesen, dazu freundlich und fleißig. Es fehlt uns an nichts. Und abermals verwöhnt man uns mit einem reichlichen Abendessen, dabei quatschen wir mit den neugewonnenen Freunden und schaukeln uns mit den festlich beleuchteten Dschunken in eine Abenddämmerungsmelancholie. Leider geben sich drei der jungen Leute dem Alkohol hemmungslos hin, sodass sie den Weg ins Bett nach unseren Vorstellungen viel zu spät finden. Mit dem bedauerlichen Ergebnis? Es wird eine kurze und schlaflose Nacht.

Erwartungsschwanger stehen wir früh auf und frühstücken, dann geht's mit dem großen Beiboot auf eine Zuchtperlenfarm mit Verkauf. Die Station ist für weibliche Mitreisende interessant. Sie sind von der Perlenpracht hin und hergerissen. Eine hübsche Französin wird von ihrem Mann mit einem besonderen Exemplar beschenkt.

Der Ausflug ist lehrreich. Als wir auf die Dschunke zurückkehren, naht der Abschied. Claudia und Katrin, mit denen wir viel Spaß hatten, haben den dreitägigen Ha-Long-Bucht Aufenthalt gebucht. Man bringt sie im Laufe des Tages mit einem Beiboot zu einer anderen Dschunke. Uns bleibt als Erinnerung an die Frauen eine Ansichtskarte mit den Unterschriften aller Teilnehmer, die ich in Hanoi für Katrin in den Briefkasten werfen soll, was ich selbstverständlich erledige.

Während der Rückfahrt in den Hafen macht Angela einen Kochkurs für Frühlingsrollen, danach legen wir uns aufs Sonnendeck und genießen den Tag. So ist es nicht verwunderlich, dass ich auf die Besinnungsphase leicht schwulstig reagiere.

„Lass uns die wunderbaren Karstfelsen ein letztes Mal genießen", fordere ich die entsprechende Andacht von meiner Frau, denn im Angesicht der herzerfrischenden Kulisse ist die Dschunkenfahrt eins der phänomenalsten Erlebnisse im Norden Vietnams.

Als es Mittag geworden ist, steht der Dschunkentrip vor dem Abschluss. Als Nahrungsaufnahme vor der Busheimfahrt nach Hanoi werden die selbstgefertigten Frühlingsrollen verspeist, die hatte Angela mit einer Vietnamesin aus Saigon und dem schwedischen Partner gefüllt und anschließend gerollt.

Danach checken wir aus. Die Kreuzfahrt hat in mir das Verlangen nach ähnlichen Erlebnissen geweckt.

Zum wartenden Bus begleitet uns ein Gemisch aus vielen Nationen. Es sind Polen, Amerikaner, Australier und Franzosen. Und in den Bus eingestiegen, bringt er uns auf der scheußlichen Straße in vier Stunden nach Hanoi zurück, trotz der Pinkelpause und einer lästigen Einkaufsveranstaltung. Welches Chaos spielt sich in der Sommersaison auf der Zubringerstraße ab?

Doch das will ich gar nicht so genau wissen, denn das werden wir in diesem Leben nicht mehr erfahren. Wahrscheinlich ist es der Supergau.

Heilfroh sind wir jedenfalls, als wir vor unserem Hotel aus dem Bus steigen. Dieses Mal bekommen wir ein Zweizimmerapartment für den vorherigen Preis zuge-teilt. In dem ruhen wir uns aus, da bei meiner Frau eine Erkältung im Anflug ist. Dagegen braucht sie dringend ein Medikament, weshalb ich eine Apotheke aufsuche. Man gibt mir ein wunderbewirkendes Pulver, das ihr helfen soll.

Und es ist nicht zu glauben, denn mit und mit geht es ihr besser, trotzdem hat sie keinen großen Hunger. Wir behelfen als Abendmahl zur Abwechslung mit einem Imbiss. Ich esse den Döner auf vietnamesisch für fünfundzwanzigtausend Dong, meine Frau bevorzugt undefinierbar süße Bällchen. Aber wie beurteile ich das Verspeiste?

Sagen wir mal so: Der Hunger treibt es runter. Dann trinken wir zwei Alsterwasser auf Miniaturstühlen vor einem Einheimischenlokal gegenüber dem Hotel, wodurch wir das wahre asiatische Straßenleben hautnah miterleben.

Uns ist bewusst, das die Tage in Hanoi gezählt sind, deshalb unterhalten wir uns über alles Erlebte, das in unseren Köpfen hängen geblieben ist, und die Menge ist es wert, gespeichert zu werden.

Als das Smartphone Angelas zehn Uhr anzeigt, bezahlen wir vier Alsterwasser, die wir uns selbst gemixt haben, dann verlassen wir das interessante Plätzchen. In Anbetracht der Erkältung meiner Frau war's ein bedächtiger oder auch andächtiger Abend.

Wir gehen hinüber ins Hotel. Dort fahren wir mit dem Lift in unser Appartement hinauf und gehen bald zu Bett, wo ich mir das Tagebuch schnappe und den wunderschönen Ausflug in die Ha-Long Bucht in Sätzen zu Papier bringe.

*

Nach dem Frühstück fährt uns ein bestelltes Taxi zum Bahnhof. „Au Mann", spotte ich, als das unscheinbare Gebäude vor mir auftaucht. „Das soll der Hauptbahnhof sein?" Ich will es gar nicht glauben. Anscheinend sind die Züge in Vietnam ein wenig bevorzugtes Fortbewegungsmittel. Das ist uns bereits an den verrosteten Gleisen aufgefallen, die abenteuerlich dicht durch die Altstadtbebauung führen.

Aber nicht unscheinbar, sondern abschreckend grau und verblichen wirkt das wartende Zugungeheuer mit seinen schäbigen Waggons. Mich befällt diese undefinierbare Schockstarre. Sind wir auch auf dem richtigen Bahnsteig? Der muss es sein, denn so steht es auf dem Ticket. Aber ist das schäbige Gleismonstrum der Zug nach Hue?

Ich frage einen Bahnbediensteten und erhalte die Bestätigung. Das unheimliche Monster ist unser Zug.

„Herrgott noch mal! Jeder Bummelzug der Deutschen Bundesbahn strahlt mehr Modernität aus", lästere ich. „Gut, dass wir uns für die Softsitze entschieden haben und nicht für die Holzklasse."

Bis dahin habe ich das Innenleben der Waggons nicht mal gesehen.

Als wir die reservierten Plätze finden und ich die Trollis verstaue, bin ich zu Tode betrübt. „In dem Zug halte ich keine vierzehn Stunden durch", jammere ich in einem Anfall von Resignation.

Und meine Frau, der es leider nicht besser geht, stimmt in die Klageorgie ein: „Die Sitze sind okay, aber schau dir die Toilette an. In die bekommen mich keine zehn Pferde rein."

„Eine Bahnfahrt die ist lustig, eine Bahnfahrt die ist fein", fällt mir als Refrain dazu ein.

Ausgiebig wird das Angebot der Staatsbahn von den Vietnamesen augenscheinlich nicht genutzt, denn die Waggons sind nur zur Hälfte gefüllt. Und was gibt es vor der Abfahrt sonst noch zu vermerken?

Höchstens das, dass einige Backpacker mit uns im Zugabteil sitzen und zwei junge Chinesinnen mit ihren Koffern den Gang versperren. Die kommen nicht auf die Idee, ihre Scheißdinger beiseite zu schieben. Oft haben die Mädels derartige Zugreise noch nicht gemacht, wird mir als Beobachter klar.

Bitte vergessen Sie diese Anmerkung über die Ignoranz der Chinesen. Dennoch ist da einiger Ärger vor-
programmiert.

Wir rattern im gemächlichen Tempo über den Schie-
nenstrang und bewundern die abwechslungsreiche Walachei. Artikel über die Zugreise loben den Ausblick
aufs Meer und manche Lagune, doch derlei Leckerbissen weist die Bahnstrecke leider zu selten auf. Darin
hat uns der Reiseführer einen Floh in den Kopf gesetzt.
Trotzdem wird diese Bahnfahrt, wegen der häufigen
Begleiterscheinungen, viel Gesprächsstoff mit unserem
Freundeskreis bieten.

So zum Beispiel kämpft Angela mit ihrem Schnupfen
und versucht zu schlafen, ich begnüge mich mit der
Aussicht auf die Reisanbauflächen und die arbeitende
Bevölkerung. Streckenweise ist die Arbeitsweise der
Bauern auf den Reisfeldern sehenswert, besonders die
mit den Wasserbüffeln.

Später regt mich ein Alkoholiker auf. Der wippt unentwegt mit den Beinen und kommt nicht zur Ruhe. Er
steht auf, dann setzt er sich wieder. Dieses nervenaufreibende Schauspiel bietet er mir unaufhörlich, denn es
sitzt in der benachbarten Sitzreihe. Außerdem stinkt er
abstoßend, was an der abgewirtschafteten Kleidung und
deren Waschmangel liegen wird. Ein ästhetisches Bild
verkörpert der unrasiert und schmutzig aussehende Geselle keinesfalls.

Aber es geht auch erfreulich im Zug zu. Eine bemer-
kenswerte Anekdote liefert eine ältere, vietnamesische
Dame. Die steht auf und reicht Angela ein Döschen,
wegen deren Schnupfen. Ist es Tigerbalsam? Es riecht
stark danach, deshalb reibt sich Angela die Paste unter
die Nase und bedankt sich vielmals. Angela und die alte
Frau übertreffen sich mit netten Gesten.

In unseren Lesestoff vertieft und mit dem Beobachten der Landschaft schreitet die Zeit dem Abend entgegen, als mich der Hunger ans Essen zu denken zwingt. Obwohl gewarnt durch andere Mitreisende, die das Wagnis einer Bestellung eingegangen waren, bestelle ich das Chicken-Reisgericht, was ich besser nicht getan hätte. Das Hähnchenfleischgericht ist voller Splitter der Knochen. Das ekelhafte Mischmasch ist so was von ungenießbar, das glaubt einem keiner. Hat man das Huhn komplett durch den Wolf gedreht? Ich bin zwar stark im Nehmen, doch die Hähnchenmasse bekomme ich nicht runtergewürgt.

Da mache ich es beim Kauf einer Tüte Popkorn besser. Das undefinierbare Zeug widerspricht zwar meinem Gesundheitsprinzip, noch dazu schmecken die klebrigen Reisklumpen zu salzig, doch der Hunger treibt sie rein. Ich wüsste zu gern, wie viele Reisende im Zug nach Hue verhungert sind?

Um mich von den Frage des Ablebens durch Ernährungsmangelerscheinungen und der Monotonie der Fahrt abzulenken, schreibe ich Ansichtskarten. Schwer war es, überhaupt welche zu finden. Man hat Läden für den Verkauf von Ansichtskarten nicht in Hanois Geschäftsstruktur integriert. Nur Sachkundige kennen anscheinend die dafür zuständige Gasse.

Doch nun zu meiner Frau, denn der ist hundeelend. Inzwischen sieht sie aus wie das Leiden Christi. Als allgemeines Ärgernis hat sich zum Schnupfen auch noch der Durchfall hinzu gesellt. Sie steckt in der Bredouille, denn abartig ist der Besuch der stinkenden Zugtoilette. Ich übertreibe nicht, wenn ich behaupte: Für Durchfall Geschädigte ist das stille Örtchen in vietnamesischen Zügen die größte Grausamkeit seit dem Holocaust.

Halleluja, was für ein Vergleich.

Die Erlösung von dem Übel ist die Ankunft auf dem Bahnsteig in Hue. Es ist stockfinstere Nacht, als uns ein Taxi schnurstracks zu unserem supermodernen Hotel bringt, wo man uns erwartet.

Wir sausen auf unser Zimmer hinauf, meine Frau auf die Toilette. Wieder einmal haben wir ein Schmuckstück unter den Hotels in unserer Preisklasse erwischt. Die booking.com Infos halten ihr Versprechen, denn es war eine vortreffliche Wahl. Vierzehn durchwachsene Stunden in einem Zug werfen die berechtigte Frage an meine Frau auf: „Wiederholen wir irgendwann eine ähnliche Bahnfahrt?"

Angela, der die Erschöpfung ins Gesicht geschrieben ist, antwortet: „Bei den billigen Inlandsflügen muss ich die Tortur nicht noch einmal erleben."

*

Wir haben wunderbar geschlafen, trotz der Auswirkungen des Schnupfens und der Darmgeschichte meiner Frau. Dennoch bin ich müde, als wir uns in den Frühstücksraum bewegen und wir einen der vielen Stromausfälle Ostasiens miterleben. Ein Notstromaggregat beschert uns zumindest einen heißen Kaffee.

Und danach, wir sind nicht weit weg vom Hotel, fange ich an zu frieren. Was ist jetzt? Ereilt auch mich die Krankheit meiner Frau?

Ich mache kehrt zum Hotel und ziehe mir die lange Jeans an, dann sause ich zu meiner Frau, doch die ist verschwunden. Wo hält sich Angela versteckt?

Suchend trabe ich die verabredete Straße auf und ab. Nichts. Ich gerate in Rage und fluche vorwurfvoll: „Immer die gleiche Scheiße mit dir."

Nach mehreren Minuten taucht sie auf, wie aus heiterem Himmel. Sie war im Hotel auf die Parterre-

Toilette gegangen, während ich mich im Zimmer um-
gezogen hatte, und ich Depp hatte mich ahnungslos auf
den Weg zu ihr gemacht. Demnach hatten wir uns
verpasst. In Krankheitssituationen kann meine Frau ge-
dankenlos sein. Als meine Wut verraucht ist ziehen wir
los und nehmen die Brücke über den Parfümfluss zur
Zitadelle der Nguyen Herrscher.

Unterwegs bedrängen mich die hartnäckigen Rik-
schafahrer. Die sind in Hue aufdringlicher als anderswo.
Wir besichtigen die in großen Teilen von den Amerikanern im Vietnamkrieg durch Luftangriffe zerstörte
Anlage, die teilweise wieder aufgebaut wurde, dabei
genießen wir die riesige Fläche, weil uns keine her-
umtrampelnden Touristenmasse nervt. Die Anlage bis
ins letzte Detail zu besichtigen, das erspare ich uns. Wir
müssen heim, denn meine Frau gehört ins Bett. Sie leidet an verstopften Nebenhöhlen und an Durchfall-
krämpfen.

Im Hotelzimmer hüllt sie sich mit einer dicken Decke
bis zum Hals ein, derweil regele ich an der Rezeption
die Verlängerung des Aufenthaltes um einen Tag.

Später gehe ich allein auf die Piste und verlaufe mich.
Ohne Stadtplan ist Hue ein unübersichtliches Pflaster.
Nur mit Hilfe eines alten Mannes, der zu meinem
Erstaunen etwas Englisch beherrscht, finde ich den Parfümfluss, an dem ich mich orientiere. Immerhin komme
ich an einer Poststelle vorbei, an der ich die Ansichtskarten in den Briefschlitz werfe. Eine Packung Ta-
schentücher finde ich auch. Aber der Tag hält ein
Überraschungsmoment für mich parat, denn plötzlich
und unerwartet hält ein Motorrad neben mir.

Der Fahrer quatscht mich leise an und raunt schwach
vernehmbar: „Mariuhana?"

Ich schlucke kräftig und mache überraschte Augen,
dann winke ich ab, so braust der Motorradfahrer weiter.

Ja, was war das jetzt? Sehe ich mit dem Ring im Ohrläppchen wie ein Kiffer aus? Anscheinend ja, trotzdem war das Anbaggern eines Fremden sehr leichtsinnig von dem jungen Mann, denn in Vietnam drohen lange Haftstrafen auf den Handel mit Drogen.

Am nächsten Morgen geht es Angela ein klitzekleines Häppchen besser. Die Antidurchfalltabletten, die uns ein befreundeter Arzt mitgegeben hatte, scheinen anzuschlagen. Und diese erfreuliche Erkenntnis reicht aus, um eine Fahrt mit dem Drachenboot auf dem Parfümfluss anzugehen. Doch das drum und dran wird ein Balanceakt.

Trotz fleißigem Aushandeln beharrt die Skipperin auf ihre Preisvorstellung und das sind fünfhunderttausend Kip bis zur ersten Pagode, was mir teuer erscheint. Ein Engländer mit seiner Frau bezahlt die gleiche Summe für drei Pagoden bei einem anderen Drachenboot, also für den doppelten Zeitaufwand. Es ist jener Engländer, der mit seiner Frau im Kleinbus nach Hoi An sitzen wird, und den wir in Saigon, im jetzigen Ho Chi Minh Stadt, wiedertreffen werden.

Die Skipperin bleibt hartnäckig, daher akzeptieren wir die Summe und machen uns allein mit der Lenkerin des Bootes auf den Weg zur ersten Pagode.

Nun ja, das nicht sehr große malerische Türmchen ist ganz nett, aber interessanter ist die Lebenssituation der uns transportierenden Bootsherrin, die sie uns frei heraus im passablen Englisch auftischt. Sie ernährt mit dem Drachenboot den Mann und ihre fünf Kinder, erzählt sie uns, dazu die Großeltern. Das Boot bildet praktisch ihre Lebensgrundlage.

O ja, die Vietnamesen sind ein zähes Volk. Da ist es kein Wunder, dass sich die Amerikaner im Vietnamkrieg an ihnen die Zähne ausgebissen haben.

Auf der Rückfahrt verlassen wir das Drachenboot an einem riesigen Gelände mit Verkaufsständen, bei uns nennt man es Wochenmarkt. Auf dem bummeln wir zu den Lebensmitteln, wo ich mich kräftig blamiere. Wie so oft verspekuliere ich mich beim Handeln. Ich versage beim Versuch eine geschälten Kokosnuss zu kaufen, auf die ich Appetit habe. Statt der geforderten zehntausend Kip, biete ich dreitausend. O Gott, das ist verwegen, daher scheitere ich sang und klanglos. Wie man's macht, ist es verkehrt. Als Ersatzbefriedigung für den mir entgangenen Kokosnussgenuss esse ich ein Baguette mit Würstchen und allerlei Gemüse.

Anschließend kehren wir vom Markt zurück ins Hotel und setzen uns an den Computer. Nach einer Weile der Sucherei buchen das Hotel Prince in Hoi An. So, die Unterkunft hätten wir, strahle ich Zuversicht aus. Jetzt fehlt das Weiterkommen nach Hoi An.

An der Rezeption schwatzt uns die Managerin eine Fahrt mit dem Kleinbus auf. Vierundzwanzig Dollar für zwei Personen sei preiswert, behauptet sie, was glaubhaft klingt. Im Preis enthalten wäre der Besuch einer Lagune, eine Exkursion zum Grenzpass zwischen Nord- und Südvietnam hinauf und die Besichtigung des Marmordorfes. Wer kann da schon nein sagen.

Das Abendessen fällt diesmal nicht vietnamesisch aus. Auch ich habe Durchfall. Warum das? Und vor allem wovon? Vom Essen auf dem Markt? War es unsauber und voller Keime?

Um meinen Darm zu beruhigen, esse ich eine Portion Spaghetti Arabiata, obwohl die Schärfe bekanntlich bei Durchfallerkrankungen schadet, dafür schmeckt es passabel. Zu meinen üblichen Herztabletten schlucke ich eine gegen den Durchfall, dann kehren wir gegen zehn Uhr ins Hotel zurück und legen uns Schlafen.

*

Eigentlich geht es uns am 23. Januar nicht gut genug für den Reisetag, und dann auch noch in einem engen Kleinbus. Aber wir wollen weiter und werden von dem herzlichen Hotelpersonal mit viel Brimborium verabschiedet. Diese Freundlichkeit ist ein herausragendes Merkmal an den Vietnamesen

Dann sind wir die Ersten, die der Bus abholt und nach uns die Engländer, die wir am Drachenboot trafen, dann steigt ein französisches Paar hinzu, und letztendlich eine dicke Rumänin, die sich mit ihrer Fleischmasse neben meine Frau quetscht, sodass ihr die Spucke wegbleibt. Ich fühle mich besonders im Bereich der Beine stark eingeengt.

Erste Station ist eine hübsche Lagune, zu der wir ein paar Meter zu Fuß gehen. Das tut meinen abgestorbenen Beinen gut. Außerdem finde ich eine Stelle, an der ich unbemerkt pinkeln kann. Aber die für uns wichtigere Station ist der auf einem Gebirgskamm gelegene ehemalig Grenzübergang zwischen dem Norden und dem Süden Vietnams.

Der war im Vietnamkrieg schwer umkämpft und hatte unendlich viele Menschenleben gefordert. Durch die Opferbereitschaft der Vietkong hatte er eine große Rolle im Befreiungskampf gespielt und zum Sieg der Nordvietnamesen beigetragen.

Wir verweilen eine Weile. Eine große Tafel und ein Mahnmal erinnern an das Sterben für die Wiedervereinigung Vietnams. Schlimm empfinde ich vor allem die uns belagernde Traube an Andenken-Verkäufern. Das sie aufdringlich sind, wäre verharmlosend. Sie stürzen sich auf uns wie eine Horde Hyänen, und das ist ein schlimmes Ärgernis in Vietnam.

Anschließend fahren wir nach Danang. In der wohl modernsten Großstadt Vietnams mit dem Nobelstrand steigen die Franzosen aus und wir haben endlich Platz im Bus. Leider misslingen mir die Fotos der weltberühmten Drachenbrücke. Gut dagegen werden die Bilder im Marmordorf, das wir danach aufsuchen. Wir schießen Fotos von den fünf Marmorbergen, von pompösen Skulpturen und in der riesigen Höhle in einem der Berge. In der verlaufen wir uns ein bisschen, aber wir finden rechtzeitig hinaus. Von der Bergkuppe machen wir Aufnahmen vom Marmordorf mit der Staubglocke, die über dem Dorf hängt.

Weiter geht die Fahrt an den teuersten Ressorts in Vietnams vorbei und entlang des schönsten Strandes der Welt, was die Vietnamesen einfach behaupten. Am Nachmittag setzt uns der Bus an unserem Hotel in Hoi An ab. Das Hotel nennt sich Prince. Es ist unsere neue Bleibe, in der wir einen mehrtägigen Stop beabsichtigen. Der schöne Ort Hoi-An wird uns gefallen. Nach knapp vier Monaten auf Reisen werden Sie fragen: Wann habt Ihr endlich die Schnauze voll?

Wär's so, würde ich es zugeben, aber das Gegenteil trifft zu. Geht es uns gut, das gilt vor allem für meine Frau, dann steigen Tatendrang und Zufriedenheit. Von Durchfallquerelen oder Schnupfen lassen wir uns nicht unterkriegen. Krankheiten dieser Art haben wir einkalkuliert. Unwohlseinsphasen hat man auch zuhause. Wichtig ist, dass mein Herz nicht in Mitleidenschaft gezogen wird, doch bisher erweist es sich als widerstandsfähig. Ihm bekommt die Reise durch fremde Kulturen. Mich überkommt das wundersame Gefühl: Je mehr Selbstvertrauen ich tanke, umso mehr Lebensfreude sauge ich in mich auf. Auf die Untersuchungsergebnisse des Kardiologen nach der Rückkehr bin ich gespannt.

In die Gepflogenheiten des Hotels weiht uns die akkurate Chefin nach der Anmeldung ein. Sie empfiehlt uns den kostenlosen Fahrradverleih ihres Hauses. Aber auch ihren Onkel, denn der besitzt in der Altstadt eine der vielen Schneidereien. In der Schneidermetropole Hoi-An werden auf den Leib geschneiderte Anzüge und Kleider zum Spottpreis feilgeboten. Diese Maßanfertigungen sind der Renner in der Region.

Für mich ist ein geschneiderter Anzug kein Thema. Wohin mit dem Kleidungsstück? Unsere Trollis lassen Einkäufe dieser Art nicht zu, und die ständigen Anproben würden mir das Interesse an Hoi-An vermasseln. Ein möglicher Ausweg wäre, man verschickt den Anzug als Postsendung, was die Pauschalreisetouristen anscheinend in Scharen so machen, aber für mich ist der Postweg keine Alternative.

Hier in Hoi An klettern die Temperaturen ständig in die Höhe. In der Mittagszeit nähern wir uns der fünfundzwanzig bis dreißig Gradmarke. Endlich haben wir geiles Badewetter. Nur am Abend gehört eine Jacke zur Grundausstattung.

Die nehme ich mit, als wir noch am selben Tag die Altstadt besuchen, und die ist ein Kracher. Hoi-An ist mit seiner Atmosphäre ein Werk der Götter. Die tolle Lage am Flussufer ist bezaubernd, dazu die imposanten Brücken und die historische Architektur. Die Menge an vorgelebten Eindrücken berauscht in der Wirkung, denn von den Schattenseiten des 21. Jahrhundert, wie dem Verkehr und der Umweltverschmutzung, bekommt man in Hoi-An so gut wie nichts mit.

Umwerfend ist die Masse an bunten und leuchtenden Lampions in unterschiedlichster Größe, die den Ort in den dunklen Abendstunden in ein Farbenspiel unfassbarer Qualität verwandeln. Das sich im Fluss spiegelnde Farbspektakel raubt uns die Sinne und verdient

höchste Beachtung. Das einzig Störende ist die unüberschaubare Anzahl an Busreisenden aus China, die
sich in ellenlangen Rikschakolonnen durch die Altstadt
karren lassen. Manchmal wird allein das Überwechseln
zur anderen Straßenseite eine Herausforderung. So sehe
ich die Weiterentwicklung Hoi-An's zu einer der spek-
takulärsten Städte in der Touristikbranche als äußerst
problematisch.

Wir haben einen Imbiss zu uns genommen und stundenlang die Stadt abgegrast, so ist es spät geworden, als
wir uns auf den Rückweg machen. Wir kaufen Bier und
Sprite in einem Friseursalon in Hotelnähe, dabei
kritisiert die Friseurfachfrau meine Haarlänge.

Ich wäre ein so schöner Mann, lobt sie mich. Sie
könnte mir einen modernen Kurzhaarschnitt verpassen.
Dabei seufzt sie und blickt mich betörend an.

Und was tue ich? Ich vertröste sie auf ein anderes Mal,
denn für die Haarlänge ist mein Weib zuständig.

Im Hotelzimmer setze ich mich für den Nachtrunk
allein auf den Balkon, wegen der Nebenhöhlenproble-
matik meiner Frau.

Während des Frühstücks lernen wir eine Berlinerin
kennen, die in der Finanzverwaltung des Cornelsen
Verlages arbeitet. Das ist ein Schulbuchverlag, den
meine Frau kennt, da er sie von ihm mit Werbematerial
bombardiert wird.

Die Reise der Frau ähnelt der unserigen, aber anstatt
Bali ist sie die Fidschi Inseln besucht. Sie lässt sich
einen Anzug schneidern, doch bevor sie zur letzten
Anprobe eilt, gibt sie uns den nachdenkenswerten Tipp.

„Besucht Phu Quoc vor der Küste Kambodschas", rät
sie uns euphorisch. „Die Insel ist eins der letzten Para-
diese dieser Welt. Ihr bereut es bestimmt nicht."

Dann geht sie zu den Fahrrädern und rauscht zur Schneiderei davon.

Ich frage meine Frau: „Wie findest du den Vorschlag? Warum nicht Phu Quoc besuchen, wir sind schließlich flexibel? Nach dem intensiven Saigon-Aufenthalt haben wir eine Woche zur freien Verfügung."

Wir vertagen die Entscheidung, so beginnt unser Tag mit der Ausleihe der Räder, mit denen wir zum Beach fahren. Zehn Minuten brauchen wir für die Kurzstrecke. Der Strand ist ruhig und nicht überlaufen, nur das Wasser des südchinesischen Meeres ist kälter als erwartet. Ich halte den dicken Zeh rein und weiß Bescheid.

Brrr, für diese Wassertemperatur bin ich nicht gemacht. Aber der warme Sand ist für das gewünschte Sonnenbad auf den Sarongs und einen Strandmarsch geradezu ideal. Auch zur Bekämpfung der Nebenhöhlenverstopfung meiner Frau ist das Bad in der Sonne gedacht. Nach den kälteren und sonnenärmeren Aufenthalten in Laos und Nordvietnam besteht Sonnenbrandgefahr, also cremen wir uns dick ein.

Genug Sonne getankt, schnappen wir uns die Fahrräder und klappern die Strandabschnitte oberhalb und unterhalb unseres Abschnittes ab. Danach radeln wir durch die Reisfelder und beobachten den Reisanbau, bei dem die massigen Wasserbüffel eingesetzt werden. Anschließend radeln wir in einem großen Bogen um Hoi-An herum. Wir verfahren uns sogar. Aber nach langem hin und her finden wir in die Altstadt und damit auch unser Hotel.

Abgekämpft von der Radtour ruhen wir uns aus, dann gehen wir zu Fuß in die Altstadt. Meine Frau ist mit der Auswahl des Esstempels dran. Bei der Vorauslese hat ein im Lonely Planet angepriesenes Restaurant Pluspunkte bei ihr ergattert. Ich jedoch bin skeptisch und das aus gutem Grund. Zu oft stimmen die Angaben nicht oder sie sind überholt.

Leider ist es auch heute so, denn das Preis-Leistungsverhältnis in der teuren Lokalität stimmt einfach nicht. Als weiteres Ärgernis sitzen zunehmend schnatternde Nullachtfünfzehn Touristen an den Tischen. Ich höre den österreichischen Schmäh heraus. Noch dazu ist mein Gericht, das nach Ginger schmecken soll, sehr blass. Das hat an keiner Gingerpflanze gerochen.

So, es reicht, genug gelästert. Die Gesichtsfärbung meiner Frau lässt Unheil erahnen, denn sie will sich keine Blöße geben und sagt rotzfrech, obwohl ich von ihrem Fisch gekostet hatte: „Mein Fischgericht war total lecker."

„Na ja, bei dem Preis kann man mehr erwarten", erwidere ich, denn ich bin nicht von meiner Meinung abzubringen.

Der Abend ist in Gefahr, doch ich will die Stimmung retten und mache guten Wind: „Vielleicht lag mein Negativeindruck an meinem verwöhnten Gaumen. Eventuell hatte ich die Erwartung an mein Gingergericht zu hoch geschraubt."

Ich bin redegewandt und habe damit den Knatsch verhindert, daher machen wir uns friedfertig auf den Nachhauseweg. Das wir dabei von einem Stromtotalausfall überrascht werden, das ist zu verschmerzen, obwohl wir nicht die Hand vor Augen sehen. Doch jetzt kommt's. Zum ersten Mal auf der Reise, begrüßen wir die Vorteile des Motorradverkehrs, da wir uns an den Scheinwerferkegeln und Rücklichtern der Knattergestelle orientieren können.

Halleluja. Endlich hat die moderne Errungenschaft der Technik auch mal einen positiven Nebeneffekt.

Ähnlich beschaulich und geruhsam vergehen weitere vier Tage in Hoi An. Angelas Durchfall fällt kaum mehr ins Gewicht, und ihre Nebenhöhlen sind weitestgehend frei von Befall. Die täglichen Fahrradtouren durch die Reisterrassen mit einem ausgiebigen Strandaufenthalt und die abendlichen Spaziergänge bescheren uns neuen Elan, weshalb wir wunderschöne und informative Erlebnisstage in Hoi-An verleben.

Beispielweise sehen wir eine Vorführung des Wasserpuppentheaters im Stadion. Dann verpassen wir uns einen Haarschnitt auf dem Balkon, und führen eine intensive Unterhaltung mit zwei jungen Frauen aus Deutschland in der Altstadt. Auch die befinden sich vier Monate auf der Walz.

Zum Versüßen der Abende haben wir eine Flasche Brandy der Marke Napoleon gekauft. Die mixen wir auf dem Balkon mit Cola zu unseren Cuba Libre's.

Zwischendurch habe ich Ansichtskarten geschrieben, und wir haben uns die Zeit und die Muße zum Relaxen genommen. Die kurze Auszeit in Hoi-An hat Platz für Aktivitäten freigesetzt, so fühlen wir uns vor der Abreise so frisch und munter, wie wir uns beim Antritt der Tour in Aachen gefühlt hatten. Und auch weiterhin ist mein Erlebnishunger nicht gestillt.

Am Tag vor der Abreise buchen wir ein Hotelzimmer in Ho Chi Minh Stadt und einen Bungalow auf der Insel Phu Quoc, für den wir leider keine Bestätigung bekommen, aber deswegen machen wir uns keinen Kopf. Immerhin haben wir den Flug nach Saigon und die Hin- und Rückflüge von Saigon zur Insel Phu Quoc, vor der Küste Kambodschas gelegen, in der Tasche. Für den Flugspaß haben wir die unglaubliche Summe von zehn Millionen Dong hingeblättert. Das sind insgesamt vierhundert Euro, nicht mehr und nicht weniger.

Ja, so preiswert reist man heutzutage in den ostasiatischen Ländern und wie gut, dass es in den Hotels Computer mit Internetanschluss gibt.

*

Er ist da, der 28. Januar, der Morgen unseres Abrei-
setages nach Ho Chi Minh Stadt. Meine Frau hat zum
Zweck, die Gewichtsüberschreitung ihres Trollis zu
verhindern, die grüne Jeans, die sie selten anhatte, im
Zimmer zurückgelassen. Und was passiert? Rasant
kommt die Reinemachfrau die Treppe heruntergeeilt
und überreicht ihr das gute Stück.

Ich schmunzele, denn das war anders geplant.

Nach dem landestypischen Verabschieden holt uns ein
Kleinbus zum Flughafen in Danang ab. Dort heißt es
warten, denn der Flug mit einer Maschine der vietnamesischen Fluggesellschaft verspätet sich um eine
halbe Stunde, dann starten wir durch und landen wohlbehalten in Ho Chi Minh Stadt.

Es ist heiß, jedenfalls viele Grade wärmer als in Hoi-
An. Ich trage die kurze Jeans, dazu ein ärmelloses T-
Shirt. Die in Bali geflickte Wandershorts trage ich nur
selten, denn sie zieht den Schmutz an, aber wie aus dem
Ei gepellt sehe ich eh nicht gern aus.

In Saigon kommen wir uns vor wie im Brutofen. Und
erstrecht gar gekocht fühlen wir uns im Taxi bei der
Fahrt durch den überquellenden Schmelztiegel. Das
Verkehrsaufkommen ist der Wahnsinn schlechthin, in
der Mehrzahl sind es die Mopeds, die Mensch und Tier
die Luft zum atmen nehmen und die Umwelt verpesten.

Gegenüber dem Verkehr in Hanoi ist der der Lan-
deshauptstadt mehrere Stufen intensiver. Wir stehen
mehr mit dem Taxi, als wir uns fortbewegen, so voll-
gepfropft sind die Straßen.

Letztendlich halten wir vor einer Seitengasse im
Backpacker-Viertel, zu der das Taxi keine Zufahrt hat.
In der liegt unser Hotel. Der Taxifahrer entlädt die

Trollis aus seinem Kofferraum und wir gehen den Rest der Strecke zu Fuß.

Auf den ersten Blick begeistert uns unsere Absteige nicht sonderlich. Es fehlen Welten zum Ambiente des Hotels in Hoi-An, doch auf den zweiten Blick erweist sich das schmale, hochgeschossene Haus als annehmbar. Hervorragend gar ist seine Lage und der Preis. Schlappe fünfundzwanzig Dollar bezahlen wir für das Zimmer, das sich beim Einzug als grundsolide herausstellt.

Nachdem wir ausgepackt haben, es ist vier Uhr, grasen wir unser Viertel ab. Eine Frau hat ihren Grill direkt im Rinnstein an der Ecke einer Kreuzung aufgebaut. Ein Harikiri-Unterfangen bei dem unübersichtlichen Verkehrsgewimmel. Neben den Mopeds sind die unzählbaren Massagesalons dominant. Ansonsten ist es ein pulsierendes Gewirr aus herumeilenden Menschen, aus den verschiedensten Geschäften, aus kleinen Läden aller Art, und natürlich aus preiswerten Restaurants.

Hier sehen wir auch den Engländer mit seiner Frau durch die Gassen streifen.

Wir essen ein Teilchen und kaufen in einem Supermarkt Zahnpasta ein. Die Suche nach einer Sonnencreme scheitert, denn Sonnenschutz ist in Vietnam unbekannt. Als wir die Jahrmarkthalle am Rande des Viertels besuchen, bricht dort die Aufdringlichkeit alle Rekorde. Es ist so unerträglich, dass wir uns schnell aus dem Staub machen und uns in einen schnuckeligen Park zurückziehen, in dem die Körperertüchtigung groß geschrieben wird.

Staunend beobachten wir organisierte Gymnastikgruppen, die sich mit taktvollen Musikstücken in Form bringen. Disziplin nimmt in Vietnam eine der obersten Stellen der Rangordnung ein. Und brandneu für uns ist das Spiel in Gruppen. Es hat Ähnlichkeit mit dem Fußball, bei dem man mit der Hacke und Vollspann eines dem Federball ähnelndem Gerät, in der Luft halten muss, ohne das es den Boden berührt. Wir staunen über die Künste der jungen Spieler, denn das gelingt ihnen verdammt gut.

Als die Essenszeit herannaht, gehen wir ins Backpacker-Viertel zurück. In dem finden wir ein qualitativ annehmbares Lokal mit einer bemerkenswert billigen Preisstruktur. Danach wechseln wir die Lokalität für den Nachtrunk, dabei handele ich mir Ärger ein, denn ohne Vorwarnung stellt mir die Servierkraft gleich zwei Milkshake mit Vanilleeis vor die Nase.

Tja, es wird sogar haarig, als ich ungläubig nachfrage: „Was soll ich mit zwei Getränken gleichzeitig?"

Die Bedienung hat meine Bestellung falsch interpretiert. Das ist die einfachste Erklärung. Ich korrigiere den Irrtum, indem ich den bösen Blick der Kellnerin ignoriere und nur ein Getränk akzeptiere.

Und auch Angela ist unzufrieden mit der Lokalität, denn ihr Tequila Sunrise ist ein schlechter Witz. Was die Qualität der Cocktails betrifft, da ist Vietnam ein Ent-wicklungsland.

Am nächsten Morgen frühstücken wir im Hotel, da es im Preis enthalten ist, aber auch hier gerät das Bestellen zur Farce. Ich bekomme keine gekochten Frühstückseier, stattdessen Rührei, und Angela, anstatt Rührei, zwei Spiegeleier, immerhin ist der Kaffee hervorragend. Wir tauschen die Eibestellung untereinander aus und können damit leben. So viel zum Englisch in Saigon.

Das Frühstück beendet fühlen wir uns gerüstet für die amerikanischen Gräueltaten im Vietnamkrieg, denn ganz oben auf unserer Besuchsagenda steht der Besuch des abstoßenden Kriegsrestemuseums. Fünfzehntausend

Dong Eintritt, also nicht mal einen Euro, das ist uns der zweifelhafte Anschauungsunterricht wert. Viele Jahre habe ich mich mit dem Vietnamkrieg beschäftigt, da ist eine Aufarbeitung vor Ort eine zwingende Notwendigkeit. Im Angesicht der Vietnamesen bekommen das Kriegsgeschehen und die Rolle der Amerikaner einen realistischen, aber auch faden Beigeschmack.

Die Besichtigung ist ergreifend und ungemein aufwühlend. Man leidet darunter, die Schrecken und Grausamkeiten anhand brutalster Filmdokumente mit den Augen verfolgen zu können. Für sensible Menschen ein grauenhaftes, ja erschütterndes Erlebnis. Nahezu akribisch haben die Macher des Museums die unglaublichen Zerstörungen und Verwüstungen eines bis dahin wunderschönen Landes in Bild und Ton festhalten.

Als geradezu pervers empfinden wir den Einsatz der Chemiewaffe Agent Orange. Das Entlaubungsmittel warfen die Amerikanern großflächig über den Wäldern ab, um freie Sicht für Bombardierungen zu schaffen. Damit zerstörten sie den Waldreichtum und auch die Nutzpflanzen Vietnams.

Billigend in Kauf nahmen die Verbündeten der südvietnamesischen Regierung den Tod und die Missbildungen von zigtausend Vietnamesen, meistens unter der Zivilbevölkerung. Was waren das für erbärmliche Menschen, die dieses Massaker anordnet hatten? Wer bekennt sich schuldig an den Verbrechen wider die Menschlichkeit? Was sich im Vietnamkrieg abspielt hat, das war ein Kriegsverbrechen der übelsten Sorte, ähnlich dem der Deutschen an den Juden im 2. Weltkrieg. Wo bei guten Menschen das Herz wummert, an der Stelle haben böse Menschen eine Handgranate.

Hinterher erklärte sich niemand verantwortlich für den Einsatz der Chemiewaffen, denn bis heute haben sich die Machthaber nie öffentlich zu ihren Kriegsverbrechen bekannt.

Mir ist mulmig und mir brummt der Schädel beim Gedenken an die vielen verkrüppelten Kreaturen, und meine Frau ist bei den Bildern den Tränen nahe. Das fürchterliche Elend begleitet uns über den Ausgang hinaus, durch den wir an allerhand Kriegsgerät vorbei das Museumsgelände verlassen.

Psychisch schwer angeschlagen und um Abstand zu gewinnen, setzen wir uns auf eine Bank in einem Park. Nach einer geraumen Weile geht es uns besser, so gehen wir weiter, und wo landen wir? Vor der Notre Dame. Wo bitte? Vor der Kathedrale Notre-Dame? Sind wir hier im Stadtzentrum von Paris?

Selbstverständlich ist es nur die verkleinerte Nachbildung der in Paris erbauten Kirche, dessen Pforten noch dazu geschlossen sind. Direkt gegenüber liegt ein phantastisches Gebäude. Früher befand sich in dem restaurierten Haus das Telegrafenamt, heute beherbergt jede ehemalige Telefonzelle einen nagelneuen Geldautomaten. Ja, so deutlich wandelt sich die Zeit.

Später kommt uns ein mehrgeschossiges Kaufhaus mit Rolltreppen und allem Pipapo gelegen. In dem muss es Sonnencreme geben. Gibt es hier keine, wo sonst?

Aber denkste. Ich vermelde totale Fehlanzeige. Die Sonnencreme fehlt im Sortiment des Superkaufhauses. Es ist wie verhext. Doch langsam begreife ich, was dahintersteckt. Die Vietnamesen sind keine Sonnenanbeter. Man sieht es daran, dass sie sich ungern ausziehen und größtenteils mit den Klamotten ins Wasser gehen. Sich bloß nicht braun brennen lassen, weiße Haut gilt als chic. Bei den Ostasiaten ist die braune Haut ein Zeichen niedriger Herkunft, also von Armut.

Die dringend benötigte Sonnenmilch ist also nicht zu bekommen, vielleicht klappt es auf der Insel Phu Quoc?

Dort machen internationale Gäste Urlaub und die sind sonnensüchtig. Die Touristikbranche will sicher nicht, dass sich ihre Gäste am Strand die Haut verbrennen und den Vietnamesen die Schuld daran geben..

Und ehe wir uns versehen, stehen wir vor dem vom Architekten Zapata geplanten und zweihundertzweiundsechzig Meter hohen Bitexco Financial Tower. Das Hochhaus mit seiner herausstehenden Plattform beeindruckt mich. Seit der Ankunft in Saigon schleppe ich den Wunsch mit mir herum, zur Plattform des Towers mit dem Fahrstuhl hinaufzufahren,.

Ich frage Angela: „Wollen wir einen Blick auf das komplette Saigon werfen?"

Und die erwidert begeistert: „Okay, ist gebongt, das machen wir. Von der Plattform im neunundvierzigsten Stockwerk können wir die tollsten Fotos vom gesamten Stadtbild schießen."

Gesagt, getan. Aber der Eintritt hat's in sich. Zweihunderttausend Dong bezahlt Angela, ich dagegen nur hundertvierzigtausend. Ich bekomme als Rentner eine ordentliche Ermäßigung. Sozialen Errungenschaften gibt es auch in Vietnam. Trotz allem ist es ein teurer Spaß, denn dreizehn Dollar sind für vietnamesische Verhältnisse eine Menge Geld.

Auf dem Rückweg zum Hotel setzen wir uns in eine Bäckerei. Wir essen ein paar Kuchenteilchen und trinken eine Kanne Kaffee dazu. Mit riesigem Interesse beobachten wir von der Terrasse das Chaos auf der verkehrsreichen Kreuzung. Es ist der phänomenale Wahnsinn, der sich vor unseren Augen abspielt. Wie die Verkehrsteilnehmer den Gegenverkehr kreuzen, ohne den Crash zu verursachen, grenzt an Magie. Von dem Verwirrspiel drehen wir sogar einen Film mit dem Handy. In der Heimat lacht man sich kringelig.

Danach beschließen wir den Busausflug nach Cu Chi, weit außerhalb Saigons. Die Besichtigung ist für den folgenden Tag geplant. Weltweite Berühmtheit erlangte der Ort durch sein unterirdisches Tunnelsystem. Das hatte der Vietkong in akribischer Arbeit zur Befreiung Vietnams angelegt. So glich der Eroberungsfeldzug der Amerikaner in der Umgebung Saigons einem Kampf gegen Windmühlenflügel, wobei der Widerstand des Vietkong die verunsicherten Amerikaner das Fürchten lehrte.

Wir buchen den Halbtagsausflug für den nächsten Nachmittag, dann machen uns frisch und suchen uns ein passables Esslokal. Doch bevor wir das finden, treffen wir zum zigsten Mal auf den Engländer mit seiner Frau, doch das zum allerletzten Mal, denn er erklärt uns, dass sie am kommenden Morgen die Heimreise antreten werden.

Es war ein aufreibender Tag und mir reicht der Rummel für heute, denn ich zolle meinem Alter Tribut. Ich will nur noch eine Kleinigkeit essen und dabei ausspannen, danach wartet das Bett. Aber da alle Lokale proppevoll sind, wird es durch die lange Sucherei ein sehr lebhafter Abend. Als wir uns sicher sind, die geeigneten Plätze gefunden zu haben, ziehen wir wegen der Geruchsbelästigung eines Straßenstandes weiter, da meine Geruchssinne streiken. Der strenge Geruch des getrockneten Tintenfisches verdirbt mir den Appetit. Aber die Vietnamesen lieben diese Snacks. Sie essen sie nebenbei, so wie wir in unseren Breitengraden eine Unmenge an Erdnüssen in uns hineinschaufeln.

Mit viel Geduld finden wir zwei Plätze, leider direkt an der Durchgangsstraße, dafür mit herrlicher Aussicht auf den Trubel, noch dazu ist das Essen klasse. Und weil uns die Lokalität super gut gefällt, nehmen wir dort auch unsere Gutenachtdrinks zu uns.

Früh am Morgen eilen wir zu Fuß zum Präsidentenpalast. In dem wurde das Ende des Vietnamkrieges besiegelt. Unter schwierigen Vorsichtsmaßnahmen wurden die Unterschriften auf Dokumente gesetzt, es wurde also Geschichte geschrieben. Damals gingen die wichtigsten Staatsmänner seiner Zeit in ihm ein und aus. Der damalige Präsident Südvietnams, Diem hieß der Mann, hatte sich in den allerletzten Sekunden mit einem Hubschrauber ausfliegen lassen. Dem Verbrecher wurde nie der Prozess gemacht. Später lebte er in Bosten, wo ihn die Amerikaner bewachten. Die Amerikaner ahnten die Gefahr eines Attentates.

Von der Architektur und der Inneneinrichtung her ist mir der Palast sehr wenig in Erinnerung geblieben. Ich bin durch viele vorherige Paläste übersättigt. Etwas Zeit verbringen wir im Videoraum, der uns eine politische und geschichtliche Aufarbeitung ermöglicht. Natürlich durch die Brille der jetzigen Machthaber.

Daneben interessiert uns vor allem die Kellerküche. Die Präsidentenclique hatte sich, während um sie herum die Menschen wie Fliegen starben, auf deren Kosten ein verschwenderisches Luxusleben gegönnt.

Den Palastbesuch beendet, essen wir zwei Kuchenstücke in unserer Lieblingsbäckerei. Zwei weitere Käseteilchen packen wir ein, denn der Bus nach Cu Chi wartet. Wir sind höllisch gespannt auf das Tunnelsystem, denn nach dem Studium von viel Literatur wissen wir, dass der Vietkong durch diese unterirdischen Gänge den Amerikanern erbitterten Wiederstand leisten konnte und sie in den Wahnsinn trieb. Das Zustandekommen und die Ausarbeitung des ausgetüftelten Tunnelsystems hat mich natürlich neugierig gemacht.

Durch verstopfte Straßen bringt uns der Bus nach Cu Chi vor die Tore Saigons. Unsere Reisegruppe besteht aus fünfunddreißig Personen verschiedenster Nationalität, darunter einige Deutsche. Wir steigen aus und werden einem Führer zugeordnet. Der führt uns durch die Attraktionen, dabei klettern wir in Erdlöcher, wir schauen uns eklige Bodenfallen an, in denen der Gegner aufgespießt wurde, aber auch in unterirdische Räume, die dem Aufbereiten von allerlei Kriegsgerät dienten. Ein von einer Mine zerstörter Panzer steht wie zufällig als Spielzeug herum.

Eine Pause legen wir am Schießstand ein. Für eine Menge Moos darf man auf eine Zielscheibe schießen, wovon ausgerechnet zwei Amerikanerinnen regen Gebrauch machen. Der ohrenbetäubende Donner, hergerührt durch die Schussgeräusche, demonstriert die brutale Grausamkeit des Krieges. Ich wäre als Mitwirkender verrückt geworden.

Der Höhepunkt ist dass Kriechen durch Bereiche der Tunnelanlage, wobei man sich wegen der Enge zwischen einem kurzen oder einem längeren Teilstück entscheidet. Meine Frau und ich wählen die vierzig Meter Strecke, die Hartgesottenen wollen hundert Meter in gebückter Haltung zurücklegen. Und obwohl ich mit einmetersiebzig eher kleingewachsen bin, ist mir nicht wohl in meiner Haut. Werde ich Platzangst bekommen?

Dass durch den Gang kriechen ist anstrengend und die Dunkelheit angsteinflößend. Ich versuche mich zu beeilen und meine Frau macht es mir nach.

Als mich das Tageslicht anstrahlt, bin ich erleichtert. Im Vergleich zu Europäern sind die Vietnamesen von sehr kleiner und zierlicher Gestalt, dadurch waren sie wie gemacht für einen längeren Aufenthalt in einem Tunnelgang unter der Erde.

Fünf Uhr ist der Kraftakt überstanden und der Aktionstag abgeschlossen. Der Busfahrer hält gegen sieben Uhr dreißig im Backpackerviertel, wo wir aussteigen.

Auf den Spuren des Vietnamkrieges gewandelt zu sein, das bereuen wir nicht, schließlich hat er unser politisches Leben seit seiner Entstehung begleitet.

Doch das war's fürs erste von den Plätzen des Krieges. In Kambodscha steht die grausame Epoche mit Pol Pot auf dem Besichtigungsbogen. Zuerst aber ist das Thema Schonung eine gute Idee, ich habe schließlich die fünfzig Jahre deutlich überschritten. Wir essen wie am Vorabend, dazu gehört auch der Gutenachttrunk. Beim Trinken eines Cocktails ergötzen wir uns am vorbeistolzierenden Vielvölkergemisch. Das ist ein abendfüllendes und von uns heißgeliebtes Betätigungsprogramm.

Das Kapitel Horror der Großstadt schließen wir mit den Gedanken an Phu Quoc ab. Wir sehnen uns nach einem ruhigen Inselleben. Vor einem Strandbungalow wollen wir lesen und das Reisetagebuch vervollständigen. Auch gelegentliches sich in der Sonne baden mit Schwimmeinlagen werden wir nicht verachten. Das versprechen wir uns von der bis dato unbekannten Insel vor der Küste Kambodschas im Golf von Thailand. Die Flugtickets für den Hin- und Rückflug haben wir erworben. Höchstens ein Flugzeugabsturz kann unseren Besuch verhindern.

*

Inzwischen ist der 31. Januar angebrochen. Seit unserer Abreise aus Deutschland sind bereits vier Monate vergangen, in denen wir das perfekte Globetrottergespann abgegeben haben, das sich salopp in der Weltgeschichte bewegt. Bereut haben wir keine Sekunde, denn wir sind putzmunter, dazu gerüstet für neue Erfahrungen. In der Stimmung verabschieden wir uns im Hotel vom freundlichen Personal mit einem guten Gefühl und dem Hinweis, dass wir am 5. Februar wieder auf der Matte stehen werden. Gleichzeitig beauftrage ich die Rezeptionsfrau, sie möge für den 7. Februar für uns den Überlandbus nach Phnom Penh buchen.

Wir ernten Zustimmung und haben dann Zeit, uns an den Computer zu setzen, dabei fällt uns auf, dass die Mails, die wir an Heidrun und Harm in Hoi-An abgeschickt hatten, nicht angekommen sind. Das geht aus einer eingegangenen Mail von Heidrun hervor, mit der wir uns in Thailand treffen wollen.

Okay, wenn's so ist, dann ist es eben so. Wir werden unserer Freundin Heidrun von der Insel Phu Quoc einen Sachstandsbericht senden, in dem wir ihr mitteilen, dass sich an unseren Thailandplänen nichts geändert hat, somit ist das beabsichtigte Treffen mit ihr in Khao Lak nicht gefährdet.

Dann sind wir soweit. Wir verschwinden mit dem Taxi zum nationalen Terminal Saigons und fliegen zwei Stunden später mit Vietnam-Airline zur Sonneninsel Phu Quoc, von dessen Flugplatz uns ein Taxifahrer in die vorgebuchte Strandanlage am Long Beach bringt. Es ist heiß in der Mittagszeit, als wir unseren Bungalow in phänomenaler Lage zugewiesen bekommen. Der liegt tatsächlich nur fünfzig Meter vom Strand entfernt.

Das Häuschen besteht aus einem spartanisch eingerichteten Wohnraum und der obligatorischen Nasszelle mit Dusche. Aber der Clou ist die riesige Terrasse zum Meer, die unendlich viel Charme versprüht. Außerdem stehen auf der Terrasse bequeme Sitzmöbel und als Zugabe hat man eine hübsche Hängematte installiert, die grenzenlose Entspannung garantiert. Das hatten wir uns erhofft und ich gerate ins Schwärmen, denn das komplette Ambiente ist ein Gedicht.

Das Erfreuen an der Insel beginnen wir mit einem Gang ins Wasser, denn genau das hatte mir in Saigon gefehlt. Danach leeren wir die Trollis und richten uns häuslich ein.

So, jetzt kann die Inselbesichtigung beginnen. Wir ziehen leichte Klamotten für einen Marsch am Strand entlang an, denn es ist knackig heiß, aber es weht eine angenehme Meeresbrise. Damit wir uns nicht die Haut verbrennen, schmieren wir sie mit Sonnencreme ein. Zum Schutz meines kahlen Hinterkopfes habe ich die Kappe aufgesetzt. Unser Ziel ist die Inselhauptstadt. In der werden wir Sonnenmilch finden, egal welche.

Duong Dong ist gewöhnungsbedürftig wegen des monumentalen Hafengeländes. Es wimmelt von vielen Fischerbooten. Sehr viele für die kleine Insel, doch die braucht man zur Versorgung des Nachtmarktes. In riesigen Aquarien schwimmen Krusten und Schalentiere, die in den Abendstunden an ellenlangen Tischreihen zum Verspeisen angeboten werden. Ich schätze mal, da wird der Bär tanzen.

Aber wer sagt es denn. Es ist wie ein Wunder, denn wir haben die Sonnencreme gefunden. Die Schatzsuche mussten wir lange ausdehnen, denn nach dem gescheiterten Kaufversuch einer Tube mit abgelaufenem Haltbarkeitsdatum, werden wir in einem Ramschladen fündig. In dem strahlt uns eine Creme mit dem Sonnenschutzfaktor fünfzig für zweihundertneunzigtausend Dong an. Es ist ein stolzer Preis, denn es sind satte elf Euro, aber wir haben keine Wahl, denn vor unserem Abmarsch haben wir die Sonnenmilch aus der Heimat entgültig aufgebraucht.

Wir schlagen zu und kaufen die Sonnenschutzmilch, der für Vietnam ausreichen müsste, dann erkundigen wir uns im gleichen Laden nach einem Fahrradverleih, den es gegenüber vom Blue Lagoon Hotel geben soll, wo er sich prompt befindet.

Na ja, die Fahrräder sind zwar keine Schrottteile, aber als gut stufe ich sie nicht ein. Trotzdem bestellen wir zwei der Exemplare für den nächsten und übernächsten Tag.

Okay, der erste Tag war ergiebig. Einem erholsamen Aufenthalt sehe ich wohlwollend entgegen. Wir waten durch das Wasser am Strand heimwärts und sind fünf Uhr zurück am Bungalow, wo wir schwimmen und anschließend faulenzen bis zum herrlichen Untergang der Sonne. Unsere Wegstrecke zum Abendessen beträgt zwanzig Meter, so essen wir im zu unserer Anlage gehörenden Restaurant, direkt vor unserer Terrasse.

Ich esse ein Mie-Nudelgericht, das mich an Bali erinnert. Meine Frau, der es viel besser geht, ist wagemutiger bei der Wahl des Essens. Sie genehmigt sich den Tunfisch vom Grill mit Reis und Tomatensoße. Danach beenden wir den gelungenen Abend auf der Terrasse mit einer großen Flasche Cola und einem Fläschchen Napoleon. Wir mixen das Zeug zu mehreren Gläsern Cuba-Libre, alles wie gehabt. Kann ein Tag harmonischer verlaufen?

Vor dem Schlafengehen denke ich an die Tabletteneinnahme, denn zu oft habe ich sie vergessen. Doch in der Nacht halten uns raschelnde Geräusche im Dachbereich wach. Meine Frau tippt auf Mausbefall, ich auf Eidechsen, obwohl das Rascheln für einen Geko zu laut ist. Leider reagieren wir übertrieben auf nächtliche Geräusche, denn manche Nacht, zuerst im Camper, und später in unzähligen fremden Betten, hat uns hellhörig gemacht. Das Globetrotterleben führt zu Verschleißerscheinungen, ansonsten fühlen wir uns ausgeschlafen und fit.

Bevor die Sonne aufgeht frühstücken wir im Strandrestaurant. Es ist romantisch, wobei das Weißbrot etwas dröge schmeckt, dafür ist der Kaffee genießbar. Den Honig muss ich extra bestellen, was kein Problem darstellt. Anschließend ergibt sich ein Plausch mit den Nachbarinnen.

Zwei junge Frauen aus Chemnitz wohnen im Bungalow nebenan. Die eine ist redselig, die andere zurückhaltend. Immerhin besteht eine entfernte Verbindung zwischen den Frauen und mir, denn ich stamme aus Sachsen Anhalt. Quasi sind wir Landsleute, da ich als Kind aus der Ex-DDR geflüchtet bin. Ich tausche mich mit den Frauen über meine fast in Vergessenheit geratene Heimat aus. Durch die bei Wahlen hervorgetretene rechtsradikale Gesinnung an der Saale bin ich nicht stolz auf meine Herkunft.

Nach dem Gespräch holen meine Frau und ich unsere Sarongs raus. Mit denen legen wir uns in den Sand am Wasser. Der Tag ist ideal zum schwimmen und lesen, was wir ausgiebig in die Tat umsetzen. Da Angela das Faulenzerleben genießt, begebe ich mich allein auf einen Strandspaziergang. Zeit meines Lebens bin ich ein Bewegungsmensch.

Aber was ist das? Ein Monstrum von Frau kommt mir entgegen. Ist das wahr? Ich sehe wohl nicht richtig? Es ist eine Russin mit riesengroßen Brüsten, die sie ohne Bikinioberteil zur Schau trägt. Solch kolossale Möpse hat die Welt noch nicht gesehen und ich fühle mich angeekelt. Sie lässt sie auf ihren Armen ruhen, als wären sie ihre Babys.

O Gott, was macht sie denn? Jetzt läuft sie auch noch hinter mir her. Wie kann ich mich unsichtbar machen? Ich atme erst auf, als sie ins Wasser geht und ihre Mammutbrüste dem Spiel der Wellen preisgibt.

Wieder zurück an unserem Bungalow, geselle ich mich zu den Chemnitzerinnen. Die Redselige berichtet über ihren Aufenthalt im Mekongdelta und gibt sie mir ein Kärtchen mit der Anschrift einer Thailänderin. Bei der könnten wir preiswert übernachten. Die Frau war entgegenkommend, schwärmt die Lebhafte, dazu veranstaltet sie Ganztagestouren mit den Gästen zu den schwimmenden Märkten. Besucht sie unbedingt.

Und auch die Schüchterne taut auf und nennt mir den Grund für das Verlassen ihres Bungalows: „Morgen ziehen wir in ein Nobelhotel um. Den Spaß gönnen wir uns, denn das Hotel hat zum Abschluss der Saison die Preise gesenkt und der Pool dort ist toll."

Zusätzlich drückt sie den Umzugsgrund drastisch aus: „Ich habe Bammel vor den Quallen."

„Okay", antworte ich. „Das ist ein Argument. Ihr ergreift wegen uns nicht die Flucht?"

„Quatsch." Sie lacht herzhaft. „Warum sollten wir? Nettere Nachbarn als euch hatten wir bisher nie auf der Reise."

Ihr Argument mit den netten Nachbarn hat mich überzeugt. Ich könnte mir auch nicht vorstellen, dass ihnen unsere Nasen nicht gepasst haben. Na ja, aber das mit den Quallen ist so eine Sache. Einen echten Umzugsgrund sehe ich in denen nicht, denn wie an der Küste Australiens existiert vor unserem Strandteil ein Schutznetz.

Am Abend gehen die jungen Frauen zum Essen in die Stadt und meine Frau gönnt sich die Seafood-Platte vom Grill im Strandlokal. Ich bleibe beim Reisgericht mit Limonengras und Chili. Das schmeckt hinreißend und hat sich bewährt. Danach machen wir's uns mit einem Glas Alsterwasser auf der Terrasse gemütlich, dabei beobachten wir das Treiben im Lokal. Irgendwie gehören wir schon zur Betreiberfamilie.

Nachts rumort es abermals im Strohdach. Fünf Uhr beginnt das Rascheln für zehn Minuten, danach herrscht Ruhe, trotzdem misslingt mein erneuter Versuch einzuschlafen. Was sind das für Krawallmacher, die meine Nachtruhe stören? Das werde ich viel später durch eine Hütte in einem Nationalpark in Thailand erfahren.

Die Zeiger stehen auf acht Uhr, als wir in der Frühe aufstehen. Es ist die beste Zeit zum Frühstücken im Strandlokals, um den Sonnenaufgang miterleben zu können. Eine Stunde später verabschieden sich die Mädels aus Sachsen mit dem Tipp: „Bestellt euer Frühstück an der Rezeption. Das ist deutlich billiger und wird euch in den Bungalow gebracht."

„Danke, und weiterhin viel Glück", wünschen wir den beiden, die mit riesigen Tourenrucksäcken aufbrechen. Leider kenne ich nicht mal ihre Namen. Ich mache ein Foto von ihnen, denn es hat mich sehr gefreut, die sympathischen Landsleute getroffen zu haben.

Zehn Uhr begeben wir uns zum Fahrradverleiher. Wie erwähnt sind die Räder nicht die Besten, so wird es eine kurze Radtour, die uns hinaus aus der Stadt an einen verdreckten Strand führt. Der bietet keine Ansichtskartenidylle, eher den Blick in den Schlund zur Hölle. Imponierend ist nur die ankernde Fischfangflotte.

Aber schaut man hinter die Kulissen, dann sind die Verhältnisse ärmlich und dreckig. Sie wirkt verwahrlost. Ich sehe einen kleinen Jungen, der seinen Kampfhahn mit einem nassen Tuch aufmotzt. Hahnenkampf hat Tradition.

Ich sehe Kühe, die den Müll und Dreck nach Nahrung durchwühlen, und eine Schneiderei im Freien, die sich mitten auf einer Kreuzung angesiedelt hat. Bei deren Anblick erinnere ich mich an Bali. Die geflickte Hose hält übrigens noch.

Durch wenige Tage haben wir die Lebensgewohnheiten der Inselbevölkerung genug studiert. Deren Leben verläuft hier nicht anders, als auf dem Festland

Vietnams oder wie überall in Asien. Die Menschen sind an bescheidene Verhältnisse gewöhnt. Sie sind arm, aber fleißig. Und selbstverständlich schicken sie die Kinder in die Schule.

Ach ja, Vietnam ist ja ein kommunistischer Staat mit Schulpflicht. Bei mit hinterlassen die Vietnamesen einen ausgeglichenen und strebsamen Eindruck.

Die Fahrradsitze sind schlecht. Wir haben das darauf Sitzen satt, denn uns tut der Hintern weh. Für solch miserable Sitze braucht man eine Elefantenhaut. Und was macht man da?

Wir stellen die Räder ab und machen eine Pause in dem Cafe, das uns beim ersten Stadtbummel aufgefallen war. Ich trinke ein Vanilleeismilchgetränk, meine Frau einen frisch gepressten Orangensaft. Beide Getränke löschen zwar nicht den Durst, aber sie schmecken phantastisch. Danach ziehen wir zweihunderttausend Dong am Geldautomaten, der leider nicht mehr hergibt.

Es sind drei Stunden vergangen, als wir die Räder abgeben, wobei ich auf einen Preisnachlass poche. Doch ich habe mich geirrt, denn der Typ will die Summe für einen ganzen Tag, was ich letztendlich akzeptiere. Im Cafe hatten wir uns Gedanken über die Fortsetzung der Reise gemacht.

Wir haben zu spät erkannt, dass es voreilig war, den Rückflug nach Saigon gebucht zu haben. Man lernt nie aus. Von hier nach Sihanoukville in Kambodscha weiterzureisen, das wäre ideal gewesen. Die Stadt liegt zum Greifen nahe. Leider schlägt der Versuch in einem Reisebüro fehl, den Rückflug revidieren zu lassen. Gebucht ist gebucht, erklärt man uns lapidar.

Ich knurre erbost: „Scheiße", denn viel Aufwand für unser Anliegen hat das Reisbüro nicht betrieben.

Erwähnung verdient, dass es sich bei Phu Quoc um einen Zankapfel zwischen Vietnam und Kambodscha handelt. Wegen der Nähe zu Kambodscha dürfte die Insel nicht zu Vietnam, worauf die Kambodschaner pochen. Nur es nützt nichts. Wie überall auf der Welt zählt die Macht des Stärkeren, und das ist Vietnam.

Irgendwann taucht das Thema in unseren Tagesthemen im Fernsehen auf. Unter der Rubrik: Krieg vor der Küste Kambodschas.

Am nächsten Morgen erinnere ich mich an den Tipp der Chemnitzerinnen und bestelle das Frühstück in der Rezeption, doch der Vorgang ist eine Farce. Erstens dauert die Anlieferung ewig, zweitens ist die Qualität des Frühstücks miserabel. Immerhin funktioniert der Computer in der Rezeption, mit dem wir ein Zimmer in Phnom Penh buchen. Hoffentlich hat die abgesprochene Buchung des Überlandbusses nach Phnom Penh durch unser Hotel in Saigon geklappt? So selbstverständlich finde ich das gar nicht.

Ansonsten erleben wir unliebsame Randerscheinungen, zum Beispiel den ersten Regen in Vietnam. Doch der ist kurz. Unliebsam dagegen ist die neuerliche Durchfallerkrankung meiner Frau. Deren Wirkung ist einengend. Wir können keinen Strandmarsch oder Ausflug unternehmen, stattdessen träumen wir auf der Terrasse in den Tag hinein und bewegen uns nicht vom Bungalow und somit von der Toilette weg. Die Schuldfrage am Durchfall bleibt ungeklärt. Angela geht von verdorbenem Seafood aus, aber das bleibt eine Vermutung. Die wahre Ursache werden wir wohl nie erfahren.

Für die Chemnitzerinnen sind neue Nachbarn eingezogen. Im Bungalow der Mädel wohnt jetzt ein Engländer mit zwei knackigen Thaimäuschen. Neben dem

hat sich ein Paar aus Russland mit Kleinkind einge-
nistet. Mit dem Vielvölkergemisch beweist Phu Quoc
seine Internationalität, was uns gefällt. Am Abend esse
ich Spaghetti Napoli, um meinen Magen zu schonen.
Angela begnügt sich mit einem Süppchen, obwohl der
Grillmeister, er stammt übrigens aus München, für
seine Leckereien wirbt. Ich mache den bayrischen Depp
für den Durchfall meiner Frau verantwortlich.

Als ich am 5. Februar unsere Rechnung bezahle, die
beträgt die astronomische Gesamtsumme von sieben-
millionen Dong, etwa zweihundertachtzig Euro, bekomme ich unsere Pässe zurück. Danach nehmen wir
unser Frühstück wieder im Strandrestaurant zu uns, und
das bei Sonnenaufgang. Der Durchfall bleibt Angelas
hartnäckiger Reisebegleiter, aber unsere Stimmung ist
heiter, was uns den rührenden Abschied erschwert. Es
waren geruhsame und vergnügliche Tage auf der Insel,
die den Entspannungseffekt nicht verfehlt haben. Mit
dieser Einstellung kann ich mir die Empfehlung nicht
verkneifen: Besuchen Sie Phu Quoc. Die Insel ist eine
Perle Ostasiens.

Ausgeruht und voll Tatendrang bestelle ich das Taxi
für halb elf. Und das erscheint pünktlich und bringt uns
umgehend zum Airport. Zehn vor eins hebt die Maschine der Vietnam Airlines von der Startbahn ab und
landet eine Stunde später in Saigon, wo wir nach
einstündiger Taxifahrt unser Hotel erreichen, in dem wir
diesmal ein Zimmer im vierten Stock beziehen.

Der Boy trägt das Gepäck hinauf, denn einen Aufzug
gibt es nicht in dem schmalen Haus. Unsere Trollis
packen wir für die eine Nacht nicht aus. Ich streife mir
ein frisches T-Shirt über, aber was macht man mit den
verbleibenden Stunden in Saigon?

Erst einmal etwas essen. Doch bevor wir in die von
uns hochgeschätzte Bäckerei aufbrechen, bezahlen wir

die Rechnung. In der sind, neben den zweiundzwanzig Dollar für das Zimmer, auch die achtstündige Busfahrt nach Phnom Penh enthalten. Der Bus kostet achtzehn Dollar pro Person. Der Preis ist okay.

Nach dem Besuch der Bäckerei bummeln wir ein letztes Mal durch das uns vertraute Saigon, das wir vom vorherigen Aufenthalt in und auswendig kennen. Und das Essen am Abend ist dem Durchfall geschuldet. Meine Frau begnügt sich abermals mit einem Süppchen und ich esse eine Portion Spaghetti Bolognese, mehr zufällig tun wir das in einem mexikanischen Restaurant mit einer Großbildleinwand.

Und dort die Überraschung. Tja, was erscheint auf der Leinwand? Ein Fußballspiel aus der Bundesliga. Die Schwarzgelben, also der Borussen aus Dortmund, spielen gegen den FC Augsburg. Die Schwarzgelben verlieren das Spiel doch glatt mit 0:1. Das Ergebnis hat meinen Sohn sicher schockiert.

Aber danach wird's andächtig, weil wir uns von Vietnam in dem Park verabschieden, den wir zwischendurch oft zum Verharren genutzt hatten. Wir sprechen über die spannenden vier Wochen, in denen uns das spektakuläre Land ans Herz gewachsen ist, und über die, die unseren Weg gekreuzt hat. Nebenbei bewerte ich die Entwicklung der Touristikbranche. In der Sparte ist Vietnam das vielversprechendste Land Ostasiens.

Strahlend frage ich meine Frau: „Erinnerst du dich an Claudia und Katrin? Und daran, wie wir in der Ha-Long Bucht auf die Freundschaft mit ihnen angestoßen haben?"

Worauf meine Frau prompt antwortet: „Und ob ich mich erinnere. Die waren sehr nett. Aber dir hatte es eins der Mädel aus Chemnitz angetan. In eine warst du total vernarrt."

Und weiter reden wir über die angenehmen Strandtage in Hoi An, über die vielen Museumsbesuche, über das Mausoleum Ho Chi Minhs und über das Tunnelsystem bei Cu Chi.

„Mensch, war das gruselig in den finsteren Gängen", betont meine Frau. „Unsere Freundin Almut wäre aus Platzangst darin eingegangen."

Als wir uns spät zu Bett begeben, haben wir viele Hochs, aber auch Tiefs aufgearbeitet, worunter unsere Reislust nicht leidet. Und wie bei allen bisher bereisten Ländern, stellt sich uns die Frage nach einer Rückkehr ins befriedete Vietnam.

„Was meinst du, meine Liebste?", frage ich meine Frau. „Kehren wir irgendwann nach Vietnam zurück?"

Angela schaut mich lange an, dann antwortet sie: „Ich weiß es nicht. Über Vietnam habe ich mir noch keine abschließende Meinung gebildet. Aber wunderschön war das Land."

Am Abreisetag stehen wir früh auf und frühstücken, dieses Mal klappt es sogar mit den Eiern, dann bringt uns der Hotelboy zum Bus. Der wartet, wegen der schmalen Gasse, unweit des Hotels auf uns. Unterwegs schaue ich wehmütig zurück. „Nur nicht sentimental werden", sage ich zu mir. „Denke an Kambodscha und die Zukunft."

Der Überlandreisebus ist ein deutsches Fabrikat. Man sieht es an den Hinweisschriftzügen überall im Businneren verstreut. Der Bus ist alles in allem in einem ordentlichen Zustand. Er ist nicht neu, aber bequem. Gut ist, dass er nicht ausgebucht ist, so bleibt durch die freien Plätze einiges an Spielraum.

Noch einmal schlängeln wir uns durch den Verkehr, der einem Horrorroman entnommenen sein könnte, dann erreicht er nach anderthalb quälenden Stunden die Grenze zu Kambodscha.

Wir steigen aus und gehen in ein abschreckendes Kontrollgebäude, in dem mutet man uns eine schier unendlich vorkommende Warterei zu. Es dauert lange, bis die Grenzformalitäten erledigt sind, beispielsweise das Abstempeln der Reisepässe.

In der Wartezeit lassen wir die Aufdringlichkeit der Geldwechsler über uns ergehen, die wie eine Heuschreckenschar über uns herfallen. Doch da wir durch viele Grenzübertritte abgebrüht sind, verzichten wir auf zwielichtige Umtauschgeschäfte. Wir glauben den Gerüchten, die sich um die Ehrlichkeit der Geldumtauscher ranken. Jedenfalls vergeht irrsinnig viel Zeit, bis wir kambodschanischen Boden betreten.

Kambodscha

Endlich sind wir in Kambodscha. Wir sind in dem Land, das ich weit oben auf meinem Wunschzettel notiert habe. Es ist eine beeindruckende Nation mit inspirierender, aber auch schockierender Geschichte.

Hervorzuheben ist die Faszination, die von den Tempelanlagen in Ankor ausgeht, von dem Reich der Götter, in dem die Spiritualität, der Symbolismus und die Symmetrie perfekt miteinander harmonieren.

Bedauerlicherweise beheimatet Kambodschas Hauptstadt Phnom Penh auch die menschlichen Abgründe an Grausamkeit, wofür der Name Tuol Sleng steht. Die ehemalige Schule legt Zeugnis ab über die Verbrechen der Roten Khmer und lockt mit seinen Widersprüchen die Besucher aus aller Welt in Scharen an. Noch mehr aber zieht das warme Herz Südostasiens mit seinem gesamten Facettenreichtum auf nur kleiner Fläche in einer beeindruckenden Region in seinen Bann.

Seit wir die Bilder von Ankor in einer Reisezeitschrift bewundert haben, fesselt uns die Kulturgewalt Kambodschas. Diesem Traum an Monumentalbautechnik werden wir für zwei bis drei Wochen nachgehen. Aber erst einmal sitzen wir im Reisebus und bewegen uns auf einer Hauptverbindungsstraße vorwärts, auf der sich eine Baustelle an die andere reiht. Den Begriff Straße hat die absurde Schotterpiste nicht verdient, die in dem Zustand von der Grenze bis nach Phnom Penh führt. Kein Wunder also, dass sich der Pendlerverkehr in Grenzen hält. Wenn überhaupt, dann befinden sich uralte, verrostete und klapperige Lastkraftwagen auf der Rampe, von der sie Unmengen Staub aufwirbeln.

Die Landschaft ist monoton. Von der im Reiseführer vielgepriesenen smaragdgrünen Wildnis sieht man nichts. Die kargen landwirtschaftlich genutzten Flächen, auf denen sich die Erntearbeiter abrackern, bringen nur geringen Ertrag. Sie werfen keine großen Gewinne ab, was die flächendeckende Armut erklärt. Einmal hält der Bus an. Da stehen wir mit dem Bus auf einer Fähre und setzen über zur anderen Seite des Mekong, der immer noch einen niedrigen Wasserstand vorweist. So war es auch bei der zweitägigen Mekongfahrt in Laos. Der Regen fällt hauptsächlich von Juli bis September.

Auf der Fähre bieten kambodschanische Frauen auf tablettähnlichen Holzschalen eigenartige Imbissvariationen an. Bei einer Frau erkenne ich kleine Vögel, die man anscheinend gegrillt hat. Und das, was die anderen Frauen auf dem Kopf tragen, sieht auch nicht sonderlich appetitlich aus. Wir verzichten gern. Außerdem essen wir wenig, um die Bordtoilette nicht benutzen zu müssen, denn der Durchfall hat nicht nur meine Frau im Griff. Für das kleine Geschäft ist eine Zwischenrast in einem Imbisslokal zuständig.

Beeindruckt bin ich von den Menschen Kambodschas. Die hatten unter der Herrschaft der Roten Khmer die Hölle auf Erden erlebt, doch aufgrund ihres nicht zu brechenden Lebensmutes und ihrem ansteckenden Optimismus haben sie sich ihre Herzlichkeit und Wärme bewahrt.

Tja, und eben diese Wärme schlägt uns nach sieben Stunden Busfahrt beim Aussteigen entgegen. Die Hitze kommt uns besonders extrem vor, nach der Kühle im Bus durch die Klimaanlage. Ein Motorradrikschafahrer strahlt uns aus treuen Augen an. Er ist die Herzlichkeit in Person, eine Seele von Mensch. Wir steigen zu ihm in sein klappriges Gefährt und er setzt uns vor dem vereinbarten Hotel ab. Ja, für den nächsten Tag verabreden wir sogar eine Fahrt zum Toul-Sleng Museum. Der Mann tut uns leid, denn das große Geld macht er nicht mehr mit seiner verrosteten Zweiradkarre.

Tja, nun stehen wir vor dem Hotel mit seinem enttäuschenden Innenleben. Das im Reiseführer ausgewiesene zwanzig Quadratmeterzimmer misst nicht mal fünfzehn Quadratmeter. Die Toilette und die Dusche sind vorsintflutlich, außerdem riecht es muffig. Der ansonsten ansehnliche Komplex ist in die Jahre gekommen. Okay, es gibt schlimmeres. Wir haben halt kein Luxushotel gebucht.

Zuerst ruhen wir uns aus, anschließend ziehen wir uns frische Klamotten an, dann beginnt der Gang zu etwas Essbaren. Ein normales kambodschanisches Gericht traue ich mir noch nicht zu. Bei mir bleibt es beim leichtverdaulichen Spaghetti Bolognese, Angela wagt sich an ein Gemüsegericht mit Reis heran, das ihr hoffentlich bekommt. Und es hat ihr gemundet.

Als wir gemütlich auf der Suche nach einer Eisdiele die Straße am Tonle Sap entlang flanieren, nähern wir uns einem Highlight der Reise, denn urplötzlich höre ich meinen Namen aus einem Stimmengewirr heraus.

„Hey, Klaus", ruft eine mir bekannte Stimme.

Wer ist das? Kambodschaner mit dem Namen Klaus wird's kaum geben, vermute ich. Demnach muss die Stimme mich meinen.

„Hey, Klaus", ruft die Stimme abermals.

Ich drehe mich um. Und wer sitzt im Bereich des Eingangs zu einem Restaurant?

Natürlich, es ist Richard, der Exfreund der Schwester meiner Frau aus Berlin. Mindestens zwanzig Jahre haben wir zusammen das Weihnachtsfest im Kreis der Familie meiner Frau in Meppen gefeiert.

„Hey, Richard", jubele ich ebenfalls. „Was machst du denn hier?

„Kommt her. Lasst euch drücken", sagt Richard.

Mein Gott, wie klein die Welt geworden ist. Das Zufallstreffen kommt einer Sensation gleich. Wer rechnet damit, einen Freund ausgerechnet in Phnom Penh wiederzutreffen?

Richard bittet uns an seinen Tisch zu kommen, dabei bezieht er meine Frau mit ein. Er ist unsicher, weil er nicht weiß, wie er sich ihr gegenüber verhalten soll, denn für Angela ist der Grund seine Trennung von der Schwester ungeklärt. Auch wie er mit seiner Tochter Lara umgeht, darüber weiß sie nichts.

Aber das Trennungsgedöns ist Schnee von gestern, denn beim Gesprächsmarathon stellt sich heraus: Der gute Richard ist schwer erkrankt. Am Hals prangt ein dickes Geschwulst, eine Art Beule. Morgen früh fliegt er weiter. Hier in Phnom Penh befindet er sich auf der Durchreise ins Krankenhaus nach Bangkok.

Oh, oh, das Geschwulst sieht nicht gut aus und was er darüber berichtet, das hört sich gefährlich an. Nebenbei beichtet er uns seine Lebensgeschichte. Demnach war der Trennungsgrund eine thailändische Frau, was uns nicht sonderlich überrascht. Doch die neue Frau in seinem Leben und deren Familie hat den Tölpel über den Tisch gezogen, wie man's oftmals über Beziehungen zu Thaifrauen hört. Er hat viel Geld verloren und ist total frustriert. Seit einem Jahr lebt er an Kambodschas Küste.

„Mein Kontakt zu meiner Tochter ist okay", erklärt er uns. „Ich sehe Lara zwei, dreimal im Jahr, aber von den Frauen habe ich die Schnauze voll."

Das ist irgendwie verständlich, oder nicht?

Früher hat er gern einen über den Durst getrunken und wir haben viel zusammen gelacht. Er war ein lebenslustiger, leider auch leichtsinniger Mensch, seine Lebensweise sieht man an seinen ungesunden Gesichtszügen. Die Frage nach der Verantwortung für seinen Körper lächelt er milde weg. So war er immer.

O je, Richard, das nimmt ein bitterböses Ende.

Nachdem wir die Mail-Adressen ausgetauscht haben, verabschieden wir uns mit endlosen Umarmungen, da hat er sieben große Biergläser und drei Schnäpse intus, und den vierten Schnaps bestellt er gerade. Es ist elf Uhr dreißig. Für uns ist es Zeit ins Bett zu gehen.

*

258

Die Nacht war unruhig. Ich verspüre ein Kratzen im Hals. Durch die Klimaanlage im Bus habe ich mir eine Erkältung eingefangen. Und besser geht's mir auch nicht nach dem kargen Frühstück. In Kambodscha ist es weiterhin schwül warm, fast schon brüllend heiß, da die Sonne zuverlässig auf Beton und Asphalt knallt.

Vor dem Hotel wartet das vereinbarte Motorradtaxi auf uns. Der Fahrer ist die treue Seele von Mensch, die uns zum Hotel gebracht hatte. Er fährt uns zum Toul-Sleng Museum.

Im Jahr 1975 hatten die Roten Khmer die einstige Toul-Svay Schule erobert. Und umgehend ließ Pol Pot die Klassenzimmer von seinem grausamen Sicherheitsdienst in Folterkammern umwandeln. Er nannte seine Tötungsanlage Security Prison 21. Zeitweise wurden täglich hundert Menschen umgebracht.

Wie damals die Nazis hielten auch die Roten Khmer ihre Gräueltaten minutiös fest. Jeder Insasse wurde fotografiert. Als Phnom Penh durch die vietnamesische Armee von den Roten Khmer befreit wurde, das war am Anfang des Jahres 1979, da hatte nur eine Hand voll Häftlinge überlebt. Besondere Fähigkeiten wie das Malen oder Fotografieren hatte ihnen den sicheren Tod erspart.

Heute sind auf langen Fluren die bewegenden Fotos der Opfer ausgestellt, deren Gesichter die verheerende Vergangenheit widerspiegeln. Wie war es möglich, dass skrupellose Menschen diese Schweinereien begehen konnten?

Ich beobachte, wie einige aus einer Gruppe Asiaten beim Anblick der Gräuelbilder lachen. Das kann nicht wahr sein. Träume ich etwa? Mein Gott, was sind die abgebrüht.

Zu dem Thema eine Anmerkung: Wir haben auf der Reise alle erdenklichen Schrecken der Kriege in Ost-

asien in uns aufgenommen. Zuerst durch das Folter-
museum der Franzosen in Hanoi, danach im Kriegs-
reste-Museum in Saigon und jetzt durch das Toul-Sleng
Museum in Phnom Penh. Das reicht. Unser Bedarf an
Scheußlichkeiten ist gedeckt. Killing Fields, vierzehn
Kilometer vor den Toren der Hauptstadt, wo der Groß-
teil der Insassen hingerichtet wurde, müssen wir uns
nicht antun. Wir reisen durch Kambodscha, um die
schönen Bauten des Landes in uns aufzunehmen.

Wir schütteln alle Abartigkeiten ab und machen uns zu
Fuß auf den Weg in die Innenstadt, dabei kommen wir
am Unabhängigkeitsdenkmal vorbei. Mit dem Kreis-
verkehr drum herum wirkt das Monument eindrucksvoll, aber auch steril. Zum Thema Unabhängigkeit hätte
ich mir eine wachrüttelndere Ausstrahlung gewünscht.
Danach lassen wir uns in dem Lokal nieder, in dem wir
Richard verabschiedet hatten. Wir sind groggy. Die
Rennerei bei der Hitze ähnelt einem Langstreckenlauf.
Wir gönnen uns ein herzhaftes Stück Kuchen mit Eis,
dazu frischgepresster Orangensaft, das setzt neue Kräfte
frei.

In dem Zusammenhang denke ich andauernd an Richard. Ob er inzwischen in Bangkok angekommen ist?
Wie beeinträchtigt die Beule an seinem Hals sein weiteres Leben? Ist es ein gutartiges oder bösartiges Geschwulst? Behandelt man ihn in Thailand überhaupt?
Wir werden den Kontakt zu ihm pflegen. Die gemeinsamen Weihnachtstage verbinden, ob's der Schwester
meiner Frau gefällt, oder nicht.

Nach Stunden ins Hotel zurückgekehrt, besetzen wir
den Hotelcomputer und buchen ein Zimmer in Siem
Reap, dabei entscheiden wir uns abermals für den Lonely Planet Tipp. Jetzt macht mir eine handfeste Erkältung zu schaffen. Schon in der Nacht ging es mit
Halsschmerzen los, und nun läuft die Nase. Der Ver-

dacht verdichtet sich, dass die Klimaanlage im Reisebus zu kalt eingestellt war. So ist es nicht verwunderlich, dass mir das Abendessen nicht schmeckt und ich noch schlechter schlafe, als in der vorherigen Nacht.

Nach dem Frühstück, über das ich mich abermals ärgere, müssen wir den vor dem Hotel wartenden Motorradrikschafahrer abwimmeln. So leid er uns tut, denn er ist wahnsinnig nett, so überflüssig ist für die kurze Wegstrecke zum Königspalast. Und ob Sie's jetzt glauben oder nicht, der wusste sogar noch den Namen meiner Frau.

Das Besichtigen des Königspalastes mit Umfeld hätte ich mir schenken sollen. Sie ist für mich eine Qual, denn ich gehöre mit den Nachwirkungen der Erkältung ins Bett. Aber ich erfülle das Pflichtprogramm und schleppe mich durch die Ansammlung an Tempelbauten mit all dem Pomp, nebenher schaue ich mir das Modell der Superanlage Angkor Wat mit großem Interesse an.

Beim Palastmuseum streikt meine Wahrnehmung. Ich bin erschöpft. Außerdem ist darin das Fotografieren verboten, was nicht nachvollziehbar ist. Weshalb? Fotos machen nichts kaputt.

Meine Frau geht allein hinein, während ich mich zu einer Trinkpause auf einer Bank niederlasse. Auf dem Nachhauseweg ins Hotel, erzählt sie mir alles wissenswerte über die Museumseinrichtung, doch ich kann ihrem sprudelnden Wortschwall kaum folgen. Mir geht es hundsmiserabel. Im Zimmer lege ich mich sofort aufs Bett und schlafe tatsächlich ein.

Erst am Abend rappele ich mich auf und gehe mit Angela zur Promenade am Tonle Sap. Das mittlere Streckenstück ist der Mittelpunkt des allabendlichen Trubels und Treibens. Hier trifft sich jung und alt, aber auch arm und reich. Eine Bettlerin wäscht gerade ihr

nacktes Kleinkind mit dem Wasser aus einer Plastik-
flasche. Als ich den Waschgang im Bild festhalte, will
ein junger Mann Geld von mir. Ich drücke ihm ein paar
Riel in die Hand, daraufhin zischt er ab.

Mich noch über den Vorfall wundernd, kommen wir
zum Nachtmarkt, auf dem ich ein T-Shirt für mich erhandele. Es ist das geschätzt siebte Erinnerungsstück.
Für meine Frau springt eine Hose für ein paar Dollar
heraus. Mein T-Shirt ist grau und es schmückt ein de-
zentes Elefantenmotiv. Ich werde es in Siem Reap in
ähnlicher Preislage an vielen Verkaufsbuden der
Nachtmärkte wiedersehen.

Etwas wichtiges hätten wir beim Einkaufen fast vergessen, nämlich die Bustickets für die Weiterreise nach
Siem Reap am nächsten Tag zu kaufen. In der Nähe des
Nachtmarktes ist die Haltestelle für Überlandbusse, da
holen wir es schleunigst nach und kaufen an einem
Schalter zwei Tickets, was problemlos klappt. Touri-
stisch ist keine Hochsaison, so hat das Busunternehmen
Kapazitäten frei. So bekommen wir zwei Sitze hinter
dem Fahrer, wo uns die Klimaanlage nicht ins Gesicht
bläst. Auf jeden Fall garantieren die Plätze gute Sicht
auf das Straßengeschehen und die Umgebung. Sechsunddreißig Dollar kosten die Tickets der Buspassage.
Das ist angemessen.

Wundern Sie sich über das Bezahlen in der Dollar-
Währung? Das brauchen Sie nicht, denn der Dollar ist
in Kambodscha ein häufiges und normales Zah-
lungsmittel. Die Riel benutzen wir bei kleineren Ein-
käufen oder für Spenden an Bettler, die sich in großer
Zahl in Phnom Penh niedergelassen haben.

Mir geht es durch den Spaziergang besser. Langsam
kehren meine Lebensgeister zurück. Das es heiß ist und
eine hohe Luftfeuchtigkeit herrscht, stört dabei nicht.

Was spricht dagegen, meinen Wagemut herauszufordern?

Ich beweise Mut und bestelle beim Inder ein sauscharfes Curry-Gericht, diesmal mit rotem Curry. Und das ist richtig, denn es bekommt mir ausgesprochen gut.

*

Der Abreisetag aus Phnom Penh fällt auf den 9. Februar. An dem Tag ärgere ich mich ein letztes Mal über das Frühstück im Hotel, denn eine Frechheit jagt die nächste. Ich will Sie nicht mit Frühstücksquerelen und Unzulänglichkeiten beim Verlassen der Unterkunft langweilen, aber das unmögliche Hotelpersonal verdient eine Erwähnung. Der Kellner ist ein Stinkstiefel, aber das verschmerze ich, doch dass er uns plötzlich das Frühstück verweigert, welches er vorher serviert hatte, nämlich zwei stinknormale Eier, vier Scheiben Toast und dazu Marmelade, das ist eine Zumutung. So stünde es nicht auf der Frühstücksspeisekarte, schnauzt er uns in schlechtem Englisch an, stattdessen bringt er uns nur zwei Scheiben Toast.

So gut, so schlecht. Und auch beim Auschecken mit der Schlüsselabgabe entsteht unnötiger Wirrwarr. Am Anfang bestätigt man uns das Bezahlen der Hotelrechnung mit unserer Kreditkarte, was stimmt, doch dann die Retourkutsche, angeblich haben wir noch nicht bezahlt. „Nein, liebe Leute. So geht's nicht", schimpfe ich in deutsch, was natürlich niemand versteht. Ich will mich nicht beruhigen, denn ich bin höllisch geladen.

Und der Zustand verschlimmert sich, als wir warten müssen, weil man unser Zimmer kontrollieren müsse. Um nicht zu explodieren, lasse ich meine Frau allein an der Rezeption zurück und gehe hinaus zum Motorradtaxi. Ich lade die Koffer ein und setze mich hinein.

Mir den quicklebendigen Aufenthalt in Phnom Penh zu vermiesen, dazu gebe ich dem unfähigen Personal keine Chance, lieber lenke ich meine Gedanken zu unserem Freund Richard. Ob seine Behandlung im Krankenhaus Früchte getragen hat? Wird er kerngesund und kann aus Bangkok an die kambodschanische Küste zurückkehren? Wir schreiben ihm eine Mail in der Hoffnung auf seine Antwort.

Meine Frau kommt kräftig den Kopf schüttelnd aus dem Hotel. Und das Ärgernis letztendlich hinter uns gelassen, sind wir rechtzeitig am Bus, der mit Verspätung abfährt. Und der kommt, wegen des schlechten Zustandes der Straße, nur schleppend voran. Die Verbindung nach Siem Reap besteht aus einer unendlichen Baustelle. Daran sieht man, wie weit Kambodscha hinter dem internationalen Standart hinterherhinkt. Ich stelle Kambodscha auf eine Stufe mit vielen afrikanischen Ländern. Gleichwohl ist die achtstündige Busfahrt interessant und aufschlussreich. Als Beobachter sammeln wir unverfälschte Eindrücke über die landschaftliche Beschaffenheit und die Lebensumstände der Landbevölkerung.

An einer Raststätte bietet man uns das übliche Fastfood Zeug an, keine gegrillten Vögelchen, wie auf der Fähre über den Mekong. Wir ernähren uns von abgepackten Kuchenteilchen, wegen der Durchfallerfahrungen,. Die gehören zur Reiseverpflegung, neben genug Wasser. Der Service an Bord des Busses ist perfekt. So sind wir nicht hungrig, als wir nach acht Stunden in Siem Reap aus dem Bus steigen. Da ist es fünf Uhr nachmittags.

Ohne lange zu überlegen, krallen wir uns einen Motorradtaxifahrer, der uns die Kurzstrecke zum gebuchten Hotel bringt. Wir bezahlen, statt der von ihm geforderten drei Dollar nur zwei, was der Fahrer akzeptiert. Und erneut ein herzliches Willkommen, diesmal in Siem-Reap.

Tja, was schreibt der Reiseführer über die Stadt? Sie hat das wohl furioseste Comeback Ostasiens hingelegt und sich als Epizentrum des modernen Kambodschas neu entdeckt. Mittlerweile gibt es in Siem-Reap erstklassige Bars und Restaurants, sowie mehr Pensionen und Hotels als Tempel, anderseits bleibt der Ort tief in seinem Herzen eine charmante Stadt mit ländlichem Flair. Urwüchsige französische Geschäftshäuser an von Bäumen gesäumten Alleen dominieren das Stadtbild, und ein sanft geschwungener Fluss schlängelt sich durch die Bebauung. An den typischen Merkmalen sieht man die attraktiven Überbleibsel der Vergangenheit, während internationale Hotels die glamouröse Zukunft repräsentieren.

Nun gut, ob das im Reiseführer angepriesene stimmt, werden wir erkunden. Warten wir's ab. Auf den ersten Blick ist unser Hotel, wie oft im Lonely-Planet-Reiseführer, wenig glamourös. Die Einrichtung wirkt ungemütlich, dazu improvisiert. Auch das Zimmer weist Schwächen und Mängel auf.

Um die zu korrigieren verschieben wir den Schrank und ich beseitige das Quietschen der Tür zum Bad, indem ich die Scharniere mit der Handcreme meiner Frau schmiere. Merken Sie sich den Trick und beherzigen sie ihn. Danach besichtigen wir den ordentlich großen Pool und checken den Fahrradverleih. Die Liegen sind okay, dagegen ist die Wahl der Räder reine Glückssache, doch da wir keine e-bikes erwartet haben, stellt uns das Angebot zufrieden.

Attraktiv ist der von schattenspendenden Palmen und anderen Gewächsen eingerahmte Frühstücksbereich. Den hat man geschmackvoll hergerichtet und somit ist er einmalig in Kambodscha, schließlich sind wir nicht auf einer Ferieninsel wie Ibiza oder Mallorca.

Doch der Name des Hotels ist schöngefärbt. „MY HOME TROPICAL GARDEN VILLA", nennt sich die Wohnoase.

Im Reiseführer steht folgendes: Die empfehlenswerte Bleibe bietet Hotelstandart zu Pensionspreisen. Zur Ausstattung gehören Seidenstoffe, geschmackvolle Möbel und ein Pool. Nun ja, mit leichten Abstrichen kann ich das unterschreiben. Wir buchen das Zimmer für fünf Nächte. Eine eventuelle Verlängerung schließen wir nicht aus.

Schnell haben wir unsere Koffer entleert und uns eingerichtet, danach wandern wir zum Abendessen ins Zentrum. Das ist zu Fuß sieben Minuten entfernt. Wir setzen uns in einer Pizzeria an einen Tisch.

„Little Italy", heißt das Lokal. Das gibt es übrigens auch in Aachen. Für mich bestelle ich das magenfreundliche Spaghetti-Bolognese Gericht, und für meine Frau eine Pizza Diavolo. Beides schmeckt tatsächlich wie beim Italiener. Danach bummeln wir durch das Vergnügungsviertel und spenden einige tausend Riel an eine seltsam anmutende Musikgruppe. Einigen fehlen die Arme, anderen die Beine, trotz allem erstaunt uns, wie sie kambodschanische Weisen mit sehr großer Musikalität feilbieten. Die Landminen-Geschädigten berühren unser Herz.

Die Musik im Ohr suchen wir Ansichtskarten, die wir nicht finden. Okay, das Schreiben hat Zeit. Außerdem haben wir für den Anreisetag eine Menge gesehen und erlebt, mehr schafft man nicht in wenigen Stunden, so gönnen wir uns vor einem pulsierenden Lokal unser Gutenachtgetränk. Ich bestelle eine Flasche Bier und eine Dose Sprite. Meine Frau lässt sich einen Cocktail servieren, das war's dann für den Tag.

Vor dem Schlafengehen gratulieren wir der Freundin meines Sohnes telefonisch zum Geburtstag, den sie in unserer Wohnung feiert. Zurück kommt eine Whatsapp mit dem Photo von der Feier. Und was stellen wir fest? Unsere Wohnung ist toll. Wir haben unser Reich lange nicht gesehen, deshalb bewundern wir sein Ambiente, als handele es sich um ein Werbeprospekt.

Zudem sind wir erleichtert, weil die Kinder nicht die Sau rausgelassen haben. Glücklicherweise sieht unsere Räumlichkeit nur unwesentlich verwüstet aus.

So, jetzt ist wirklich Schluss. Wir haben eine beschwerliche Anfahrt und das erste Beschnuppern der Stadt in den Knochen, was Aufregung pur war, und uns hundemüde gemacht hat. Wie die Steine eines Tempels, so leblos fallen wir ins Bett.

Die Nacht war okay, trotz des Kikerikis der Hähne und dem Hundegebell. Nicht so berauschend finden wir das Frühstück. Es ist ähnlich spartanisch wie das in Phnom Phen und hinterlässt ein Loch im Bauch.

Beunruhigend ist die Nachricht meines Sohnes, dass unsere Heizung tropft. Wir geben das sofort an die über uns wohnende Freundin mit dem Auftrag weiter, dem Heizungsmonteur Bescheid zu geben, damit er den Schaden behebt. Hinterher gehen wir von der zufriedenstellenden Beseitigung des Fehlers aus.

Und abermals geht es mir durch die Busfahrt schlecht. Zum Unbehagen hat sich der Husten gesellt, was bei den Hitzegraden ungewöhnlich erscheint. Doch die Reiseapotheke zu beanspruchen kommt nicht in Frage. Nicht bei einer Lappalie. Zur Schonung legen wir uns in die Sonne auf die Liegen am Pool. Wir lesen, zwischendurch schwimme ich ein paar Runden.

Dann ist es der Hunger, der uns in die Stadt treibt. Wir finden und kaufen in einem Supermarkt diverse Kuchenstücke. Die sind zwar ungesund, aber krank fühle ich mich eh und sie sättigen. Wir essen das Süßzeug auf einer mit bequemen Bänken ausgestatteten Brücke über den Fluss, da es dort schattig ist, denn momentan ist es ekelhaft heiß. Danach besuchen wir einen der Märkte. Auf dem ersteigere ich für meine Liebste eine North-Face-Umhängetasche. Ich handele nach dem Prinzip, zahle nur die Hälfte von dem, was die Händler verlangen. Im Endeffekt kommt ein Preis von fünf Dollar heraus.

Für das Abendessen ist es zu früh. Wir gehen ins Hotelzimmer und legen uns aufs Ohr. Als ich wieder aufstehe und mich im Spiegel betrachte, finde ich, das mir die gebräunte Gesichtsfarbe gut steht. Den Infarkt sieht man mir nicht an. Das bestätigt mir auch meine Frau, die mich lobt: „Für einen Siebzigjährigen siehst du wie das blühende Leben aus."

Wir gehen spät ins Zentrum, daher ist es normal, dass die Plätze beim Italiener besetzt sind. Uns bleibt nichts anderes übrig, als eine Runde durch die Party Meile zu drehen. Für die Khmer Küche bin ich nicht bereit, obwohl die Essensangebote gut aussehen, so landen wir abermals beim Italiener, bei dem jetzt ein Tisch frei geworden ist.

Dieses Mal esse ich eine Pizza Salami, Angela Penne in Tomatensoße. Hinterher finden wir auch einen Laden mit Ansichtskarten. Ich schlage zu, nebenbei kaufe ich mir ein frisches Schreibheft. In dem will ich meine Eintragungen ins Reisetagebuch fortsetzen.

Zum Schreiben der Karten setzen wir uns in die Partyzone. Von dort zieht Angela los, um Briefmarken zu besorgen. Während ihrer Abwesenheit unterhalte ich mich mit einem in den USA lebenden Deutschen über dies und das. Erquickliches kommt dabei nicht raus.

Als meine Frau wieder zurück ist und sich neben mich setzt, trinken wir unsere allzeit beliebten Gläser Alsterwasser, danach gehen wir heim, wo ich vor dem Zubettgehen die Karten schreibe und meine Tagebucheintragungen vervollständige.

Der 11. Februar ist der erste große Ankor Besichtigungstag. Vor dem Hotel warten mehre Motorradtaxis. Wir schnappen uns einen sympathischen Fahrer und eröffnen den Angriff auf Angkor Wat.

Es geht mir deutlich besser, obwohl das Kleinkind der französischen Nachbarn in der Nacht fürchterliche Randale gemacht hat. Ich kann mich nicht daran erinnern, wie ich eingeschlafen bin und ob ich durchgeschlafen habe, aber in meinem Alter und seit ich nicht mehr arbeite, komme ich mit wenig Schlaf aus.

Mit dem Fahrer des Motorradtaxis vereinbaren wir fünfzehn Dollar für den Tagesausflug. Dass der einen kompletten Tag für fünfzehn Dollar zur Verfügung steht, solch ein Luxus ist nur in Kambodscha möglich. Er hält an einer Zahlstelle, an der wir den Angkor-Pass für insgesamt vierzig Dollar erwerben. Damit haben wir drei weitere Tage freien Eintritt zu allen Sehenswürdigkeiten auf dem weiträumigen Angkor Gelände. Und wo führt uns der Motorradkutscher zuerst hin?

Natürlich zum Touristenanziehungspunkt Nummer Eins, der Tempelanlage Angkor Wat. Auch aus der Ferne laufen mir ehrfürchtige Schauer über den Rücken beim Anblick auf das Monument. Man nennt es auch Gänsehaut-Feeling, was mich bei der phantastischen Architektur des Bauwerks übermannt.

Während sich der Fahrer zurückzieht und unter schattenspendenden Bäumen auf uns wartet, gehen wir über ein kunstvoll gestaltetes Brückenbauwerk auf das Tempelgelände. Die Brücke führt über einen einhundertneunzig Meter breiten Wassergraben, den die Khmer-Herrscher zum Schutz des Tempels gegen Angreifer bauen ließen, dann erst stehen wir mit vielen anderen Touristen vor dem berauschenden Monument. Wir bewundern das unter großen Mühen aus dem Boden gestampfte Prachtbauwerk mit den drei herausragenden Türmen und den in den Stein gemeißelten Reliefs. Den Begriff achtes Weltwunder hat sich der Paradetempel redlich verdient.

Ich zitiere den Reiseführer: Die Tempel von Angkor sind die ultimative Verbindung aus kreativem Ergeiz und spiritueller Hingabe, und für die Khmer eine Quelle der Inspiration, bzw. des tiefen Stolzes. Kein Besucher entgeht der außergewöhnlichen Schönheit und Ehrfurcht einflößender Pracht. Der Anblick von Angkor Wat ist nur mit so erlesenen Stätten wie Macchu Picchu oder Petra vergleichbar. Angkor Wat gehört zu den weltweit eindrucksvollsten Stätten des Altertums.

Und genauso ist es. Wir sind hingerissen von der gewaltigen Baukunst und der schönen Bilderkette, die als perfekte Bildhauerarbeiten aus den Flächen rund um das Tempelgebäude herausgemeißelt wurden. Die unbeschreiblichen Wandbilder spiegeln das Drama um die wilde Geschichte Angkor Wats in all seiner Schönheit wider. Meine Frau verliebt sich unsterblich in die feingliedrige und kunstvolle Handwerksarbeit einer bewegenden und lebendig wirkenden Vergangenheit.

Auf eigenen Wunsch lassen wir uns vor dem Eingangsportal von einem Touristen mit unserem Handy knipsen. Die Stange für ein Selfie besitzen nur die zahlreich vertretenen Chinesen. Die ist der Renner. Aber auch wir halten die Palette an Einzigartigkeit der Baukunst mit der Digitalkamera im Bild fest. Wir durchstreifen die dunklen Gänge und schauen in jede Nische, dabei bleiben wir unermüdlich. Jede abgelegene

Ecke des Tempels bietet unbeschreibliches an erlesenen Kostbarkeiten.

Danach stärken wir uns mit einer Kokosnuss, die außerhalb des Tempels angeboten wird.

Als wir zum wartenden Motorradtaxifahrer zurückgekehrt sind, fährt er uns in die gegen den Verfall ankämpfende Festung Angkor Thom. Aus der ragt der hypnotische Haupttempel Bayon heraus. Dem legendären König Jayavarman dem VII ist es mit der Tempelanlage gelungen, sein zugleich kreatives Genie, aber auch sein aufgeblasenes Ego in den Mittelpunkt zu rücken, denn die vierundfünfzig Türme schmücken zweihundertsechszehn kalt lächelnde Gesichter, die erstaunliche, aber gewollte Ähnlichkeit mit dem Erbauer aufweisen. Aus allen Blickwinkeln schaut das Konterfei des Herrschers auf den Betrachter herab. Die vielen Gesichter strahlen Macht und Kontrolle aus, gepaart mit einer gewissen Menschlichkeit.

Diese Mischung aus Mensch und Macht war nötig, um über das riesige Reich zu herrschen. Sie manifestierte, dass sich die verschieden gearteten und weit über das Land verstreuten Untertanen dem Willen des edelmütigen Monarchen beugten. An der eintausendzweihundert Meter langen und pompösen Prachtstraße zum Bayon stehen die unterschiedlichsten Figuren aus dem Alltag im Kambodscha des 12. Jahrhunderts. Das bombastische Szenario unterstreicht die Wirkung der abertausend außergewöhnlichen Flachreliefs, die an Ausstrahlung denen Angkor Wats in nichts nachstehen.

Herz, was willst du mehr.

Mit dem Besuch des Tempelangebotes erleben wir einen weiteren Höhepunkt der Reise. Die phänomenale Größe und die imponierende Gestaltung der Tempelkomplexe hat uns verhext. Stundenlang treiben wir uns in den Oasen der Glücksseeligkeit herum. Uns inspiriert der Zauber, der die Altertümer umgibt. Im allgemeinen bin ich kein großer Tempelfreak, aber hier in Angkor vollzieht sich in mir ein Umdenken. Ich bin geradezu vernarrt in jedes kleine, vielleicht sogar unbedeutende Tor, das uns zu einer der unzähligen Attraktionen führt.

Diese Ergriffenheit spürt unser Fahrer, als wir an seinem fahrbaren Untersatz eintreffen. Der lächelt uns wohlwollend an, dann fährt er mit uns zu einem Getränkestand, an dem wir unseren Durst löschen. Danach bringt er uns, obwohl die Sonne vom Himmel brennt und das Leben in Kambodscha beherrscht, zur Terrasse der Elefanten.

Dort zieht er sich abermals zurück und wir spazieren über eine riesige Bühne, die einer Terrasse ähnelt. Die wird gesäumt von in Stein gemeißelte, strammstehende Elefanten. Diese Anlage entfaltete seine Pracht bei öffentlichen Zeremonien. Sie bildete das Fundament für die prächtige Audienzhalle des Königs. Steht man auf der Terrasse, dann kann man sich in den Pomp und in die Verschwendungssucht des Khmer-Reiches auf seinem Höhepunkt hineinversetzen.

Mit einer mächtigen Infanterie und Kavallerie, sowie den Königen der Tiere, den majestätischen Elefanten, beherrschte der König seine ihm treu ergebenen Untertanen nach Belieben. Bei farbenprächtigen Umzügen vor einer jubelnden Menschenmasse marschierten die stolzen Elefanten in der vordersten Linie über den zentralen Platz.

Irgendwann leide ich an einem Hitzschlag. Ich werde müde vor Erschöpfung und schwitze nicht mal mehr, denn die aufopferungsvolle Besichtigungsorgie hat die letzten Tropfen Schweiß aus mir herausgepresst. Glücklicherweise eilt uns der Fahrer entgegen und bringt uns mit einem Zwischenstop an einem Supermarkt in unser

Hotel zurück. Wir bezahlen die vereinbarten fünfzehn Dollar und legen noch einen Dollar als Belobigung drauf, womit er zufrieden ist, und wir natürlich auch. Und geradezu euphorisiert bin ich, als ich nach einem Kuchenteilchen und einer Cola ins kalte Nass des Pools springe. Es war ein Ausflug der Superlative, den man nie vergisst.

Da uns der Aufenthalt in Siem Reap und in Angkor sehr gut gefällt, verlängere ich die Zimmerbelegung an der Rezeption des Hotels um weitere acht Tage.

Als wir auf dem Weg in die Stadt an einem Reisebüro vorbeikommen, buchen wir die Flüge über Bangkok nach Phuket, denn Kao Lak in Thailand ist das nächste erklärte Reiseziel. Doch beim Preis für die Flüge zieht es mir die Latschen aus. Die sind richtig teuer. Ich löhne fünfhundertdreißig Dollar per Visa-Karte für uns zwei und das ist wahrlich kein Pappenstil.

Die Flugstrecke Siem-Reap nach Bangkok ist die meistbenutzte Touristenroute. Es ist unvermeidbar, dass unser Reisebudget drastisch schrumpft. Ein Klacks dagegen sind die vierzehn Dollar für die Portionen Lasagne inklusive Getränke beim Italiener. Auch die Gutenachtgetränke, bestehend aus den Gläsern Alsterwasser, die wir uns im Pub-Street-Bereich gönnen, sind papperlapapp, denn sie kosten nicht die Welt.

Am darauffolgenden Morgen versuchen wir am Hotelcomputer eine Bleibe in Khao Lak zu finden. Das ist gar nicht so einfach. Ein Häuschen im Green-Beach Ressort, in dem unsere Freundin Heidrun mit ihrem Begleiter absteigt, ist nicht zu bekommen. Die Anlage ist ausgebucht. Weiter anzufragen wäre aussichtslos, steht in der Homepage. Unsere Alternative, das Banana-Ressort, bietet eine schlechte Lage, dafür ist es preiswert.

Nun gut, darin ist das letzte Wort noch nicht gesprochen. Unser Flug nach Thailand ist Zukunftsmusik. Ich schreibe ein paar Ansichtskarten, dann schnappen wir uns Fahrräder und fahren nach Angkor.

An Angkor Wat vorbei führt uns eine gut asphaltierte Straße nach Sra Srang, zum königlichen Badesee. Majestätisch und einladend liegt das überdimensionierte Planschbecken des Herrschers vor uns, der Inbegriff eines Swimmingpools, wahrscheinlich dem ersten auf dem asiatischen Kontinent. Welche Mühen waren wohl erforderlich, um dieses Becken auszuheben und mit der ausreichenden Menge Wasser zu füllen?

Mir als ehemaligen Ingenieur macht es mit solcherlei Gedankenspielen viel Spaß, ziellos mit den sich leicht fahrenden Rädern durch das tolle Areal zu düsen. Auf dem kommt man aus dem Staunen gar nicht heraus. Gut ist dabei auch, dass wir nicht an ein Motorradtaxi gebunden sind, und gesund ist das Radfahren allemal. Während einer Kokosnussrast bekommen wir Kontakt zu bettelnden, aber unaufdringlichen Kindern, mit denen wir unsere mitgeführten Waffeln teilen.

Angetan bin ich von einem netten, ursprünglichen Mädel, das ich knipse. In ihren Augen entdecke ich das unverdorbene und wahrhaftige Kambodscha. Auch die Kühe, die im Müll herumwühlen, halte ich im Bild fest. Sie bilden einen natürlichen Kontrast zu den phänomenalen Sehenswürdigkeiten.

Wir fahren weiter nach Preah Khan. Die gewaltigen Korridore zu den Tempeln, den Göttern Buddha, Brahma, Shiva und Vishnu geweiht, erinnern an einen endlosen Spiegelpalast. Doch danach naht der Höhepunkt unseres heutigen Ausflugs, denn wir erreichen Ta Prohm. Der Spitznamen Tomb Raider Tempel aus Indiana Jones, passt hervorragend zu dieser Tempelanlage.

Überall wuchert die Natur, bestehend aus uralten Bäumen mit ihrem Wurzelwerk, über die bröckeligen und dem Verfall preisgegeben Tempelmauern. Viele der Steinmonumente und ehemalige Wachtürme sind von körperdicken Baumwurzeln umklammert. Mehrere Szenen aus dem Film Tomb Raider, in dem Angelina Jolie die Rolle der Lara Croft hervorragend gespielt hat, wurden rund um den Tempel aufgenommen. Ich habe den Film nicht gesehen, weil ich auf derartige Filme nicht sonderlich stehe, doch jetzt bereue ich es, denn die Tempelaufnahmen sind sicher grandios.

Nun bin ich anwesend, so fotografiere ich mich dumm und dämlich. Tausende Details, eins imposanter als das andere, verleiten zu einem langen Verweilen. Aber mit und mit wird es spät, daher ist unsere Zeit um. Bei Einbruch der Dunkelheit wollen wir zurück in Siem Reap sein. Wir nehmen uns vor, die Anlagen Ta Prohm und die Tempel von Angkor Thom ein zweites Mal auf- zusuchen, zu gut haben uns die Schatzkiste Kam- bodschas gefallen. Wir werden uns niemals satt sehen an den gigantischen Stätten der größten religiösen Bau- werke der Welt. Und dafür nehmen wir uns Zeit, denn wenn ich eins gelernt habe auf der Reise, dann ist es sich Zeit nehmen und sich abhetzen vermeiden.

Fünfzehn Kilometer beträgt der Heimweg, und auf dem kommen wir am Postgebäude vorbei, wo ich die Karten aus Kambodscha in den Briefkasten werfe. Später versenden wir tolle Ausflugsbilder per Whatsapp an meine Kinder und an Freunde. Alle sollen sie an unserer Freude am Angkor-Gelände teilhaben.

Das Abendessen wird zünftig, denn wir speisen in dem vom Lonely Planet Reiseführer empfohlenen Khmer- Restaurant im Zentrum. Dessen Küche ist hervorragend, wie uns zwei Backpacker bestätigen, die uns an ihren Tisch lotsen. Und diese Entscheidung ist gut. Mein Ge-

richt mit Ingwer kostet zum Beispiel zwei Dollar fünf-
undsiebzig, worüber ich nicht die Nase rümpfe, sondern
mich für unsere Reisekasse freue.

Mit dem Besuch einer Folklore-Tanzvorführung, bei
der meiner Frau die glanzvollen und farbenfrohen Kos-
tüme imponieren, schließen wir den Abend ab. Dazu
gehören zwei genussvoll getrunkene Cocktails. Es ist
mittlerweile elf Uhr. Die Rockkneipe heben wir uns für
den nächsten Abend auf.

Ein fauler Tag hilft, die Gedanken zu ordnen und wie-
tere Abläufe zu sortieren. Am Hotelcomputer buchen
wir für Khao Lak in Thailand den gut zum Strand gelegenen Bungalow in einem ansprechenden Ressort. Per
Mail teilen wir unserer Freundin Heidrun dass Cousin
Ressort als Adresse und Treffpunkt mit, damit ist für
das Wiedersehen alles geregelt. Dem Banana Ressort
er-teilen wir eine Absage. Es liegt zu weit weg vom
Strandleben.

An dem wie gesagt faulen Tag wird der Pool unser Ta-
gesdomizil. Auf einer bequemen Liege lese ich in dem
Buch, das meine Frau unter den abgelegten Büchern
aufgestöbert hatte. Es handelt von der Weltreise einer
Familie mit zwei Kindern aus Leverkusen mit einer für
uns interessanten Route. Die führt sie über Indien, Thailand, Laos, Kambodscha, Australien, Neuseeland, die
Fidschi Inseln, Los Angeles, Panama und Florida. Von
dort fliegen sie zurück nach Düsseldorf. Ein langes Jahr
dauert deren Reise und die Erlebnisse fesseln mich, außerdem ist die Story hervorragend geschrieben. Sie liest
sich vorzüglich.

Eingeleitet vom Hungergefühl ist der Abend nahe,
weswegen wir uns essensfein machen. In meinem Fall
ziehe ich ein sauberes T-Shirts an, dann die Jeans mit
kurzen Beinen und meine australischen Lederlatschen.

In Ostasien, so auch in Kambodscha, ist man in der legeren Zusammenstellung zweckorientiert angezogen. Mehr braucht man nicht. Nur waschen sollte man die Sachen ab und an, denn sie sind schnell verschwitzt.

Zuerst bummeln wir über den Nachtmarkt auf der Suche nach einer Recyclingtasche, die das Kampfgewicht eines Trollis bei dem anstehenden Inlandflug unter fünfzehn Kilo drückt, mehr dürfen unsere Rollkoffer nicht wiegen. Wir werden diverse Klamotten aus den Koffern in diese Tasche stopfen und die als Handgepäck mit in den Flieger nehmen, dann ist das Problem gelöst. Der Zweck heiligt die Mittel. Aber wir können uns nicht zum Kauf einer bestimmten Tasche durchringen, denn die Auswahl mit Kambodschamotiven ist groß.

Macht ja nichts, nehme ich es gelassen, wir schlagen eben ein anderes Mal zu. Warum auch immer, bin ich an diesem Abend nicht zum Handeln aufgelegt. Mir tun die Leute leid, denen ich mit der Schacherei den bescheidenen Gewinn vermassele. Stattdessen sind wir zufriedene Kunden im Khmer-Restaurant. Die Gerichte ähneln denen der Thaiküche und die hat sich ja bekanntlich in Europa einen Namen gemacht.

Unseren abendlichen Menschenbeobachtungsposten beziehen wir vor einem Lokal in der Pab-Street. Wir trinken Alsterwasser und versuchen eine interessante Situation zu beurteilen.

Der Trick eines minderjährigen Mädchens mit einem Baby ist uralt. Das stürzt sich mitleidheischend in der Hoffnung auf ein Touristenpaar, eine für kambodschanische Verhältnisse horrende Summe abzustauben.

Jedenfalls drückt das Mädel der Frau ihr Baby in die Arme und redet händeringend auf sie ein. Und es funktioniert, denn die Touristin ist hin und hergerissen. Sie will das Baby gar nicht mehr hergeben, so vernarrt ist sie in das Würmchen.

Alles weitere bleibt uns verborgen. Was hat die Mutter des Babys mit der Touristin vereinbart? Geht es um eine Patenschaft? Jedenfalls sind sehr viele Dollar im Spiel, denn es wechseln einige Scheine den Besitzer.

Eine viertel Stunde später steht die Mutter mit dem Baby erneut zum schnorren bereit. Und wieder stürzt sie sich auf ein Touristenpaar und das gleiche Spiel beginnt von neuem.

Wie erwähnt ist Kambodscha ein bitterarmes Land. Es kommt nur ganz, ganz langsam auf die Beine. Darüber kann die Tempelpracht nicht hinwegtäuschen. Es soll Familien geben, die verkaufen ihr Kind, weil es für den Mindestlebensunterhalt für das Kind nicht reicht. Wie grausam das ist, das brauche ich nicht hervorzuheben. Dazu passt die Darbietung mit dem Baby und sie geht uns nahe, weshalb wir nachdenklich unser Hotel aufsuchen. Vor dem Schlafengehen organisieren wir frische Handtücher, da der Service etwas schlampig ist, danach verleben wir eine traumreiche Nacht.

Richtig gut geschlafen haben wir, als wir uns am 14. Februar vor den Computer setzen. Und das Ding eingeschaltet, freuen wir uns königlich über eine Mail von den Luang Prabang Freunden Maren und Harm. Wir antworten ihnen prompt und senden einige Kambodscha Fotos mit. Danach schwingen wir uns auf die Räder und radeln nach Chong Kneas. Das ist eine Anlegestelle für die Boote zum schwimmenden Dorf Floating Village. Die Landkarte weist für die Strecke elf Kilometer aus, doch trotz der Affenhitze schreckt uns die Anstrengung durch das Abtrampeln nicht ab. Die Räder rollen vielversprechend. Es sind zwar keine Tourenräder, wie wir sie zuhause benutzen, aber deren Qualität ist in dem flachen Terrain auch nicht notwendig.

Außerhalb der Stadt radeln wir an heruntergewirt-schafteten Häusern vorbei, die schäbigen Baracken gleichen. Hinter denen stapelt sich der Müll. Es stinkt unbarmherzig zum Himmel und macht die Lebens-qualität der Landbevölkerung zur Farce.

Bewusstsein für das Abfallproblem? Fehlanzeige. Es zählt nur: Woher nehme ich das allernotwendigste zum Essen? Tatsächlich jedoch haben sich einige Kam-bodschaner ein neues Haus gebaut. Nur wovon? Womit verdienen sie das erforderliche Geld?

Scheinbar gibt es in Kambodscha eine Oberschicht, also ein drastisches Gefälle zwischen arm und reich, das sind die großen Missstände des Landes. Leider über-wiegt der Anteil an Armen bei weitem. Aber gerade wegen solcher Gegensätzlichkeiten zwischen der bettel-armen Landbevölkerung und den Städtern, die wegen zu hoher Mieten ebenfalls am Hungertuch nagen, habe ich mich in Kambodscha verliebt. Mich fasziniert die Ursprünglichkeit in all seinen Facetten.

Als wir den Anlegesteg zum schwimmenden Dorf Flo-ating Village erreichen, staunen wir über die Preis-vorstellungen der Ausflugsbetreiber für einen Bootstrip. Was steht da an der Anzeigetafel? Die Forderung be-läuft sich auf zwanzig Dollar für den zweistündigen Ausflug auf den See hinaus.

O nein. Der Preis ist des Wahnsinns fette Beute.

Wir machen den Spuk nicht mit. Schon gar nicht mit einer Horde angekarrter Chinesen auf dem Schiff, denn eine Busladung der Asiaten nach der anderen ergießt sich über den Bootsvermietungssteg. Nicht grundlos schimpfen einige Holländer über die unverschämten Preise in Siem Reap.

Tja, das Ausflugsgeschäft ist ein Beispiel für den Nepp, von dem im Reiseführer die Rede ist, aber das trifft nicht auf alle Ausflugsangebote in Siem Reap zu, wie wir bald feststellen werden. Vorerst machen wir uns genervt vom Acker und erkunden mit den Rädern das Sehenswerte der Umgebung, zu dem ein Tempel gehört. Vor dem treffen wir eine Gruppe Heranwachsender, denen meine Frau englische Sprachfetzen entlocken will, sie ist schließlich Englischlehrerin.

Doch die Burschen sprechen nur ein paar Brocken, dominiert vom „How are you." Stattdessen wollen sie meiner Frau einige Dollarscheine in die Hand drücken, die echt aussehen, dabei lächeln sie uns an. Woher haben sie das Geld? Unterschätzen sie den Wert der Scheine? Der Vorgang ist mysteriös.

Diese Szene, wie überhaupt den kompletten Ausflug, halten wir photografisch fest, denn im ungezwungenen Umgang mit den Kambodschanern, seien es Kinder oder Bauern, spiegelt sich das wahre und herzliche Leben in einem der ärmsten Länder dieser Welt wider.

Wir haben uns auf die Erlebnisreise begeben, weil uns das Entdecken der Natürlichkeit, die in Kambodscha vorherrscht, ein echtes Bedürfnis war, aber auch, um deren Überlebenskampf mit all seinen Erschwernissen mitzuerleben. Die Pauschaltouristen bekommen nur die Sehenswürdigkeiten angeboten, aber selten die wahren Zustände in dem atemberaubenden Land. Möglicherweise liegt ihnen auch nicht viel daran.

Und nun zu Ihnen. Haben Sie das Gefühl, dass Sie sich mit uns auf einer lohnenden und erlebnisreichen Reise befinden? Das wäre gut, denn dann ist es mir gelungen, Sie mit meiner Erzählweise zu fesseln und das würde mich freuen.

Es ist halb vier, als wir im Hotel die Fahrräder abstellen. Meine Frau legt sich an den Pool, und ich gehe aufs Zimmer. Ich beabsichtige mit meinen Kindern zu telefonieren, doch leider sind mein Sohn und seine Freundin nicht erreichbar. Denen spreche ich die

Glückwünsche über den Sieg ihrer Dortmunder Borussen auf Band. Aber der Kontakt zur Tochter klappt wunschgemäß. Und schon beim ersten Satz meines Töchterchens falle ich aus allen Wolken.

Höre ich richtig? Miriam ist schwanger? Ja, gibt's das?

Da bereise ich die halbe Welt, um hier in Kambodscha von der freudigen Nachricht eingeholt zu werden. Seit Jahren bastelt Miriam mit ihrem Tom am längst überfälligen Nachwuchs, und nun endlich hat's geschnackelt. Die Überraschung ist brutal gelungen. Was tun die zwei mir an? Verdammt noch mal, die machen mich zum Opa. Das wird man nicht so nebenbei.

Die Tatsache, dass sie sich ein Haus in der tiefsten Provinz gekauft haben, kann mich nicht mehr überraschen.

„Kommt bald zurück", sagt meine Tochter zum Abschied und lacht herzhaft, als sie ergänzt: „Du als Opa wirst gebraucht."

Und auch ich mache einen Scherz: „Okay, mein Töchterchen. Ich bin schon unterwegs."

Als ich bei meiner Frau am Pool ankomme, bin ich noch außer Rand und Band vor Glück, so kann ich die wunderbare Nachricht nicht verbergen, denn ich strahle wie der Sonnenball am Himmel. An meinem glühenden Kopf sieht mir Angela das freudige Ereignis an.

„Ich ahne es", sagt sie, dabei reibt sie sich die Nasenflügel. „Miriam bekommt ein Kind."

So bewahrheitet sich, was ich schon immer wusste, gemeinsame Freude ist das schönste in einer recht tristen Welt. Meine Welt ist alles andere als trist.

Drei Tage vor der Abreise beginnen die Aktivitäten am Pool, erst für den Nachmittag ist ein Ausflug nach Kompong Pluk geplant. Gegen eins fährt ein Minibus vor. Mit dem wollen wir ein kambodschanisches Pfahldorf kurz vor dem Ton de Sap besuchen. Es ist der größte See mitten in Ostasien. Kostenpunkt des Trips: Achtzehn Dollar pro Person. Wie der günstige Preis zustande kommt, das bleibt mir ein Rätsel.

Dass ich vor der Abfahrt beim Fotografieren der urigen Geschäfte in unserer Straße die Hülle der Kamera verliere und ich sie nicht wiederfinde, trotz baldigem Bemerken des Verlustes. Zurück bleibt ein fader Geschmack. Nun gut, die hat sich ein armes Schwein unter den Nagel gerissen. Verständlich bei der Armut der Kambodschaner.

Die Rumpelpiste schüttelt unsere inneren Organe kräftig durch. Sie prüft uns auf Herz und Nieren. Der Ausflug mit dem Kleinbus nach Kompong Pluk erscheint uns wie ein Ausflug in die Hölle. Wir fahren durch üppige Reisfelder und an riesigen Entenscharen vorbei (die Ente ist eine Hauptspeise der Kambodschaner) zu einem Anlegesteg. Und uns erholt von der Durchrüttelei, steigen wir in einen morschen Kahn aus Holz um. Der bringt uns zum Ausflugsziel, vorbei an spielenden und fischenden Kindern, die uns zuwinken. Wir sind eine internationale Reisegruppe. Die besteht aus dem Guide und uns, dann einem holländischen Ehepaar, zwei philippinischen Frauen, zwei Chinesen und einem Malaien.

Wegen des Niedrigwassers kommen wir zum anvisierten Stelzendorf Kompong Pluk eher langsam voran. Andauernd muss der Bootsführer um irgendwelche Hindernisse herumkurven, seien es Fischfangnetze oder selbstgebastelte Reusen. Denen weicht er mit seinen fah-rerischen Qualitäten geschickt aus. Als wir nach einer Stunde am Ziel sind, bin ich begeistert, denn mich beeindruckt das malerische Dorf mit den Pfahlbauten und dem ganzen Drumherum. Wie mag es hier bei Hochwasser aussehen?

Nach dem Anlegen gehen wir gemeinsam durchs Dorf, begleitet von zwei jungen Frauen, die uns ihre Waren anbieten. Sie sind sehr freundlich, aber auch dezent aufdringlich. Eine Lernstunde für die Kinder in Englisch, abgehalten zwischen den Stelzen der Bauten, fesselt meine Frau. Gern hätte sie den Unterricht übernommen. Wir hatten eine ordentliche Summe für neue Schulmaterialien gespendet, deshalb darf meine Frau beliebig viele Fragen in Englisch an die Kids stellen. Trotz des chinesischen Einflusses auf Kambodscha ist die Bedeutung der englischen Sprache durch den Tourismus ein zwingendes Muss. Das gilt auch für die hintersten Zipfel des Landes.

Kompong Pluk ist ein herzerfrischender Ort, dessen Bewohnerzahl nicht zu erfahren ist. Es ist ein Dorf wie aus dem Bilderbuch. Eine harmonierendere Dorfgemeinschaft haben wir selten auf unserer Reise so intensiv wahrgenommen und wir sind nun schon monatelang in Ostasien unterwegs.

Sehr angetan sind wir von der faszinierenden Atmosphäre und dem regen Miteinander zwischen der jüngeren und der alten Generation. Dem alltäglichen Treiben der Leute zuzusehen ist ein Hochgenuss.

Die natürliche Freundlichkeit im Dorf hat sich mir ins Herz gefressen. Mit dem Einverständnis der Bewohner mache ich wundervolle Aufnahmen von den liebevoll geschmückten Häusern, wobei sich kein Widerspruch rührt. Durch die Erinnerungsphotos bleibe ich immerfort mit Kambodscha verbunden.

Als uns der Guide nach einer Stunde eingesammelt hat, fahren wir mit dem Kahn hinaus auf den Ton de Sap, den wie erwähnt größten See Ostasiens. Doch riesig ist er nur in der Hochwasserperiode, wenn die

Wassermassen die Stelzenhäuser und damit die Dörfer überschwemmen.

Auf dem See in einem schwimmenden Cafe nehmen wir den Imbiss zu uns und unterhalten uns mit den unfreundlichen Holländern. Sie kommen aus Limburg und wir aus Aachen. Und obwohl wir zuhause fast Nachbarn sind, sind sie nicht auf unserer Schiene, das heißt, sie sind anders geartet als wir. Ihr Verhalten gleicht dem der Pauschaltouristen.

Nun gut, die Sorte „zugeknöpfter Mensch" gibt es überall unter den Reisenden, so auch in Kambodscha. Mit Hinz und Kunz warm werden wollen und müssen wir nicht.

Viel mehr begeistert uns der Sonnenuntergang allerbester Güte. Den serviert uns der charmante Guide auf dem Präsentierteller. Mit ihm haben wir den besten Guide der Welt erwischt. Wäre meine Frau dreißig Jahre jünger, dann hätte sie sich in ihn verliebt.

Die letzten zwei Tage in Siem Reap brechen an. Ich lasse mir in einer Schneiderei zwei ärmellose T-Shirts kürzen, denn die sind ausgeleiert, dabei mache ich Druck auf die sofortige Umsetzung, das Padang Bai Erlebnis im Hinterkopf. Dass ich das schneidernde Mädel gut bezahle, ist meine gute Tat für den Tag.

Anschließend machen wir die wohl allerletzte Fahrt mit den Rädern durch Angkor, dabei stoßen wir auf eine Radreisegruppe aus den Niederlanden, die den Abschluss ihrer Kambodscharundfahrt feiert. Das tut sie mit einer Großzahl an Luftballons in den holländischen Nationalfarben, also orange. Na ja, wenn sie das Brimborium nötig haben, soll's uns recht sein.

Wir dagegen nehmen eine Abkürzung und radeln mit Elan durch eine verwilderte und unwegsame, aber romantische Landschaft, dabei verlieren wir die Orientierung. Irgendwann bleiben wir verzweifelt stehen, denn wir stecken fest.

Ich unke: „Verdammter Mist. Wo sind wir bloß? Ohne eine gescheite Landkarte finden wir hier nie wieder raus."

Durch die Abkürzung haben wir uns in ein kambodschanisches Naturschutzgebiet manövriert. Wir bewegen wir uns abseits der üblichen Durchreisewege, die kein Tourist zu sehen bekommt. Wie wissen nicht ein noch aus.

Wir atmen erst auf, als wir die imponierenden Türme von Angkor Wat in der Ferne wiedererkennen. Hocherfreut machen wir eine Pause, denn wir haben uns durch das unwegsame Dickicht müde gestrampelt, dermaßen hat die Radtour durch die urwaldähnlichen Randgebiete Angkors geschlaucht.

Um zu Kräften zu kommen, kaufen wir uns eine Kokosnuss und trinken genüsslich den kalten Saft mit einem Strohhalm, dabei verabschieden wir uns von der Einmaligkeit der Tempellandschaft. Ich verdrücke ein paar Abschiedstränen, dann machen wir uns auf den Heimweg ins Hotel.

Eine knappe Stunde verbringen wir am Pool, dann ist es Abendessenszeit. Aber wir sind noch nicht hungrig, so stolzieren wir in den Ort und erwerben auf dem Nachtmarkt die überfällige Recyclingtasche. Es ist ein wunderschönes Produkt mit dem Elefantenmotiv. Dann setzen wir uns vor ein mexikanisches Lokal, wo meine Frau mehrere Ansichtskarten schreibt, die ich zum Briefkasten bringe. Und von dem kurzen Spaziergang zurückgekehrt, bestellen wir Tortillas. Die stellen eine willkommene Alternative zu den Khmer-Gerichten dar. Auf die Teigtaschen entwickele ich hemmungslosen Appetit.

Ein deutsch aussehender Gast beobachtet uns. Den schätze ich auf etwa fünfzig Lenze. Aber weshalb trinkt er einen Margaritha nach dem anderen? Als wir fertig gegessen haben, spricht er uns an.

Er erzählt uns, dass er schon acht Jahre in Siam Reap lebt und die rasante Entwicklung zu einer Hochburg der Touristenströme miterlebt hat. Mittlerweile seien die Mieten unbezahlbar für den normalverdienenden Kambodschaner, daher hausen sie zu mehreren Personen in superkleinen Minizimmern, was die Zustände untragbar macht, aber die Einheimischen sind an Kummer gewöhnt.

Und die Schotterpisten in der Stadt haben inzwischen asphaltierte Straßen abgelöst, was nur durch die sprudelnden Geldeinnahmen im Tourismusbereich möglich war. Die neuen Straßen sind sowohl Fluch wie auch Segen, weil sie zu einem Eingriff in die Bezahlbarkeit der breiten Masse der Bewohner der Stadt geführt hat. Die Reichen werden reicher, die Armen ärmer. Er sehe das Anwachsen zur Großstadt mit gemischten Gefühlen, nicht nur positiv.

Wovon der Deutsche lebt und was er treibt, das hätte mich interessiert, aber darüber schweigt er sich aus. Nur, dass er nie mehr von hier wegwolle, vertraut er uns an. Als sich ein Engländer zu ihm an den Tisch setzt und er sich einen weiteren Cocktail bestellt, frage ich mich: Wenn's ihm so gut gefällt, warum säuft der dann wie ein Loch?

Das tun wir nicht, als wir uns am Abend von einer kambodschanischen Rockband unterhalten lassen. Die Band ist eine Wucht, denn die Sängerin versetzt eine Gruppe aus dem Land der Mitte in Ekstase. Der verwegen aussehende Feger macht mit den betrunkenen Chinesen eine Polonaise durch das tobende Lokal. Und was spielen die hervorragenden Musiker?

Natürlich Oldies.

Unser Abschiedstag beginnt nach dem Frühstück mit dem Besichtigen Siem Reaps. Die Stimmungslage ist bedrückt, denn der Aufenthalt in der unterhaltsamen Stadt eilt mit Siebenmeilenstiefeln dem Ende entgegen. Kein Ort hat uns mehr zugesagt. Die Reisestation Ankor ist das Highlight der Ostasientour, so empfinde ich das im Moment. Letztendlich habe ich in Siem Reap die frohe Botschaft der Schwangerschaft meiner Tochter erhalten, durch die ich Opa werde.

Wir machen unsere Rollkoffer samt Recyclingtasche abreisefertig, dann verstecke ich meine kaputten Sommerschuhe im Schrank. Somit verhindere ich, dass sie mir hinterhergetragen werden. Als Gewichtsersparnis habe ich die lange Jeans und meine Wanderschuhe angezogen. An der Prämisse, viel Gewicht einsparen zu müssen, führt kein Weg vorbei.

Wir verabschieden uns per Händedruck vom hilfsbereiten Personal des Hotels und werfen einen wehmütigen Blick auf den Pool, dann rauschen wir mit dem Tuk-Tuk durch die Straßen zum Airport, wobei Traurigkeit mitschwingt.

Im Flughafen fertigt man uns durch die geschickte Gepäckumverteilung problemlos ab. Als Handgepäck nehme ich meinen Rucksack und die Recyclingtasche mit an Bord, dann ist auch unsere siebte Reiseetappe Geschichte. Kambodscha war eine hochemotionale und von viel Freude geprägte Station.

Thailand

Nach einem unruhigen Flug nehmen wir einen Imbiss im Flughafengebäude Bangkoks zu uns. Für den muss die Institution Burger King herhalten. Ab und zu bestelle ich mir Chicken Wings, aber heute würgen wir uns einen Cheesburger hinunter, dazu gibt es Fritten, und als Getränk einen Kaffee.

Den Fraß verdaut, eilen wir zum Abflugterminal, wo wir eine Stunde auf den Aufruf der Weiterbeförderung warten. Als der ertönt, steht der baldigen Ankunft in Phucket nichts im Wege.

Auf dessen Landebahn rollt der Flieger mit zwanzigminütiger Verspätung aus. Voller Vorfreude eilen wir an das Abholband für internationale Flüge und fischen dort die Rollkoffer heraus. Wir freuen uns, denn wir haben die Schmuckstücke wieder, was uns erleichtert. Und das sind wir um so mehr, als draußen das Taxi des Feriendomizils bereitsteht, mit dem wir neunzig Kilometer bis Khao Lak fahren. Das Ganze dauert eine runde Stunde, dann checken wir uns an der Rezeption des Ressort ein.

Der thailändische Besitzer weist uns den Bungalow 1 zu. Der liegt am Anfang der Anlage und entpuppt sich mit seinen 40 qm als sehr komfortabel, außerdem hat er eine Terrasse. Wir sind zufrieden, denn die Wahl der Unterkunft hat sich als Glücksfall herausgestellt. Die Anlage hat einen ansehnlichen Pool, aber es ist spät, deshalb verzichte ich auf das Schwimmen. Stattdessen platzieren wir unsere Sachen in den Kleiderschrank und gehen durch die Dunkelheit in ein nahegelegenes Restaurant.

Doch unser Glück in Thailand ist überschaubar, denn wir werden von einem Gewitter überrascht. Es schüttet wie aus Kübeln auf die marode Überdachung des Lokals, sodass sie alsbald an ihre Belastbarkeitsgrenze stößt und wir an einen anderen Tisch wechseln müssen. Und weil nach dem Essen an einen Aufbruch nicht zu denken ist, nehmen wir unser Gutenachtgetränk gleich vor Ort zu uns. Anscheinend verfolgt uns in Thailand ein Regenfluch. Wo wir auftauchen, da regnet es. Geht das in Khao Lak so weiter? Darauf sind wir gespannt.

Als der Regen in Nieseln übergeht, steht das Wasser knöcheltief in den Straßen, sodass wir die Latschen in der Hand tragen müssen und barfuss zu unserem Bungalow zurückrennen. Doch die Nächte sind warm, dadurch trocknen unsere Klamotten relativ schnell. Auch die Terrasse ist in Nullkommanichts trocken. Wir setzen uns auf die selbige mit einem Schlummertrunk, dabei raucht meine Frau eine Zigarette, dann gute Nacht.

Beim Sonnenaufgang schwimme ich etliche Runden im Pool, anschließend frühstücken wir in dem benachbarten Restaurant. Ich genieße endlich wieder meine zwei gekochten Eier. Honig gibt es ebenfalls. Für die Mittagszeit haben sich unsere La Gomera Wanderbekanntschaft Heidrun mit ihrem Reisebegleiter Martin angekündigt. Auf die warten wir auf der Terrasse.

Die zwei sind pünktlich und das Hallo ist riesengroß. Als wir uns kräftig gedrückt haben, freuen wir uns auf die gemeinsamen Tage. Alte Bekannte aus der kalten Heimat in der Ferne zu treffen, das ist wunderbar.

Um in der gemeinsamen Vergangenheit zu wühlen und darüber zu plaudern, setzen wir uns ins nahegelegene

Strandrestaurant. Die brennende Sonne knallt erbarmungslos auf den Sonnenschirm, unter dem wir Schutz suchen, dabei bewundern wir den breiten und einladenden Strand und ratschen, was das Zeug hält. Wir hauen uns Anekdoten über feuchtfröhliche Abende auf der Ferieninsel La Gomera um die Ohren, die für ausgelassene Stimmung sorgen. Leider trägt Martin wenig zur Belustigung bei. Er ist eine Spaßbremse, dazu ist er ein großer Schweiger vor dem Herrn.

Um nicht einzurosten, wandern wir zwei Stunden am breiten Sandstrand entlang, dann trennen wir uns, doch nicht ohne uns zu einem gemeinsamen Abendessen verabredet zu haben. Ursprünglich wollte Heidrun mit uns durch Vietnam und Kambodscha reisen, doch dazu kam es nicht. Irritationen traten auf. Wir konnten uns zu keiner gemeinsamen Route durchringen, also reisten meine Frau und ich allein und das war gut. Heidrun hätte mit ihrer Engstirnigkeit nicht in die Tour gepasst. Wir hatten unnötig viel Herzschmerz und Zeit in das Planen der gemeinsamen Tour investiert, und dann scheitert sie an unerklärlichen Lappalien. Noch heute bin ich stinksauer auf sie, denn ich fand ihr Verhalten befremdlich. Weshalb sie den Rückzieher gemacht hat, das hat sie nicht verraten.

Nun gut, es war ihre Entscheidung.

Am Abend treffen wir Heidrun und Martin im verabredeten Restaurant. Meine Frau und ich essen Gemüse süßsauer. Und was dann folgt, können sie sich denken. Das Gewitter kehrt zurück. Wir wechseln die Tischgruppe, denn unsere Überdachung ist undicht.

„Ja Herrgott sakra, meckere ich. „Wo sind wir denn? Das soll Thailand sein? England ist trockener."

Um ein Regenspektakel zu erleben, dafür brauchten wir nicht den ostasiatischen Kontinent. Das Sauwetter erleben wir zuhause. Langsam glaube ich an den Fluch, der unseren Aufenthalt in Thailand verwässert."

Irgendwann höre ich auf mit dem Meckern. Das bringt nichts. Mit der Schimpferei kann das Wetter nicht beeinflussen. Nach der Verarbeitung diese Einsicht hört der Regen auf.

Wir begleiten die Freunde ins Green Beach Ressort. Dort bestellen wir per Handy von ihrem Häuschen ein Taxi, mit dem wir in unsere Anlage zurückkehren, nicht ohne im Seven Eleven, bekannt von unserem ersten Thailandaufenthalt, eine Flasche Brandy und eine große Cola zu kaufen. Das gehört zu dem Gutenachtgetränk auf der Terrasse unseres Bungalows.

Ich gähne unentwegt. Die Tageshitze hat Spuren hinterlassen. Trotz allem führt der Ausklang des Abends zu einem mittelschweren Besäufnis, das uns taumelnd ins Bett fallen lässt. Leider verpassen wir den Ohrenschmaus in der Rockkneipe. In der soll eine Thaiband hervorragende Oldies spielen.

Meinen Brummschädel bekämpfe ich mit ein paar Runden im Pool, danach frühstücken wir mächtig und ausgiebig. Die Tagesplanung sieht vor, dass wir einem langgehegten Wunsch nachkommen und das Tsunami-Museum aufsuchen. Daran anschließend das Mahnmal. Es ist ein wichtiger und einprägsamer Mosaikstein der Reise, denn der Kreis schließt sich um ein trauriges Kapitel meiner Vergangenheit.

Hier in Khao Lak verstarben zwei Mitbewohner meiner früheren Hausgemeinschaft, während der Tsunami über die Inseln und das Festland tobte. Marlene und Peter waren ein wunderbares Paar. Uns haben unendlich viele Gemeinsamkeiten verbunden.

Als wir das unscheinbare Haus an der Durchgangsstraße, in dem das Museum untergebracht ist, gefunden haben, ist es zehn Uhr. Beim Betreten der Räumlichkeit läuft allerlei authentisches Filmmaterial, ausnahmslos Dokumente der damals anwesenden Amateurfilmer. Die ergreifenden Szenen des Schreckens entstanden während der verheerenden Naturkatastrophe. Meine Ergriffenheit und Erschütterung ist nicht in Worte zu fassen, denn ich weine bitterlich. Meine Freunde waren zwei herzallerliebste Menschen von großer Ehrlichkeit und Aufgeschlossenheit. Sie waren engagiert, dazu immer hilfsbereit. Ich sehe es bildlich vor mir, wie wir allabendlich zusammen saßen, in weltverbessernde Diskussionen verstrickt. Die alternative Politik hatte uns zusammengeführt.

Doch der Zufall hatte grausam Schicksal gespielt, denn das Familientreffen mit dem Sohn und dessen Freundin am Tag der Katastrophe endete im Chaos.

Die jungen Leute konnten sich retten, doch Marlene und Peter wurden nie gefunden. So haben zwei sehr gute Freunde ihr Leben in Thailand verloren. Sie sind tragische Verlierer, meine Frau und ich mit der Reise die Gewinner. Ist das gerecht?

Mit Tränen in den Augen tragen wir uns in ein Kondolenzbuch ein, dann gehen wir zum Katastrophenmahnmal. Es ist ein Polizeiboot, das von der Monsterwelle bis weit ins Landesinnere getragen wurde. Dort verabschieden wir uns von zwei Menschen, mit denen uns eine freundschaftliche Beziehung verband, die ich tief in meinem Herzen trage.

Dennoch richten wir unsere Blicke wieder in die Zukunft. Mit neuem Elan kehren wir in die Welt unseres Reiseabenteuers zurück. Marlene und Peter hätten es nicht anders gewollt. Sie waren wie wir, die geborenen Wandervögel. Längere Auslandsaufenthalte an Schulen in Mexiko City und Singapur sprechen eine deutliche Sprache. Wir kaufen uns auf dem Heimweg ein paar

Kuchenteilchen und gehen in unsere Anlage, in der wühle ich am Pool in meinen Erinnerungen.

Leider ist die Zeit für Gedankenspiele beschränkt. Wir sind mit Heidrun und Martin verabredet. Unser Treffpunkt soll eine Lagune nördlich ihrer Anlage sein, von uns aus ist es ein Fußmarsch von einer Stunde am Strand entlang.

Als wir aufbrechen, da ist es vier Uhr, aber wir haben die Länge der Strandabschnitte unterschätzt. Durch das Überqueren zweier Lagunen, was wegen des hohen Wasserstandes äußerst zeitaufwendig ist, kommen wir eine halbe Stunde zu spät. Aber welche Rolle spielt schon die Zeit an einem Strand in Thailand.

Beide sitzen in ihren Liegestühlen auf der Terrasse und warten. Sie bewohnen einen geschmackvoll eingerichteten Bungalow, der kleiner ist als unserer. Leider ist der Strand vor ihrer Haustür durch Algenbewuchs verunreinigt. Wahren Badespass verspricht der nicht.

Wir sind aber nicht zum Baden hergewandert, nein, wir wollen das tun, was man abends meistens macht, nämlich gut essen in einem geschmackvollen Strandrestaurant. Ich bestelle die gelben Nudeln, die tatsächlich gelb sind, entgegengesetzt zu dem Khmer-Gericht in Siem Reap. Nach dem Essen ratschen wir stundenlang und genießen einen beispiellosen Sonnenuntergang, doch immer dann, wenn's am Schönsten ist, kommt der Aufbruch.

Heidrun gibt uns ihre Taschenlampe für den Heimweg mit, da die befürchtete Dunkelheit zum Aufpassen mahnt, doch die Vorsichtsmaßnahme entbehrt jeder Grundlage. Der gleißend helle Mond strahlt vom Himmel und macht die Nacht zum Tag. Die Leuchtkraft des Mondes geleitet uns wohlbehalten zurück in unsere Region.

Aber war da nicht noch was? Ach ja, der Nachtmarkt. An den erinnern wir uns und suchen ihn auf. Es ist aber zu spät, denn die Stände befinden sich im Abbau. Dagegen herrscht in der Musik-Kneipe Remmidemmi. Eine buntgemischte Schar Thai-Rocker mischt die Lokalität auf. Die Horde stürmt beim gewünschten Song, einem Stück der Band Guns'n'Roses, auf die Bühne und verwandelt diese mit ihrem Grölen in eine Arena, wie man es vom Fußball kennt. Wir fühlen uns wie bei einem Aufmarsch an Hooligens, bei dem eine Schlacht vorbereitet wird.

Anderseits gefällt es uns in der Spelunke. Wir wollen gar nicht weg. Ein derart wild vorgetragenes Musik-Events hat uns oft gefehlt. Auf den heimischen Partys sogen fetzige Ohrwürmer für Hochstimmung. So auch hier, denn dieser Trend verfolgt uns seit Bali auf der Reise. Trotz allem ermahne ich mich zur Besinnung. Nur nicht dem Alkohol zusprechen. Wir mäßigen uns, denn es war ein Tag der tragischen Momente.

Als die Band eine längere Pause einlegt, nutzen wir die zum Abmarsch und gehen nur leicht angetrunken Arm in Arm nachhause. Geben zwölf machen wir die Schotten dicht.

Vier weitere Tage in Khao Lak verlaufen nach gewohntem Muster. Tagsüber ist es heiß. Fünfunddreißig Grad im Schatten, was in der Sonne über vierzig Grad bedeuten dürfte. Die Qualität meiner Kreislaufzuverlässigkeit ist gefordert. Dass sich Stents in meinem Herzen tummeln, das habe ich verdrängt. Und da es sich nachts nicht abkühlt, schwitze ich enorm, was für die Jahreszeit in Thailand normal ist. Ich schlafe wie Gott mich schuf, denn das hilft. Alles andere regeln wir wie die meisten Thailandurlauber.

Wir schwimmen morgens im Pool, danach baden wir im Meer und sonnen uns ausgiebig. Wir machen ellenlange Strandmärsche, ich schreibe Kurzromane auf die obligatorischen Ansichtskarten, die ich Freunden und Verwandten versprochen hatte, und wir genießen das hervorragende Wetter. Die Regenzwischenfälle sind Vergangenheit, denn ab dem dritten Tag nach der Ankunft in Thailand ist und bleibt die Sonne unser zuverlässiger Verbündeter.

Heidrun und Martin machen Motorradausflüge, von denen wir die Finger lassen. Seit einem unangenehmen Motorrollerunfall auf der Insel Lesbos, bei dem sich Angela den Ellenbogen brach, und an dem ich schuld war, ist das Motorrad ein verwunschenes Objekt. Wir saßen fünf Minuten auf dem Geschoss, da rutschte das Hinterrad in einer Kurve mit Splitt weg und das Unglück war perfekt. Ich kam glimpflich davon, aber Angela zog sich den erwähnten Ellenbogenbruch zu.

Sie wurde im Krankenhaus der Insel eingegipst und nach der Heimkehr im Aachener Klinikum operiert. So hat uns meine damalige Unachtsamkeit manche Unternehmung geraubt. Ich könnte mir noch heute mit Schmackes in den Arsch beißen. Aber ich akzeptiere ihre Ängste. Da hilft kein Jammern, außerdem sind wir auch ohne Zweirad prächtig zurande gekommen.

Am Abend, wenn die Freunde von ihren Touren zurückgekehrt sind, speisen wir zusammen in diversen Restaurants, wobei wir die Thaiküche auf Herz und Nieren prüfen und für gut befinden. Ich esse gern thailändisch, besonders dann, ist die Küche authentisch.

Jedenfalls treffen wir uns an einem der Abende und fällen den tollen Beschluss zur Weiterreise in den Khao Sok Nationalpark. Martin hatte bei einer seiner Reisen den Nationalpark aufgesucht und ist begeistert. Das war sein bester Vorschlag, für den ihm mein Dank gebührt.

Er will ein Taxi bestellen, mit dem wir in das Ressort Morning Mist fahren werden. Per Internet mieten wir uns für vier Nächte ein. Wenn das eintrifft, was Martin verspricht, wird es ein fantastischer Aufenthalt.

*

Ich schwimme wie ein Delphin, dann frühstücken wir mit Ruhe und Gelassenheit, denn wir haben Zeit. Erst zwölf Uhr holen uns die Freunde mit dem Taxi ab. Und siehe da, es ist eine Taxifahrerin, was man nicht alle Tage in Thailand erlebt.

Nach dem Bezahlen an der Rezeption verabschieden uns überschwänglich, denn der Aufenthalt war überragend. Bei dem guten Ambiente hat es uns an nichts gefehlt. Das Bett wurde täglich frisch bezogen und wir bekamen saubere Handtücher. Das ist in Asien nicht selbstverständlich. Dazu kann man sagen: Wir haben, bis auf die Ausnahme am Mekong, sehr viel Glück mit un-seren Unterkünften gehabt. Doch weiter geht es. Stürzen wir uns mit Vorfreude auf die Taxifahrt zum Khao Sok Nationalpark. Die dauert gut eine Stunde, dabei lernen wir das Hinterland Khao Laks durch die Autoscheibe kennen.

Nach einer schweigsamen Fahrt erreichen wir Morning Mist. Wir bekommen den mit Bambus und Schilfgras erbauten und mit Stroh bedeckten Bungalow zugewiesen. Sein Anblick versetzt uns in romantische Schwingungen, das kann man ohne zu übertreiben sagen. Wir sind hellauf begeistert.

Heidrun und Martin ziehen in ein Steinhaus. Unsere Behausungen trennen fünfzig Meter, doch sie teilen sich ihr neues Zuhause mit einem anderen Paar. Angela und ich richten uns hurtig ein und setzen uns ins Anlagenrestaurant, in dem ich mein Lieblingsgetränk zu mir nehme, ein Vanilleeis mit Milch, dann beginnen wir mit Erwartungen einen Spaziergang in die Wildnis. Ohne Heidrun und Martin. Die sind verschwunden.

Nun gut, macht ja nichts.

Am Parkeingang bezahlen wir 300 Bhat pro Person Eintritt, der auch für den nächsten Tag gilt. Dann sind wir zwanzig Minuten entlang an einem Gebirgsbach unterwegs, da kommen uns die Verschollenen entgegen, die sich auf dem Rückweg befinden. Was sollte der blöde Alleingang? Ich bin mächtig angesäuert, denn seit zwei Tagen bin ich nicht sonderlich gut auf Heidrun zu sprechen.

Ich lasse mir meine Verwunderung aber nicht anmerken. Wir reden ein paar belanglose Worte, dann gehen wir weiter. Heidrun hatte mir die dämliche Bemerkung untergejubelt, ich wäre unselbstständig und von meiner Frau abhängig. Angela würde alles für uns regeln. Warum diese beleidigende Anspielung?

Jedenfalls war's starker Tobak. Durch diese Herabwürdigung stimmt die Chemie zwischen uns nicht mehr. Wie hat sie die Äußerung gemeint? Wo drückt bei ihr der Schuh?

Keine Ahnung. Vielleicht ist sie neidisch auf die harmonische Aura, die meine Frau und mich umgibt.

Eine andere Erklärung für ihre Bemerkung wäre die, dass Heidrun unter der gescheiterten Beziehung auf La Gomera leidet. Von der hatte sie uns erzählt. Und diese Tatsache öffnet meiner Vermutung Tür und Tor: Heidrun hat die Folgen der Trennung nicht verdaut. Aber egal, woran es liegt. In drei Tagen ist die Gemeinsamkeit vorbei. Gottlob trennen sich unsere Wege.

In einem hat Heidrun tatsächlich recht. Meine Frau hat so gut wie alles im Griff. Sie lässt keinerlei Zank und Streit aufkommen, und ist eine glänzende Problembeseitigerin. Gerühmt wird ihr feinfühliges Händchen für das Kanalisieren fehlgeleiteter Gefühlsausbrüche. Mit Beharrlichkeit beseitigt sie zwischenmenschliche Ungereimtheiten, wofür ich ihr dankbar bin.

Doch wieder zur Wanderung, denn auch wir kommen an dem Tag nicht weit. Es ist spät und die Dunkelheit naht. Daher machen wir kehrt und treffen auf Heidrun und Martin beim Abendessen. Als zwei Bekannte von ihm sich zu uns an den Tisch setzen, überzeugen sie uns von der Wanderung bis zum Wasserfall.

Uns passt der Vorschlag hervorragend ins Konzept, denn der beabsichtigte Ausflug zum Khao Sok See verschiebt sich um einen Tag. Der Grund ist Teilnehmermangel. Uns bleibt aber der Wasserfalltrip. Und da Heidrun zur Teilnahmeverweigerung neigt, freuen meine Frau und ich uns umso mehr darauf. Wir sind begeisterte Wanderer, und ich habe aus Frust eine Adrenalinspritze nötig.

Nach dem Frühstück brechen wir zur Wanderung auf. Das Wetter ist wunderbar. Nicht ganz so heiß wie in Khao Lak. Trotzdem entblöße ich meinen Oberkörper, denn der Schweiß rinnt in Strömen, außerdem hat die Tour den landschaftlich besonderen Touch, aber sie ist anstrengend mit ihrem hohen Schwierigkeitsgrad.

Trotzdem verausgaben wir uns nicht, ja wir finden sogar eine Stelle im Bachbett, an der schwimmen problemlos möglich ist.

Wir sind weitergegangen, da kreuzt ein Wildhüter unseren Weg. Er hat eine Flugechse gefangen und zeigt uns deren bunte Flügel, indem er sie weit ausbreitet. Die Farbkomposition der durchsichtigen Flügel ist einmalig. Ich versuche weit zurückzudenken, dennoch habe ich kein farbenprächtigeres Tier gesehen. Verlässt man die Touristenhochburgen an den Stränden, dann ist Thailand voller Überraschungen und Wunder. Wir genießen den Ausflug, den ich mit unseren

Wanderungen in Neuseeland vergleiche, worin ich mit Angela übereinstimme. Ein größeres Kompliment kann ich dem Khao Sok Nationalpark nicht machen.

Als wir wieder im Morning Mist eintreffen, teilt man uns mit, dass der Tagesausflug am nächsten Morgen steigt. Ein Bravo den Veranstaltern. Wir erfahren, dass die Zahl der Teilnehmer angestiegen sei und damit ausreicht. Anstatt aber die Freudenbotschaft zu feiern, gehen wir früh zu Bett.

*

Als Höhepunkt des Nationalparkbesuches startet der Ausflug zum großen Khao Sok See programmgemäß. Halb acht stehen wir auf und machen uns frisch. Auf Empfehlung des Veranstalters nehmen wir Wanderschuhe mit.

Beim Frühstück geraten wir unter Druck, weil der Minibus vorfährt. Auch ein Pritschenwagen begleitet uns, da sich die Teilnehmerzahl sprunghaft vergrößert hat. Die Besetzung ist international. Sogar eine Russin mit Baby wagt den Trip. Ich habe bei der Sitzvergabe Pech, denn ich sitze unbequem zwischen Fahrer und Guide eingeklemmt, und das eine Stunde. Hinterher kann ich meine Beine kaum bewegen. Meine Frau, Heidrun und Martin sitzen nebeneinander auf der Bank hinter mir.

Und raus aus der Kiste, besteigen wir mit fünfzehn Teilnehmern ein Longtailboot. In dem legen wir Schwimmwesten an, dann geht's hinaus auf den See.

Die Fahrt führt zu einer wunderbaren Karstfelsenansammlung mit Ansichtskartencharakter. An der Stelle hält das Boot und bietet die Möglichkeit, etwas für die heimische Fotowand zu tun, quasi die Auswahl der Bilder für Vorführabende zu bereichern.

Ich nutze die Chance und halte die Felsformation im Bild fest. Da der Wasserspiegel glatt wie ein Kinderpopo, werden die Bilder nicht verwackelt. Doch bald wird es rau, denn als das Boot mächtig Fahrt aufnimmt, werde ich mit Seewasser überschüttet, da ich weit vorn am Bug sitze. Aber ich grummele nicht, denn das Erlebnis hat Spaßcharakter.

Nach einer Stunde legen wir in einer Bucht an und ich wechsele mein Schuhwerk. Statt der Latschen trage ich jetzt die Wanderschuhe, was sich als totaler Quatsch herausstellt, denn der Wanderabschnitt ist ungefährlich und gleicht einem Spaziergang. Unser Guide führt uns durch ein Waldstück in eine weitere Bucht, von der aus wir auf einem Floß über den See zu einer Höhle fahren wollen.

Doch bevor die Floßfahrt losgeht, werden uns als Imbiss leckere Frühlingsrollen serviert. Der Snack hat einen geringen Sättigungsgrad, so bleiben wir hungrig. Währenddessen reicht die Russin ihrem Baby die Brust. So wird der Säugling satt und bleibt friedlich.

Zwei Bambusfloße sind vorbereitet. Mit notdürftig aneinandergebundenem Gestänge sehen sie imposant aus, aber auch unzuverlässig. In mir macht sich ein leichter Schauder breit. Wir besteigen die Rohrgeflechte in zwei Gruppen, dann geht's los auf eine wilde Fahrt.

Die zu erkletternde Höhle, der wir einen Kurzbesuch abstatten, wirkt sicher, dennoch ist sie mit Vorsicht zu genießen. Sie ist glitschig, daher schwer gehbar. Aber gegenüber den Höhlen in der Ha Long Bucht oder der Marmorhöhle bei Danang, beide bedeutend größer, ist sie klein und unscheinbar, dennoch hat sie ihren Reiz.

Der Guide verteilt kleine Taschenlampen, mit denen wir in der Höhle herumschlendern. Niedlichen Statuen, die in Nischen stehen, oder auf die Höhlenwand gekritzelte Ornamente, animieren zum fotografieren. Die

Höhle wirkt nicht schaurig, eher witzig. Im Endeffekt hat uns das Höhlenforschergedöns Freude bereitet und Sehnsucht nach mehr geweckt.

Nach der Rückkehr zum Floß ziehe ich die Wanderschuhe aus, denn auf dem Bergsee ist es heiß. Die luftigen Latschen halte ich für geeigneter. Sie bewähren sich während der Weiterfahrt zu einem Hüttendorf mitten im See, in dem man sogar übernachten könnte. Wir bekommen im einzigen Lokal frischen Fisch und ein deftiges Chicken Curry serviert, das von der Menge mehr als ausreichend ist. Und davon pappesatt, wandern wir zwischen den Holzbuden herum, andere Teilnehmer schwimmen im See und vertreiben sich so die Zeit.

Während der Höhlenwanderung habe ich mich mit einem Ehepaar aus Bayern angefreundet, das in der Nähe von Tarragona ein Ferienhaus besitzt. Ich unterhalte mich mit ihnen über München. In der Landeshautstadt Bayerns habe ich abwechslungsreiche Jahre verbracht. Das Paar wohnt, wie wir im Morning Mist, wo wir das begonnene Gespräch vertiefen wollen, was mich freut, denn auf mich macht das Paar einen aufgeschlossenen und aufgeweckten Eindruck. Gute Gesprächspartner sind sie allemal.

Aber der Ausflug geht nicht ohne Querelen über die Bühne. Das wäre auch zu schön gewesen. Und wer trägt daran die Schuld? Unser Guide. Der teilt uns zum Erstaunen der Teilnehmer mit, dass sich unsere ziemlich teure Tour um zwei Stunden verkürzt. Warum das?

Die Nachricht kommt überraschend. Wir schauen ihn mit großen Augen an. Die jungen Leute schimpfen. Sie wollen nicht aus dem Wasser. Geht das mit der Verkürzung so einfach?

Der Guide hatte drei Teilnehmern versprochen, sie rechtzeitig an dem Knotenpunkt abzusetzen, von dem sie den Linienbus nach Krabi erwischen, in den sie umsteigen wollen. Dem Wunsch der Umsteiger will der Guide Rechnung tragen, gegen die breite Mehrheit der Teilnehmer. Auch wir sind nicht erfreut.

Taterata, die Extrawürste setzen sich durch. Fünfzehn Uhr geht die Fahrt mit dem Langboot in Richtung Anfangssteg weiter, an dem wir gegen fünfzehn Uhr dreißig anlegen. Ich eile voraus und stürze mich in den wartenden Bus, denn ich will einen guten Sitzplatz ergattern, was mir mit schubsen und drängeln gelingt.

Zu erwähnen bleibt noch, dass sich auf der Heimfahrt die Wogen glätten. Das Donnergrollen verzieht sich, denn nachkarten bringt nichts. Die Extrawürste werden herzlich verabschiedet, und auch wir wünschen ihnen alles Glück dieser Welt, woran man abermals sieht, wie schnelllebig die Zeit ist.

Wieder in der Anlage beraten wir mit Heidrun und Martin, wie's weitergeht. Die beiden wollen nach Ko Pha Ngan, wo wir während des ersten Thailandaufenthaltes waren.

Ja da schau an, Martin ist für eine Überraschung gut. Ich habe ihn verkannt und revidiere meine Negativbeurteilung, denn der große Schweiger entpuppt sich als Tausendsassa und Thailandkenner. Ich ziehe den Hut vor seinen Qualitäten, denn er gibt uns den Ratschlag nach Ko Lanta und von dort nach Ko Phi-Phi zu reisen. Beide Inseln hätte er in sehr guter Erinnerung.

Als wir uns ins Bett begeben, werden der alkoholgeschwängerte Abend und besonders die Nacht sehr lärmintensiv. Eine Gruppe Abschied feiernder Russen haut rücksichtslos über die Stränge. Im Suff kennen die kein Pardon. Ihr Gesang ähnelt dem Grölen einer Horde wildgewordener Paviane. Wegen der Randale hat sogar ein Streifenhörnchenpaar die Flucht ergriffen. Das hatte uns nächtelang mit seinem Rascheln im Strohdach genervt. Es ähnelte den Geräuschen im Bungalowdach auf Phu Quoc.

Der letzte Tag wird ruhig. Zuerst legen wir uns an den Pool, in dem ein Schwede mit seinen zwei kleinen Kindern herumtollt. Heidrun und Martin bekommen wir nicht zu Gesicht. Die sind zu einer Mopedtour aufgebrochen. Als Eigenbrödler haben sie sich nicht als Hauptgewinn für die Tagesgestaltung herausgestellt. Die Eigenschaft, den Tag mit vor sich hinwursteln zu verbringen, ist ein Schwachpunkt der Alleinlebenden, denn es macht beziehungsresistent. Bindungsunfähige schmoren nicht umsonst im eigenen Saft. Aber das ist meine Meinung, die nicht unbedingt stimmen muss.

Meine Frau und ich machen einen Abschiedsrundgang durch die Umgebung, bei der durchwandern wir eine Kautschukplantage. Die sieht ungenutzt aus, obwohl die Auffangbehälter an den Bäumen neu wirken. Danach lasse ich meine Füße im glasklaren Gebirgsbach baumeln, dabei knabbern winzige Fischchen daran herum. Hinterher bewundern wir einige Baumhäuser, ideal am Fluss gelegen.

Weshalb denke ich bei deren urigem Aussehen an Robinson Crusoe? Hier im Nationalpark wurden sie für Kleinfamilien gebaut, die den Einklang mit der Natur suchen. Und den aufkommenden Hunger bekämpfen wir mit einer mächtigen Portion gebratene Bananen. Das reicht fürs erste.

Während Angela im Pool badet, gehe ich in unseren Bungalow und bereite mich auf das Abschiedsessen vor. Ich dusche und ziehe mich um. Dann lege ich mich in den Liegestuhl auf der Terrasse und lese in der Illustrierten „Der Spiegel", die hatte Heidrun aus dem fernen Deutschland eingeschleppt.

In mir verlangte es danach, in der deutschen Presse zu blättern und mir interessante Artikel herauszupicken. Ich als ehemaliger Politiker drohe den Überblick zu verlieren. Doch der Verlust an Politik erschreckt mich nicht, denn ich will abschalten und der Weltpolitik die kalte Schulter zeigen. Die Krisen holen mich nach der Heimkehr eh wieder ein. Aber bis dahin verschaffe ich mir einen freien Kopf und gewinne an Neutralität. Einen Wiedereinstieg in die Politik schließe ich aus. Mein Infarkt soll der einzige bleiben.

Am Abend treffen wir uns mit Heidrun und Martin im Restaurant, prompt gesellen sich die Bayern aus Tarragona zu uns. Wir sind zwar auf verschiedenen Wellenlängen, aber mich interessiert deren Blickwinkel. Da ich nicht hungrig bin, esse ich eine feurige Thaisuppe. Die gebratenen Bananen sind nicht verdaut.

Zuerst verabschiedet sich Heidrun. Sie muss vor uns aufstehen. Als auch Martin still und heimlich verschwunden ist, ist es für uns das Signal, uns ebenfalls zurückzuziehen. Heuchele ich, wenn der Abschiedsabend bewegender hätte ausfallen können?

Ein Besäufnis hatte ich zwar nicht erwartet, aber wenigstens so was wie aufkommende Trauer.

Aber wir sind halt nicht auf La Gomera, zudem befinden wir uns in einem Stimmungstief. Habe ich das vergessen? Als Ersatz für das Entgangene erleben wir in der Nacht ein mordsmäßiges Katzengeschrei.

Am letzten Morgen frühstücken wir allein, denn Heidrun und Martin sind vor uns aufgestanden und längst nach Ko Pha Ngnan unterwegs. Uns holt ein Klappergestell von Minibus ab, der uns mit einem zweistündigen Transport nach Krabi zu einem Verteilerbahnhof bringt. Dort geht alles blitzschnell. Man klebt uns den Aufkleber Ko Lanta auf die Rollkoffer und weiter geht die Fahrt mit einem Tuk-Tuk zum Hafenpier.

Ich habe Frieden mit der Taxiinnung geschlossen. Großzügig drücke ich dem Fahrer ein Trinkgeld in die Hand, dann steigen wir aus und landen auf einer total überladenen Fähre. Die bietet das Höchstmaß an von uns nicht gewünschtem Nervenkitzel.

Der Kapitän des Schiffes hat eine kriminelle Ader, anders ist sein Fehlverhalten nicht zu erklären. Bewusst nimmt er in Kauf, seinen Kahn durch die Überkapazität in die Gefahr des Absaufens zu bringen. Wer so was macht, dem traue ich auch andere Schweinereien zu.

Also passe ich auf wie ein Luchs, dabei steht mir der Angstschweiß im Gesicht. Aber auch die Bullenhitze auf der Fähre ist außergewöhnlich. Hilflos bin ich auf dem Hauptdeck der sengenden Sonne ausgeliefert.

Angela hat Glück und ergattert einen Sitzplatz im Bootsinneren, derweil bewache ich unsere Rollkoffer, denn während der Fahrt auf die Insel Ko Lanta finden waghalsige Umlademanöver statt. Mehrere Zwischeninseln werden nicht direkt angefahren, deshalb wird das Umsteigen in kleine Abholboote auf See vollzogen.

*

Wir waren zwei Stunden mit der Fähre unterwegs, als die im Hafen der Insel Ko Lanta anlegt, wo uns ein eigenwilliges Motorrad-Transportmittel zu einem Be-Garden-Ressort bringt. Doch wie der Zufall so spielt, gibt es zwei Ressorts dieses Namens. Und wo sind wir gelandet? Natürlich im falschen. Das sind die Unwägbarkeiten des von uns favorisierten Reisens.

Daher hopp, hopp, die Chose zurück. Wir hatten vorher keine Karte mit der Lage des von uns gebuchten Be-Garden-Ressorts gesehen, dadurch haben wir es verfehlt. Praktisch sind wir nichtsahnend an unserem vorbei gefahren.

Als wir in der richtigen Anlage aussteigen, sorgen wir für Gelächter. Eine derartige Odyssee kommt nicht oft vor auf Ko Lanta. Mehr aus Verlegenheit lachen wir mit, denn wir wollen uns gut einführen, weil wir sechs beschauliche Tage in der Anlage verbringen werden. Das scheint auf den ersten Blick möglich zu sein.

Wir richten uns in einem orangefarbenen Häuschen ein, in dem die Aircondition nicht funktioniert.

„Scheiße", fluche ich. „Extra wegen dem Kühlaggregat haben wir uns hier eingemietet."

Das Ding ist schlichtweg kaputt, erfahre ich bei der Nachfrage an der Rezeption. Wir hätten Gründe umzuziehen, oder akzeptieren wir den uralten Deckenventilator, der als Ersatz einspringt?

Wir tun es, damit wäre die Kühlung geklärt. Sich mit dem Vermieter anzulegen, bringt nichts, und uns eine andere Anlage zu suchen, darauf haben wir keine Lust. Wir nehmen es, wie es ist.

Dafür ist der schnuckelige Strand vor unserer Anlage wie aus dem Ei gepellt. Ko Lanta hat die Form eines schlanken Strandhüpfers. Die längste der über fünfzig Inseln des Archipels präsentiert sich als idyllisches Ferienparadies, denn was Strände anbelangt, macht die Westküste eine gute Figur. Außerdem ist Ko Lanta ein Schmelztiegel der verschiedensten Kulturen. Der muslimische Einschlag wurde uns auf der Irrfahrt zur Anlage an einer mit grünen Kuppeln herausgeschmückten Moschee vor Augen geführt. Es verstecken sich auch thailändische Tempel hinter den grünbraunen Ästen knorriger Mangroven.

Unser Abendessen in der Anlage ist gut, dagegen stören unsere direkten Nachbarn. Anscheinend sitzen sie den liebenlangen Tag und auch abends auf der Terrasse, die an unsere stößt. Intimsphäre können wir vergessen, und unterhalten kann man sich nicht mit den stupiden

Zeitgenossen. Schert euch zum Teufel, denke ich beim Blick auf das alte Kettenraucherehepaar, von dem ich vermute, dass sie aus Skandinavien kommen. Von der Sorte Urlauber aus dem hohen Norden wimmelt es auf Ko Lanta.

Nach dem aufreibenden Reisetag trinken wir auf der Terrasse ein Glas Brandy mit Cola, alles im gegenüberliegenden Seven Eleven gekauft, dann verabschieden wir uns von den Nachbarn und gehen früh zu Bett.

Der März hat begonnen und meine Frau schläft noch, daher beschäftige ich mich ausnahmsweise mit dem Smartphone. Ich gehe auf die Sportinfos. Leverkusen hat gewonnen und ist Vierter in der Tabelle.

Na wunderbar. Ich bin glücklich. Und mein EHC München ist Zweiter in der Eishockeyliga DEL. Was will ich mehr.

Der Abstecher in die Welt des Sports hat sich gelohnt. Für meine Lieblingsmannschaften war es ein rundherum erfolgreicher Spieltag.

Als meine Liebste aufwacht, frühstücken wir in einem schattenspendenden Minihäuschen am Strand. Es ist weiterhin unbändig heiß. Wir cremen uns dick ein, um unsere Haut gegen die Sonnenbestrahlung zu schützen, denn deren Intensität ist keinesfalls zu unterschätzen, dann legen wir uns in den Schatten eines Baumes auf die der Anlage gehörenden Liegen. Ab und zu springen wir zur Abkühlung ins Wasser, danach duschen wir uns das Salzwasser ab.

Spät nachmittags machen wir uns fertig für den Hauptort. Doch bevor wir aufbrechen, buchen wir am Computer in der Nachbaranlage einen Bungalow auf Ko Phi-Phi. Doch herauszufinden, wo der Computer steht, das war schwierig, aber es klappte mit etwas Fragerei.

Und weiter bekamen wir per Internet heraus, das die billigste Lösung, um nach Bangkok zu kommen, eine Flugverbindung von Krabi in die Hauptstadt wäre. Das ist die Buchung, die wir am Abend in einem Reisebüro im Ortszentrum vorantreiben wollen. Das war bisher die sicherste Methode.

Als es soweit ist, wandern wir mit nackten Füßen am Strand entlang in Richtung Ort. Sich vom Sand und dem Meerwasser die Füße massieren lassen, das ist eine Wohltat. Noch besser wäre natürlich ein leckeres Eis. Als Sonnenschutz trage ich meine Kappe, so kann mir die Bestrahlung nichts anhaben.

Aber dennoch, wir verlieren trotz Kopfschutz die Orientierung und verlaufen uns. Das Kartenmaterial auf Ko Lanta ist für Neuankömmlinge unbrauchbar. Erst bei Dunkelheit kommen wir in den Ort, sein Name fällt mir partout nicht ein. Wir buchen die Flüge, dann bummeln wir durch das Gassengewirr rund um den Hafen, dabei checken wir die Schiffsrestaurants.

Als wir uns das Handelszentrum zu Gemüte geführt haben, ohne dass wir einen Einkauf tätigen, gehen wir wieder an den Strand. Unser Ziel ist das Restaurant des Schweizers mit dem Namen Hans. Dessen Qualität wird als Geheimtipp gehandelt, was sich herumgesprochen hat, so finden wir mit viel Mühe einen Tisch.

Das der Tipp heiß ist, das merkt man an den zischenden Speiseplatten, die am Tisch angezündet und somit flambiert werden. Das Spektakel ist perfekt.

Auf dem Rückweg spekulieren wir auf eine originell gestaltete Bar am Strand, doch überraschenderweise ist kein Tisch frei. Wir merken uns den Besuch für den nächsten Abend vor, dann kaufen eine Cola zur vorhandenen Flasche Brandy im Seven Eleven, und setzen uns auf unsere Terrasse. Die qualmenden Nachbarn schlafen anscheinend, denn ausgegangen sind die sicher nicht.

Der folgende Tag führt uns durch einen Strandmarsch in den Norden der Insel. Wir überqueren ungezählte Klippen und durchwaten das Meerwasser hinter bewaldeten Buchten. Ich will eine auf dem Rücken liegende Krabbe retten, doch es ist zu spät. Sie ist hinüber.

Und das Ende droht auch uns, denn völlig erschöpft und kraftlos erreichen wir die zweite Be-Garden-Anlage, obwohl ich zwischendurch oft ins Wasser gesprungen war. Nach dem Schwimmen brauchte ich mich nicht mal abzutrocknen, so schnell hatte das die Sonne in der prallen Mittagshitze erledigt.

Aus Neugier schauen wir uns abenteuerliche Hütten in der namensverwandten Anlage an. Sie wirken improvisiert und verspielt, als hätte ein Inselkünstler Hand angelegt.

Mein Gott, so schlecht wäre eine Unterkunft hier gar nicht gewesen, denke ich. Die darin wohnenden Urlauber werden auf unserer Wellenlänge schwimmen, demnach alternativ angehaucht sein, also ähnlich wie wir. Zwangsläufig hätte es zu vielversprechenden Kontaktaufnahmen geführt, die wir nach dem Intermezzo mit Heidrun und Martin vermissen.

Wir bedauern, nicht in der urwüchsigen Anlage gelandet zu sein. Aber der Strandabschnitt ist reich an Algen und mit glitschigen Felsplatten übersät. Der kann sich nicht mit dem vor unserer Haustür messen, und die Betreuung in unserer Anlage ist freundlich und hilfsbereit.

Als Beispiel stellt uns der Besitzer sein Kanu kostenlos für Paddelausflüge zu Verfügung, was wir ausnutzen. Eigentlich stören nur die Nachbarn, doch mittlerweile kommen wir mit der Situation zurecht.

Am Abend zieht es uns erneut in den Ort. Dort essen wir in dem einem Büchershop gleichenden Restaurant.

Der Essensgenuss bleibt im bescheidenen Rahmen. Nach einem Shopping-Rundgang, bei dem meine Frau ihr Kleidersortiment erweitert, fährt uns ein Moslem-Mädel mit dem obligatorischen Kopftuch mit ihrem Tuk-Tuk nachhause.

Gibt es auf Ko Lanta radikale Strömungen? Hegt die islamgläubige Bevölkerung Sympathien für die Mörderbrut des IS?

Ich weiß es nicht. Diese junge Frau allerdings hat mit Fremdenfeindlichkeit nichts im Sinn. Sie ist freundlich, aufgeschlossen und unkompliziert. Parolen des IS gehen ihr sicher am Arsch vorbei.

Meine Frau macht ein Photo, auf dem mich das anschmiegsame Mädel zum Abschied drückt. Ihre lockere und wünschenswerte Einstellung ist dazu angetan, Feindbilder wirkungsvoll zu bekämpfen.

Sehe ich das Photo, dann verstehe ich die Flüchtlings- und Islamfeindlichkeit in der Heimat nicht. Noch weniger die schlimmen Entgleisungen, die das Sammelbecken an Verrückten unter der IS-Flagge anrichtet. Die-se Irren leben radikale und perverse Neigungen ungehemmt aus, zum Beispiel mit Enthauptungen und Steinigungen.

Aber deswegen werfe ich Fremde in unserem Land nicht in einen Topf mit Vergewaltigern und Massenmördern. Das zu tun zeugt von schwach ausgeprägter Toleranz. Und das die fremdenfeindliche Hetze a la Pegida bei uns Deutschen fruchtet, ist ein Skandal. Immerhin ist die Willkommenskultur ein Zeichen von Intelligenz. Bitte verzeihen Sie mir, aber diese Kritik gehörte an die Frau und den Mann gebracht.

Um den Abend gutgelaunt ausklingen zu lassen, gehen wir zum Indianer. Der kostümierte Thai besitzt das Strandlokal mit dem größten Zulauf. Die Songs der Band Creedence Clearwater Revival laufen bei ihm rauf und runter. Ich erwähne nur drei, Proud Mary, Bad Moon Rising oder Fortunate Son. Wir sind überrascht, wie viele Hits die Truppe gelandet hatte.

Der Indianer ist einmalig. Er hat mit seinem Lokal den Zeitgeist getroffen und hat eine poppige Szenekneipe aus seiner Bar gemacht. Und genial ist, wie er in seiner Indianerkluft die Gäste bezirzt. Auch wir schlagen zu und trinken zwei Cocktails. Angela ihre Margarita und ich den Cocktail Swimmingpool.

In unaufgeregtem Trott, entgegengesetzt der Geschwindigkeit eines Thallis, bewegen wir uns die weiteren Tage über die Insel Ko Lanta. Wir lieben das Flair am Strand und genießen es in vollen Zügen.

Inzwischen bin ich picke backe braun, und mein Gesundheitszustand bietet Beanstandungen keinen Raum. Vermeide ich Stress und lebe weiter so gesund, dann ist die hundert Jahre Schallmauer zu durchbrechen keine Utopie. Ich weiß, ich bin ein Scherzkeks. Aber ist die Prognose zu optimistisch?

Wohl kaum, denn körperlich geht in mir die Post ab. Meine Zufriedenheit ist ein Gradmesser für ein langes Leben. Ich durchlebe weder Schwankungen, noch bin ich instabil. Mich belastende Einflüsse habe ich auf den Mond geschossen. Zum Beispiel kann ich meiner Schwester nicht helfen, da sie zu wichtigen Einsichten nicht bereit ist.

Doch die Zeit bleibt auch in Ostasien nicht stehen. So naht unausweichlich der 5. März, unser Abreisetag nach Ko Phi-Phi.

Es ist ein Samstag. Wir frühstücken gut und ohne Eile, denn uns verbleibt viel Zeit bis zur Abreise. Für zwölf Uhr ist der Transporter auf Motorradbasis bestellt, um uns abzuholen, also gehen wir ein letztes Mal zum Strand und waten genüsslich durch die Wellen.

Auf dem Rückweg in unser Häuschen spricht mich ein Deutscher aus einem anderen Bungalow an. Mit dem hatte ich vorher kein Wort gewechselt. Er drückt mir seine gelesenen Illustrierten in die Hand.

„Für unterwegs", sagt er und will sich abwenden, aber ich bedanke mich für den Lesestoff und wünsche ihm eine gelungene Heimkehr. Danach verabschieden wir uns vom Besitzer der Anlage und seiner Crew und brausen mit dem Tuk-Tuk-Geschoss zum Hafen.

Die Passage nach Ko Phi-Phi dauert eine Stunde. Sie ist nervig. Das Geplärre eines Kleinkindes ist unerträglich. Glücklicherweise ist das Boot unterbesetzt, daher bietet es viel Bewegungsspielraum. Ich beneide die Landsleute, die sich die Zeit lautstark lachend mit ein paar Partien Poker totschlagen.

*

Schon von weitem sehen wir die Umrisse eines Traumschiffes, das vor Ko Phi-Phi ankert. Und sich an dem Riesenpot vorbeigemogelt, legt unser Fährschiff am Kai an und lässt uns aussteigen. Doch o ha, a la BorNoir, was stellen wir mit Verwunderung fest?

Die Insel ist autofrei. Sogar die Mopeds hat man aus dem Blickfeld verbannt, was die Insel sympathisch macht. Alle Gegenstände zum täglichen Gebrauch werden mit Handkarren von hü nach hot transportiert. Wir jedoch brauchen kein Transportmittel, denn wir sind gut bei Kräften und gut zu Fuß. Da unsere Anlage nicht weit entfernt ist, finden wir sie leicht, die Rollkoffer hinter uns herziehend.

Als wir an der Rezeption stehen, zeigt die Hotelfachfrau auf ein niedliches, rosafarbenen Häuschen. Es liegt gegenüber dem Haupthaus an einem Sportplatz.

„Your home", sagt sie und lächelt.

Wir besichtigen den Winzling. Die Hütte hat keinen Kühlschrank, noch einen Schrank, auch keinen Tisch. Sie besitzt nicht mal einen Spiegel im Duschtrakt und auf der Terrasse stehen zwei abgewetzte Plastikstühle. Der Standard ist unterirdisch. Immerhin ist das Frühstück im Preis inbegriffen.

Wir sind sprachlos. Aber etwas Luxus verspricht das Häuschen dennoch, denn höre und staune: Es besitzt eine Klimaanlage. Und noch toller ist: Die Wohnanlage hat einen Außenpool, der allen Gästen zur Verfügung steht.

Zu dem gehen wir, denn wir sind von der Überfahrt verschwitzt. Wir schwimmen ein paar Runden im lauwarmen Wasser, das keine Abkühlung bringt, dann duschen wir uns kalt ab und ruhen uns auf den weichen Liegen aus.

Einer Stunde ist rum, da kleiden wir uns an und brechen zum Abendessen in die Restaurantmeile am Wasser auf. Wir essen, trotz der Menge an unangenehm in Erscheinung tretender Chinesen, in eben einem der chinesischen Restaurants.

Mir serviert man ein Gemüsegericht, das ich mit Sojasoße und Sambal Olek nachwürze, so schmeckt es hervorragend. Mich stört nur das chinesische Paar mit Kleinkind am Nebentisch, das dem Sprössling jede Frechheit durchgehen lässt. Sicher eine negative Folge der Einkind-Politik.

Ko Phi-Phi ist das Starlet der Andamanen-Küste. Seine Popularität liegt an den prächtigen Stränden und der eigenwilligen Inselstruktur mit großem Waldreichtum. Jeder Tourist will ein Stück vom atemberaubenden Ambiente abhaben. Die Menschenmassen mögen es, in der azurblauen See zu planschen. Ihnen gefallen die verwegenen und abenteuerlichen Boottrips, die sie durch Klippen zu benachbarten Stränden und auf Nachbarinsel führen, wo sie ihre Fotos schießen. Ko Phi-Phi ist eine Partyinsel, wie gemalt für die junge Generation.

An der Ostseite der Insel sind die Lokale der Feuerakrobaten beheimatet. Die zaubern zu stampfenden Rhythmen ihr Showprogramm aufs umlagerte Parkett. Auch wir schauen zu, prompt stürmt ein ehemaliger Schüler meiner Frau auf uns zu und begrüßt sie überschwänglich. Als der Schüler mit seinen Freunden wietergezogen ist, da ist meine Frau gerührt. Der Überraschungseffekt hat ihr die Sprache geraubt.

Auch die Feuerdarbietungen tun das Ihrige. Ich finde den Umgang mit dem Feuer verantwortungslos und zu gefährlich. Die knackigen Jongleure lassen ihre Feuerstäbe kreisen und schmeißen sie atemberaubend hoch in die Luft, dabei ist die Verletzungsgefahr groß. Oft landet ein Feuerstab unkontrolliert im Publikum, was nicht immer mit glücklichem Ausgang passiert. Wer kommt für die auftretenden Schäden auf? Eine Versicherung?

Ein Regenschauer überrascht uns auf dem Heimweg. Duschen von oben haben wir in Thailand oft erlebt. Als es aufgehört hat, kommen wir bei der Elite der Feuerkünstler vorbei. Ein Jimmy Hendrix Verschnitt zündet Freiwilligen mit kreisenden Feuernäpfen deren Zigaretten an, die sie im Mund halten.

O nein, bei so viel Waghalsigkeit bleibt einem das Herz stehen. Mich könnte niemand zum Mitmachen bei dem Spektakel überreden, ich bin schließlich nicht lebensmüde und schätze die Gefährlichkeit des Treibens richtig ein. Für die von Touris gemochten Auftritte muss man Leichtsinnige oder gar Dumme finden. Zu der Klientel gehören wir nicht. Und weil das so ist, verzichten wir auf den Gutenachttrunk in der Feuerarena. Stattdessen nutzen die Wirkung der Klimaanlage, durch die sich das Häuschen angenehm abgekühlt hat. In dem Sinne, eine gute Nacht.

Am zweite Tag auf Ko Phi-Phi wollen wir einen Ausflug zum Long Beach machen. Vorher setzen wir uns zum frühstücken in das dafür vorgesehene Minirestaurant neben dem Sportplatz. Das Frühstück ist ansprechend. Ich esse sogar ein Müsli mit Jogurt. Hinterher bin ich pappesatt.

Fünfundzwanzig Minuten Klettern wir durch Baumhüttenanlagen, dann haben wir ihn erreicht, der umschwärmte Long Beach. Wir fühlen uns, als hätten wir uns auf einer Leiter in den Himmel bewegt, denn das Strandstück ist ein Schwimmparadies. Wir breiten die Sarongs unter den überstehen Ästen der Mangroven aus, denn hier gilt das oberste Gebot: Schütze dich ausreichend vor der übermäßigen Sonnenbestrahlung. Das Wasser ist glasklar. Ich kann auch ohne Schnorchelausrüstung pizarre Zebrafische bewundern. Sie schwirren einem in großer Anzahl um die Beine herum.

Auf dem Sarong liegend, döse ich vor mich hin, dabei schweife ich in meinen Gedanken in die nahe Zukunft ab: Es fehlen noch sechs Wochen, dann ist die mit unschätzbaren Erlebnissen ausgestatte Reise vorbei. Sie ist ein Stück Geschichte, ähnlich wie meine vorherige Deutschlandradrundfahrt. Was erwartet mich bei der Rückkehr?

Okay, ich werde Opa und mein Sohn wird heiraten. Darauf kann ich mich freuen. Werde ich weitere Enkelkinder bekommen? Und was folgt dann? Wünsche ich mir weitere derartige Reiseabenteuer?

Käme es so, wäre ich ein Glückspilz. Aber die Spinnerei ist unrealistisch. Das Anstehende liegt in meiner Hand. Für eine spannende Zukunft habe ich die richtige Partnerin ausgesucht und habe mein Fernweh konserviert. Ich bin kein Angsthase, stattdessen traue ich mir eine Menge zu. Mein Lebensmut ist mein Werk.

Jawohl, so ist es. Viele Mitmenschen denken über ein erfülltes Leben nach, aber sie handeln nicht dementsprechend. Ich gehöre zu den aktiven und lebensbejahenden Menschen

Ich wische die Gedanken weg. Erst einmal haben wir spannende Tage auf Ko Phi-Phi vor der Brust und danach die große Unbekannte, das von märchenhaften Sagen eingerahmte Indien. Und wie gehe ich mit der zu befürchtenden Armut um? Mein Gott, nach der Armut in Kambodscha ist das eine Einstellungssache.

Das Wasser hat sich zurückgezogen. Es ist Ebbe. Die Longtailboote liegen auf dem Trockenen. An denen vorbei können wir über den Strand zu unserer Hütte gelangen. Der Hinmarsch zum Long Beach war ein ständiges rauf und runter. Diese Plackerei bleibt uns am Strand entlang erspart.

Das Traumschiff ist immer noch vor Ort. Hier vor Ko Phi-Phi macht es einen längeren Stopp, was für die Attraktivität der Insel spricht. Beim Blick auf den hohen Berg, der majestätisch über die Insel wacht, kommt uns die Idee, ihn zu besteigen. Wir brauchen ein bisschen Aktionismus. Schwimmen allein genügt nicht als Tagesprogrammfüller. Will ich meine gewagte Altersprognose wahrmachen, dann gehört eine große Portion Bewegung dazu.

Aber zuerst stürzen wir uns in die Ausflugswelt mit einem Langboot. Wir buchen einen Half-Day-Trip für den morgigen Nachmittag. Ziel ist die Umrundung der Nachbarinsel mit der berühmten Majabucht, bekannt geworden durch den Leonardo de Caprio-Film „The Beach". In der Bucht wurden die meisten Szenen des Films gedreht.

Zum Abendessen setzen wir uns an die Uferpromenade. An der kann man vorbeitreibende Typen wunderbar beobachten. Wir lieben diese Macke. Habe ich das erwähnt?

Nach dem einverleibten Yellow Chicken-Gericht besuchen wir nochmals die beste Feuershow der Insel, diesmal in der Hippie-Bar. Einige Ausschnitte filmt meine Frau mit dem Handy, zum Beispiel die mit dem Ebenbild des von uns verehrten Jimmy Hendrix. Der Wuschelkopf ist der Star der Thaiszene.

Gegen elf kehren wir in unser Häuschen zurück, dann werfen wir die Klimaanlage an und wünschen uns eine gute Nacht.

Nach dem Frühstück kaufen wir diverse Ansichtskarten, dann setzen wir uns ins Internet-Cafe. Zuerst bucht Angela ein Zimmer in Bangkok, danach schreibe ich eine Mail an Richard. Nach dem Treffen in Kambodscha interessiert mich brennend, wie's gesundheitlich mit ihm weitergeht.

Ein Stück Kuchen rettet uns über die Runden bis zum Ausflug mit dem Langboot. Außerdem erwerbe ich ein weißes T-Shirt mit unzähligen Fischen drauf, wobei der Gag ist, das eins andersfarbig ist und in die entgegengesetzte Richtung schwimmt. Es ist das erste T-Shirt nach Kambodscha und von dem Motiv bin ich begeistert, denn wie der entgegengesetzt schwimmende Fisch fühle ich mich manchmal auch.

Das Einzige, was mich an Ko Phi-Phi stört, das sind die horrenden Preise. Die Attraktivität der Insel ist enorm, doch die Einstufung als Weltwunder hat ihren Preis. Alles ist sauteuer, nicht nur die Getränke und das Essen. Ein Vergleich zu den Preisen auf Ko Lanta oder denen im Khao Sok Nationalpark, entbehren jeder Grundlage.

Wir sind pünktlich am Anlegesteg, aber wir müssen fünfundzwanzig Minuten warten. Erst als die Verpflegungsration an Bord ist, beginnt das ohrenbetäubende Spektakel, denn fürchterlich knatternd legt das Longtailboot mit seiner internationalen Besetzung vom Pier ab.

Wir teilen uns das Boot mit vier Deutschen, es sind vermutlich Berliner, dann mit Franzosen und Thais. Alle zusammen sind wir zwanzig Personen. Mit einem Mann aus Kanada unterhält sich Angela, doch der kann nur flüstern, denn er hat eine Kehlkopfoperation hinter sich, was die Verständigung kolossal erschwert.

Zuerst halten wir an einem Affenfelsen und werden beim Aussteigen fürchterlich nass. Ich hätte mich bis auf die Badehose ausziehen sollen. Meine Frau ist clever und hat ihren Bikini an. Die Affen machen einen überfütterten Eindruck. Kein Wunder, bei der Menge an Booten, die bei ihnen Station machen.

Unsere darauffolgenden Stationen sind eine Piratenhöhle und eine weitere Bucht zum Schnorcheln und Schwimmen. Der Bootsführer, ein cooler Typ, verteilt die mitgenommenen Snacks, dann wirft er Brotreste ins Wasser und wir beobachten, wie sich Fische in den buntesten Farben um die Nahrung balgen. Sie sind sehr schön. Überfischt scheinen die Gewässer um Ko Phi-Phi nicht zu sein.

Danach erfrischen wir uns durch ein Bad im Wasser, denn es ist unmenschlich heiß, und schon kommen wir zum letzten Haltepunkt des Trips, und das ist die weltberühmte Maja Bucht, die unter Naturschutz steht.

In der Bucht klettern wir von Bord und waten über große, glitschige Steinbrocken an Land, dabei gehen wir Hand in Hand, um nicht hinzufallen. Das Geld für den Eintritt haben wir mit der Bootstour bezahlt.

Die zwei Stunden Aufenthalt nutzen wir für den Rundgang durch das eher kleine, aber schmuck zurechtgemachte Gehege. Mit einem abschließenden Sonnenbad endet der besinnliche Ausflug in die Filmwelt. Immer Spektakel muss nicht sein.

Wir wollen aufbrechen, doch es fehlt eine junge Frau. Wo steckt sie? Das Gelände ist überschaubar. Verirren kann man sich darin nicht. Auch einen Unfall kann man ausschließen. Warum also verpasst sie den Abfahrtstermin?

Der Sachlage auf den Grund gehend, macht sich der Guide auf die Suche, doch er kommt mit zuckenden Schultern zurück: „No little Women", krächzt er. Aber ohne die junge Frau können wir nicht ablegen. Uns bleibt nur übrig zu warten und das dauert.

Nach einer guten Stunde taucht sie total aus den Fugen auf. In ihren Augen spiegelt sich die Angst, wir könnten ohne sie die Insel verlassen haben. Aber wo sie war und warum sie die Zeit verpeilt hat, verrät sie nicht.

Leider legen wir wegen des verpeilten Mädels sehr spät und weit außerhalb des Piers der Hauptinsel an. Doch da ich hungrig bin und nach einem ausgiebigen Essen in einem Restaurant lechze, machen wir uns sofort auf den weiten Weg zu unserem Häuschen.

„Was essen wir heute?", richte ich die wichtige Frage an meine Frau.

Und die antwortet: „Ich habe da eine Idee."

Unsere Kleidung ist durchnässt. Wir benötigen trockene Klamotten. Also duschen wir am Pool und ziehen frische Klamotten an, dann gehen wir zum Abendmahl in die Restaurantmeile.

Da endlich rückt Angela mit ihrer Idee raus. „Heute machen wir einen italienischen Abend", schwärmt sie und entscheidet sich für eine Meeresfrüchtepizza, die wahnsinnig lecker duftet. Ich bevorzuge ein Spaghetti Bolognese Gericht.

Und aus Mangel an Bock auf weitere Aktivitäten, lassen wir den Feuerzauber ausfallen. Stattdessen kaufen wir ein Fläschchen Brandy, dazu eine große Cola, alles wie gehabt, dann nehmen wir die Getränke mit auf die Terrasse. Auf der hat sich ein schmusiges Kätzchen häuslich niedergelassen. Ich schmuse mit dem Tier, dann machen wir uns fertig für die Nacht.

Ich habe meine Tablettenration geschluckt und lasse mir beim frühstücken den Text von Richards Mail auf dem Smartephone vorlesen. Seine Untersuchungen in Bangkok seien abgeschlossen, schreibt er. Momentan sei er, ohne die fällige Operation durchführen zu lassen, nach Ko Phan Ngan unterwegs.

O Gott, was bist du leichtsinnig, alter Knabe.

Richard schreibt weiter: Er stehe in aussichtsreichen Verhandlungen mit der Krankenkasse. Nun, ja, das ist wenig aufschlussreich. Und ob es stimmt, auch das ist nicht sicher. Jedenfalls hat sich unser beabsichtigtes Treffen in Bangkok erledigt. Vielleicht treffen wir ihn beim Besuch der Tochter in Berlin?

Wir haken das Kapitel Richard ab und gehen das Besteigen der imposanten Erhebung auf der Hauptinsel zum New Point beherzt an. Wir wählen die längere und waldreiche Variante, die viel Schatten garantiert, dennoch wird es eine schweißtreibende, aber lohnende Angelegenheit.

Als wir das Plateau der Bergkuppe erreicht haben, sind wir nicht allein. Der Aussichtspunkt ist ein kleiner Rummelplatz mit Verkaufsbude. Von oben machen wir sehenswerte Photos von der Insel in seiner Gesamtheit und ich belohne mich mit einem Eis, bevor wir diesmal den verkürzten Abstieg wählen. Der besteht aus etwa tausend Stufen in der prallen Sonne und führt uns in den Ort zurück. Trotz Kopfbedeckung bin ich knapp an einem Sonnenbrand vorbeigeschrammt. Darüber erfreut kaufen wir uns beim Bäcker leckere Kuchenstücke und am Gemüsestand eine Tüte Weintrauben.

„Heute gönnen wir uns was", hebe ich den Kauf hervor, als ob wir sonst schlecht leben würden. „Wir leben zu kalorienreich", ergänze ich. „Der überflüssige Ballast in der Bauchregion muss weg."

Mit der Begründung gehen wir an den Long Beach. Ich will mir das lästige Übergewicht von den Rippen schwimmen, aber diesmal ist das Wasser an unserem königlichen Liegeplatz vom letzten Mal sehr unruhig. Noch dazu ist er besetzt. Immerhin ist der Ausweichplatz sonnentauglich. Doch nach wenigen Schwimmeinlagen und einstündiger Liegedauer, brechen wir das Faulenzerdasein ab und kehren in unsere Anlage heim. Wir duschen am Pool und schreiben Ansichtskarten, bis uns der Hunger in die Fressmeile treibt.

Im 4 Seasons, in dem ich vor zwei Tagen das süß-sauer Gericht gegessen hatte, das hatte am Vorabend besonders gut geschmeckt, essen wir wieder sehr gut. Und mit der allerletzten Feuershow runden wir das Abendvergnügen ab.

Es ist erneut die Show unseres Jimmy Hendrix, der sich besonders intensiv ins Zeug legt. Er übertrifft sich selbst. Eine bessere Show haben wir, trotz mancher Ähnlichkeit mit den Darbietungen auf Ko Tao, auf unserer Reise nicht bewundern dürfen. Angela filmt die herausragenden Sequenzen des Feuerakrobaten für unseren Freund Ayram auf La Gomera. Der kann sich an der Qualität der Darbietungen eine kräftige Scheibe abschneiden.

Weit nach Mitternacht haben wir genug gesehen. Wir bezahlen und schlendern wie ein jungverliebtes Paar in

Richtung Häuschen. Dort angekommen, gehen wir in uns, um den tollen Tag sacken zu lassen, dabei genießen wir das Brandy-Cola-Gemisch.

Ich schreibe im Tagebuch die Tageserlebnisse nieder und vervollständige den Ablauf der vergangenen Tage. Als die Klimaanlage ihr Werk vollbracht hat, legen wir uns ins Bett. Angela liest mit dem e-book Reader und ich schlafe sofort ein.

Der letzte Tag auf Ko Phi-Phi beginnt mit dem Schwimmen meiner Runden im Pool. Dann wasche ich mir die Haare unter der Dusche und danach meine Reiseshorts. Hier trocknet sie in wenigen Stunden. Und da wir WLAN haben, schnappe ich mir das Smartephone und lese im Kicker die Fußballergebnisse. Heutzutage ist man nirgendwo auf der Welt von den Ergebnissen im Sport abgeschnitten.

Ich lese, dass Leverkusen 3:0 in Paderborn gewonnen hat und die Bayern als Gegner im DFB-Pokal gezogen haben. Es kommt demnach zum Knüller Bayer gegen Bayern. Okay, schlimmer ging es nicht, aber was den Fußball betrifft bin ich an Kummer gewöhnt.

Nach dem Frühstück mit dem bewährten Müsli, gehen wir ins Reisebüro. In dem buchen die Fährfahrt nach Krabi und die Weiterfahrt mit dem Taxi zum Flughafen. Tausendeinhundert Bhat kostet der Kleinkram, umgerechnet dreißig Euro. Und damit fertig, mieten wir ein Kajak am Nordstrand. Der Vermieter verlangt einhundertfünfzig Bhat, das sind drei Euro, nachdem er die Verhandlungen mit dreihundert Bhat eröffnet hatte. Ich habe das Handeln nicht verlernt.

Nach einer Stunde intensiven Paddelns passiert mir bei der Abgabe des Kajaks ein Malheur. Ich klettere aus dem Boot und komme ins straucheln, dann falle ich ins Meer. Akrobatisch kann ich die Kamera gerade noch über Wasser halten, sonst wäre sie unter die Wasseroberfläche geraten und das Bildmaterial wäre futsch. Meine Frau schlägt wegen meiner Ungeschicklichkeit die Hände über dem Kopf zusammen. Nicht auszudenken, wie ich mit dem Verlust hätte umgehen sollen. Der hätte mich am Boden zerstört.

Auf dem Heimweg kaufen wir Donuts und Obst ein. Meine Ananas schmeckt hervorragend, Angelas komische Früchte ohne Namen sind nicht nach meinem Geschmack. Zudem ist es wieder superheiß, daher legen wir uns in unser von der Klimaanlage gekühlte Zimmer.

Ich schlafe prompt ein.

Später gehen wir an den Pool und legen uns auf die schattigen Liegen. Ich lese in der von Ko Lante übriggebliebenen Illustrierten, obwohl sie ein Wurstblatt ist und ich den Schreibstil nicht mag. Wir bleiben bis sechs Uhr, dann dusche ich und mache mich ausgehfertig. Meine Frau folgt mir einige Minuten danach.

Zum Abschied essen wir wieder einmal zufriedenstellend im 4 Season. Nur das mit dem Gutenachtgetränk klappt nicht. Das gewünschte Vanilleeismilchgetränk, das ich mir als Floh in den Kopf gesetzt hatte, ist nicht zu bekommen. Wir finden kein Lokal, das mir den Wunsch erfüllt, doch zu guter Letzt werden wir in einer Pizzeria fündig, in der wir wegen eines Regenschauers unterstellen.

Den restlichen Schnaps und die Cola vernichten wir vor dem zu Bett gehen. Und der Flug nach Bangkok ist gewichtslimitiert so wie wir's gewohnt sind. Wieder einmal darf das Gewicht des Gepäcks fünfzehn Kilo nicht überschreiten.

*

Die Nacht war unruhig, da eine Abreise ansteht. Wir stehen früh auf, packen unseren Krempel ein, und sind als erste am Frühstückstisch. Nachdem wir gegessen haben sind wir auch die ersten, die wieder gehen.

Nach erfolgreich bestandenem Room-Check hole ich das Pfand für den Hausschlüssel an der Rezeption ab, dann machen wir uns auf die Socken. Unterwegs kaufen wir frische Kuchenstücke für unterwegs in einer Bakery. Die werden das Hungergefühl bis zum Abendessen in Bangkok unterdrücken.

Die Überfahrt verläuft reibungslos. Nur ein Mann aus Deutschland steht total neben sich. Auf der Fähre hat man ihm die Tasche mit den Wertgegenständen und Papieren geklaut. Ich empfinde wenig Mitleid mit dem Miesepeter. Er ist unsympathisch, und das umso mehr, als er seine Frau als Schlampe betitelt. Sie sei schuld an allem, denn sie hätte besser aufpassen müssen. Als ob sie was für seine Schludrigkeit könnte.

Arme Frau. Mit dem Typ hat sie die Arschkarte gezogen. Aber unsere Trauer ist überschaubar, als wir das Paar aus den Augen verloren haben.

Der bestellte Taxifahrer steht bereit. Er bringt uns trotz endlosem Herumkurven zum Airport. Auch die Gepäckaufgabe ist von Erfolg gekrönt. Ich bleibe knapp unter dem erlaubten 15 Kilo Maximum. Bravo. Ich habe das Gewicht perfekt abgeschätzt, demnach richtig eingepackt.

Wir warten eine Stunde, dann steigt der Flieger in den Himmel hinauf und landet etwas holprig auf der Rollbahn in Bangkok. Ich war ich kribbelig. Der wievielte Flug war das? Ich überlege, aber entgegengesetzt zur Kofferaufgabe bekomme ich die Anzahl der Flüge kopftechnisch nicht gekramt.

Nach dem Gepäckabholen bringt uns das zugewiesene Taxi für fünfhundert Bhat zum Hotel. Das liegt im gehobeneren Teil der Altstadt. Der Fahrer findet die Unterkunft ohne Navigationsgerät. Dafür nochmals ein Bravo. Das Zimmer ist klein, aber sauber und damit okay. Nur in der Nacht könnte es beeinträchtigende Geräuschentwicklungen geben. Aber nicht wegen dem Gekreische einer Nutte.

O nein, diesmal haben wir ein Esslokal im Dachgeschoss. Aber so ist Bangkok. Irgendwas stört immer.

Wir packen die Koffer nicht aus. Stattdessen begeben wir uns auf die Suche nach einem Reisebüro. Den Flug von Bangkok nach Mumbai haben wir durch das Round the World Ticket sicher in der Tasche, aber nicht den von Mumbai nach Goa.

Und ein Reisebüro gefunden, hat es keine Flüge diverser Billiganbieter im Angebot, also müssen wir das Fluggedöns spätestens am nächsten Tag auf die Reihe bekommen.

Erst einmal stillen wir unseren Hunger. Aber nicht beim Franzosen, bei dem wir vor Wochen waren, denn bei dem ist kein Platz frei. Als Ersatz setzen wir uns ins Imbisslokal nebenan. In dem essen wir Penne Arabiata, doch die Portionen sind klein. Ich werde nicht satt. Dadurch noch hungrig, gönne ich mir ein Hot Dog, dann suchen wir im Bereich der Khao San Road nach einem Goa-Reisführer, zumindest für Südindien.

Doch das ohne Erfolg, aber statt der Lektüre finden wir ein Restaurant, welches das von mir so heiß geliebte Vanilleeismilchgetränk auf der Speisekarte hat. Ich trinke gleich zwei große Gläser, sodass mich eine große Zufriedenheit überfällt. Die Suche nach dem Goaflugticket und dem Reiseführer haben wir auf den nächsten Tag verschoben. Hoffentlich klappt es dann. Gegen elf Uhr verlassen mich die Lebensgeister und ich versuche einzuschlafen, während Angela ihren e-book Reader eingeschaltet hat.

Nach dem Duschen frühstücken wir im Restaurant direkt nebenan. Das im Dachgeschoss macht tagsüber dicht. Hundertfünfzig Bhat kostet die einfache Frühstücksversion mit Marmelade, aber ohne Speck und Ei. Das sind vier Euro. Es ist teuer für thailändische Verhältnisse.

Nachdem wir mit dem Frühstück fertig sind, setzen wir uns an den Hotelcomputer und erledigen die anstehenden Buchungen. Zum Beispiel den Flug von Mumbai nach Goa für 11000 Rupien.

Goa Air, die Billigfluglinie, hat den Flug für 150 Euro im Angebot. Auch ein Zimmer in Flughafennähe in Mumbai für 40 Euro inklusive Frühstück buchen wir, und ein Zimmer für die ersten drei Nächte in Anjuna, das ist der bekannteste Hippie Ort in Goa. Die Bestätigungen trudeln umgehend ein, wodurch wir mit Genugtuung beseelt sind.

Danach schicken wir eine Whatsapp mit mehreren Bildern an die Familie, und eine an unsere die Blumen pflegende Freundin. Auf denen sind wir unter anderem die Floßfahrt im Khao Sok Nationalpark und ich vor dem Mahnmal in Khao Lak. Meine Kinder haben die verstorbenen Marlene und Peter gut gekannt. Sie sind mit ihrem Sohn aufs Gymnasium gegangen.

Inzwischen ist es zwölf Uhr und wir haben den Kopf frei. Daher spazieren wir ins Viertel um die Khao Sok Road und machen uns auf die Suche nach dem Reiseführer für Indien. Und wir haben Dusel, denn wir finden das gesuchte Objekt in einem unscheinbaren Gebrauchtbuchladen.

Als ich zwischen den Büchern herumstöbere, halte ich plötzlich den Reiseführer über Südindien von Stefan Loose in den Händen, und das sogar in Deutsch.

Heute ist unser Glückstag, denke ich, und fange an zu handeln.

Die Händlerin will 680 Bath für das Werk, also 15 Euro, was nach viel klingt.

„Hui", stöhne ich.

Das ist mir zuviel, daher setzte ich dem Angebot 300 Bath entgegen.

O nein. Nichts da, denkt die Verkaufsfrau.

Sie ist clever und bleibt bei ihrem Preis, denn sie hatte bemerkt, wie scharf ich auf die Rarität bin.

Dann eben nicht.

Ich tue so, als ob mich der Reiseführer nicht interessiert und biete 400 Bath, aber dieser Schachzug ist eine unwürdige Meisterleistung. Schauspielerisch besteht bei mir ein gewisser Nachholbedarf, das hat schon bedeutend besser geklappt. Ich kann nur hoffen, das ich lernfähig bin, denn in Indien hat das Handeln einen großen Stellenwert.

Ich versuche es mit 500 Bath und blitze abermals ab. Schlussendlich bin ich froh, den Reiseführer überhaupt gefunden zu haben und bezahle die geforderten 680 Bath. Ohne ihn wären wir in Indien aufgeschmissen gewesen.

Und mal ehrlich: Durch die neutrale Brille gesehen ist der Kauf ein Schnäppchen.

Mit dem frisch erworbenen Reiseführer setzen wir uns in die Khao San Road und essen Kuchen. Ich ein mich anstrahlendes Stück Käsekuchen, Angela ein Stück Apfeltorte. Käsekuchen ist und bleibt mein Lieblingskuchen. Und diesen Genuss gönnen wir uns, obwohl wir an dem Tag sehr viel Geld berappt haben.

Doch um das Problem herumzureden nützt nichts. Die Flüge von Mumbai nach Goa sind nun mal teuer, das Hotelzimmer ebenso und natürlich der Sammeltaxitransport zum Flughafen, den Reiseführer nicht hinzugerechnet. Die Ausgaben sind das Eine, der lockere Umgang damit die andere Seite der Medaille.

Nichtsdestotrotz ist es langsam an der Zeit, dass wir in billige Refugien aufbrechen. Die nötigen Einsparungen versprechen wir uns von dem bitterarmen Indien. Gegenüber Thailand die Preise für den Lebensunterhalt moderat. Doch nun Schluss mit der unnötigen Jammerei, denn viel wichtiger ist: Mir geht es gesundheitlich hervorragend, obwohl wir finanziell am Krückstock gehen.

Oje, der Photoapparat ist voll. Die letzte Aufnahme hat der Speicherchip verweigert, ein neuer muss eingelegt werden. Wir gehen ins Hotelzimmer hinauf und wechseln die Speicherkarte. 2350 Fotos haben wir in fünf Monaten geschossen. Im Vergleich zu den meisten Langzeitreisenden sind das wenige. Wir zählen nicht zu den Knipswütigen, und das zurecht, denn eine zu große Anzahl an Bildern im Fernseher vorzuführen ist einschläfernd. Wer schaut sich die zuhause an?

Als sich der erfolgreiche Tag dem Ende zuneigt, horchen wir auf eine Empfehlung der Frau an der Hotelrezeption. Die empfiehlt uns ein Spitzenesslokal. Leider finden wir die Lokalität nicht. Wo hält sich das Ding versteckt?

Die Wegbeschreibung ist vage, für Europäer schwer nachzuvollziehen. Was jetzt? Als Ersatz bietet sich ein letztes Mal der Franzose an, doch unser Gastspiel wird ein Flop. Ich bestelle die Suvlakia-Spieße, und was bekomme ich? Drei Hähnchenfleischstücke, zwei lauwarme Pitta-Brote, eine widerliche Mußpampe, und einen mit Gurkenstücken durchtränkten Salat. Dazu gilt es anzumerken, dass ich grüne Gurken prinzipiell hasse. Immerhin kann ich das Fleisch und das Brot halbwegs essen.

Und auch am letzten Abend lechze ich als Schlummertrunk nach einem Vanilleeismilchgetränk. Ansonsten habe ich wenige Marotten. Aber damit ich das leckere Mixgetränk trinken kann, müssen wir das Lokal aufsuchen, in dem ich fündig geworden war. Und auch dieses Mal bremse ich mich nicht, denn ich trinke zwei. Angela trinkt einen Cocktail.

Danach marschieren wir nachdenklich ins Hotel zurück, denn der uns in Erinnerung gebliebene Typ in der Khao San Road spielt leider nicht. Und der Ersatzgitarrist kann ihm nicht das Wasser reichen.

Schade, denn sein Vorgänger hatte uns beim ersten Aufenthalt total begeistert. Vielleicht war er die musikalische Ausnahme in der Khao San Road

Wir haben schöne und abwechslungsreiche Wochen in Thailand verbracht, funkt mein Kopf. Blende ich unschöne Gegebenheiten aus, die man überall erleben kann, dann ist Thailand ein Traumland. Das gilt fürs Festland, sowie für die Inselwelt. Es sind die beeindruckenden Erlebnisse, die sich ihren Platz in unserem Herzen erworben haben. Die kann uns niemand aus dem Gedächtnis reißen.

Es ist noch nicht spät, als wir zu Bett gehen, denn am nächsten Tag brechen wir zum Flug nach Indien auf. Für das letzte und unberechenbarste Reiseziel müssen wir ausgeschlafen sein.

Indien

Das Sammeltaxi ist überpünktlich. Wir müssen das Continentalfrühstück abbrechen, das eh nicht der große Sattmacher war, dann holen wir unsere Trollis aus dem Hotel, in dem wir uns für die freundliche Unterbringung bedanken. Und umgehend rauschen wir mit drei weiteren Fahrgästen zum Airport, vorher habe ich noch unser Hotel geknipst.

Der viereinhalbstündige Flug mit einer Mahlzeit verläuft unspektakulär. Serviert bekommen wir ein indisches Reisgericht, dazu Nudelsalat, Jogurt und einen Pudding. Auf unseren Flügen ab Lüttich auf die Kanaren, mit einer belgischen Billigfluglinie, werden wir nicht verwöhnt. Und voller Neugier in Mumbai gelandet, beginnt ein unvorstellbares Drama.

Dass Visum im Reisepass meine ich nicht. Das ist in Ordnung. Auch das Geld ziehen am Automaten funktioniert einigermaßen, doch mit der Taxifahrt zum Hotel beginnt das Grauen. Erstens haben wir uns das Falsche aufschwatzen lassen, denn der vorauszuzahlende Preis von 900 Rupien ist eine Frechheit. Zweitens findet der Fahrer das gebuchte Shubhangan-Hotel nicht.

Wegen ungenügender Ortskenntnisse kurvt der ratlose Mann eine Stunde in einer düsteren Gegend herum, obwohl wir ein Hotel in unmittelbarer Nähe des Flughafens ausgewählt hatten.

Wir fassen es nicht. Er fragt x-beliebige Leute, doch auch das ist zwecklos. Wir haben viele Horrorstories über die Frechheiten der Taxifahrerinnung in Indien gelesen. Steht uns ein ähnliches Kapitel bevor? Landen wir in der Walachei und werden ausgeraubt?

Immer wieder hält der Fahrer an. Von dem Hotel weit und breit keine Spur. Stattdessen will er mehr Geld. Sein Chef hätte das angeordnet: Mit dem stünde er in tele-fonischer Verbindung.

Aha, wir haben richtig vermutet. Die Abzocke ist Programm. Ich bin stinksauer. Wie kann meine Frau nur so ruhig bleiben?

Nichts da, mein Freundchen, gebe ich ihm in Englisch zu verstehen. Bring uns gefälligst zum Hotel, dann reden wir weiter.

Als der Fahrer merkt, dass er auf Granit beißt, setzt er sein Taxi widerwillig in Gang und gabelt einen Typ auf, der einsteigt und mitfährt. Und welch ein Wunder, denn wir erreichen mit dessen Hilfe das Hotel.

Ich kann es nicht glauben. Sicherlich ist Mumbai ein Schmelztiegel der übelsten Sorte, aber das ist keine Entschuldigung für sein krasses Fehlverhalten. Gerade Taxifahrer sollten sich in dem Labyrinth auskennen.

Als wir unser Gepäck ausgeladen haben, drücke ich dem Helfer hundert Rupien in die Hand. Ob er sich die Belohnung mit dem Fahrer teilt, das ist seine Sache.

Die Formalitäten an der Rezeption sind schnell erledigt. Auch dem Boy, der das Gepäck ins Zimmer hinaufträgt, gebe ich hundert Rupien. Das ist zu viel, aber kleiner habe ich es nicht.

Danach machen wir einen Sprung in die Umgebung, die uns fremdartig und gefährlich vorkommt. Geradezu unheimlich ist das Verhalten der Männer. Deren unergründlich glühenden und tiefdunklen Augen erzeugen in mir eine undefinierbare Beklemmung. Kommen wir für die Inder aus einer feindlichen Welt?

Diese Ablehnung hatte ich in anderen asiatischen Ländern nie empfunden. Hier wird meine blonde Frau wie ein Fabelwesen begafft. Es fehlt nur, das man sie angrabscht. Unwillkürlich denkt man an die häufig auftretenden Vergewaltigungen.

Touristen sind abseits der Reisezentren selten, und wir sind aus Unwissenheit im ursprüngliche Mumbai abgestiegen. In den ärmlichen, heruntergewirtschafteten Gassen herrscht großes Gefahrenpotenzial. Man sieht mir an, das mir die Angst im Nacken sitzt.

Wir kaufen wegen der chaotischen Gegebenheiten an einem Getränkestand Bier mit Limo, und nehmen die Getränke mit zwei Pappbechern mit aufs Hotelzimmer, das sogar eine kleine Sitzecke bereit hält. Wir schotten uns ab, um auftretenden Anfeindungen zu entgehen. Morgen früh mache ich Photos von den bitterarmen Verhältnissen rund um das Hotel. Wir befinden uns zwar in keinem Slum-Gebiet, aber weit entfernt von den Zuständen ist die Hotelumgebung nicht.

Das Hotel hat eine erstaunliche Qualität, denn das Frühstück nehmen wir in einem komfortablen Salon zu uns. In dem ist eine Tafel aufgebaut, an der man sich bedienen kann. Es gibt Kaffee, Honig und sogar Müsli. Ein quirliger Kellner verbringt seine Zeit damit, aufdringlich um uns herumzuschleichen. Damit erhofft er sich ein stattliches Trinkgeld.

Anschließend schieße ich die beabsichtigten Fotos auf der Straße, während meine Frau an der Rezeption das Taxi zum Airport ordert, das uns durch riesige Slum-Ansiedlungen fährt. Die sind rund um den Flughafen entstanden und deren Größe löst gewaltige Schockzustände in uns aus. Als uns der Fahrer nach zehn Minuten vor der Abflughalle absetzt, verlangt er kein Geld. Die Taxifahrt sei im Unterbringungspreis enthalten, erklärt er uns.

Oha, es gibt auch Ehrlichkeit im Taxigewerbe Indiens. Ich bin darüber dermaßen erfreut, das ich ihm ein respektables Trinkgeld in die Hand drücke.

Wir sind viel zu früh am Airport eingetroffen, daher setzen wir uns gemütlich in den Schalterbereich, doch wir haben den falschen erwischt. Da wir Goa-Air gebucht haben, gehören demnach auch in den Goa-Air Wartebereich.

Ja, ja, die Abfertigungshalle ist riesig. Sich darin problemlos zu orientieren ist schwer. Aber das Einchecken mit der Kambodscha-Tasche klappt auch hier ohne Beanstandung, so steht der Start in eine von Freunden hochstilisierte Welt bevor. Meine Erwartungshaltung an Goa ist grenzenlos. In jungen Jahren wäre ich gern ins mystische Goa gereist, wie es damals viele Rockstars taten, ich denke an die Beatles, um nur ein Beispiel zu nennen. Ich bin leider nur bis nach Marokko und Griechenland gekommen, aber auch diese Länder waren total angesagt.

Der Flug dauert die angegebene Stunde. Und dann ist es soweit. Nach dem Verlassen des Flughafengebäudes setze ich meine Füße auf die Schwelle zum Reich meiner Träume.

Doch auf dem Flughafen in Goa gelandet, reibe ich mir die Augen. Das soll das gelobte Land sein? Beim ersten Eindruck wirkt das Landschaftsbild unscheinbar, im-merhin wartet das reservierte Taxi.

Da wir Neulinge in Goa sind, kennen wir keine Busverbindung nach Anjuna, auch keine anderweitige preiswerte Verbindung. So beginnt eine halsbrecherische Hatz mit dem Taxi, die eine Stunde dauert. Womöglich kommt uns unerfahrenen Indienreisenden der Trip nur so lang vor.

Ist Anjuna aus der Mode gekommen? Der Ort hat sich gegenüber früher verändert, weil die Partywütigen in

Horden über ihn hergefallen ist. Dennoch prägen alte portugiesische Häuser und weißgetünchte Kirchen hinter einem langen goldenen Sandstrand das Bild.

Zwei Dinge sprechen gegen Anjuna. Das eine ist die drogengetränkte Atmosphäre mit außergewöhnlichem Ausmaß an Missbrauch. Den bestimmen die Händler, die Tagesbesucher, sowie auch die Einheimische. Der zweite Nachteil des Dorfes ist der berühmte Flohmarkt. Jeden Mittwoch überschwemmen Unmengen an Touristen aus anderen Urlaubsorten den Olivenhain am Ortsrand.

Nun gut, das war ein kleiner Vorgriff auf das, was uns erwartet und was wir erleben werden. Erst einmal sind wir heilfroh, als uns das Taxi wohlbehalten vor dem Sunny Cow absetzt, wo wir erwartet werden. In der kleinen Anlage, bestehend aus fünf Wohneinheiten, bekommen wir das beste Zimmer. Wunderschön anzusehen ist die mit bunten Stickereien angefertigte Oberdecke auf dem Bett, in die winzige Spiegelchen kunstvoll eingeflochten sind. Doch das Glanzstück ist das große Bad mit der unter freiem Himmel installierten Außendusche. Die Aufmachung ist voll auf Hippie getrimmt. Leider müffelt es in der Behausung. Dagegen lüften wir kräftig, indem wir Durchzug erzeugen, dazu ist es brütend heiß in dem Gemäuer. Die Temperatur sprengt das Erträgliche. Goa nähert sich der Sommerzeit und damit der Schmerzgrenze. Zu Zeiten des Monsuns versinkt der südlichere Teil Indiens in eine lähmende Lethargie. Aber vorerst sind die Hitze und Luftfeuchtigkeit auszuhalten.

Wir werfen uns in luftige Klamotten und gehen ins nahegelegene Restaurant, das macht einen netten Eindruck. Dort essen wir eine Portion gebratene Bananen, und ich trinke einen Bananashake dazu. Mich stärkt das

Milchgetränk, dadurch bin ich wieder ausreichend bei Kräften zum Erkunden der Umgebung.

Auf dem Weg zum Beach liegen ungefähr zwanzig heilige Kühe auf der Straße. Wir stolpern wir fast über die Viecher. Von Kühen und Verkaufsbuden wimmelt es in Anjuna. Und kaum den Strand erreicht, folgt unser erstes Negativerlebnis. Eine Horde alkoholisierter Inder schlendert auffallend nah an meiner Frau vorbei und die Männer starren sie begehrlich an. Wie erwähnt ist sie blond, daher die verlangenden Blicke. Ich bin entsetzt über den Geifer und kann mir deren Aufdringlichkeit nur schwer erklären.

Gut sehen die Männer nicht aus, eher abstoßend. Auf keinen Fall entsprechen sie dem indischen Schönheitsideal, dafür sind sie zu dick. Das Fett wabert ihnen über den Bund der Unterhose. Eine Badehose besitzen sie nicht. Mich an die badenden Gesellen zu gewöhnen, das fällt mir schwer.

Der Strand ähnelt einem Rummelplatz, obwohl sich die Badesaison dem Ende zuneigt. Der Aufmarsch, vor allem sind es Männer, entsteht durch den Wochenendtourismus, der uns die Laune auf ein angenehmes Bad in den Wellen verdirbt. Wir verschieben es auf den nächsten Tag.

Auf dem Rückweg kommen wir an einem brachliegenden Maisfeld vorbei. Sicher eine der Nachwirkungen des Tourismus. Ein paar ungenutzte Maiskolben, sonst ein gefundenes Fressen für die Kühe, regen unseren Appetit auf das Abendessen an. Ich habe große Lust auf Kebabspieße. Die locken uns in das Restaurant, in dem wir die gebratenen Bananen gegessen hatten. Die Spieße sind scharf und schmecken ausgezeichnet. Mein Spieß soll in Mostard eingelegt sein, doch den schmeckt man nicht heraus.

Der abschließende Besuch in einer prall gefüllten Kneipe mit Live-Musik rundet den turbulenten Tag ab. Ein auf der Hippie-Welle schwimmender Sänger und Gitarrist (total zugewachsen) spielt mit seiner Band Trance-Musik. Für mich ist seine Darbietung entspannend, aber auch einschläfernd, schließlich war die Anreise anstrengend. Doch das mit den Preisen stimmt nicht mit dem Reiseführer überein, denn ich finde sie gesalzen. Für einen Tequilla-Sunrise und ein Bier mit Sprite, berappe ich satte 650 Rupien, umgerechnet also 5 Euro.

Als wir in unser Wohnparadies heimkehren, herrscht Finsternis im Bad. Die Leuchte ist kaputt. Nun ja, das werde ich beim frühstücken reklamieren, dann bekomme ich sicher eine neue Glühbirne und schraube sie in die Fassung.

Unser Frühstück, übrigens im Zimmerpreis enthalten, nehmen wir in der Hocke zu uns. Das Matratzenlager, mit hübschen Tüchern eingerahmt, zwingt uns zu der nicht magenfreundlichen Sitzhaltung. Eine freche Katze leistet uns Gesellschaft. Sie bekommt nicht gerade wenig von Angelas Rührei ab. Der Hausbesitzer reicht mir eine neue Glühbirne, damit ist das Problem Finsternis beseitigt.

Wir packen die Badeutensilien ein und gehen an den unzähligen Verkaufsbuden vorbei zum Strand. Unterwegs wundern wir uns über die mageren und im brennenden Müll herum stochernden Kühe.

Nun gut, auch die heiligen Kühe sind hungrig. Die Viecher gehören niemandem und suchen aus Futtermangel wegen der Dürre zwischen den Häusern nach Essbarem. Eine indisch gekleidete Frau fasst einer Kuh an den Kopf und sich danach an die Stirn. Das Ritual ist ein unbesiegbarer Aberglaube.

Am Strand angekommen, waten wir durch die Brandung bis ans Ende der Bucht. Dort legen wir uns vor eins der berühmten Lokale auf eine Liege. Die Lokalität steht in jedem Reiseführer und hat früher die wildesten Partys veranstaltet. Schatten spendet ein Sonnenschirm. Viele Liegen bleiben frei, außerdem sind sie kostenlos, wenn man ein Getränk bestellt. Den Durst löschen, muss man vor Hitze sowieso. Jedenfalls ist das Wasser herrlich, deshalb lasse ich mich nicht zweimal bitten und koste das Badevergnügen weidlich aus.

Später setzen wir uns ins Lokal und essen eine Kleinigkeit, dabei quatscht meine Frau mit einer jungen, neben ihr sitzenden Inderin. Wie erwähnt ist meine Frau Englischlehrerin und die Inderin ist des Englischen mächtig. Sie erzählt, dass sie aus Mumbai stamme und viele Wochenenden zu einem Trip nach Goa nutze. Goa ist quasi das Mallorca der Inder.

Der Tag war wunderbar. Auf dem Heimweg passiert, bis auf das Anglotzen, woran man sich gewöhnt, nichts aufregendes. Und den Abend verbringen wir auf dem Nachtmarkt in Supasa, wohin wir in einem klitzekleinen Tuk-Tuk für 150 Rupien fahren.

Der Markt ist bis ins letzte Detail durchorganisiert. Sogar die Eingänge werden überwacht. Aus dem Sprachgewirr hören wir viele Russen heraus, die Goa wie eine Flutwelle überschwemmen. Dagegen ist die Zahl der Flüchtlinge, die nach Europa kommen, ein Kinderspiel. Die Verkaufsbuden sind auf Kommerz getrimmt, so sind interessante und bezahlbare Accessoires selten. Auch hier ist das Essen unverschämt teuer. Meine Frau bezahlt für das Tellerchen Paella 350 Rupien, ich bezahle für mein Hot Dog 250 Rupien. Die Preispalette grenzt an Wucher.

Uns ist der Spaß vergangen, doch die Rückfahrt gestaltet sich schwierig. Die Tuk-Tuk Fahrerinnung solidarisiert sich gegen mich und verlangt 300 Rupien. Auf der Hinfahrt hatten wir den halben Preis bezahlt.

Anderen Heimfahrwilligen geht es genauso, deswegen ist nichts zu machen, denn die Taxigilde kann ihre Machtstellung gut einschätzen. Als Begründung beharren sie auf den Nachtzuschlag. Stockschwere Not, wie kommen wir ohne eine Fahrt mit dem Tuk-Tuk nachhause?

Nach langen Verhandlungen etwas abseits vom Abfahrtsplatz finde ich einen Fahrer, der uns für 200 Rupien zu unserem Ausgangspunkt zurückbringt. Es ist atemberaubend, wie dieser Verrückte über die schlechte Straße brettert.

Um uns von der Tortur zu erholen, setzen wir uns in unser Restaurant, und trinken zwei Alsterwasser, dann gehen wir heim und wollen uns Schlafen legen. Doch bei der Ankunft hüllt sich die Anlage in Finsternis, denn Goa wird von einem Stromausfall heimgesucht. Auch das ist keine Seltenheit in Indien. Aber trotz der Totalfinsternis ist mir nicht viel Schlaf gegönnt, denn das ätzende Hundegebell stört, außerdem fetzen sich zwei zänkische Katzen. Ich bin total übernächtigt, als ich mich am Morgen aus dem Bett schäle.

Es ist Sonntag. Wir haben die Mitte des Monats März erreicht. Beim Frühstück haben wir uns zu einer eintägigen Verlängerung des Aufenthaltes durchgerungen. Morgen wollen wir der Hauptstadt Panjim einen Besuch abstatten und eventuell einen Abstecher nach Old Goa machen. Unser Vermieter ist mit der Verlängerung des Mietverhältnisses einverstanden.

Unser heutiges Ziel ist abermals der Strand, an dem das Schwimmen an Herrlichkeit nicht zu überbieten ist. Nach der schrecklichen Nacht brauche ich einen regenerativen Schub durch einen beschaulichen Tag. Und um den gewährleistet zu bekommen, nehmen wir wieder die Liegen des ersten Strandtages. Ich trinke eine Cola, meine Frau eine frische Kokosnuss, dann baden wir ausgiebig und lesen. Auch ich habe meinen e-book Reader mit an den Strand genommen.

Am Nachmittag setzen wir uns ins Restaurant und stürzen uns auf einen riesigen Obstsalat, der köstlich schmeckt. Für Aufheiterung sorgt der Fallschirmspringer, dessen Schirm sich im Restaurantdach verheddert hat. Es grenzt an Sisyphusarbeit, den Schirm aus der altersschwachen Dachkonstruktion zu befreien.

Eine weitere Abwechslung bietet eine Frau mit drei Kindern. Die stellen zwei Stelzen in den Sand und spannen ein Seil darüber. Die älteste Tochter balanciert auf dem Seil, dabei jongliert sie mit allerlei Geräten, wie einem Reifen und einem Ball. Wir sind angetan von der Vorführung und spenden der einsammelnden Kleintochter einen ansehnlichen Betrag.

Glücklicherweise sind die Haschischdealer, sowie die sich in Whisky ertränkenden Tagesausflügler hier in der Unterzahl, doch auch die Wenigen stören. Ich kann uns die Dealer nur mühevoll vom Hals halten. Nicht so unangenehm ist die Beschallung durch Trance-Musik-Stücke, die permanent über der Bucht liegt.

In unsere Anlage zurück, buchen wir über den Vermieter ein Taxi für den nächsten Morgen. Das soll uns in die Hauptstadt Panjim bringen. Als Abendessen gibt es die Kebabspieße, wonach wir in der Musik-Kneipe umziehen und einer Blues-Darbietung lauschen.

Der Sänger imitiert Joe Cocker, den ich geradezu angehimmelt hatte. Vor einem Jahr war er der Stargast einer Veranstaltung im Aachener Kurpark, da haben wir ihm enthusiastisch zugejubelt. Hatte ich das erwähnt?

Und weil das Bühnenprogramm in der Kneipe so gelungen ist, wird es halb Zwölf, als wir uns auf den

Heimweg machen. Sogar die Hunde und Katzen zeigen in dieser Nacht Verständnis für unser Schlafbedürfnis.

Wir frühstücken diesmal an einem normalen Tisch, denn das indische Paar mit dem Hund Juno, das den Tisch für sich beansprucht hatte, ist abgereist. Gott sei's gedankt. Der Köter hatte unser liebgewonnenes Kätzchen vertrieben. Doch kaum ist sie wieder aufgetaucht, kann sie nervig werden.

Überpünktlich ist dann das geordnete Taxi, aber darin sitzen gleich zwei Fahrer? Warum? Ist der vereinbarte Preis von 700 Rupien für die halbstündige Fahrt in die Hauptstadt so lukrativ und sie beabsichtigen einen gemeinsamen Einkaufsbummel zu machen? Bei dem Gehaltsgefüge in Indien reicht die Gage für zwei Leute. Aber wie so oft in Taxis liegen meine Nerven blank, denn die Fahrt ist aufreibend..

Panjim ist auf den ersten Blick unscheinbar. Der breite Fluss durch die Stadt ist in seiner Wirkung verschenkt. Nur die drei Spielcasinoschiffe lockern das Bild positiv auf. Wir sind durstig und suchen eine Möglichkeit, uns in ein Lokal am Fluss zu setzen, um etwas zu trinken, doch die Chance auf das Lokal versiecht. So kommen wir ohne Getränk und nach längerem Fußmarsch ins portugiesische Viertel, das eine Menge Charme ausstrahlt. Goa wurde jahrzehntelang von den Portugiesen beherrscht, denn der Landstrich war eine gewinnbringende Kolonie. Profitiert davon haben sowohl die Portugiesen, wie auch die in Goa lebenden Inder, denn die schmucke Bebauung zeugt von außergewöhnlichem Reichtum.

In den Gassen finden wir einen versteckt liegenden Kramladen, der hat auch Wasser und Eis im Sortiment. Wir kaufen uns ein Eis, was sündhaft teuer ist. Indien wäre, was meinen heimatlichen Eiskonsum betrifft, kein

Land für mich. Einen Schluck Wasser trinken wir nach dem Eis, dann stecke ich die Flasche in den Rucksack. Bei meinen unausweichlichen Schweißausbrüchen eine notwendige Maßnahme.

Nachdem wir das Besichtigen der verwinkelten Gassen abgeschlossen haben, steigen wir die einhundert Stufen zum Wahrzeichen der Stadt hinauf. Es ist die schneeweiße Barockfassade der Kirche „unserer lieben Frau der unbefleckten Empfängnis." Die wurde von den 1541 eintreffenden Seeleuten errichtet. Doch da die Kirche verschlossen ist, kraxeln wir wieder hinunter und sind bereit für die überfällige Nahrungsaufnahme.

Ich fühle mich matt und entkräftet. Bin ich an meiner Belastbarkeitsgrenze angekommen? Macht mir die Affenhitze zu schaffen, die Goa wie eine Käseglocke zudeckt?

Fündig bei der Restaurantsuche werden wir in einer Nebengasse in der Nähe der Barockkirche, und zwar in einem Einheimischenimbiss. Wir sind wahrscheinlich die ersten Europäer, die in die bescheidene Hütte einkehren, so interessiert beäugt man uns. Ich esse das Byriani-Gericht und bin überrascht, wie groß die Portionen sind und wie ordentlich das indische Nationalgericht in einem Imbiss schmecken kann. Angela isst das indische Brot mit einer grünen Soße. Auch nicht schlecht, vor allem preiswert. So wenig haben wir für das Essen, dazu zwei Cola, seit Ewigkeiten nicht mehr gezahlt.

Trotzdem sind wir pleite. Unsere Rupien in der Geldbörse reichen gerade noch für die Heimfahrt. Doch da der hiesige Geldautomat keine einzige Rupie ausspucken will, verschieben wir das Geldziehen auf Anjuna. Ein Automat hängt in der Nähe unserer Unterkunft.

Aber auch ein Streit unter Taxifahrern fällt mir ein. Ich hatte die Rückfahrt für 700 Rupien mit einem Fahrer am Taxistand vereinbart, dann sind wir Essen gegangen.

So gut, so schön. Aber als wir am Taxistand eintreffen, da kommt es zu heftigen Handgreiflichkeiten, weil ein anderer Fahrer die Absprache nicht akzeptiert. Ist das Geschäft so mies? Beharken sich zwei Inder, dann flie-gen fürchterlich die Fetzen. Doch man besinnt sich, so geht das Handgemenge glimpflich aus.

Am Abend essen wir gegenüber unserem Stammlokal. Der Hintergedanke dabei ist unser Finanzrahmen. Ich bleibe bescheiden, daher lerne ich ein einfaches und preiswertes Reisgericht mit Chili und Curry kennen. Und das ist vernünftig, denn das Gericht schmeckt vorzüglich.

Aber weil der Abend noch lange dauert, besuchen wir die Musik-Kneipe, in der ein Gitarrist melancholisch angehauchte Weisen zum besten gibt. Der Junge schickt mich in heimatlich getränkte Träume. Fluchs bin ich gedanklich bei meiner Tochter. Wie geht es ihr in der Schwangerschaft? War der Hauskauf ein Glücksgriff?

Ich hätte sie zu gern beraten. Und wie erreiche ich ihr Haus weit draußen in der Walachei, da meine Frau unser Auto für den Schulweg benutzt?

Nur nicht verrückt machen. Das Haus wird okay sein, und alles andere bekommen wir in den Griff, außerdem ist es Zukunftsmusik. Wichtig ist, ihre Schwangerschaft verläuft ohne Komplikationen.

Auf dem Heimweg bietet man uns Mariuhana an, ich weiß nicht zum wievielten mal. Hier in Goa ist das Angebot groß, entgegengesetzt zu den ostasiatischen Ländern.

Ich lehne dankend ab, denn ich bin fertig mit dem Kiffen. Von dieser Jugendsünde habe ich mich verabschiedet. Aus Vernunft, und wegen meines Infarktes, habe ich das Rauchen gänzlich eingestellt.

Nur meine Frau raucht gelegentlich, wenn auch selten. Sie überlegt: Soll ich oder soll ich nicht? Soll ich wenigstens mal daran schnuppern? In Goa gehört das Kiffen dazu. Als sie ihr Verlangen im Kopf sondiert hat, verzichtet sie. In der Heimat raucht sie gar nicht, was ich begrüße, doch auf Reisen konsumiert sie so manche Zigarette.

Und immerfort staunen wir über die vielen heiligen Kühe, die sich mitten auf der Straße breit gemacht haben. Bis auf wenige Auto- oder Mopedfahrer, die tatsächlich hupen, fahren die Verkehrsteilnehmer brav um die Kühe herum. Entweder schlafen die Viecher, oder sie schwadronieren in kleinen Gruppen durch den Ort. Das Phänomen der heiligen Kühe bleibt für uns unerschlossen.

Als wir in unser Refugium zurückgekehrt sind, stellen wir mit Entsetzen fest: Wir haben neue Nachbarn. Und unser Entsetzen verstärkt sich, als die sich als sauffreudiges russisches Pärchen herauskristallisieren.

O nein, alles darf passieren, nur keine russischen Urlauber. Das Glück ist uns nicht hold, aber das war zu erwarten. Weder Deutsche noch Westeuropäer, nein die Russen stellen die größte Zahl der Goa-Besucher. Bis nachts vier Uhr halten sie ihr Saufgelage ab, dann endlich kippen sie aus den Latschen.

*

Wir stehen früh auf, denn geschlafen haben wir nicht viel. Nach dem Frühstück geht unsere Reise weiter. Der zweite Aufenthaltsort in Goa ist das in Hippie-Kreisen hochgeschätzte Arambol.

Einer Engländerin, mit der wir vor der Abreise sprechen, hat man die Unterwäsche geklaut. Die hing auf der Trockenleine. Sie ist außer sich. Immerhin bleiben ihr zwei Bikinihosen, die sie als Unterhosen nutzt.

Trotz des Stromausfalls kurz vor Schluss und den saufenden Russen war es eine ansprechende Bleibe. Den muffigen Geruch hatten wir durch den Einsatz der Räucherstäbchen entschärft. Wir haben uns alles in allem wohlgefühlt. Besonders die Wirtsleute waren zuvorkommend und nett.

Und eben dieser Hausherr ruft ein Taxi, das uns für 600 Rupien nach Arambol bringt, was wiederum den üblichen Rahmen sprengt und mir etwas unverschämt vorkommt.

Der größte Küstenort im hohen Norden Goas ist der wichtigste Ferienort der Gegend. Das Dorf, traditionell eine Hochburg der Hardcore-Hippies, zieht eine bunte Mischung von Travellern an, von denen die meisten die gesamte Saison in einfachen Gästezimmern, Hüttencamps und kleinen Häuschen hinter dem wunderbar weißen Strand verbringen. Leider sind auch hier die gut betuchten Russen in einer weitaus größeren Anzahl anzutreffen, als alternative, spirituell gesinnte Gäste aus Nordeuropa, die lange die Hauptbesuchergruppe Arambols ausmachten.

Das Abendprogramm bietet Live-Musik. Es gibt zahlreiche Esslokale und Ausgehkneipen, außerdem genug Gelegenheiten, neue Yoga-Übungen zu erlernen. Das Strandleben ist relaxt, außer an den Wochenende, dann fallen trinkfreudige Tagesausflügler aus dem Hinterland in Massen in ihren Geländewagen ein. Unser Besuch fällt in die Nachsaison, weshalb wir kein Zimmer reserviert haben.

Die anstehende Zimmersuche verspricht Spannung. Vorher setzen wir uns zum Erholen von der Taxifahrt mit dem Gepäck in eine israelische Kneipe. Ich trinke eine Cola, dann mache ich mich auf die Zimmersuche. Das Hotel nebenan hat eins für 1800 Rupien. Das ist mir zu teuer, immerhin hat es eine Klimaanlage. Die haben wir uns wegen der Bullenhitze in Goa in den Kopf gesetzt. Ich drehe eine Runde durch den Ort, und lande in einer Kifferhölle. Der Preis für das Mini-Häuschen ist 400 Rupien pro Nacht, nicht mal 6 Euro.

Der Preis wäre okay, aber ansonsten nein danke, der ewigwehrende Geruch von Haschisch ist nichts für mich. Dann besichtige ich weitere schäbige Unterkünfte ohne Klimaanlage für 500 Rupien. Alles in allem liegt das Preisniveau in Arambol weit unter dem Anjunas, aber wer will in den Löchern wohnen?

Bedaure, das wollen wir nun doch nicht, aber ein schlechtes Gewissen habe ich gegenüber einer alten Frau, die das Geld sicher gut hätte gebrauchen können. Und gegenüber dem Besitzer eines heruntergewirtschafteten Hotels, der mir tagtäglich mit seinem mürrischen Blick über den Weg laufen wird.

Als ich zu meiner Frau zurückkehre, hat sie sich das Hotelzimmer für 1800 Rupien pro Nacht angeschaut, das sind achtundzwanzig Euro. Mein Gott, es ist Saisonende in Arambol, dafür ist es zu teuer, denn 1 Euro entspricht dem Wert von 68 Rupien. Also schaue ich mir das bisher unbeachtete Hotel gegenüber unseres Lokals an. Von dem komme ich mit einem Angebot von 1200 Rupien ohne Klimaanlage und Kühlschrank zu meiner Frau zurück.

Wir beraten und fällen die Entscheidung, uns die Klimaanlage zu gönnen und das Angebot für 1800 Rupien anzunehmen, denn die Qualität des Zimmers ist akzeptabel. Der Zustand hat uns überzeugt, aber über den Preis werde ich verhandeln. Es ist viel Zeit für die Suche draufgegangen, doch letztendlich klappt es mit einer Ermäßigung. Wir bekommen das Zimmer für 1600 Rupien, also 22 Euro, aber ohne Frühstück, trotz allem ziehen wir erleichtert ein.

Das stinkfaul im Rezeptionszimmer rumlümmelnde Personal verwundert uns zwar, stört jedoch nicht. Um uns für die Sucherei zu belohnen, folgen wir der Stefan Loose Empfehlung und essen bei einem Chinesen.

Ob es am Essen liegt, oder an sonst was, ich weiß es nicht. Fakt ist, urplötzlich wird mir mulmig. Mich hat die Reisekrankheit „Montezumas Rache" erwischt, denn mir ist mau im Magen. Wegen des dazu gehörigen Durchfalls verliere ich unser Klo nicht aus den Augen. Nebenbei ist heute ein alkoholfreier Tag. Es darf kein Schnaps und Wein in Goa verkauft werden, nicht mal ein Bier. Auf Erlass der Regierung wurde der alkoholfreie Tag eingeführt, denn die Inder saufen wie die Löcher.

Ich trinke Wasser und will Ansichtskarten schreiben, leider habe ich mäßigen Erfolg bei der Kartensucherei in der näheren Umgebung. Die brauchbaren Karten mit an-nehmbaren Motiven, die ich finde und schreibe, sind rückständig, sogar scheußlich und langweilig. Es gibt keinen gescheiten Photographen im Norden des Landes, worüber ich mich ärgere, weil es die letzten Kartengrüße unserer Reise werden.

Beim Frühstück bin ich von der Rolle, denn ich leide unter Appetitlosigkeit. Ich versuche es mit einem Bissen vom Brötchen mit Honig und trinke einen Schluck Kaffee, prompt sause ich zur Toilette und führe eine Totalentleerung durch, um danach auf dem Zimmer zu bleiben. Wo soll das hinführen?

Der Aufenthalt in Arambol steht unter einem ungünstigen Stern. Erst am Nachmittag wage ich mich mit meiner Frau vor die Tür. Wir versuchen einen Strandspaziergang bis zum Ende der Bucht und zurück, was

mir bekommt. Dann legen wir uns unter einen Sonnenschutz, und ab und zu kühle ich mich im Wasser ab.
Dass richtige Schwimmen verbietet mir der zu hohe
Wellengang. Alle weiteren erwähnenswerten Erlebnisse
in Arambol im Zeitraffer.

Das wichtigste vorneweg: Es geht mir besser. Und
weiter zu nennen ist die Abendgestaltung in Goa. Sie
begeistert mich mit sich abwechselnden Bands in der
einzig geöffneten Kneipe. Die skurrilen Musiker gehören nicht zu den schlechtesten. So herzerfrischend
habe ich mir die Musikszene vorgestellt. Der Sänger
und Gitarrist der herausragenden Truppe ist der absolute
King für die Schar an weiblichen Groupies. Dieser
Band gehört auch der Schlagzeuger aus Anjuna an. Der
wohnt in Arambol.

Aber wieder zum Leadsänger, denn der ist ein Frauen-
schwarm. Auf seine Ausstrahlung stehen die hübschen
Russinnen. Von großen Mengen Schnaps umnebelt holt
er sich die Mädels auf die Bühne, wo sie tanzen und als
Begleitsängerinnen fungieren. So was gefällt den feierwütigen Russen. Mein russischer Sitznachbar spendiert
der Band eine Runde nach der anderen, wovon auch ich
profitiere. Seine Spendierfreudigkeit kostet ihm ein
Vermögen.

Tja, so sind die Russen in Goa. Sie sind entweder re-
bellisch, was wir in einem italienischen Restaurant erleben durften, wo ihnen die Musik nicht passte, oder
besoffen, was auf das Gleiche hinausläuft.

Weil es mit dem frühstücken wieder problemlos
klappt, unternehmen wir einen Spaziergang durch den
Ort, dabei entsorge ich am Briefkasten der weit abgelegen Post die Ansichtskarten, um danach in eine Art
Kaufrausch zu verfallen. Angela ordert einen hübsch
verzierten Sarong als Tagesdecke, ich dagegen schlage

bei niedlichen Babyschühchen und einem Mini T-Shirt mit Elefantenmotiv zu. Auf was für Ideen man als angehender Opa so kommt.

Zwischendurch wird meine Frau von einer heiligen Kuh angerempelt, die mutterseelenallein durchs Dorf trottet und sich auf ihrem Weg behindert fühlt. Die Attacke endet unbeschadet. Dass wir unentwegt auf das Müllproblem gestoßen werden, ist unvermeidbar. Die Leute sind nicht in der Lage, ihren Müll in die Abfallbehälter zu werfen. Sie lassen ihn fallen wo sie gerade stehen. Was ist das? Ist es Engstirnigkeit?

Es gehört zu den alltäglichen Lebensgewohnheiten der Inder, was sie nicht gerade sympathisch macht. Unsere Angst vor der Männerwelt, wegen der undefinierbar finsteren Blicke, haben wir abgelegt. Deren Feuer in den dunklen Augen gehört zu ihrem Naturell. Und weiter hervorzuheben sind die heilsamen Aufenthalte auf den Sonnenliegen am Strand.

Am letzten Tag vor der Abreise ist das Müsli schwer verdaulich, aber es stopft und beruhigt die Magenwände. Nach dem Frühstück besorge ich Geld aus dem Automaten, bezahle das Zimmer und ordere ein Taxi zum Bahnhof in Margaos für den nächsten Morgen. Währenddessen reserviert Angela mit dem Handy ein Zimmer in einer Ayurveda-Anlage in der Pilgerhochburg Gokarna. Die Stadt liegt südlich hinter der Landesgrenze zu Goa, etwas eine Stunde Zugfahrt von Margaos entfernt. Nach Reiseführer ist der Zielort ein kultureller Leckerbissen.

Und alles für die Abreise erledigt, machen wir uns für Goas schönsten Strand fertig. An dem genießen wir die Sonnenstrahlen und das Wasser mit seinem gemäßigten Wellengang in vollen Zügen. Leider müssen wir uns ohne große Rituale von Arambol verabschieden. Uns ereilt das Schicksal aller Reisenomaden, doch mit dem sich verabschieden können wir umgehen.

So landen wir ohne Tränenorgie abermals beim Italiener, der uns sehr gut gefallen hatte. Bei dem esse ich ein einfaches Spaghettigericht, um den Durchfall zu den Akten legen zu können und die Darmwände nicht zu reizen. Dann ziehen wir uns in der Kneipe eine Band rein, deren Musik aus hörenswerten Reaggee-Stücken besteht, die sie perfekt spielen.

Gegen elf Uhr sind wir einschlafreif, dafür lassen wir die Aircondition über Nacht durchlaufen, durch dessen Kühlwirkung ich in der vorherigen Nacht wenigstens zeitweise geschlafen hatte.

*

Der Frühstücksablauf ist gleichbleibend, nur esse ich kein Müsli, stattdessen Spiegeleier mit Toast. Dann schnappen wir unseren Krempel und machen uns auf den Weg zum Taxistand. Lets go. Packen wir's an.

Es wird ein zweistündiger Höllenritt nach Margaos mit einem wildgewordenen Taxifahrer. Der rast durch die verwilderte und vielseitige Pampa. Hinterher ist Angela nicht mehr zu gebrauchen. Um sich von den Qualen der Fahrt zu erholen, bleibt ihr bis zur Abfahrt des Zuges eine Stunde. Ich löse die Zugtickets, dann setzen wir uns auf eine Bank, dabei bohrt in mir die Ungewissheit. Nehmen wir den richtigen Zug? Alle Infos sind vage und unverbindlich.

Sechzig Minuten sind vergangen, dann steigen wir in den Zug und es ist der richtige. Aber warum fährt er nicht ab?

Die Zeit verrinnt. Die Decke des Wagens hängt voller Ventilatoren. Da, endlich ruckelt es. Der halbvolle Zug nimmt mit einer satten Stunde Verspätung seine Fahrt

Richtung Gokarna auf. Jetzt verstehe ich auch den Sinn der vielen Ventilatoren. Sie sollen in den oft nur stehenden Zügen den Hitzetod verhindern.

Gokarna liegt am weißen Sandstrand vor der Kulisse der bewaldeten Ausläufer der Westghats, sechs Busstunden nördlich von Mangalore. Die Kleinstadt ist eine Hochburg für Pilger und liegt im Staat Karnataka. Sie beherbergt eins der reizvollsten Heiligtümer Indiens. Seit mehr als zweitausend Jahren ist Gokarna ein Zentrum der Shaivas. Erst am Anfang der neunziger Jahre zogen Neo-Hippies auf der Flucht vor Goas zunehmender Kommerzialisierung an die wunderschöne Küste, dennoch übersteigt die Zahl der Hindu-Wallfahrer die der vor dem Winter flüchtigen Ausländer. Gott sei Dank hat der Ort seinen ureigenen Charakter weitestgehend gewahrt.

Nach zwei Stunden Zugfahrt steigen wir am Bahnhof Gokarnas aus. Der liegt weit außerhalb des Ortes. Wir chartern ein Tuk-Tuk, doch der Fahrer bezweifelt die ihm genannte Adresse der Anlage mit dem wohlklingenden Namen Arta Ayurvedic Center.

Er irrt lange umher, bis wir schließlich hoch oben am Hang zum Kudle-Beach landen, was richtig ist, denn hier am Traumstrand liegt laut Taxifahrer die gebuchte Anlage. Die falsche Adressenangabe sei ein Versehen, so windet sich das Vermittlungsportal, dessen Namen ich oft erwähnt hatte, bei unserer Nachfrage heraus.

Am Hang warten Träger. Angela nimmt sich einen für ihren Rollkoffer, ich aber bin dämlich und buckele den meinigen in der brüllenden Hitze den Steilhang hinab, und dann über den langen Sandstrand zum Center.

Als wir ankommen, bin ich erledigt, aber unser Zimmer entschädigt mich für die Pein. Es ist nett und sehr sauber. In dem lässt es sich aushalten. Und da Essenszeit ist, verschieben wir das Auspacken und testen im Restaurant die Ayurveda-Küche.

Ich bin schockiert, denn die hat's in sich. Es gibt keine Getränke wie Cola oder Limonade, auch kein Bier. Von der ungewöhnlichen Auswahl kommt für mich nur ein Zitronengetränk ohne Zucker in Frage. Pfui Teufel, ist das sauer.

Das Essen ist rein vegetarisch. Die Gerichte werden aus frisch geerntetem Gemüse zubereitet, ohne Salz, nur mit gesunden Gewürzen. Ich verstehe aber nicht, was ich da esse, denn die Namen der Gerichte sind mir fremd.

Tja, so lerne ich auf meine alten Tage die asiatische Form der gesunden Ernährung kennen. Warum eigentlich nicht?

Wir nehmen ein Bad im Meer, dann ziehen wir uns auf die Zimmer-Terrasse zum Schlafen zurück, dabei begegnen wir unserer Nachbarin. Wir unterhalten uns lange und intensiv mit ihr, denn sie ist sympathisch.

Die Nachbarin besucht ihren Sohn, der in Mangalore für ein deutsches Bauunternehmen arbeitet. Er hat eine Inderin geheiratet und sie hat nach der Hochzeit zwei Wochen Ayurveda-Kur drangehangen.

„Die Kur bekommt mir sehr gut", sagt sie. Meine Frau spitzt die Ohren und hört fasziniert zu. Sie wird doch nicht auf die Idee kommen....?

Heute frühstücke ich Pancake mit Honig auf ayurvedisch, doch da ich nur halbwegs satt geworden bin, schiebe ich einen Obstsalat nach. Danach sieht der Programmablauf einen halbstündigen Fußmarsch ins geschichtsträchtige Gokarna vor.

Unterwegs begegnen wir vielen heiligen Kühen. Eine hat zwei unterschiedlich bemalte Hörner, einer anderen hat man eine hübsche Kette als Halsschmuck umgehängt. Die Tiere sehen lustig aus. Die hier lebenden Freaks scheinen bester Laune zu sein. Warum sonst haben sie sich diesen Scherz erlaubt?

Und nun zu Gokarna. Der Ort besteht aus einer Ansammlung von Häusern mit Holzfronten und Terrakotta-Dächern rund um einen Basar. Seine Hauptstraße führt nach Westen zum Stadtstrand, das ist ein sakraler Ort. Begebe ich mich auf die Ebene der Hindu-Mythologie, dann ist dies die Stelle, an der Shiva durch das Ohr einer Kuh aus der Unterwelt wiedergeboren wurde. Demnach beherbergt die Stadt den Pranalingam, in dem einer der mächtigsten Shivalinga Indiens aufbewahrt wird. Den hatte der teuflische König von Lanka in Gokarna abgestellt, nachdem er ihn aus Shivas Heimstatt auf dem Berg Kallash entwendet hatte.

Der Tempel Shri Mahabaleshwar, am Westrand des Basars gelegen, gilt als dermaßen wunderträchtig, dass schon ein Blick genügt, um sich von tausend Sünden reinwaschen zu können, sogar vom Mord an einem Bramahnen. Die Pilger rasieren sich den Kopf kahl und nehmen vor dem Darshan ein rituelles Bad im Meer. Dann beginnt der Wallfahrtsbesuch traditionellerweise am Strand, gefolgt vom Puja im Tempel Shri Mahaganpati, um dem elefantenhäuptigen Gott Genash Achtung zu erweisen. Da Ausländer die Anstandsregeln im Tempel verletzt hatten, ist den Touristen der Zutritt verwehrt. Seither wird der Eingang streng bewacht.

Wir gehen an den besagten Strand, setzten uns auf eine Bank mit schattenspendender Überdachung und beobachten aus respektvoller Entfernung das rituelle Baden im Meer. Da es wahnsinnig heiß ist, trinken wir Cola und sehen dem Pilgertreiben zu. Die Teilnehmer, hinter bunten Tüchern versteckt, ziehen sich aus und reinigen ihre Seelen im schmutzigen Meerwasser, Männer und Frauen getrennt.

Plötzlich hält ein Pilgerfahrzeug, und eine Horde Inder kommt auf uns zugerannt. Was haben die vor? Wie schütze ich meine Frau vor der Meute?

Mir schwant eine Menge Ungutes, als mich deren Anführer auffordert aufzustehen. Warum will er das? Eigentlich ist doch meine blonde Frau das Objekt der Begierde?

Nach längerem hin und her stellt sich heraus, dass der bittere Kelch eines Übergriffs an uns vorüber zieht. Die Männerriege will nur Fotos machen, darauf sie, meine Frau und ich, weshalb ich erleichtert lache und wir ihnen den Gefallen tun. Sie nehmen uns in die Mitte, dann knipsen sie wild drauflos. Meine attraktive Frau ist eine Attraktion für aus dem Hinterland stammende Pilger, und Auslandstouristen laufen ihnen dort so gut wie nie über den Weg, schon gar nicht solche Exoten wie wir.

Schwein gehabt, denke ich. Ich war irrtümlich davon ausgegangen, dass wir die Privatsphäre durch unser Rüberschauen zu den sich Reinigenden verletzt haben und dafür auf entsprechende Weise bestraft werden.

Aber Pusteblume, alles ist harmlos.

Übrigens ziehen sich die Fotowünsche wie ein roter Faden durch unseren Aufenthalt in Indien. Hoffentlich hebt meine Frau nicht irgendwann ab und fühlt sich wie ein Filmstar?

Vom Strand bummeln wir in den Ort. Ein Mann auf dem Weg zum Tempel in Reinwaschkleidung wird böse und beschimpft mich, als ich ihn knipsen will.

Ich entschuldige mich für meine Voreiligkeit, obwohl ich das Bild gern gehabt hätte. Dafür knipse ich ein Foto von einem armaussehenden Inder im Kontrast zu einem reichen Landsmann aus einer höher gestellten Kaste. Auch von einem Trommelhersteller will ich ein Bild machen, doch den frage ich vorher.

Er willigt freundlich ein und lächelt in meinen Fotoapparat.

Dann gebe ich einem Bettler zwanzig Rupien. Später läuft er summend und strahlend durch den Ort, denn meine Spende hat ihn glücklich gemacht. Nicht nur deshalb gefällt es mir in Gokarna. Die Atmosphäre ist angenehm beschaulich, und die Preise liegen deutlich unter denen in Goa, daher kaufe ich mir ein gebatiktes T-Shirt, auf das ich lange scharf war. Die zweihundert Rupien bezahle ich gern.

Als ich eine Taschenlampe käuflich erworben habe, machen wir uns auf den Heimweg. Eine ausreichende Beleuchtung auf dem Weg vom Ort zu unserer Anlage am Kudle-Beach gibt es nicht. Dort will ich noch ein paar Runden im Meer schwimmen.

Abends essen wir wieder ayurvedisch. Ich salze den Reis leicht nach, dann schmeckt das Gericht erträglich. Ein großer Fan der Ayurveda-Küche, wie die anderen am Kurs teilnehmenden Frauen, übrigens noch fünf an der Zahl, werde ich nie. Mit der Nachbarin quatschen wir noch bis spät in die Nacht, denn uns verbindet so allerhand.

Heute bestimmt ein Besuch des „Om-Beach" den Tagesablauf. Ich esse ein kräftiges Müsli, wobei ich die Milch nachbestelle, danach führt uns der Spazierpfad über einen Bergrücken, bei fast unerträglicher Hitze. Auch am Om-Beach überfällt uns eine Horde Inder mit dem Fotowunsch von ihnen mit meiner Frau. Und dem nachgekommen, wird es ein matter Tag. Wir begnügen uns mit Schwimmeinlagen und sonnen uns, aber meist bleiben wir im Schatten der Mangroven, denn die Sonne brennt enorm.

Nach drei Stunden setzen wir uns ins Restaurant am Anfang des Strandes, wo wir den Indern beim Volleyball spielen zusehen. Ich esse eine aromatische Suppe und Angela ein Pancace mit viel Obst, bei dem ich ihr helfe, denn die Portion ist überproportional. Und den Heimweg bewältigen wir abermals zu Fuß, obwohl Motorrikschas auf Kundschaft warten.

Am Strand vor unserer Anlage treffen wir zum letzten Mal unsere Nachbarin an, die ein Abschiedsbad im Meer nimmt. Nach etwas Smalltalk verabschieden wir uns sehr herzlich von ihr, denn sie reist zu ihrem Sohn nach Mangalore, und das int einem Nachtbus, obwohl ihr Eva, das ist die deutsche Leiterin der Anlage, wegen der Gefährlichkeit davon abgeraten hat.

Wir gehen am Abend fremd. Ich lechze nach Fleisch. Wir essen Kebabs in einem mäßig besuchten Restaurant. Aber was heißt mäßig besucht? Die Saison steht vor dem Ende. Viel Remmidemmi gibt es nicht mehr am Kudle-Beach. Auch unsere Anlage schließt in einer Woche, weshalb unsere Leiterin Eva eine Bootstur mit uns Gästen und dem Personal unternehmen will. Es ist eine hervorragende Idee, das finden alle.

Eva geht bis zum kommenden Frühjahr nach München. In den Wintermonaten, wenn hier der Monsun tobt, wohnt sie in Schwabing, worüber ich mich als Ex-Münchner mit ihr ausführlich unterhalte.

Ich hatte keine Minute geschlafen, als Angela mitten in der Nacht den Deckenventilator ausschaltet, daher wird es unerträglich warm im Zimmer. Die heiße Luft steht. Ich kann kaum atmen und gehe hinaus. Draußen lege ich mich auf die unbequeme Terrassenbank, wo ich ein Opfer der Mücken werde.

Dann doch lieber schwitzen, sage ich mir und lege mich nackig aufs Bett, allerdings mache ich den Ventilator wieder an. Mit dem kreisenden Fan überstehe ich eine der schwülwärmsten Nächte der langen Reise

Beim Frühstück erfahren wir, das für zwei der Frauen ihr Cleaning Day angebrochen ist, an dem die Darmflora gereinigt wird. Wegen dem zwangsläufigen Benutzen der Toilette ist deren Teilnahme am Ausflug gefährdet. Doch Eva besteht darauf, trotz heftiger Einwände der Betroffenen, das der Bootsausflug drei Uhr nachmittags steigt. Sie ist der Chef im Ring und hat die Entscheidungsgewalt.

Uns bleiben einige Stunden, um nach Gokarna zu gehen. Wir brauchen dringend neue Sonnenmilch und müssen uns nach den Zugverbindungen zurück nach Goa erkundigen. Unsere letzte Station vor Mumbai soll der Strandort Palolem an Goas Südküste werden. Dafür wäre eine Aufbesserung an Rupien am ATM geboten, also an einen Geldautomaten.

In Gokarna bekommen wir heraus, das der Zug um zehn Uhr abfährt, und die Sonnenmilch, eine Empfehlung unserer abgereisten Nachbarin, finden wir auch, leider nur mit dem Sonnenschutzfaktor fünfzehn.

Für mich reicht der vollkommen aus, so tiefbraun wie ich bin. Auch das Auffinden des Geldautomaten klappt nach längerer Suche und intensivster Fragerei, denn der ist versteckt angeordnet und weit draußen am Ortsrand, dazu ist er der einzige in der Stadt. Als Proviant kaufen wir mehrere Kuchenstücke, womit man in Indien nichts falsch macht, dazu eine Tüte roter Trauben, dann machen wir uns auf dem Heimweg.

Um drei Uhr treffen wir uns am Ausflugsboot. Wir, das sind zwei Frauen des Ayurveda-Kurs, Angela und ich, dann Vera, und mehrere Frauen aus der Küche. Die kommen so gut wie nie in den Genuss eines Ausfluges. Mit dem gecharterten Boot tuckern wir behäbig an der Küste entlang, dabei zeigt uns Vera einige zerstörte Hippie-Camps, die von der Polizei aufgelöst wurden. Man hat die fantasievollen Hütten kurz und schmerzlos abgefackelt, aber über das Warum kann sie uns nicht aufklären, sodass wir heftig darüber diskutieren.

Unser Ziel, einen Fischereihafen, erreichen wir mit Verspätung. Es stinkt bestialisch. Den Fischgestank zu ertragen grenzt an Selbstvernichtung. Die zum Trocknen ausgebreiteten Fische sind ein gefundenes Fressen für viele Seevögel, die machen sich in großer Schar über den Trockenfisch her. Ich schieße irre viele Fotos, aber als ich eine alte Frau und einen Hund knipsen will, die sich an einem Abfallhaufen um einen vergammelten Fisch balgen, streikt die Kamera. Was ist los?

Der Akku ist leer.

„Scheiße, ausgerechnet jetzt", schimpfe ich. Das erschütternde Bild der Armut in Indien hätte ich zuhause zu gern gezeigt, anderseits würde ich mir mit der Offenlegung des Elends Feinde bei empfindsamen Gemütern machen.

Auf dem Rückweg halten wir am Om-Beach. Vera verspürt Lust auf ein Bad im Meer. Wir anderen waten an Land und leisten uns eine Kokosnuss mit Strohhalm. Mit der setzen wir uns in den weißen Sand.

Wie ich voller Melancholie auf das Wasser hinaus schaue, sehe ich vor der untergehenden Sonne die Silhouette einer heiligen Kuh auf einem Felsen. Ein tolles Motiv, denn auf deren Rücken hat es sich eine Schar Raben bequem gemacht.

„Verdammter Mist", fluche ich, denn erst jetzt bin ich richtig sauer, weil ich das seltene Schauspiel nicht im Bild festhalten kann.

Das ist schade, aber es ist nicht zu ändern. Das Missgeschick sollte mir als Warnung dienen. Bei der Heimankunft bezahlen wir fünfhundert Rupien pro Nase an die Organisatorin für den Ausflug, die Vera nicht vom Personal kassiert, dann verabschieden wir die Crew des Bootes.

Ich bedanke mich bei Vera und springe kurzerhand ins Wasser, um den Fischgestank samt Schweißgeruch vom Körper zu bekommen, dann bin ich wieder putzmunter. Mir geht es gut, aber meine Frau leidet an Rückenschmerzen. Auf das Anraten Veras, die guten Einfluss auf Angela ausübt, wird sie sich einer Massage unterziehen. Das ist naheliegend, denn wenn nicht hier in der Anlage, wo dann? Wir wohnen schließlich an der Gesundheitsquelle.

Am letzten Tag vor der Abreise, direkt nach dem Frühstück, verschwindet Angela in die Massagegefilde und kommt nach einer Stunde runderneuert zurück. Achthundert Rupien hat sie berappt, rund zehn Euro. Für den Betrag legt zuhause niemand die Hand an deinen Körper. Und wenn's hilft, dann ist es okay.

Und das Massageöl vom Körper geduscht, stellt uns das aufmerksame Personal einen Sonnenschirm an den Strand. Wir sind dort ganz allein, doch das Wasser ist verschmutzt. Auch der Wellengang ist abschreckend. Trotzdem kämpfe ich mich zur Abkühlung durch die Fluten, dann klappen wir den Schirm zusammen und brechen unseren Strandtag ab.

Die Hungergelüste stillen wir im Restaurant. Ich esse eine französische Zwiebelsuppe, Angela eine Gemüsesuppe. Doch da wir nicht satt geworden sind, teilen wir uns die Nachspeise, einen Pancake.

Die Nachmittagsstunden verbringen wir auf der Terrasse. Ich schreibe im Reisetagebuch, und meine Frau liest ihren Krimi zu Ende. Danach verbringen wir den Abschiedsabend mit Vera und einer der verbliebenen Frauen, die aus Kärnten stammt. Dass ich abermals ayurvedisch esse, das macht mir nichts mehr aus. Mittlerweile habe ich die Vorzüge der leichten Küche erkannt. Die ausschließlich aus frischem Gemüse zubereitete Ayurvedaernährung entschlackt, weshalb Frauen die Einrichtungen zum Abbau von Pfunden, also als Schlankheitskur aufsuchen. Alle Menschen, die uns in der Anlage über den Weg gelaufen sind, sahen gesund und vital aus. Dick oder gar fett war niemand.

*

Es heißt wieder mal Abschiednehmen. Wir frühstücken früh, danach bringt uns der Fahrer in Begleitung zweier Träger, die unsere Rollkoffer schleppen, zu dem der Anlage gehörenden Geländewagen. Sogar Vera nutzt den Trip zum Bahnhof und will im Ort einkaufen.

Beim Abschied drücken wir uns kräftig, dann haben wir viel Zeit. Der Schalter ist nicht geöffnet, denn der Zug hat die in Indien übliche Verspätung. Ob Minuten oder Stunden, das erfahren wir nicht, denn eine Anzeigetafel gibt es nicht.

Doch dann, nach vierzig Minuten, fährt der Zug ein. Wir steigen ein und erstaunlicherweise wird die Eisenbahn nur wenigen Fahrgästen genutzt. Unter ihnen sind Bettler mit Behinderungen, die durch die Gänge robben. Ich spende reichlich, aber das ist nur ein Tropfen auf den heißen Stein.

Der Zug bringt uns nach Canacona, von wo uns ein Tuk-Tuk nach Palolem an den Strand bringt. Der atemberaubende Sandstrand übertrifft alle bisher besuchten Strände in Goa. Wir sind hin und hergerissen von den bunten Strohhütten und den alles überragenden Palmen. Ein ähnliches Palmenmeer habe ich vom Besuch auf den Seychellen in Erinnerung. Uns begeistert jede Kleinigkeit und alles passt wunderbar in die Umgebung. Die von den wogenden Kokospalmen gesäumte Bucht beschreibt einen Halbmond aus goldenem Sand und zieht sich von einer Ansammlung riesiger Felsblöcke nach

Norden bis zu den Sahyadri Hills, die inmitten dichten Waldes ins Meer auslaufen.

Palolem ist der beliebteste Urlaubsort in Goa, aber auch ein verlorenes Paradies, wegen der Masse an Urlaubern in der Hochsaison.

Zum Saisonausklangs haben wir keine Bleibe vorgebucht. Wir hielten es für unangemessen. Aber bevor die Suche nach einer Unterkunft beginnt, setzen wir uns ins noble Esslokal mitten im Ortszentrum. Wegen der stolzen Preise bestelle ich eine Zwiebelsuppe, denn die ist preiswert und schmeckt mir immer besser. Angela gönnt sich einen Obstsalat mit Eis.

So, der Anfahrtsstress ist abgebaut. Mit dem Imbiss sind wir richtig in Palolem angekommen. Die Sucherei nach einer Bleibe kann beginnen.

Zuerst zieht Angela los und erkundet das Palolem-Beach-Ressort gleich gegenüber. Die hätten ein Häuschen mit Aircondition, leider nur für fünf Tage, berichtet sie mir nach ihrer Rückkehr.

Das Häuschen wäre schon mal gut, das Angebot hat was. Dann grase ich den rechten Strandabschnitt nach einer passablen Bleibe ab, aber je mehr ich mir anschaue, umso weniger stoße ich auf etwas akzeptables. Die schlichten Unterkünfte bewegen sich in der günstigsten Preiskategorie zwischen achthundert und eintausendachthundert Rupien, das sind acht bis zehn Euro. Doch alle Unterkünfte haben eins gemeinsam, ihnen fehlt die Klimaanlage und die Bettbezüge sind uralt.

Wir jedoch suchen eine Hütte mit Aircondition und Wohlfühlcharakter, denn die Temperaturen in Goa steigen beträchtlich.

Trotz der Hindernisse verfallen wir nicht dem Stress und lassen uns Zeit, daher sehe ich mir dass von meiner Frau besichtigte Häuschen in Ruhe an und komme zu dem Schluss: Palolem ist ein sauteures Pflaster, aber die Nachfrage bestimmt den Preis. Wohl oder übel werden wir mehr Geld als gewöhnlich fürs Wohnen in die Hand nehmen müssen.

Und das tun wir. Ich handele dreitausend Rupien pro Tag für das orangefarbene Häuschen mit Terrasse aus, inklusive Frühstück, was den Preis relativiert. Nichtsdestotrotz stellen wir mit der vierzig Euro Hütte einen Rekord für Indien auf.

Ohne Spektakel in das Häuschen eingezogen, stelle ich einen Makel fest: Die Klimaanlage funktioniert, aber es müffelt aus dem Duschabfluss. Den verstopfe ich mit einem Lappen, zusätzlich behelfen wir uns mit den mitgeführten Räucherstäbchen.

So ist es in Ordnung. Wir kramen unsere Klamotten in einen Schrank, schon verspüre ich den Hunger. Doch bevor wir den in unserem Anlagenrestaurant bekämpfen, machen wir einen ausgedehnten Strandspaziergang an der linken Strandseite entlang. Das malerische Bild, das sich uns bietet, ist eine Augenweide. Der Anblick der zuckersüßen, kunterbunten Hütten, der originellen Restaurants, und der auf dem Sand bereit stehenden Ausflugsboote, das alles zusammen raubt einem den Verstand. In Palolem zeigt sich Goa von einer liebenswerten Seite, bei der man aus dem Schwärmen nicht herauskommt.

An einer Palme hängt das Hinweisschild auf einen Kochkurs. „Oh ja, den machen wir", beschließt meine Frau, ohne mich zu fragen, woraufhin sie ihr Anliegen erläutert: „Schon zuhause wollte ich indisch kochen lernen, denn ich bin begeistert von der indischen Kochkunst."

Vorerst begnügen wir uns mit dem Anlagenrestaurant und essen Chicken Kebab Spieße, die hervorragend zubereitet saugut schmecken. Das erkennt der redselige

Kellner an unseren spiegelblank gegessenen Tellern. Nur die grünen Gurken pule ich aus dem Salat heraus, sonst stört mich nichts.

Vollgefressen machen wir, trotz Angelas erneut aufkeimender Rückenschmerzen, einen Gang zur Straße und kaufen im Krämerladen Cola, Schnaps und Erdnüsse. Die benötigten Gläser leihe ich im Strandrestaurant aus, das liegt den erwähnten Katzensprung entfernt. Wir trinken zwei Gläser Cuba-Libre, aber alt werden wir nicht. Die Müdigkeit lockt in unser sauberes und mit Moskitonetz versehenes Bett.

Am folgenden Morgen frühstücken wir fantastisch. Wie erwähnt ist das Frühstück im Mietpreis inbegriffen. Wir bekommen eine Kanne Kaffee, zwei Spiegeleier, zwei Scheiben Toast, ein Glas Marmelade und Cornflakes mit einer Garaffe Frischmilch dazu. Die Tischgestaltung ist ein Gedicht. Als Krönung bestellen wir uns zwei Gläser frisch gepressten Orangensaft.

Magen, was willst du mehr?

Anschließend eilen wir in den Ort, dort tragen wir uns für den Kochkurs am Montag sechs Uhr abends ein. Dann frischen wir den Wasservorrat auf und kaufen leckere Trauben. Und die gegessen, besetzen wir zwei zur Anlage gehörige Liegen. Angela vertieft sich in ihren Krimi und ich habe bei den abgelegten Büchern einen Roman von Peter Handke gefunden. Die linkshändige Frau, heißt das Werk. Und obwohl ich Peter Handkes Schreibstil nicht sonderlich schätze, fesselt mich seine Story.

Aber unter dem Sonnenschirm wird es heiß. Als ich zwischendurch zur Abkühlung ins Wasser gehe und vom Schwimmen zurückkehre, bietet sich mir ein lustiges Schauspiel. Mehrere heilige Kühe haben es sich hinter unseren Liegen bequem gemacht und genießen

den Schatten der Sonnenschirme. Meine Frau ist eingeschlafen und bekommt von all dem nichts mit. Als ich
sie aufwecke, staunt sie über das freche Verhalten der
Kühe.

„Solange sie nicht hinter meine Liege scheißen, stören
sie mich nicht", sagt meine Frau. Zuhause sind Kühe eine unbeachtete Randerscheinung. Nur deren Milch genießt großen Stellenwert.

Den Mittagsimbiss nehmen wir im Restaurant hinter
den Liegen zu uns. Wir müssen sie nicht mal räumen.
Unsere Handtücher und Sarongs haben wir vom Tisch
aus im Blick. Trotz der in Palolem zu spürenden Armut, wird kaum geklaut. Ich esse eine Hühnersuppe, die
kräftig gewürzt ist und hervorragend schmeckt, Angela
lässt sich einen griechischen Salat Munden, in dem sich
leider zu wenige Tomaten tummeln. Danach legen wir
uns wieder auf die Liegen, von denen wir das kunter-
bunte Treiben am Wasser beobachten.

Tja, so ist das Wochenende. Es wimmelt von Indern.
Palolem ist die Hochburg des indischen Wochenendtourismus. Die Inder aus dem Hinterland baden in
voller Montur oder fahren hinaus in einem Boot, das auf
Eisenbahnschwellen ins Wasser geschoben wird.

Über den Vorgang rege ich mich berechtigterweise
auf, denn die Schwellen werden mit einer flüssigen, ölig
stinkenden Masse eingeschmiert, das sie gleitfähig
macht und natürlich im Meer landet.

„Den Umweltschutz haben diese Banausen nicht auf
dem Schirm", meckere ich.

Doch meine Frau relativiert das Gesehene: „Die Inder
sind bettelarm", sagt sie. „Für die zählt nur das Geld,
das sie mit ihren Bootstouren einnehmen können."

Und damit hat meine Frau wohl recht. Tja, so sind die
Inder. Mit ihren totalen Gegensätzen zwischen arm und

reich sind sie ein interessantes Volk, aber auch eins voller Widersprüche.

Um sechs Uhr vertreibt man uns von den Liegen. Sie werden vom Anlagenpersonal weggeräumt, weil Tische und Stühle für das Abendessen auf dem Sanduntergrund aufgestellt werden. Wir aber sind unvernünftig und haben uns zum Geldausgeben durchgerungen, denn wir gehen in dem Lokal, von wo aus wir unsere Sucherei begonnen hatten. Das Lokal besitzt Goas besten Koch, so steht es im Reiseführer. Aber was besagt das Geschriebene?

Gar nichts, denn die Kebab-Spieße schmecken alles andere als überragend. In unserem Anlagenrestaurant und in Anjuna haben sie besser geschmeckt. Vielleicht ist der besagte Koch längst woanders, wo er mehr verdienen kann.

Zum Abschluss gehen wir auf einen Sprung zur Strandpromenade, aber meiner Frau bekommt das Gehen nicht gut, wegen ihrer Rückenschmerzen, und gescheite Musik dringt aus keinem Lokal. Das Musikangebot in Arambol hatte uns mehr überzeugt. Daher kaufen wir die Zutaten für unsere Cuba-Libre und setzen uns vor dem zu Bett gehen auf die Terrasse.

Heute ist der 29. März. Erst am 9. April werden wir Indien verlassen, daher wollen wir noch einige Tage in Palolem verbringen, bevor wir uns erneut auf den Schmelztiegel Mumbai einlassen. Und weil das so ist, frühstücken wir ohne Hast. Wir sind beliebt in der Wohnanlage. Das veranlasst das Personal, uns eine zweite Kanne Kaffee zu spendieren. Und weil Angela die Beeinträchtigungen im Rückenbereich auch weiterhin spürt, wiederholen wir den gestrigen Strandtag auf den Liegen.

Die Wochenendgäste sind heimgereist, was für eine Wohltat, aber abschreckend ist die Höhe der Wellen. Nicht so dramatisch wie im Atlantik vor La Gomera, aber weit hinausschwimmen scheidet aus. Stattdessen begebe ich mich auf die Suche nach einer neuen Hütte. In drei Tagen müssen wir umziehen. Unser Häuschen ist anderweitig vermietet. Das bedauern wir, aber wir müssen es zur Kenntnis nehmen.

Ich habe einige Lonely Planet Empfehlungen auf dem Zettel, aber diese Hütten sind teuer. Eine davon kostet 4000 Rupien, inklusive Frühstück, für eine andere verlangt der Besitzer 3500 Rupien. Der bietet bei sofortiger Anmietung 10 Prozent Rabatt, trotz allem hat sie keine Klimaanlage. Da ist guter Rat gefragt.

Ich kann mich nicht entscheiden. Es wird noch anderweitige Angebote geben. So verschiebe ich eine Zusage auf später. Wir haben Luft. Zuerst steht der Kochkurs am Abend an. Auf den freut sich Angela wie ein kleines Kind. Mal sehen, was der uns bringt.

Beim Mittagsimbiss in unserer Anlage sitzen an den Nebentischen viele Wohlstandsinder. Mein Gott, wie die essen! Das ist kein Essen, das ist Fressen. Sie sind dick und schaufeln große Mengen mit den Fingern in sich rein. Für europäische Augen sieht das anekelnd aus. Es ist bekannt, dass Übergewicht und Diabetes zu große Problemen im modernen Indien führen. Wenn man das sieht, verwundert das nicht.

Meine Frau und ich sind gertenschlank, deshalb schert uns die Problematik weniger. Daran ändert auch der Kochkurs nichts, zu dem wir uns mit zwei englischen Paaren und natürlich dem Kochlehrer in seiner Schulungsküche treffen. Für mich ist der akustische Ablauf problematisch, denn ich stoße mit meinen Englischkenntnissen an Grenzen. Dennoch bin ich mit Herzblut bei der Sache, was den vier Gerichten zugute kommt.

Das erste trägt den Namen: Chicken Massala, die wieteren Gerichte werden mit Käse, Gemüse und Pilzen zubereitet, alle auf Massala-Soßenbasis. Dazu backen wir Fladenbrot und kochen herzhaften Basmati-Reis.

Massala-Gerichte sind einfach, wenn man die richtige Gewürzmischung kennt. Hinterher lassen wir uns die zusammen gebrutzelten Delikatessen schmecken.

Angela gibt dem Kochlehrer unsere e-mail-Adresse. Und der verspricht ihr, die Rezepte und das Wissenswerte zuzuschicken. Damit sind wir mit dem Erfolgserlebnis hochzufrieden und verlassen um eine Erfahrung reicher den Kochkurs.

Den Abend verbringen wir im Restaurant der Anlage, in der ich das sauteure Häuschen für 4000 Rupien besichtigt hatte. Ähnlich wie auf Bali spielt ein spanischer Gitarrist. Leider ist das Ambiente unbefriedigend und die Bedienung wirkt unfreundlich und arrogant. Später im Bett denken wir über den Fortgang des Wohndilemmas nach. Die Idee, dass teure Häuschen zu mieten, verwerfen wir ohne es zu bedauern.

Der letzte Tag im Palolem-Beach-Ressort ist angebrochen. Am nächsten Tag steht der Umzug an. Wie an jedem Morgen beim Frühstück verzaubert mich der Blick aufs Meer. Schöner kann man nicht frühstücken. Darauf gönne ich mir zwei gekochte Eier.

Gesättigt gehen wir ins Internet Kaffee und buchen die Flüge nach Mumbai. Wegen des späten Zeitpunkts der Buchung sind sie richtig teuer, auch bei der Billig-Airline. Einen Tag früher gebucht, hätten die Flüge statt 15.000 nur 10.000 Rupien gekostet. Trotz ausreichender Erfahrung waren wir in dem Fall echte Schnarchnasen. Im Gegensatz zu den Flügen finden wir ein erstaunlich preiswertes Zimmer in Mumbai. Achtunddreißig Euro für die Nacht sind für die zentrale Lage im Touristenzentrum der absolute Glücksfall.

Glück haben wir auch bei der Suche nach der passenden Hütte am Strand. Sie kostet 1.200 Rupien, und besitzt einen Deckenventilator. Witzig ist eine Palme, die mitten im Zimmer steht und durch das Dach hinausragt. Das Häuschen wurde um die Palme herumgebaut, was uns gefällt. Ein anderer Vorteil ist, dass das Hüttchen in einer Luftzufuhrschneise liegt. Das wird die Hitze in erträglichen Grenzen halten.

Mit dem Besitzer einer anderen Hütte, vielleicht in etwas besserer Lage, konnten wir uns preislich nicht einigen. Er verlangte 2.000 Rupien und lehnte unser An-gebot über 1.500 Rupien ab. Selbst schuld.

Wir belohnen uns für unsere Wahl in dem zur Hütte gehörenden Restaurant, ich mit einer Suppe, dann machen wir einen ausgedehnten Einkaufsbummel durch die Hauptgeschäftsgasse, um Mitbringsel für die Lieben daheim zu kaufen.

Bei der originell aussehenden Budenbesitzerin, der ein Stand unter Tausenden gehört und die mit ihrem mit Schmuck überladenen Körper einen geschäftstüchtigen Eindruck macht, kauft Angela mehrere Tücher, eins schöner als das andere. Eins bekommt die Freundin, die unsere Blumen versorgt, eins ist für meine Schwester, eins schenken wir meiner Tochter, eins der Ex-Frau und eins der Freundin meines Sohnes.

Ich, ganz angehender Opa, erwerbe bei ihr eine Babyhose und ein Mini-T-Shirt. Ich merke allein beim Aussuchen, dass mir die Oparolle liegen wird. Meine Tochter kann sich auf mich als einfallsreichen Kumpan ihres Sohnes freuen, denn die Rolle des Opas spiele ich sehr gern. Milan soll der kleine Mann heißen.

Bin ich wieder in Aachen und Milan ist bei mir, dann mache ich mit ihm die Spielplatzwelt in der Umgebung unserer Eigentumswohnung unsicher. Ein Leben wird langweilig, steckt man sich keine Ziele. Im Ziele setzen bin ich unübertroffen.

Für die vielen Tücher bezahlt meine Frau 5.000 Rupien, das sind sieben Euro. Es ist sicher zu viel, aber ich will die mit Schmuck behangene Frau unbedingt fotografieren, deshalb lege ich für die Babysachen 5.000 Rupien drauf. Ich schachere diesmal nicht und akzeptiere den geforderten Preis.

Am Abend ziehe ich mich früh von der Terrasse ins Bett zurück. Mich nerven die Mücken, außerdem fasziniert mich meine neue Lektüre aus dem unerschöpflichen Fundus der Anlage. Das Meisterwerk stammt aus der Feder Roger Willemsens, der leider viel zu früh verstarb. Er hatte seine selbsterlebten Geschichten in einem Taschenbuch zusammengefasst, das 2004 ein Spiegel-Bestseller wurde. Der begnadete Roger hat es Deutschlandreise genannt.

Wir verabschieden uns vom Palolem-Beach-Ressort und schleppen die Rollkoffer am Strand entlang zu unserem angemieteten Häuschen. Die Räder setzen sich mit Sand zu und drehen sich nicht mehr. Als ein junger Mann meiner Frau zu Hilfe eilt, schickt sie ihn weg. Sie hatte es nicht geschnallt, dass ihn der Chef des Restaurant Dog-Star geschickt hatte, zu dessen Personal er gehört. Der Restaurantwirt besitzt auch unsere Hütte.

Als wir an der Hütte ankommen und sie beziehen, hat sich im Inneren nichts getan. Es fehlen das Moskitonetz, ein frisches Bettlaken und die Handtücher.

Das fängt ja gut an, denke ich.

Der Zuständige verspricht Besserung, doch erst als der besagte Chef im Restaurant unsere Pässe kopiert hat und der neben uns gelegene Bungalow bezogen ist, kommt Leben in die Kiste. Da erst bekommen wir all das, was zum Standart der Hütte gehört. Ansonsten hat die Schludrigkeit einige Gründe. Die junge Garde im Restaurant ist träge. Die Burschen überarbeiten sich gewiss nicht. Als wir sie näher kennen, stellen sie sich als nett und hilfsbereit heraus. Und jeden Morgen kommt der junge Zeitungsverkäufer vorbei. Es ist ein Service, der an zuhause erinnert.

Uns geht es gut. Die Tage in Palolem genießen wir in vollen Zügen. Dazu gehört ein fußläufiger Ausflug in eine Nachbarbucht, in deren Hinterland Goas einzige Nobelanlage errichtet wurde, und das trotz großer Proteste der Bevölkerung.

Von armen Anwohnern erfahren wir, dass für das Vorbereiten einer bevorstehenden Glamourhochzeit der komplette Strand beansprucht wird. Eine Mordsbühne wird aufgebaut, vor der werden unzählige Tischgruppen platziert. Bei dem Pomp ziehe ich einen Vergleich zu Hollywood, denn der Aufwand fällt für indische Verhältnisse total aus dem Rahmen. Die Hochzeit mit der aufgemotzten Show ist untypisch und zerstört den beschaulichen Strandort mit seinen malerischen Hütten, sodass das Strand-Feeling vor die Hunde geht.

Nur schnell weg hier, denke ich. Wer da heiratet, das hätte mich zwar interessiert, aber anderseits auch wieder nicht. Mein Leben geht auch ohne es zu wissen in die Endphase der Reise.

Ein anderer Ausflug führt uns mit dem Tuk-Tuk nach Agonda, unweit von unserer Bucht entfernt und fußläufig unmöglich zu erreichen. Der Strand ähnelt dem von Palolem, ist nur einsamer. Im zentralen Restaurant treffen wir auf eine Gruppe junger Leute aus Deutschland. Wir setzen uns an den Nebentisch und hören zu, dabei essen wir einen riesigen Obstsalat. Ins Gespräch kommen wir nicht mit ihnen. Die Gruppe ist jung und albern.

Wir bezahlen und fahren gut erholt mit einem Tuk-Tuk zurück, um den sich anschließenden Abend in einer Kneipe für die Fischer zu verbringen. Etwas mulmig wird mir schon, denn Angela ist die einzige Frau weit und breit. Doch meine Mulmigkeit ist unbegründet. Die Männer, alles ortsansässige Inder, benehmen sich höflich, wie's sich gebührt.

Dass sich immer mehr Russen in Palolem breit machen, ist eine negative Randerscheinung. Jetzt hat sich sogar eins dieser saufenden Pärchen als Nachbarn in das Nebenhäuschen einquartiert.

O Gott, die zwei waren mir schon beim Italiener unangenehm aufgefallen, als der Wirt ihrem Musikwunsch partout nicht nachkommen wollte. Die Mischpoke führte sich auf, als hätte sie Goa wie die Krim annektiert. Sie sitzen den lieben langen Tag im Lokal und treffen sich mit anderen Russen, dabei gehen sie ab und zu ins Wasser, aber größtenteils kreist die Schnapsflasche. Uns widert die Sauferei an, obwohl uns die Saufnasen nicht belästigen. Wir werden mit der Situation klarkommen müssen.

Dennoch kommt es am zweiten Abend zum Eklat, was vorhersehbar war. Wir haben uns hingelegt und wollen schlafen, doch das Unterfangen ist aussichtslos. Nebenan toben die Russen in schier unerträglicher Lautstärke. Stehe ich auf und bitte sie um Ruhe?

Eigentlich halte ich nichts davon, mich mit besoffenen Russen anzulegen. Dabei kann ich nur schlecht abschneiden. Was also tun?

Angela nimmt sich ein Herz. Woher nimmt sie den Mut? Sie geht hinaus und bittet die Russen auf englisch, ihre Feier zu beenden. O ha, jetzt hat sie den Salat. Meine Frau hat ein sanftes Machtwort gesprochen.

Und was passiert? Ihr Eingreifen wirkt. Die Russen schnappen sich ihre Schnapsvorräte und ziehen ab.

Wahrscheinlich gehen sie von nun an anderen auf den Sack, was uns egal sein kann. Doch das wirklich Sensationelle geschieht am nächsten Morgen beim Frühstück. Die Russin kommt zu uns an den Tisch und entschuldigt sich für die Entgleisungen.

Ich traue meinen Gehörgängen nicht. Hat sich die Frau entschuldigt? Ihr Verhalten reicht zwar nicht für eine deutsch-russische Freundschaft, aber die erwarte ich auch nicht. Immerhin haben die Russen in der Skala meiner Wertschätzung einen deutlichen Sprung in die Höhe gemacht.

Und weil es uns in Palolem, trotz der Russen, gut gefällt und wir so phantastisch zurechtkommen, machen wir einen weiteren, dieses Mal zweistündigen Ausflug. Es zieht uns ans nördliche Strandende. An dem mündet ein malerischer, von Mangroven gesäumter Binnensee, ins Meer.

In Abschiedsstimmung haben wir uns eine romantische Bootsfahrt zum Spring Rock Felsen in den Kopf gesetzt, die wir mit einer Plaudertasche als Bootführer angehen. Ganze fünfhundert Rupien kostet uns das einzigartige Vergnügen, bei dem ich eine vielfältige Vogelwelt bestaune und fotografiere.

Glücklicherweise entpuppt sich der geschwätzige Besitzer des Bootes und gleichzeitig auch Lenker, als freundlicher Geselle. Er kennt jeden der reichhaltig vorhandenen Vögel und manövriert uns wie ein Gondoliere mit der Stange durch das Gewässer, dabei beschreibt er die Eigenarten der Flugtiere. Mit seinen authentischen Erzählungen macht er das hautnahe Erleben der unbeschädigten Natur zu einer Sternstunde in Palolem.

Dieser Ausflug und ein sich anschließendes Essen im Restaurant unserer Anfangsanlage, das vor Melancholie nur so trieft, runden den Abend des Abschieds ab. Mit strahlenden Augen, die von Heimweh zeugen, erzählt uns der netten Kellner, dass er am nächsten Tag nach Mumbai zu Frau und Kindern heimkehre. Er freue sich wie ein Lottogewinner darauf, obwohl er nur als sehr schlecht bezahlter Kellner weiterarbeiten kann. Für ihn ist die Saison in Palolem abgeschlossen, was auch für uns gilt. Das Gespräch bildet den würdigen Abschluss für den vielseitigen und von Sympathie getragenen Aufenthalt in Goa.

*

Am Abreisetag nach Mumbai sitzen wir acht Uhr am Frühstückstisch und erfreuen uns der Goa-Zeitung, die der zuverlässige Junge vorbei gebracht hat. Wir warten auf das verabredete Taxi, doch das mit fadem Beigeschmack. Uns geistert die Horrornachricht von einer zweistündigen Taxifahrt durch die Köpfe, dazu ein Preis von zweitausend Rupien.

Diese Zeitangabe und die Summe wären happig. Ich hatte mich am Vorabend erkundigt. Da hatte man mir die Fahrt für eintausenddreihundert Rupien angeboten. Doch nichts wird so heiß gegessen, wie's gekocht wird, denn wir bezahlen eintausendfünfhundert Rupien und sind in einer guten Stunde am Airport. Locker hat der Taxifahrer die Zeit geschafft, aber der Hokuspokus mit den falschen Angaben ist typisch für Indien.

Mit halbstündiger Verspätung steigen wir in den Flieger der Fluggesellschaft Goa-Indigo und sind in einer Stunde über Mumbai. Wir sehen das ausufernde Slumgebiet aus der Luft, das sich rund um den Airport ausbreitet. Große Teile des unüberschaubaren Wirrwarrs an Hütten wäre abgerissen worden, könnten sich die Bewohner teuren Wohnraum leisten, doch da das nicht so ist, bleiben sie in ihren ärmlichen Behausungen. So habe ich es in der Zeitung gelesen.

Die Inder, die im Wohlstand leben, meiden die Statussymbole der Armut. Arrogant werden die Menschen unterer Kasten geächtet. Die verlorene Gesellschaftsschicht in den Slums ist für alle Zeit gebrandmarkt. Muss das in der heutigen Zeit so sein? Die Probleme des herrlichen Landes machen mich fassungslos. Ich bin gespannt, wie ich mit dem Elend in der Großstadtmetropole umgehen werde.

Wir sind in Mumbai gelandet, und erstmals haben wir Glück. Unsere Rollkoffer rumpeln vorneweg über das Band der Gepäckausgabe. Unser Glück ist mit Händen zu greifen. Der Taxifahrer erfreut uns mit hervorragenden Ortskenntnissen. Entgegengesetzt zur ersten Ankunft vor vier Wochen, verläuft die Taxifahrt zum vorgebuchten Hotel wie geschmiert. Wir erreichen über eine breite Schnellstraße, nur an einer Mautstation aufgehalten, das relativ sichere Touristenviertel in einer knappen Stunde. Die Fahrt zum Bentley-Hotel als Ziel haben wir diesmal an einem anderem Schalter gebucht. Aus Schaden wird man klug.

650 Rupien, zuzüglich 60 Rupien Aufpreis für die Maut, der Betrag ist ein angenehmer Witz, denn gegenüber der damaligen Fahrstrecke ist die heutige zehnmal so lang. Deswegen ein dreifach Hoch auf die Ehrlichkeit der Taxizunft. Ich belohne den Fahrer mit 100 Rupien Trinkgeld, wegen der unverhofften Stadtrundfahrt. Das ist mir seine Aufrichtigkeit wert, denn für mich grenzt das Taxierlebnis an ein Wunder.

Aber Wunder gibt es in Indien nicht zuhauf, denn speziell in Mumbai lebt man in einer aufstrebenden aber auch hinterher hinkenden Welt. Und zu der gehört unser eigenartiges Hotel an der Seite zum Arabischen Meer. Es besteht aus einer Riesenwohnung im dritten Stockwerk und die ist in die Jahre gekommen, doch der Service ist bemerkenswert.

Wir klingeln, prompt werden unsere Rollkoffer in die Hoteletage hinaufgetragen. Man merkt, das Arbeitskräfte in Indien spottbillig sind.

Nach einer geringen Wartezeit bekommen wir vom muffeligen Hotelinhaber den Zimmerschlüssel ausgehändigt. Dann lässt er die Rollkoffer hineintragen und das war's. Das Zimmer bietet es alles, was der Reisende braucht.

Wir sind müde von der aufreibenden Anreise, deshalb ziehen wir die verschwitzten Klamotten aus und frische Sachen an. Die Koffer lassen wir unausgepackt stehen. Dann gehen wir hinab auf die Promenade am Meer. Uns bietet sich beim beginnendenden Sonnenuntergang ein beeindruckendes Schauspiel. Das Spiel der Sonne mit den Wassermassen vor der Skyline der Weltstadt zieht uns in seinen Bann. Das Spektakel lockt viele Schaulustige an, und wir zwei Nichtinder mittendrin. Dass man uns auch in Mumbai angafft, das hatten wir nicht erwartet, doch Europäer sind eine Rarität. Mittlerweile haben wir uns an diese Unsitte gewöhnt.

Viel ungewohnter ist, dass die Stadt übersät ist mit Wachpersonal. Vor jedem Hotel, Restaurant oder Laden steht ein Bewaffneter in Uniform. Auch eine weitere Erfahrung machen wir, als uns Hunger und Durst in ein besseres Restaurant manövrieren.

„Salt Water", heißt das Ding. Viel zu spät bemerken wir, dass wir in einem Speiselokal für die Wohlstand-Inder gelandet sind.

Endgültig ist es das teuerste Essen der langen Reise. Zweitausend Rupien (fast 40 Euro) knöpft man uns ab, wobei allein das Bier mit Sprite siebenhundert Rupien kostet. Und das zuzüglich Steuern.

Als ich den Preis registriert habe, haut mich das schlichtweg um. Ich darf gar nicht darüber nachdenken. Auf diese Weise kann man sein Geld blitzschnell loswerden. Zur Ehrenrettung des Lokals muss ich erwähnen: Mein Hähnchenfleisch in einer Pfeffersoße, dazu Pilze und sehr gut zubereitete Fritten, das war wirklich lecker.

„Wir verkraften den finanziellen Totalschaden", sagt meine Frau, wobei sie lächelt.

Sie hat natürlich recht, denn erst nach der Heimkehr wird eine Bilanz der Reiseausgaben Aufschluss bringen, in welchem Land wir über unsere Verhältnisse gelebt haben. Weiterhin spuckt das DKB-Konto die benötigten Rupien widerstandslos aus. Als Sicherheit verwahren wir einige Dollar zur freien Verfügung im Rucksack, wir sollten daher nicht in Panik verfallen. In Mumbai leben viele Menschen unter der Armutsgrenze, den armen Schluckern gegenüber schwimmen wir geradezu im Geld.

Auf geht's, Mumbai will gelebt werden.

Bei dem sich anschließenden Spaziergang bekomme ich Durst und versuche eine Cola aufzutreiben, doch das vergeblich. Die Stadt hat 18 Millionen Einwohner, aber in dem Viertel, in dem wir uns bewegen, gibt es abends nichts dergleichen. Keinen Imbissstand, keine Tankstelle, keinen Kiosk. So schleppe ich mich durstig durch die Straßen der Millionenmetropole und hoffe auf ein Wunder, und das wäre ein Mc-Donald.

Stattdessen wimmelt es an allen Ecken und Plätzen von Bettlern und Obdachlosen. Überall wird das grenzenlose Elend sichtbar. Es geht mir nahe und bricht mir fast das Herz, denn gegen den deprimierenden Eindruck kann ich mich nicht wehren.

Als ich einer bettelnden alten Frau ein paar Rupien spenden will und meine Geldbörse zücke, denke ich im selben Moment: Verdammte Scheiße, in Mumbai darf man keine Spendenbereitschaft zeigen, zudem habe ich kein Kleingeld.

Der Grund ist eine Horde Bettler, denn die hat mein Unterfangen gesehen und veranstaltet eine Hatz auf mich. Und was nun? Wie wurstele ich mich aus der Bedrängnis? Mir steht der Angstschweiß im Gesicht. Wie entkomme ich der nach mir grabschenden Menschenmasse?

Ich begebe mich auf die Flucht und kann mich mit der Frau in unser Hotel retten. Bettelnden Menschen ein Almosen geben, das will gelernt sein und ich werde es mir hinter die Ohren schreiben. Und was lerne ich daraus? Gutmütigkeit ist in manchen Situationen fehl am Platz.

Als wir uns ins Bett gelegt haben, wird uns die billige Bauweise des alten Gemäuers bewusst. Mit kommt es vor, als bestünden die Trennwände aus Pappmasche. Vom Geräuschpegel her hat man das dumme Gefühl, der Nachbar sitzt mit im Zimmer.

Und unser Nachbar ist speziell. Zuerst schaut er fern bis in die Puppen, dabei kotzt er sich die Lunge aus dem Hals mit seinem typischen Inderhusten. Später hören wir ein ekelerregendes Röcheln.

Aus Wut bin ich so frech und wünsche mir, er würde endlich abkratzen. Manchmal können Inder schweinisch sein, was ich nicht verallgemeinern will.

Nach dem Anruf meiner Frau an der Rezeption, bringt man uns das Frühstück aufs Zimmer, denn das Hotel besitzt keinen Frühstücksraum. Das Personal ist sehr bemüht. Es serviert Spiegeleier mit Toast, Butter und Marmelade, dazu eine Kanne Kaffee. So gemütlich haben wir lange nicht mehr gefrühstückt.

Durch die schlaflose Nacht sind wir nicht bei Kräften, dennoch kramen wir den verbliebenen Entdecker-Elan heraus und erkunden das sich vor uns ausbreitende

Touristenviertel. Und das natürlich zu Fuß, trotz der Affenhitze.

Nicht weit ist es bis ins Zentrum Colaba, wohin wir schnurstracks marschieren. Und auf was stoßen wir unterwegs? Auf die obligatorischen heiligen Kühe, die offensichtlich gut versorgt werden. Auch ein aus Filmen bekannter Mahlzeitenzusteller mit den Behältern auf dem Kopf kreuzt unseren Weg. Dann schauen wir uns das älteste Warenhaus in Mumbai an, das wirkt heruntergewirtschaftet. In dem ist der Warenbestand auf ein Minimum geschrumpft. Liegt es an der Inventur?

Besonders Mumbai erzählt unendlich viele Geschichten über die Befreiung von den Kolonialherren. Eine den Innenraum beherrschende Ghandi-Statue zu knipsen wird mir strikt untersagt.

Als wir nach anderthalb Stunden am Wahrzeichen der Stadt ankommen, dem Gateway of India, bestaunen wir das Monument, das an einen europäischen Triumphbogen erinnert. Viele Besucher tun es uns nach. Unangenehm ist, dass uns Fotografen wie lästige Fliegen umlagern. Die bedrängen uns penetrant mit ihren Angeboten. Das heißt, sie wollen uns mit dem Denkmal fotografieren, um uns danach das ausgedruckte Bildmaterial zu verkaufen.

In jeder Nische hocken junge Männer mit batteriebetriebenen Druckern herum. Doch trotz der störenden Nebenerscheinungen übt das imposante Gebäude eine magische Anziehungskraft auf uns aus.

Unweit des Gateway of India steht das weltberühmte Taj Mahal. Das Hotel ist das Wahrzeichen des indischen Widerstandes gegen die kolonialen Unterdrücker, dazu ist die Außenfassade des Prachtbaus von unschätzbarer Schönheit. Auffällig ist die große Polizeipräsenz im Hotelbereich, das durch einen bewaffneten Anschlag im Jahr 2008 Berühmtheit erlangte.

Es war reine Mordgier. Mit einer Gewaltorgie lösten die Attentäter aus Pakistan im Taj Mahal Angst und Schrecken aus. Die religiösen Eiferer veranstalteten eine dreitägige Mord und Zerstörungsorgie. Alle Terroristen und viele Hotelgäste fanden den Tod. Seither ist die Polizei in Mumbai auf eventuelle Anschläge bestens vorbereitet.

Ein junger Bursche labert Angela in Englisch an. Sie fühlt sich geschmeichelt, obwohl seine Masche leicht zu durchschauen ist. Ich will ihn abwimmeln, denn ich ahne, worauf das Gequatsche hinausläuft, doch meine Frau sieht es anders. Mit mürrischem Gesichtsausdruck folge ich ihm mit meiner Frau in ein Guidebüro für Ausflüge durch Mumbai und in die Slums.

Ich hatte Recht. Seine Absichten waren voraussehbar. Der übliche Trick verfolgt uns seit der Insel Bali. Ich will mich nicht intelligenter hinstellen, als ich bin, aber mir war sein plumpes Anbaggern von Anfang an suspekt.

Leider haben wir Zeit verloren. Also fahren wir mit dem Tuk-Tuk für 50 Rupien zur Viktoria-Station. Das Ziel ist der Crawford-Market in unmittelbarer Nähe des Bahnhofs. Dass ich auf der Bahnhofstoilette vor Gestank fast einen Zusammenbruch erleide, sei am Rande erwähnt. Und abermals wollen junge Leute ein paar Fotos mit meiner blonden Frau und sich selbst knipsen. Die Jünglinge sind geradezu süchtig darauf.

Doch diesmal drehe ich den Spieß um, dabei nutze ich den Überraschungseffekt durch mein Lachen und erzeuge Verblüffung, denn frech fotografiere ich die vier Burschen mit meiner Frau, worauf die vergrätzt das Weite suchen. Diesmal ist der Coup gelungen, aber in Ruhe lassen wird man uns nicht.

Okay, der Markt ist ein Reinfall. Er ist schmutzig und ein Revier der Einheimischen. Das Gesamtbild bestimmen die Muslime. Den Kauf eines tollen Ledergürtels für meinen Sohn verbuche ich als Erfolgserlebnis. Und was jetzt? Nach negativen Restauranterfahrungen sättigen wir uns in einem Mc-Donald und das nicht sonderlich indisch, aber preiswert.

Beim Essen spricht mich ein Inder an, der deutschen Sprache mächtig. „Ich schreibe für eine Zeitschrift", erklärt er mir und zeigt mir einen Brief, der seine Tätigkeit bestätigen soll. Ich mache den Schmu eine Weile mit, doch der Mann hat keine Chance, trotzdem lobe ich sein gutes Deutsch, dann wimmele ich ihn ab. Es war zu offensichtlich, das er sich als Touristenführer bei uns andienen wollte.

Durch den Imbiss ausgeruht, fahren wir im Tuk-Tuk ins Gassengewirr des Stadtteils Colaba. Uns kommt es vor, als würde es konstant heißer. Deshalb reagieren wir nicht mehr auf alle Besonderheiten. Das lange Herumreisen hat uns abgestumpft.

Wir machen einen ausgiebigen Bummel über den Flohmarkt, der das Bild der Bebauung beherrscht. Danach essen wir in einem Studentenlokal mit dem Namen „Kaffee Mondegard" zu Abend. In dem Lokal ist rauchen verboten, aber es läuft eine phantastische Musik, dadurch geht tierisch laut zu.

Doch den Krach ertragen wir mit Würde, denn die Oldies sind Extraklasse. Trotz des Heidenlärms diskutieren wir über das Thema: Warum wird auf den Straßen der Millionenstadt kaum geraucht?

Aber das Wühlen im Gehirnschmalz bleibt ergebnislos. Im Hippiestaat Goa war das Rauchen an der Tagesordnung. Warum es in Mumbai ganz anders ist, das bleibt ein weiteres ungelöstes Rätsel.

Die Gerichte in der Studentenpinte sind von gemäßigtem Preisniveau. Ich esse Chicken Singapur, meine Frau isst vegetarisch. Und wieder sind's die Getränke, die ein Loch im Finanzplan hinterlassen. Zwei große Biere und zwei Sprite, schon sind wir 800 Rupien los, was immerhin 12 Euro bedeutet. Aber die Preise sind eine Wohltat im Vergleich zum Vorabend. In weiser Voraussicht merken wir uns die Lage des Lokals.

Den Heimweg bestreiten wir zu Fuß. Angst kommt nicht auf. Uns wird es erst mulmig, als wir uns in ein Slumviertel verlaufen. Mit dem Rucksack fest an den Körper geschnallt und sich durchgefragt, finden wir den Weg hinaus, dabei erbeute ich an einem Kiosk eine Dose Cola. Ab zehn Uhr haben wir uns auf den ekelhaften Nachbarn einzustellen. Für uns gibt es keine größere Grausamkeit.

Der 8. April ist der letzte Tag in Mumbai. Von nun an müssen wir nicht mehr mit dem rotzenden Nachbarn auskommen, denn eine weitere Übernachtung ist wegen der abendlichen Abreise kein Thema. Von mir aus kann der Fiesling für alle Ewigkeit in dem Hotel wohnen bleiben, und in dem Zimmer verrecken.

Mein Gott, was bin ich böse.

Wir frühstücken im Zimmer, dann machen wir die Koffer abreisefertig. Es ist elf Uhr dreißig, als wir auschecken und die Koffer mit Einverständnis des Hotelbesitzers bei ihm in der Rezeption zwischen lagern. Der Mann hat sich gewandelt. Bei unserem Eintreffen war er reserviert und unzugängliche aufgetreten, jetzt behandelt er uns überaus zuvorkommend, wie sein gesamtes Personal. Das strahlt die auf Reisen oft registrierte Freundlichkeit aus.

Am Abend werden wir die Trollis abholen und uns mit dem Taxi zum Airport fahren lassen. Dann verlassen wir das ermüdende und doch fesselnde Mumbai. Zuvor besuchen wir einen Klamottenmarkt in der Nähe. Und wieder will ein junger Mann mit meiner Frau ein Selfi machen. Geradezu aufdringlich versucht er, sie an einen Platz in einer Unterführung zu verfrachten, der mir nicht geheuer vorkommt.

Was zuviel ist, das ist zuviel.

Energisch brummend unterbinde ich das ärgerliche Spiel mit Erfolg. Meine Frau mag zwar eine Attraktion in Mumbai sein, daran führt kein Weg vorbei, aber alles hat seine Grenzen. Ganz nebenbei bemerkt erfreue auch ich mich eines regen Interesses.

Am Rande des Marktes, der bis auf den grünen Tee als Geschenk für unsere Freundin nichts hergibt, erweckt ein schlafender Junge unter einem ausladenden Baum unsere Aufmerksamkeit. Am Baumstamm sind Wasch- und Zahnputzutensilien für weitere vier Personen befestigt. Teilen sich die Armseeligen den Platz unter freiem Himmel untereinander auf? Das wird so sein. Und viele Bettler sind ebenfalls präsent.

Ich gebe einem alten Mann in einem vorsintflutlichen Gefährt als Rollstuhl ein Almosen, doch der macht mit lautstark ausgedrückter Freude andere Bettler auf mich aufmerksam. Und so wiederholt sich das Gezeter des Vortages, denn ich habe wieder alle Hände voll zu tun, mich der bedrängenden Schar an Bettlern zu erwehren. Möglichst unauffällig sollte man mit Almosen umgehen, daran erinnere ich mich wieder, aber ich Einfallspinsel habe nichts aus dem Vorfall des Vortages gelernt.

Erst recht wird uns die Fratze der Armut durch eine zerlumpt herumlaufende Frau mit Baby verdeutlicht. Die junge Frau, selbst fast noch ein Kind, hängt wie eine Klette an uns. Als ich dem Mädchen 10 Rupien in die Hand drücken will, gibt sie uns zu verstehen, dass sie mehr braucht.

Das Baby sei krank und hat Hunger, gibt sie uns in Zeichensprache zu verstehen. Sie ist nicht auf ein paar

Rupien aus, sondern sie zieht meine Frau energisch am Arm hinter sich her. Wo und wie wird die Attacke enden?

Wir folgen ihr in einen Laden, in dem sie eine große Büchse Milchpulver für 320 Rupien bestellt, die Angela selbstverständlich bezahlt. Die junge Frau schnappt sich die Dose und bedankt sich, danach verschwindet sie in der Menge. War das mit dem Milchpulver ein Trick? Verkauft sie das Zeug irgendwo?

Eine blütenweiße Weste hat das Mädel nicht, vermute ich, und in Indien weiß man nie genau, ob die Armut echt oder gespielt ist. Besonders hier in Mumbai bewegt man sich in einem Wechselbad der Gefühle.

Auf unserem Weg nach Colaba stehen wir unverhofft vor dem Museum Prince of Wales. In dem erhoffe ich mehr über Mumbais Geschichte zu erfahren.

Schön wär's gewesen, denn überzeugt oder gar begeistert hat mich das dargebotene Museumsangebot nicht. Es ist schwach. Ich habe detailliertere Informationen erwartet.

Anderseits genieße ich die himmlische Ruhe in den Räumen. Ich bin an dem Punkt angelangt, an dem sich mein Körper und Geist nach einem Abschied aus Indien sehnen. Doch bis dahin gilt es noch einige Stunden zu überbrücken. Wir müssen den letzten Nachmittag sinnvoll gestalten. Das sind wir Mumbai schuldig.

In Abschiedsgedanken versunken bummeln wir ein letztes Mal durch das Viertel der Moslems, das nicht weit vom Gateway of India entfernt liegt. An der Promenade stinkt das Meer bestialisch, denn die Bucht erstickt im Müll. Das Wasser Balis war dagegen wie in einem frisch gesäuberten Aquarium. Viel Armut, umso mehr Dreck. Leider wird mich diese Weißheit nachhause begleiten.

Um uns von dem Gestank zu erholen, nehmen wir ein Getränk in einem Lokal mit dem Namen Leopold zu uns. Sein Ambiente ist tatsächlich bayrisch getrimmt. In meiner Münchenphase war das Leopold in Schwabing eins meiner Stammlokale.

So zerrinnt unentwegt die Zeit, und das schnell. Zwei Stunden später sitzen wir zum Abendessen im Studentenlokal. Und auch das zufriedenstellend erledigt, benutzen wir für die Fahrt zum Hotel ein Tuk-Tuk als fahrbaren Untersatz. Nach den unterschiedlichsten Modellen, die wir auf der Reise benutzen durften, habe ich mir für die letzte Fahrt zum Hotel die indische Version gewünscht.

Der Zeitpunkt ist gekommen, unsere Zelte in Mumbai abzubrechen und Bilanz zu ziehen. Wegen der kurzen Aufenthaltsdauer kann ich nur zwei Kulturschätze hervorheben. Da wären das Gateway of India und das Taj Mahal Hotel. Andere herausragende Merkmale des Schmelztiegels haben wir entweder gar nicht, oder am Rande und als kleine Splitter streifen können. Aber erschreckend oder gar abstoßend, so wird Mumbai in Reiseberichten geschildert, finde ich die Metropole keineswegs. Hält man sich nicht in den Slums der Stadt auf, dann gewöhnt man sich an die Folgen der Armut, auch wenn das hart klingt. Sie gehören zu Indien wie die Ägäis zu Griechenland.

Die Burschen im Hotel sind hilfsbereit. Sie tragen unsere Koffer hinunter ins bestellte Taxi. Jeder bekommt 50 Rupien dafür, danach gleicht die Fahrt für 660 Rupien über die Schnellstraße einem Nachspann oder Abgesang.

Und der zieht sich, bis wir am internationalen Airport eintreffen. Am Abfertigungsschalter für den Flug nach Dubai hat sich eine Schlange gebildet, doch die juckt uns nicht. Unser Reisebüro hat nummerierte Plätze vorgebucht. Und welche Maschine ist für unseren Flug vorgesehen?

Juhu, es ist ein Airbus 380 und der ist eine Wucht. In einer derartigen Flugerrungenschaft sitzen wir nicht jeden Tag.

Der Flug über den indischen Ozean nach Dubai dauert drei Stunden, somit müssen wir uns ein paar Stunden im Terminal des Golfstaates herumtreiben. Die verbliebenen Rupien setzt Angela in Süßigkeiten um, die wir gierig verschlingen. Monatelang haben wir dem Zuckerzeug widerstanden und das hat uns weiß Gott nicht geschadet. Aber eins ist wie in Stein gemeißelt: Die kleine Weltreise nähert sich ihrem Ende, daran ist nicht zu rütteln.

Mit Ernsthaftigkeit besteigen wir eine Boing 777-300, es ist die zweitgrößte Maschine der Emirate-Flotte. So kommt es in Düsseldorf zum Ernüchterungsschock, den ich in der Einleitung erwähnt hatte. Doch es gibt tausend Gründe sich zu freuen, anstatt Trübsal zu blasen. Die Familienmitglieder und Freunde werden uns in ihrer Mitte begrüßen, und nicht vergessen darf ich, dass ich bald meinen Opapflichten nachgehen werde.

FSC
www.fsc.org
MIX
Papier | Fördert
gute Waldnutzung
FSC® C083411

Zeitfracht Medien GmbH
Ferdinand-Jühlke-Straße 7
99095 Erfurt, Deutschland
produktsicherheit@kolibri360.de